Arbeitsbuch Lyrik

Akademie Studienbücher

Literaturwissenschaft

Kristin Felsner, Holger Helbig, Therese Manz

Arbeitsbuch Lyrik

2., aktualisierte Auflage

Akademie Verlag

Die Autorinnen und der Autor:
Dr. Kristin Felsner, Jg. 1979, ist Lehrerin am Paul-Pfinzing-Gymnasium in Hersbruck bei Nürnberg
Prof. Dr. Holger Helbig, Jg. 1965, hat die Uwe Johnson-Stiftungsprofessur für Neuere deutsche Literaturwissenschaft des 20. Jahrhunderts an der Universität Rostock inne
Therese Manz, Jg. 1980, ist Lehrerin an der Freien Schule Rerik bei Rostock

Bibliografische Information der Deutschen Nationalbibliothek
Die Deutsche Nationalbibliothek verzeichnet diese Publikation in der Deutschen Nationalbibliografie; detaillierte bibliografische Daten sind im Internet über http://dnb.d-nb.de abrufbar.

© 2012 Akademie Verlag GmbH, Berlin
Ein Wissenschaftsverlag der Oldenbourg Gruppe

www.akademie-verlag.de

Das Werk einschließlich aller Abbildungen ist urheberrechtlich geschützt. Jede Verwertung außerhalb der Grenzen des Urheberrechtsgesetzes ist ohne Zustimmung des Verlages unzulässig und strafbar. Das gilt insbesondere für Vervielfältigungen, Übersetzungen, Mikroverfilmungen und die Einspeicherung und Bearbeitung in elektronischen Systemen.

Einband- und Innenlayout: milchhof : atelier, Hans Baltzer Berlin
Einbandgestaltung: Kerstin Protz, Berlin, unter Verwendung von Christian Morgensterns *Fisches Nachtgesang* (1905)
Satz, Druck & Bindung: Beltz Bad Langensalza GmbH, Bad Langensalza

Dieses Papier ist alterungsbeständig nach DIN/ISO 9706.

ISBN 978-3-05-005909-9
eISBN 978-3-05-005912-9

Arbeitsbuch Lyrik

1	**Was ist ein Gedicht?**	9
1.1	Gedicht, Lyrik, lyrisches Ich	11
1.2	Was man mit diesem Buch lernen kann	17
	Zum Beispiel: Ernst Jandl, *darstellung eines poetischen problems*	20
2	**Lyrik und Gedicht im historischen Wandel**	25
2.1	Rhetorische Gelehrsamkeit im Barock	27
2.2	Rationale Gelehrsamkeit in der Frühaufklärung	30
2.3	Aufwertung des Subjekts im 18. Jahrhundert	33
2.4	Moderne Lyrik	36
2.5	Lyrikgeschichte und Interpretation	37
	Zum Beispiel: Andreas Gryphius, *Einsamkeit*; Barthold Heinrich Brockes, *Die Heide*	38
3	**Metrik**	45
3.1	Versfüße	47
3.2	Versmaße	48
3.3	Von der metrischen Analyse zur Interpretation	54
	Zum Beispiel: Ingeborg Bachmann, *Böhmen liegt am Meer*	56
4	**Reim, Kadenz, Klang**	63
4.1	Reim	65
4.2	Kadenz	70
4.3	Klang	71
4.4	Reim, Kadenz und Klang in der Interpretation	73
	Zum Beispiel: Ulla Hahn, *Ars poetica*	73
5	**Strophenformen**	79
5.1	Strophenformen mit eigenen Namen	81
5.2	Namenlose Strophenformen	92
5.3	Von der Strophenanalyse zur Interpretation	93
	Zum Beispiel: Johann Wolfgang Goethe, *Der untreue Knabe*	94
6	**Antike Formen**	101
6.1	Antike Versmaße	103
6.2	Odenstrophen	105

INHALT

6.3	Gedichtformen nach antiken Vorbildern	111
6.4	Von der formalen Analyse zur Interpretation	114
	Zum Beispiel: Friedrich Hölderlin, *Sokrates und Alcibiades*	114
7	**Gedichtformen**	**119**
7.1	Das Lied	121
7.2	Gedichtformen nach romanischen Vorbildern	122
7.3	Gedichtformen nach außereuropäischen Vorbildern	129
7.4	Gedichtformen in der Interpretation	131
	Zum Beispiel: Wilhelm Müller, *Der Lindenbaum*	133
8	**Sonett**	**137**
8.1	Allgemeine Merkmale	139
8.2	Das Barocksonett	139
8.3	Die Wiederbelebung des Sonetts um 1800	141
8.4	Das Sonett im 20. Jahrhundert	143
8.5	Wie interpretiert man Sonette?	145
	Zum Beispiel: Robert Gernhardt, *Materialien zu einer Kritik der bekanntesten Gedichtform ...*	146
9	**Ballade**	**151**
9.1	Begriffsgeschichte und Definition	153
9.2	Geschichte der Gattung	155
9.3	Typologie	161
9.4	Wie interpretiert man Balladen?	163
	Zum Beispiel: Johann Wolfgang Goethe, *Der Zauberlehrling*	164
10	**Rhetorische Figuren**	**171**
10.1	Rhetorik und Dichtung	173
10.2	Rhetorische Figuren im Überblick	176
10.3	Rhetorische Figuren in der Interpretation	185
	Zum Beispiel: Christian Hoffmann von Hoffmannswaldau, *Die Welt*	185
11	**Tropen, Bild und Text**	**191**
11.1	Bild-Text-Beziehungen	193
11.2	Tropen	193
11.3	Bild-Text-Formen	199
11.4	Bild-Text-Formen und Tropen in der Interpretation	205
	Zum Beispiel: Stephan Hermlin, *Nike von Samothrake*	206
12	**Gedichte im Kontext**	**211**
12.1	Paratexte	213
12.2	Gedichtzyklen	215

12.3	Gedichte in Romanen	217
12.4	Integration des Kontexts in die Interpretation	220
	Zum Beispiel: Eduard Mörike, *Peregrina*	221

13	**Intertextualität. Zwei (oder mehr) Gedichte in einem**	**229**
13.1	Intertextualität und Interpretation	231
13.2	Formen von Intertextualität	232
13.3	Intertext in der Interpretation	237
	Zum Beispiel: Richard Pietraß, *Die frühen Gräber*	239

14	**Wie interpretiert man ein Gedicht?**	**249**
14.1	Was ist eine (wissenschaftliche) Interpretation?	251
14.2	Wie analysiert man ein Gedicht?	253
14.3	Wie schreibt man eine Interpretation?	258
	Zum Beispiel: Johannes Bobrowski, *Sprache*	260

15	**Serviceteil**	**267**
15.1	Bibliografische Hilfsmittel und Nachschlagewerke	267
15.2	Literaturgeschichten zur Lyrik	268
15.3	Metrik	269
15.4	Anthologien und Interpretationen	270
15.5	Quellen im Internet	272
15.6	Weiterführendes	273

16	**Anhang**	**277**
16.1	Zitierte Literatur	277
16.2	Quellen der Gedichte	283
16.3	Nachschlagewerke	287
16.4	Abbildungs- und Gedichtverzeichnis	288
16.5	Sachregister	290
16.6	Lösungen	296

1 Was ist ein Gedicht?

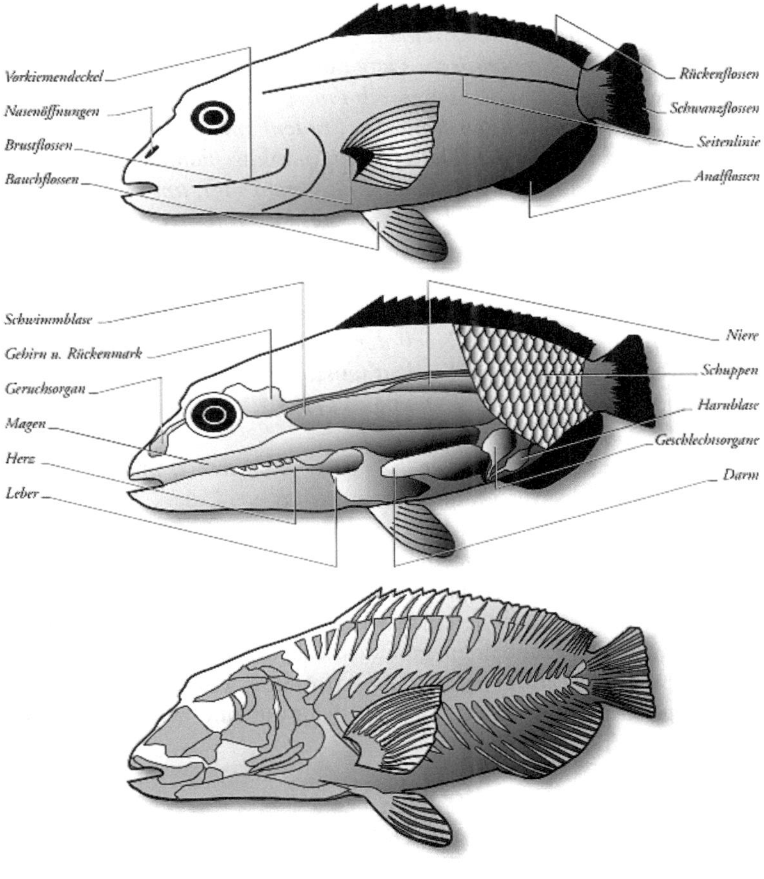

Abbildung 1: Skizze zur Anatomie und Physiologie der Fische

> Die Physiologie der Fische ist nicht nur für Meeresbiologen und Taucher von Interesse, sondern auch für Angler, Aquarianer und Köche. Sie alle sind sich einig darüber, dass man von einem Fisch mehr wissen sollte, als dass er im Wasser lebt und Flossen besitzt.
>
> Für das vorliegende Buch illustriert das Bild das methodische Selbstverständnis all jener, die sich ernsthaft mit etwas beschäftigen – sei es mit Fischen oder mit Gedichten. Ezra Pound, ein amerikanischer Lyriker, hat es im ersten Kapitel seines „ABC des Lesens" (1934) in einer allegorischen Geschichte zusammengefasst:
>
> „Ein Doktorand, ausgestattet mit Auszeichnungen und Diplomen, begab sich zu Agassiz, um sich von ihm die letzten Feinheiten beibringen zu lassen. Der große Mann gab ihm einen kleinen Fisch und bat ihn, den zu beschreiben.
> Das ist nur ein Sonnenfisch, sagte der Student.
> Ich weiß, sagte Agassiz, beschreib ihn.
> Nach ein paar Minuten kam der Student mit einer Beschreibung wieder, die der des Ichthus Heliodiplodokus, Familie der Heliichtherinkus, glich, oder was auch immer man sagt, um in den Lexika den gemeinen Sonnenfisch vom Alltagswissen fernzuhalten.
> Agassiz sagte dem Studenten, er solle den Fisch beschreiben.
> Der Student brachte es auf vier Seiten Beschreibung. Dann sagte ihm Agassiz, er solle sich den Fisch ansehen. Nachdem drei Wochen vergangen waren, befand sich der Fisch im Zustand fortgeschrittener Verwesung, aber der Student wusste schon einiges über ihn."
> (Pound 1934, S. 3f; Übersetzung d. Verf.)

Was eine Allegorie ist, wird in → KAPITEL 10 erläutert; im Grunde hat jeder ein intuitives Verständnis davon. Man weiß, dass die Geschichte nicht nur von Fischen handelt, auch nicht nur von Dozenten und Studenten, sondern allgemeiner vom Wissen und wie man dazu kommt: zuallererst durch genaue Betrachtung, sodann durch präzise Beschreibung. Bild und Geschichte betonen gemeinsam, dass es mehr zu sehen, ja wahrzunehmen gibt, als sich auf den ersten Blick vermuten lässt. – Das erste Kapitel informiert darüber, weshalb so schwer zu definieren ist, was ein Gedicht ist, und was sich mithilfe dieses Buches lernen lässt.

1.1 **Gedicht, Lyrik, lyrisches Ich**
1.2 **Was man mit diesem Buch lernen kann**
   Zum Beispiel: Ernst Jandl, *darstellung eines poetischen problems*

1.1 Gedicht, Lyrik, lyrisches Ich

Die Antwort auf die Frage, was ein Gedicht ist, ist aus germanistischer Sicht weniger einfach, als man zunächst denken mag. Gesucht wird eine Definition, die klare Zuordnungen und Unterscheidungen gestattet. Vers und Reim etwa sind deutliche, aber keinesfalls ausreichende Kriterien. Dafür zwei Beispiele:

Was ist ein Gedicht?

Ist der Text eines Liedes automatisch ein Gedicht? Einige der bekanntesten deutschen Gedichte sind mit einer Melodie versehen worden. Und es ist umgekehrt nichts Ungewöhnliches, wenn in einer Lyrikeinführung Songs von Wolfgang Niedecken oder Herbert Grönemeyer behandelt werden. Aber gibt es da nicht Unterschiede, und wenn ja, welche? Die Frage lässt sich für das Volkslied wiederholen (→ KAPITEL 7.1).

Beispiel Lied

Gottfrieds von Straßburg *Tristan* (um 1210), eine Fragment gebliebene Bearbeitung des *Tristan und Isolde*-Stoffes, ist eine groß angelegte Liebesgeschichte. Sie besteht aus etwa 20 000 Versen. Es handelt sich aber nach heutigem Verständnis ganz offensichtlich nicht um ein Gedicht. Man spricht von einem Versroman; das Grundwort ist Roman. Der Umstand, dass in Versen erzählt wird, macht aus der Liebesgeschichte noch kein langes Gedicht.

Beispiel Versroman

Man rechnet den Wal nicht zu den Fischen, sondern zu den Säugetieren. Das ist nichts, was man dem Tier ansehen könnte: Es ist ein gewisses Verständnis für das Funktionieren von Wissenschaft, für die definitorische Reichweite und historische Bedingtheit von Merkmalen und Kategorien nötig, um diese Zuordnung einleuchtend zu finden. Das wiederum setzt voraus, dass die Betrachter überhaupt wissen, was es alles zu sehen gibt. Für Gedichte gibt das Inhaltsverzeichnis dieses Buches einen ersten Eindruck davon. Schon an den Überschriften der Kapitel ist zu erkennen, dass sich im wissenschaftlichen Umgang mit Literatur ein Begriffsverständnis und Sprechweisen herausgebildet haben, die sich von denen des Alltags unterscheiden.

Das liegt vor allem an dem Bemühen, die Gegenstände des Faches klar voneinander abzugrenzen und möglichst genau zu benennen, worum es sich handelt. Die definitorischen Unterscheidungen erscheinen insbesondere zu Beginn des Studiums nicht immer einleuchtend und unproblematisch – und sie sind es auch nicht. Im Folgenden wird daher versucht, die Ursache dieser Problematik offen zu legen: Es handelt sich um Sachzwänge, die charakteristisch für das Fach und seine Gegenstände sind. Ist das Problem einmal erkannt, sollte der Umgang mit den Begriffen leichter fallen.

Vom Alltag zur Wissenschaft

Für ein erstes Verständnis grundlegend ist der Gebrauch der Begriffe „Gedicht", „Lyrik" und „lyrisch". Sie bilden ein Begriffsfeld, das von den Alltagsvorstellungen nicht so weit entfernt ist, wie es vielleicht bei der ersten Bekanntschaft mit der Forschungsliteratur den Anschein hat. Etwas anders verhält es sich mit dem Begriff „lyrisches Ich", der in vielen Interpretationen verwendet wird. Seine Anwendung entspricht dem ausdrücklichen Bemühen, sich sachlich streng vom alltäglichen Verständnis von Dichter und Gedicht abzusetzen.

Minimaldefinition Gedicht

Das Wort „Gedicht" bezeichnete ursprünglich etwas Aufgeschriebenes, das der mündlichen Rede folgte. Das mittelhochdeutsche *getihte* stammt vom lateinischen *dictare*. Heute bezeichnet der Begriff einen „Text in Versen" – so steht es im *Reallexikon der deutschen Literaturwissenschaft* (Lamping 1997, S. 669). Diese Kürzestdefinition ist der Kern des intuitiven wie auch des akademischen Verständnisses. Die Leser können für die meisten Texte problemlos entscheiden, ob es sich um ein Gedicht handelt oder nicht. Und mehr als das, die Leser rechnen einige der Gedichte mit Selbstverständlichkeit der Dichtung zu, und andere nicht. Die Entscheidung fällt aufgrund von Erfahrung, die von klein auf gesammelt wurde. Zu den Bildern

Verse im Alltag

von Max und Moritz wurden fröhliche Reime vorgelesen, beim Abzählen auf dem Spielplatz benutzte man sie selbst, für Opas runden Geburtstag ‚dichtete' die ganze Familie, die Verse auf der Hochzeit des besten Freundes empfand man als peinlich, die Zitate aus Gedichten in Traueranzeigen hält man für angemessen. Die Begleitung durch Verse hält ein Leben lang an.

Die offensichtliche Gemeinsamkeit aller Texte, die in diesem intuitiven Sinne als Gedichte gelten, besteht in der rhythmischen und klanglichen Abweichung von der Alltagsrede. Die Zeilen sind an bestimmten, wiederkehrenden Stellen betont, verlangen an anderen Stellen Sprechpausen, und oft reimen sie sich. Diese (hörbare) Abweichung ist mit dem Begriff „Vers" in der Kurzdefinition „Texte in Versen" gemeint.

Vers als Kriterium

Das Merkmal Vers markiert den Unterschied zur Prosa. Wie die Beispiele zeigen, genügt es aber nicht, um ausreichend genau zu bestimmen, was ein Gedicht ist. Das gilt nicht nur im Alltag, sondern auch im Bereich der Kunst. Wenn auf der Bühne Verse gesprochen werden – etwa in Gotthold Ephraim Lessings *Nathan der Weise* (1779) – wird dann ein Gedicht aufgeführt?

Gedichte im Alltag

Um zu definieren, was ein Gedicht ist, müssen also noch andere Kriterien hinzutreten, die das Merkmal der rhythmischen und klanglichen Abweichung von der Alltagsrede ergänzen. Auch hier hilft ein

Blick auf die landläufigen Vorstellungen von Gedichten, insbesondere auf einen erhellenden Widerspruch, der mit ihrer allgemeinen Hochschätzung verbunden ist: Einerseits gelten Gedichte als eine besondere Form von Literatur, als ‚schwierige' Gattung, der ein besonderes Sprechen zugrunde liegt. Die Verwendung von „Dichter" oder „Poet" impliziert oft ein positives Qualitätsurteil; wer so genannt wird, hat die sprachlichen Schwierigkeiten gemeistert. Andererseits glauben viele, sie könnten aus dem Stegreif Gedichte schreiben.

Dieser Widerspruch hängt mit der Vorstellung zusammen, Dichter seien besondere Menschen und Gedichte sentimental und subjektiv, und aus diesen Gründen schwer zu verstehen. Dem entspricht, dass man Gedichte für die geeignete Form hält, Unaussprechliches auszudrücken. Wenn sich dann allerdings jemand selbst am Unaussprechlichen versucht hat, glaubt er, nicht nur seine guten Freunde müssten sich dafür interessieren, sondern auch die Welt (zumindest die literarische). In diesem Sinne sind Gedichte durch eine seltene Spannung zwischen Öffentlichkeit und Privatheit gekennzeichnet. – Zu diesem Befund passen zwei Beobachtungen:

In einigen der eingangs erwähnten Beispiele zeigt die Verwendung von Gedichten eine besondere Situation an. Zu Geburtstagen, Hochzeiten und Todesfällen möchte man anders sprechen als im Alltag, nachdrücklicher und mit mehr Gefühl.
<small>Besondere Situation</small>

Von der zweiten Beobachtung berichten gewöhnlich Lehrer und Lektoren: Das Verfassen von Gedichten gehört zu den pubertären Begleiterscheinungen, dem ‚privaten Sturm und Drang'. In einer Zeit, in der man sich seiner Individualität bewusst wird, glaubt man sich ausreichend einzigartig, um auch entsprechende Texte hervorzubringen.
<small>Individualität</small>

Die mit diesen Beobachtungen angezeigte Besonderheit von Gedichten hat man auf verschiedene Weise zu fassen gesucht. Man hat das „Überwiegen eines subjektbezogenen Sprachgebrauchs" hervorgehoben (Neumann 1973, S. 10), die „Einzelrede" im Gegensatz zu dialogischem und situationsgebundenem Sprechen betont (Lamping 1989, S. 63) oder die ausgestellte „Unmittelbarkeit der Einflussnahme" als „innere Oralität" bezeichnet (Holschuh 1998, S. 226), um jenes Moment zu beschreiben, das in der Alltagssprache „poetisch" oder „lyrisch" heißt. Und diese Formulierungen sind zustande gekommen, weil man in der Definition genau diese beiden Worte vermeiden wollte.
<small>Das Kriterium „lyrisch"</small>

Erfasst werden sollte mit den Definitionsversuchen eine Qualität, die unabhängig von Versen ist: eine bestimmte sprachliche Intensität;

ein bestimmter ‚Ton', der der Aussage selbst dann Nachdruck verleiht, wenn sie nicht sofort verständlich ist; eine Ausdrucksweise, mit der der Sprecher seine Gefühle offen legt. Was hindert die Wissenschaft, für diese Eigenschaft das Adjektiv „lyrisch" zu gebrauchen? – Es ist der Umstand, dass man dann dazusagen muss, was genau man damit meint.

Im vorgeführten Sinne bezeichnet der Begriff „lyrisch" ein Stilmerkmal, eine sprachliche Qualität einiger literarischer Texte, eine bestimmte Schreibweise. Sie ist keineswegs auf Gedichte beschränkt, auch ein Roman kann in diesem Sinne lyrisch sein, und entsprechend wird das Attribut im Alltag auch verwendet. Daraus folgt, dass dieses Kriterium nicht hinreicht, um zu bestimmen, was ein Gedicht ist. Dieser Unschärfe wegen spricht man auch vom „lyrischen Gedicht". Mit diesem Terminus werden also zwei Kriterien angezeigt: eine bestimmte Sprechweise (lyrisch) und Verse (Gedicht). Das Kriterium „lyrisch" lässt sich dann so streng verstehen, dass dadurch bestimmte Texte ausgeschlossen werden: zum einen solche, die dramatisch aufgebaut sind, zum anderen solche, in denen eine Geschichte erzählt wird (wie etwa in Goethes *Zauberlehrling*, 1798, → KAPITEL 9).

<small>Lyrisches Gedicht</small>

Eine solche Sicht- und Sprechweise steht allerdings im Widerspruch zu der aus dem Alltag vertrauten Ansicht, dass alle Gedichte der Gattung Lyrik zuzuordnen sind. Wenn alle Gedichte zur Lyrik gehören, dann scheint es nicht sinnvoll, an dem Ausdruck „lyrisches Gedicht" festzuhalten. Er besteht – aus dieser Sicht, und nur aus dieser – aus zwei Worten (unterschiedlicher Wortarten), die dasselbe sagen (ein Pleonasmus, → KAPITEL 10.2).

Für welchen Wortgebrauch man sich entscheidet, hängt davon ab, worüber man spricht und was genau man sagen will. Diese Problemlage sollte man beim Lesen der Forschungsliteratur ebenso bedenken wie beim eigenen Gebrauch der Begriffe. Es kommt noch ein weiteres Moment hinzu: Nicht nur sind heute zwei verschiedene Verwendungsweisen der Begriffe „Lyrik" und „lyrisch" im Umlauf, sondern man hat auch zu verschiedenen Zeiten Verschiedenes darunter verstanden.

<small>Musikalität als Kriterium des Lyrischen</small>

Die Vorstellung vom Lyrischen als einer Sprech- oder Schreibweise hat eine lange Geschichte. Das ist schon am Wort „Lyrik" zu erkennen, das von *lyra*, dem griechischen Wort für Leier (ein Zupfinstrument) abgeleitet ist. Allerdings sind aus der Antike keine systematischen Klassifizierungen überliefert, in denen die Gattung Lyrik näher bestimmt würde. Als lyrisch galt die Verbindung von Text und Musik; Platon etwa dienten die Dithyramben, Chor- oder Wechselgesänge, die bei Festen aufgeführt wurden, als Beispiel (vgl. Platon 1991, S. 203). Die Sangbarkeit eines Textes blieb im Mittelalter und in der Frühen Neuzeit das zentrale Merkmal für lyrische Texte. In diesem Sinne sprach Martin Opitz in seinem für die Entwicklung der deutschen Lyrik enorm folgenreichen *Buch von der Deutschen Poeterey* (1624) von „Lyrica oder getichte die man zur Music sonderlich gebrauchen kan" (Opitz 2002, S. 33). Er erfasste die Gesamtheit der Gedichte aber nicht durch eine Definition, sondern einfach durch Aufzählung aller Formen. Die heute so selbstverständlich erscheinende Gattungseinteilung in Dramatik, Epik und Lyrik wurde erst im 18. Jahrhundert entwickelt (→ ASB D'APRILE/SIEBERS, KAPITEL 9.1). Der Blick auf die Geschichte und den Begriffsgebrauch zeigt, dass die Gattungen – für die Wissenschaft – so selbstverständlich nicht sind. Mit der Unterscheidung der drei Hauptgattungen trat die Vorstellung vom Lyrischen als bevorzugtem Medium der Selbstaussprache in den Vordergrund. Sie hat die Idee davon, was ein Gedicht sei, nachhaltig geprägt, wie etwa im *Brockhaus' Konversationslexikon* von 1817 nachzulesen ist:

„Lyrik, lyrische Poesie ist diejenige Gattung der Poesie (oder Dichtungsart), durch welche der Dichter sein inneres Leben im Zustande des bewegten Gefühls unmittelbar darstellt. [...] Was der lyrische Dichter gibt, gibt er als sein eigenes *Inneres*, weshalb man auch die lyrische Poesie die subjektive im Gegensatze der übrigen Dichtungsarten, genannt hat." (Völker 1990, S. 167f.)

Im Gefüge der drei großen Gattungen gilt die Lyrik landläufig nach wie vor als die subjektivste. In der Wissenschaft bemüht man sich inzwischen, nicht zuletzt infolge der Beschäftigung mit moderner Lyrik (→ KAPITEL 2.4), den Schwerpunkt (erst einmal) auf den Text und seine sprachliche Beschaffenheit zu legen, was die Beschäftigung mit dem Verfasser und seiner Zeit keinesfalls ausschließt. Konkret heißt das: Um ein Gedicht mit seinem Verfasser in Verbindung bringen zu können, muss man erst einmal etwas über das Gedicht wissen.

Um dem Kurzschluss zwischen Gedicht und Dichter vorzubeugen, wurde im 20. Jahrhundert in der deutschen Lyriktheorie der Begriff „lyrisches Ich" eingeführt. Er soll verhindern, dass der Sprecher im Gedicht, das Subjekt, dem die Leser die Aussage des Textes – konkreter: Gefühle, Gedanken aber auch Beschreibungen – zuordnen, mit dem Autor gleichgesetzt wird. Der Begriff wirkt etwas sperrig. Das kommt dieser Funktion zugute, weil es im Bewusstsein hält, dass es sich um eine „terminologische Hilfskonstruktion" handelt (Fricke/Stocker 2000, S. 509). Der Ausdruck findet sich nur in der

Lyrik als Gattung

Lyrisches Ich

deutschsprachigen Forschung, außerhalb dieses Bereichs spricht man vom „lyrischen Subjekt". Bezeichnet wird mit beiden Begriffen die vom Autor zu unterscheidende Sprecherinstanz eines Gedichts, also ein Subjekt, dessen Eigenschaften aus dem Text (wie unbewusst auch immer) extrahiert werden. Gemeint ist das Bild, das man sich von dieser Instanz als einer Person macht. Der sperrige Begriff ist in bestimmten Kontexten sinnvoll, in einigen Fällen problematisch, in anderen überflüssig.

Zum Gebrauch der Kategorie

Die für den Umgang mit dem lyrischen Ich zentrale Frage lautet: Was tut die Instanz, wenn sie „ich" sagt oder in einer Weise spricht, die auf ein „Ich" schließen lässt? Spricht das „Ich" auch, vermittelt oder nicht, von oder über sich? Nur wenn diese Frage mit Ja beantwortet wird, scheint es sinnvoll, mit der Kategorie zu arbeiten. Die Frage reicht über die Selbstverständlichkeit hinaus, dass zu jeder Rede auch ein Sprecher gehört. Sie gilt dem Verhältnis der Instanz zu der im Text implizit enthaltenen Sprechsituation. Um diese zu bewerten, sind die historischen Verhältnisse, unter denen das Gedicht geschrieben wurde, und auch die Eigenheiten der Gattung oder des Genres, denen es zuzurechnen ist, in Rechnung zu stellen. Dazu zwei Beispiele.

Beispiel Barock

Im Barock war es üblich, zu vielen feierlichen Anlässen Gedichte zu schreiben, auch gegen Bezahlung. In solchen Gedichten wurde „Ich" oder „Wir" gesagt, obwohl man nicht von sich sprach, sondern nur eine Sprecherrolle ausfüllte, etwas Erwartbares tat, was sich aus der Situation ergab. Im Falle eines Geburtstags also: gratulieren. Die Sammlung der lyrischen Werke des Barockdichters Paul Fleming etwa ist unter anderem unterteilt in Leichen- und Hochzeitsgedichte sowie „Glückwünschungen" (vgl. Fleming 1865), also nach den Anlässen, zu denen die Gedichte geschrieben wurden. Hier ein Ausschnitt aus seinem Glückwunschgedicht *An Herrn Hartman Grahmannen, als er seinen Geburtstag den 11. Jenner MDCXXXVI in Reval beginge*:

> Lass bringen gute Kost, Bier, Lautertrank und Wein,
> wir wollen geistlich erst, hernacher weltlich sein,
> im Fall sichs gar wol reimt, Gott danken und sich freuen.
> (aus: Paul Fleming, *An Herrn Hartman Grahmannen ...*, 1636)

Das Ich – im „Wir" enthalten – tritt in einer kulturell vorgefertigten Rolle auf, als offizieller Gratulant. Es spricht nicht von sich, es lohnt also gar nicht, die Frage nach der Beschaffenheit des lyrischen Ichs zu stellen. Streng betrachtet gibt es gar kein lyrisches Ich. Streng betrachtet heißt: Es gibt sehr wohl eine Sprecherinstanz im Gedicht.

Und es ist nicht unwahrscheinlich, dass ein Leser, der mit den Eigenheiten der barocken Gelegenheitsdichtung (→ KAPITEL 2.1) nicht vertraut ist, sich daraus ein lyrisches Ich entwirft, das gern Geburtstag feiern möchte.

Ähnlich verhält sich das, wenn in einer Ballade (→ KAPITEL 9) aus der Sicht des Helden gesprochen wird. Der Text kann ganz unvermittelt einsetzen, und trotzdem ist gut zu rekonstruieren, wer spricht:

Beispiel Ballade

> Hat der alte Hexenmeister
> Sich doch einmal wegbegeben!
> Und nun sollen seine Geister
> Auch nach meinem Willen leben.
> (aus: Johann Wolfgang Goethe, *Der Zauberlehrling,* 1798)

Hier spricht ein Zauberlehrling, und nicht der Autor. Es ist also gar nicht nötig, die Kategorie des lyrischen Ichs zu benutzen, die die Sprecherinstanz vom Autor trennen soll.

Nötig und zweckmäßig ist sie in all den Fällen, in denen sich eine wie auch immer vermittelte Aussprache des Subjekts findet. Es lässt sich zum Beispiel der Art und Weise, wie im Gedicht Welt wahrgenommen, wie über Landschaft gesprochen wird, etwas über den Zustand des Sprechers, sein Verhältnis zur Natur entnehmen. Aber die Wut, die Trauer und/oder die Liebe, die so zum Ausdruck kommen, sind nicht zwangsläufig die des Autors. – Relevant ist die Kategorie also bei all jenen Gedichten, bei denen die Versuchung besteht, sie in direkter oder indirekter Weise auf das Erleben des Verfassers zurückzuführen. Das betrifft im Kern alle Gedichte aus den Epochen, in denen Lyrik als Subjektaussprache verstanden wurde – ein Verständnis, das bis heute nachwirkt und eine ganz wesentliche Traditionslinie bestimmt. Erst mit der Moderne kommt eine Vorstellung vom Gedicht zum Tragen, mit der sich die Dichter explizit von dieser Tradition absetzen (→ KAPITEL 2.4). Sie betonen stattdessen die Eigenständigkeit der Sprache als Material. „Es führt von der Poesie kein direkter Weg ins Leben, aus dem Leben keiner in die Poesie", formulierte Hugo von Hofmannsthal 1895 (Hofmannsthal 1949, S. 16).

Lyrisches Ich vs. Autor

1.2 Was man mit diesem Buch lernen kann

Auch wenn nach Hofmannsthal noch viele andere Lyriker ähnliches gesagt haben, gelten Gedichte im landläufigen Verständnis nach wie vor als extrem subjektive Äußerungen. Das hat nicht zuletzt damit

Hinweis für künftige Poeten

zu tun, dass das Lesen von Gedichten mitunter starke Emotionen auslöst. Und das wiederum liegt an der besonderen sprachlichen Organisation von Gedichten, an der spezifisch lyrischen Art und Weise, wie etwas gesagt wird. Man kann sich diesen Umstand leicht an seiner Umkehrung verdeutlichen: Starke Gefühle allein reichen nicht aus, um ein Gedicht zu schreiben. Von dem, was an sprachlichen Mitteln benötigt wird, um andere mit Gedichten emotional zu erreichen, wird im Folgenden einiges vorgestellt. (Für alle, die eben etwas über sich gelesen haben: Das ist das richtige Buch für Sie. Gedichte Schreiben fängt mit dem Lesen von Gedichten an.)

Die Idee des Buches

Weder Lesen noch Schreiben kommen ohne Gefühle aus. Aber sie machen noch keinen Text aus, kein Gedicht und auch keine Interpretation. Man könnte im Sinne von Pounds Allegorie sagen, die Emotionen sind die Schwimmblase des Fisches: Sie ermöglicht das Schweben im Wasser. Darüber hinaus besteht der Fisch aber noch aus vielen anderen ‚Bestandteilen', vom Skelett bis zu den Schuppen. Sie werden in diesem Buch vorgestellt. Es wird gezeigt, was es an Gedichten alles zu sehen gibt. Aus der Perspektive eines Anfängers sieht das nach viel Stoff aus: Es werden Begriffe aus der Metrik und der Rhetorik erläutert, Einteilungen in Gattungen und Genres erklärt, verschiedene Arten von Bildlichkeit und Bezügen zur Tradition besprochen. Der Eindruck von Fülle ist durchaus beabsichtigt. Das Buch soll seine Leser überhaupt erst einmal in die Lage versetzen, dies alles wahrnehmen, verfolgen und einordnen zu können.

Lyrikgeschichte

Die Einordnung eines Gedichts in den historischen Kontext kann für die Interpretation grundlegend sein. → KAPITEL 2 gibt daher einen historischen Überblick über das Dichtungsverständnis vom Barock bis zur Moderne sowie über die verschiedenen Ordnungen lyrischer Texte, die sich daraus ergaben. Der kurze Überblick ist nichts anderes als die Vorgeschichte der heutigen Verhältnisse: Er soll es ermöglichen zu erkennen, welche dichtungsgeschichtlichen Positionen und Bezüge in der gegenwärtigen Lyrik nebeneinander präsent sind.

Vom Vers zur Strophe zum Gedicht

Die Kapitel 3 bis 9 bilden einen großen Bogen. Es wird durchgängig Wissen zur Form von Gedichten vermittelt. Die Form eines Gedichts bestimmt seine Aussage ganz wesentlich mit; die Einbindung der metrischen und rhetorischen Besonderheiten in die Analyse eines Gedichts ist die Voraussetzung für eine gelungene Interpretation. Die einzelnen Kapitel haben jeweils einen spezifischen Schwerpunkt: In → KAPITEL 3 ist es der Vers, die rhythmische Organisation einer Zeile durch Betonungen. In → KAPITEL 4 werden die klanglichen Phänomene behandelt. Auch sie organisieren die Worte nach bestimmten Prinzipien und tragen so zum Zusammenhang der Verse bei. Der größeren Einheit Strophe ist → KAPITEL 5 gewidmet. Dass im → KAPITEL 6 sowohl Vers- als auch Strophen- und Gedichtformen vorgestellt werden, hat historische Gründe: Die antiken Formen, die in diesem Kapitel behandelt werden, haben die Geschichte der deutschen Lyrik nachhaltig geprägt. Der Bogen von den kleineren Einheiten zu den größeren endet bei den Gedichtformen, die in → KAPITEL 7 behandelt werden. Aus historischen und pragmatischen Erwägungen heraus werden zwei Gedichtformen, das Sonett (→ KAPITEL 8) und die Ballade (→ KAPITEL 9), in einem je eigenen Kapitel genauer erläutert. Zum einen nehmen beide Formen einen prominenten Platz in der deutschen Dichtung ein. Zum anderen wird zu Prüfungszwecken überdurchschnittlich häufig auf Sonett und Ballade zurückgegriffen, weil sie interpretatorisch ‚ergiebig' sind. Beide Formen bieten dem Prüfling gute Gelegenheiten, literaturgeschichtliches und methodologisches Wissen anzuwenden. Die beiden Kapitel sollen auf diese Gelegenheit aufmerksam machen und vorbereiten.

_{Sonett und Ballade}

In → KAPITEL 10 und 11 werden Phänomene und Verfahren in den Blick genommen, die einzelne sprachliche Fügungen mit zusätzlicher Bedeutung aufladen. Die nun schon bekannte Allegorie ist ein Beispiel dafür. In den → KAPITELN 12 und 13 wird schließlich die Perspektive über das einzelne Gedicht hinaus eröffnet. Zuerst wird vorgeführt, welchen Aufschluss die unmittelbare textuelle Umgebung eines Gedichts – Überschrift, Motti und Widmungen – gewährt, und wie mit Gedichtzyklen oder Gedichteinlagen in Romanen umzugehen ist. Sodann wird die Rolle von Intertexten behandelt, also etwa von Texten, die in einem Gedicht zitiert oder auf die angespielt wird. – Das letzte → KAPITEL 14 ist der Versuch einer Zusammenfassung in Form einer Handreichung, das nicht zuletzt den Zusammenhang all dessen, was zuvor einzeln ausgebreitet wurde, noch einmal betont.

Rhetorik

Kontext und Intertext

Auf zwei methodische Voraussetzungen, die für den wissenschaftlichen Umgang mit Texten generell gelten, wird in der Darstellung besonderer Wert gelegt: auf die historische Bedingtheit von Text und Interpretation sowie auf den Zusammenhang von Inhalt und Form (→ KAPITEL 14.2). Beides soll in einer Interpretation seiner Bedeutung für das jeweilige Gedicht entsprechend zur Geltung kommen.

Methodische Schwerpunkte

Die Schwierigkeit, Beobachtungen am Text begrifflich genau zu beschreiben und die einzelnen Beobachtungen zudem in einer Interpretation zusammenzuführen, gehört zu den größten Hürden zu Beginn des Studiums. Dieser Erfahrung entsprechend enthält jedes Kapitel im Anschluss an den Wissensteil eine Interpretation. Sie ist

Stellenwert der Interpretation

nicht auf Vollständigkeit hin angelegt, sondern führt exemplarisch vor, wie sich die zuvor behandelten Merkmale oder Aspekte im Zusammenhang einer größeren Darstellung zur Geltung bringen lassen.

Das Buch als Ganzes versetzt seine Leser in die Lage, sich ein Gedicht selbstständig wissenschaftlich erschließen zu können. Die Bezeichnung *Arbeitsbuch* zeigt an, dass dazu regelmäßige Mitarbeit notwendig ist, dass gezielte Nacharbeit und zusätzliche Übung erforderlich sind. Als Anregung dazu dienen die Aufgaben am Ende der Kapitel.

Zum Beispiel:
Ernst Jandl, *darstellung eines poetischen problems*

Alles, was man benötigt, um zu klären, ob ein Text ein Gedicht ist oder nicht, wurde bereits angesprochen. Und es hat sich schon gezeigt, welche Schwierigkeiten sich ergeben, wenn aus den Merkmalen, die ein Gedicht auszeichnen können (und die in den folgenden Kapiteln behandelt werden), abstrakte Kriterien gewonnen werden sollen, um zu entscheiden, was ein Gedicht ist. Wenn es nicht um *alle* Gedichte geht, sondern um einen einzelnen Text, der einzuordnen ist, lassen sich folgende Fragen zur Orientierung benutzen:

Fragestellung der Interpretation

- Unterscheiden sich Sprachgebrauch und Sprechweise von der des Alltags?
- Wie deutlich ist der Text strukturiert (im Gegensatz zu Prosa)? Handelt es sich im weitesten Sinne um Verse (→ KAPITEL 3)?
- Was genau trägt die Form zur Aussage bei? – Diese Frage ist sehr schematisch und muss je nach vorliegendem Text präzisiert werden. Sie könnte dann etwa lauten: Wird in dem Text eine Geschichte erzählt und ist diese Eigenschaft das dominierende Merkmal?
- Gibt es ein lyrisches Ich?
- Wann wurde der Text geschrieben? Wie verhält er sich zu der zu dieser Zeit dominierenden Vorstellung von Lyrik?

Die Antworten auf diese Fragen werden nicht immer eindeutig sein, aber sie stellen das Material bereit, anhand dessen sich abwägen lässt, ob es sich um ein Gedicht handelt. Im Folgenden wird an Ernst Jandls Gedicht *darstellung eines poetischen problems* (1968) vorgeführt, wie man dieses Abwägen für eine Interpretation benutzt.

Wie funktioniert der Text?

Das soll ein Gedicht sein? Darin besteht das Problem. Der Text besteht aus zwölf Strophen, jede Strophe aus vier Zeilen. Die Zeilen reimen sich nicht und sind von unterschiedlicher Länge. Aber ihre

Ernst Jandl

darstellung eines poetischen problems

1 ein
1 wort
1 neben
1 das

2 ein wort
2 neben das
2 ein zweites
2 wort tritt

3 ein wort neben
3 das ein zweites
3 neben das ein
3 drittes wort tritt

4 ein wort neben das
4 ein zweites neben das
4 ein drittes neben das
4 ein viertes wort tritt

5 ein wort neben das ein
5 zweites neben das ein drittes
5 neben das ein viertes neben
5 das ein fünftes wort tritt

6 ein wort neben das ein zweites
6 neben das ein drittes neben das
6 ein viertes neben das ein fünftes
6 neben das ein sechstes wort tritt

7 ein wort neben das ein zweites neben
7 das ein drittes neben das ein viertes
7 neben das ein fünftes neben das ein
7 sechstes neben das ein siebentes wort tritt

8 ein wort neben das ein zweites neben das
8 ein drittes neben das ein viertes neben das
8 ein fünftes neben das ein sechstes neben das
8 ein siebentes neben das ein achtes wort tritt

9 ein wort neben das ein zweites neben das ein
9 drittes neben das ein viertes neben das ein fünftes
9 neben das ein sechstes neben das ein siebentes neben
9 das ein achtes neben das ein neuntes wort tritt

10 ein wort neben das ein zweites neben das ein drittes
10 neben das ein viertes neben das ein fünftes neben das
10 ein sechstes neben das ein siebentes neben das ein achtes
10 neben das ein neuntes neben das ein zehntes wort tritt

11 ein wort neben das ein zweites neben das ein drittes neben
11 das ein viertes neben das ein fünftes neben das ein sechstes
11 neben das ein siebentes neben das ein achtes neben das ein
11 neuntes neben das ein zehntes neben das ein elftes wort tritt

12 ein wort neben das ein zweites neben das ein drittes neben das
12 ein viertes neben das ein fünftes neben das ein sechstes neben das
12 ein siebentes neben das ein achtes neben das ein neuntes neben das
12 ein zehntes neben das ein elftes neben das ein zwölftes wort tritt
etc.

Abfolge ist nicht zufällig, sondern folgt einer Regel. Das zeigen die Zahlen zu Beginn der Zeilen an. Sie geben vor, wie viele Worte zu einer Zeile gehören. Von Strophe zu Strophe wird die Anzahl der Worte pro Zeile um eins größer, jede Strophe hat also vier Worte mehr als die vorangegangene. Den bisher benutzten Worten werden jeweils vier neue hinzugefügt, die lediglich durch eine Ordnungszahl unterschieden sind, sie lauten: „ein [Ordnungszahl] wort tritt". Der Vorgang hat etwas Mechanisches, das nichts mit Kunst zu tun zu haben scheint. Nichtsdestotrotz kommt auf diese Weise ein sprachliches Gebilde zustande, das aussieht wie ein Gedicht. Aber ist es auch eins?

Ist das ein Gedicht?

Es ist jedenfalls keine alltagssprachliche Aussage. Dagegen sprechen der hohe Grad an offensichtlicher Konstruiertheit und die durchgehende Kleinschreibung. Das Gebilde ist künstlich, aber ist es Kunst? Gesprochen wird, der Überschrift zufolge, über ein poetisches Problem. Nach der bisherigen Beobachtung besteht es offensichtlich darin, dass ein Wort neben ein anderes tritt, und zwar einer Regel folgend, die die Form dieser Wortfolge festlegt. – Aber, mit dem sprichwörtlichen Schulmeister zu sprechen, gewöhnlich will uns der Dichter etwas sagen. Er setzt nicht einfach ein Wort ans andere. Das ist hier jedoch auch nicht getan worden. Die Folge der Worte ist sinnvoll, sie verdeutlicht, ja verallgemeinert ein poetisches Verfahren. Es wird auf erkennbar schematische Weise vorgeführt, wie Gedichte zustande kommen. Ein Dichter kann gar nichts anderes tun, als ein Wort neben das andere zu setzen (und dabei bestimmten Regeln zu folgen oder sie zu verletzten). Darin besteht die ganze Kunst, denn es gibt keinen anderen Weg, ein Gedicht zu schreiben.

Gibt es ein lyrisches Ich?

Mit dem Gedicht, 1968 geschrieben, spricht Ernst Jandl eine Selbstverständlichkeit aus und stellt ein grundlegendes Problem der modernen Poesie dar. Es lohnt in diesem Fall nicht, vom lyrischen Ich zu sprechen, vielmehr ist die einzige nachweisbare Eigenschaft der Sprecherinstanz, keine Eigenschaften zu haben. Der Wortlaut des Gedichts gibt keinerlei Anlass, sich eine Person vorzustellen. Der Dichter Jandl spricht nicht über sich, sondern über ein Problem, das alle Dichter und Leser haben. Noch genauer formuliert: Er stellt das Problem dar.

Wie wirkt das Gedicht?

Jandls Text kollidiert mehrfach mit der landläufigen Erwartungshaltung. Die Betonung des Schematischen steht der Vorstellung vom Dichter, der seiner Inspiration gehorcht, entgegen. Hinter Jandls Gedicht ist kein Ich erkennbar, aus dem die Sprache sprudelt. Es geht stattdessen um das Funktionieren von Sprache, um das Zustandekommen von Sinn durch die kunstvolle Anordnung von Worten. Hier werden keine Stimmungen oder Gefühle vermittelt. Was ausgesprochen wird, wird zugleich vorgeführt, auf eine Weise, die, wenn man sie ernst nimmt, nachdenklich macht. Dieser Text sagt: Ich bin ein Gedicht, auch wenn das problematisch scheint. *Form und Inhalt*

Dagegen lässt sich einwenden, dass dies eine Selbstverständlichkeit sei: Dass man jedem Gedicht ansehen kann, dass es ein Gedicht ist. Um tatsächlich als Gedicht zu gelten, muss eine *andere* Aussage hinzukommen. – Sie besteht bei Jandl in der Pointe, den Text mit „etc." enden zu lassen. Das heißt eingedeutscht „und so weiter"; wörtlich, vom Lateinischen „et cetera" bedeutet es: „und die übrigen", nämlich Wörter. Man könnte den Text so fortführen, das ist intuitiv zu verstehen. Wenn dem so wäre, dann hätten alle Leser verstanden, wie der Text ‚funktioniert', sie hätten ein poetisches Prinzip erkannt. *Poetisches Prinzip* Vielleicht ohne dass sie es wüssten. Das dürfte trotzdem ein Erfolg sein, aber macht das den Text ‚wirklich' zum Gedicht? Immerhin: Der Text hört nicht einfach auf, er endet mit drei Buchstaben, die das Muster durchbrechen und eine Aussage über die Struktur der vorangegangen Strophen enthalten. Hier wird im Gedicht über das Gedicht gesprochen.

Ob diese Argumentation ausreicht, um Jandls Text als Gedicht anzuerkennen, muss jeder Leser selbst entscheiden. Für die Entscheidung ist nicht mehr zu bedenken als bei anderen Gedichten auch. Oder als Frage formuliert: Welches Kriterium, das andere Gedichte erfüllen, erfüllte Jandls Gedicht nicht? – Diese Frage zeigt den Anspruch an, der mit dem Text verbunden ist: Die Moderne (und mit ihr eine lange Tradition sprachartistischer Poesie) beansprucht, neben der ‚subjektzentrierten', ‚konventionellen' Lyrik gleichberechtigt wahrgenommen zu werden. *Dichtungsgeschichtlicher Hintergrund*

Jandls Text ist ein Gedicht über die Sprache, genauer: über die Sprache in Gedichten. Mit dem Text wird die Aufmerksamkeit der Leser auf das Material gelenkt, aus dem Gedichte bestehen. Für das Verständnis des Gedichts ist nicht mehr erforderlich, als zu beobachten, welche Aussage auf welche Weise gemacht wird. Form und Inhalt bilden eine Einheit, alle beschriebenen Merkmale wirken zusammen, um das Problem sichtbar zu machen. Es steht nichts zwischen den Zeilen, es handelt sich nicht um ein Rätsel, kein besonderer Mensch spricht seine Gefühle aus. Ein Gedicht besteht aus Sprache, nur aus Sprache. Wie alle Leser wissen, besteht in den meisten Fällen genau darin das Problem.

Aufgabe

Interpretation

Der folgende Text von Peter Handke erschien 1969 in dem Band *Die Innenwelt der Außenwelt der Innenwelt*. Handelt es sich dabei um ein Gedicht?

Die Aufstellung des 1. FC Nürnberg
vom 27. 1. 1968

Wabra

Leupold   Popp

Ludwig Müller   Wenauer   Blankenburg

Starek   Strehl   Brungs   Heinz Müller   Volkert

Spielbeginn:
15 Uhr

Lektüreempfehlungen

- **Ludwig Völker (Hg): Lyriktheorie. Texte vom Barock bis zur Gegenwart,** Stuttgart 1990. *Die Anthologie enthält leicht kommentierte Auszüge aus dichtungstheoretischen Schriften von Lyrikern, Philosophen und Germanisten und gibt einen guten Überblick über wichtige Stationen. Das Vorwort gibt Anregungen, auf welche Kriterien und Fragen man bei der Lektüre achten sollte.*
- **Rüdiger Zymner: Lyrik,** in: Thomas Anz (Hg.), Handbuch Literaturwissenschaft, Bd. 1, Stuttgart 2007, S. 67–73. *Gattungstheoretische Überlegungen werden knapp und gut verständlich mit dem literaturgeschichtlichen Hintergrund verbunden.*

2 Lyrik und Gedicht im historischen Wandel

Abbildung 2: Adolf Oberländer, *Der Dichter auf dem Pegasus* (1896)

In der Karikatur sind Dichterbilder unterschiedlicher Zeiten miteinander verbunden: Toga, Lorbeerkranz und Lyra, das Instrument, das der Mann in der Hand hält, sind Attribute des antiken Dichters, der als Sänger und Priester gefeiert wurde. Die Brille zeichnet den Dichter als Gelehrten aus und verweist damit auf die Vorstellung, die in Barock und Aufklärung dominierte. Zylinder und Handschuhe stammen aus dem 18./19. Jahrhundert, der Zeit, in der die meisten Autoren dem Bürgertum angehörten. Die hochgeschlagene Hose steht für die sprichwörtliche Armut des Poeten. Das Steckenpferd schließlich, das der Dichter reitet, verweist auf Pegasus, ein geflügeltes Pferd aus der griechischen Mythologie, das für die Inspiration steht und zum allegorischen Attribut der Dichter wurde. Dass Dichtung immer auch der Einbildungskraft bedarf, zeigt sich an dem runden Fenster, in dem die Fantasien des Dichters abgebildet sind; „Gedichte sind gemahlte Fensterscheiben", heißt es bei Goethe („Parabolisch", 1827).

Die Bildelemente geben eine zeitliche Folge wieder, keine Gleichzeitigkeit. Mit der Vorstellung davon, was Dichtung sei und welche Rolle sie im Leben spiele, haben sich auch die Dichterbilder im Laufe der Zeit verändert.

In diesem Kapitel wird ein Überblick über wichtige Stationen der Geschichte der deutschen Lyrik gegeben. Die Stellung des Dichters in der Gesellschaft, sein Verhältnis zur Wirklichkeit und zu seinem Stoff und damit auch die Darstellungsweise im einzelnen Gedicht haben sich im Lauf der Zeit erheblich verändert. Aufgrund dieses Wandels werden Gattungen wie die Gelegenheitsdichtung, die Lehrdichtung oder die Erlebnislyrik in bestimmten Epochen hochgeschätzt und verlieren zu anderen Zeiten wieder an Bedeutung. Wie der Gedichtvergleich am Ende des Kapitels zeigt, ist das Wissen um die dichtungsgeschichtlichen Voraussetzungen, unter denen ein Gedicht geschrieben wurde, oft ein wichtiger Schlüssel zu seiner Interpretation.

2.1 **Rhetorische Gelehrsamkeit im Barock**
2.2 **Rationale Gelehrsamkeit in der Frühaufklärung**
2.3 **Aufwertung des Subjekts im 18. Jahrhundert**
2.4 **Moderne Lyrik**
2.5 **Lyrikgeschichte und Interpretation**
   Zum Beispiel: Andreas Gryphius, *Einsamkeit*;
   Barthold Heinrich Brockes, *Die Heide*

2.1 Rhetorische Gelehrsamkeit im Barock

Die ersten Belege für deutschsprachige Lyrik stammen aus dem 10. Jahrhundert. Die Geschichte der deutschen Lyrik von dort bis zum 16. Jahrhundert wird – den disziplinären Konventionen entsprechend – von der Mediävistik behandelt (→ ASB SIEBURG). Die ‚Zuständigkeit' der Neueren deutschen Literaturwissenschaft setzt innerhalb der Frühen Neuzeit ein, nämlich mit dem Barock.

In der Epoche des Barock (ca. 1620–1720) war das Dichterbild vom Ideal des *Poeta doctus*, des gelehrten Dichters, bestimmt. Als „gelehrt" galt ein Dichter, der neben natürlicher Begabung das Wissen um die Regeln der Dichtkunst besaß und sich zudem in den Wissenschaften seiner Zeit auskannte. Die Regeln für Gedichte waren in Poetiken – Anleitungen für das Verfassen von Lyrik – niedergelegt. Seine Gelehrsamkeit zeigte der Dichter, indem er Sachwissen aus Mythologie und Geschichte in formvollendete Gedichte einbrachte. In Renaissance und Barock war der Rückgriff auf antike Vorgaben sowohl formal wie inhaltlich bestimmend.

Poeta doctus

Das Anfertigen eines Gedichts folgte den Regeln der Rhetorik (→ ASB KELLER). Der Dichter lernte sein Handwerk, indem er sich diese Regeln aneignete und vorbildliche antike, später auch deutsche Texte nachahmte, also durch *imitatio* (→ KAPITEL 13). Die Lektüre vorbildlicher Werke lieferte ihm Bilder und Wendungen, die er in eigenen Gedichten einsetzen oder variieren konnte. Ein gutes Gedicht zeichnete sich durch gekonnte Anwendung von Regeln und geistreiche Kombination überlieferter Formulierungen und Bilder aus. Von besonderem Nutzen war dabei die Topik, die Wissenschaft von den Fundstellen.

Imitatio

Die Begriffe Topos oder Locus (griechisch/lateinisch: Ort, Gemeinplatz) stammen aus der antiken Rhetorik, wo sie einen Katalog von Fragen bezeichnen, der beim Verfassen einer Rede Orientierung gewährte (→ KAPITEL 10.1). Aus der *imitatio* der musterhaften Texte entstanden die *loci communes* (Gemeinplätze). Das waren themengebunden immer wieder verwendete und variierte Formulierungen. Auch sie werden als Topoi bezeichnet. Die Topik umfasste beide Aspekte: eine Fragetechnik, die dem Dichter gestattete, sein Thema argumentativ zu entwickeln, und einen Vorrat von festen Bildern und Wendungen, der ihm sprachliche Versatzstücke lieferte oder als Muster dienen konnte. Die Autoren wussten also, wie man ein Thema angemessen darstellte, die Leser kannten viele Bilder und Motive und wussten, in welcher Bedeutung sie auftreten konnten.

Topos

Gelegenheitsdichtung

Okkasionelle Dichtung / Kasualpoesie

Als Gelegenheitsdichtung, auch okkasionelle Dichtung (lateinisch *occasio* = Gelegenheit) oder Kasualpoesie (lateinisch *casus* = Fall) bezeichnet man Gedichte, die zu einem bestimmten Anlass verfasst werden, wie z. B. zu Geburtstagen, Hochzeiten, Namenstagen oder Begräbnissen. Gelegenheitsdichtung gab es schon in der Antike und gibt es auch heute noch, wobei die heutigen, zum großen Teil von ‚Hobby-Poeten' geschriebenen Gedichte in der Regel nicht mehr zur höheren Dichtung gerechnet werden.

Epithalamium und Epicedium

Im Barock waren diese Gedichte besonders beliebt, und sie bildeten eine wichtige Einkommensquelle für die Autoren. Das Werk vieler heute noch bekannter Barockdichter, wie z. B. das Simon Dachs (1605–59), besteht hauptsächlich aus Gelegenheitsdichtung. Die gängigsten Formen waren Epithalamien (Hochzeitsgedichte) und Epicedien (Leichenbegängnisgedichte). Die Gedichte wurden zum jeweiligen Anlass vorgetragen und auch als Einzeldrucke in kleinen Auflagen verteilt. In diesem Sinne waren Gelegenheitsgedichte schon immer Gebrauchslyrik. Als in der zweiten Hälfte des 17. Jahrhunderts das Bedürfnis nach Gelegenheitsgedichten wuchs und das Verfassen von Gedichten schließlich auch an Schulen gelehrt wurde, entstanden „Anweisungspoetiken" (Grimm 1983, S. 281), die die von einem Dichter geforderte Gelehrsamkeit auf ein in Wörterlisten, Reim- und Sachlexika bequem nachschlagbares Wissen reduzierten.

Gebrauchslyrik

Anweisungspoetik

Verfertigung eines Gedichts

Beispiel: Simon Dach

Gelegenheitsgedichte wurden gemäß den rhetorischen Prinzipien hergestellt (*inventio, dispositio* und *elocutio*; → KAPITEL 10.1). Das Thema ergab sich aus dem Anlass, der zunächst mit den Fragen *Quis? Quid? Ubi? Quibus auxiliis? Cur? Quomodo? Quando?* (Wer? Was? Wo? Wodurch? Warum? Wie? Wann?) auf sein thematisches Potenzial hin geprüft wurde. Den so bestimmten Themen entsprach ein festes Arsenal an Topoi, aus dem man eine Auswahl für sein Gedicht treffen konnte (vgl. dazu die Übersicht bei Segebrecht 1977, S. 137). Die Vorgehensweise soll an einem Gedicht von Simon Dach kurz verdeutlicht werden. Die zu bedichtende Gelegenheit ist in diesem Fall eine Hochzeit. Dach hat sich dafür entschieden, die Personen ins Zentrum des Gedichts zu stellen. Er könnte dementsprechend Herkunft, Stand, gesellschaftliche Bedeutung oder die Etymologie des Namens zum Thema machen. Dach wählte den Namen des Bräutigams – ein sehr beliebter *locus* im Barock – als Aufhänger und leitete das Thema seines Gedichts von dessen Bedeutung her – was bei dem sprechenden Namen „Falck" (V. 1) sehr nahe liegend war.

Die Suche nach der richtigen Frau wird als Jagd des Falken nach seiner Beute dargestellt.

Simon Dach, *Georg Falck und Maria Hag. 5. Mai 1653.*

1 Ein Falck hatt' Adlers Flügel
Und liess' die Erde seyn,
Flog über Wald und Hügel
Hinweg und Wolcken-ein,
5 Was trug er? Ungehewer,
O Jupiter, dein Fewer
Und strengen Donner? Nein,

Der Gnaden sannftes Wetter,
Das Rhu und Trost gebiert,
10 Und lauter Oeleblätter,
Die er im Munde führt,
Mit welchen er kann heilen
Die mit den scharffen Pfeilen
Der Sünden sind gerührt.

15 Es bracht' ihm in die Glieder
Ein Liebes-hunger Qual,
Er warff die Augen nieder
In manchen gründen Thal
Nach irgends einem Raube,
20 Für ihn war keine Taube
In aller Lüffte Sal,

Ohn hier im Vaterlande,
Die war in Preußen her
Fern von dem Weser-Strande
25 Geflogen ohngefehr.
Die seufftzet' er zu haben,
Sie macht mit ihren Gaben
Ihm Kummer und Beschwer.

[...]

Die Beschreibung des Vogels und seiner Eigenschaften, mit der die erste Strophe einsetzt, hat, ebenso wie die Erwähnung von Wald und Hügel, nichts mit der Darstellung von Natur zu tun. Es handelt sich um Bilder aus einem rhetorischen Vorrat, die, kunstvoll – das heißt: regelgerecht – zusammengesetzt, eine Aussage über die lobenswerten Eigenschaften eines Bräutigams ergeben. Auch von den Lesern, die nicht auf der Hochzeit waren, wäre keiner auf die Idee gekommen, dies für ein Naturgedicht zu halten: Die Bildlichkeit ergibt sich aus dem Topos der Jagd, dessen Auslegung wiederum durch die allegorische Behandlung des Namens „Falck" bestimmt wird. Die Überschrift informiert über den Anlass, dem der Inhalt zuzuordnen war. *Natur im Gedicht*

Die Hochschätzung der Gelegenheitsdichtung ließ nach, als die barocke Büchergelehrsamkeit, die in einer beständigen Imitation und Variation überlieferten Wissens bestand, insgesamt fragwürdig wurde. Die nach den Regeln der Lehrbücher hergestellte Kasualpoesie geriet immer mehr in die Kritik, sodass schließlich auch in Poetiken die Gelegenheitsgedichte von der ‚hohen Dichtung' abgesondert wurden. Beeinflusst von einem veränderten Wissenschafts- und Weltverständnis lösten sich die Dichter schließlich von der Imitation der kanonisierten Vorgaben und richteten ihren Blick auf die sie umgebende Wirklichkeit. *Abwertung der Kasualpoesie*

2.2 Rationale Gelehrsamkeit in der Frühaufklärung

Der Wandel des Dichtungsverständnisses im 18. Jahrhundert ist von zwei einander ergänzenden Tendenzen gekennzeichnet. Zum einen setzt ein, was mit dem Begriff Säkularisierung zusammengefasst wird: eine allmähliche und weitreichende Veränderung der religiösen Vorstellungen und Institutionen, an deren Ende das christliche Weltbild infrage gestellt wird. Dieser Vorgang wird wesentlich durch das Wissen aus den sich rasant entwickelnden Naturwissenschaften gefördert. Zum anderen wandelt sich im Zuge der Verbürgerlichung von Kultur und Gesellschaft die Kunst vom Mittel der Repräsentation hin zum Ausdrucksmittel des aufgeklärten Individuums (vgl. zu beidem Kemper 2004, S. 95–101).

In diesem Prozess lassen sich mehrere Stationen verfolgen, die auch den verschiedenen Vorstellungen über Dichter ablesbar sind: Der Dichter tritt als Gelehrter auf, sodann als Lehrer und Erzieher und schließlich als Genie, das seine eigenen Regeln macht.

Das Verständnis von Dichtung in der Frühaufklärung (ca. 1720–45) ist beeinflusst vom Rationalismus, der bereits im 17. Jahrhundert durch René Descartes begründet wurde. Zu Beginn des 18. Jahrhunderts vermittelte der Mathematiker und Philosoph Christian Wolff dessen Ansichten nach Deutschland. Unter dem Einfluss des Rationalismus propagierte Johann Christoph Gottsched in seinem *Versuch einer critischen Dichtkunst vor die Deutschen* 1730 ein neues Verständnis von gelehrter Dichtung. Als gelehrt galt nun, wer seinen Gegenstand nach den Regeln der Wahrscheinlichkeit auswählte und in seinem Werk die vollkommene Natur in vollkommener Weise nachzuahmen fähig war. Die Dichtung sollte, ebenso wie die Natur, logischen Gesetzen folgen. Das Konzept der Natur-Mimesis löste das Konzept der *imitatio* ab. Nicht mehr aus Büchern zusammengesuchte Themen und Bilder, sondern aus der Anschauung gewonnene Realien sollten nun in der Dichtung dargestellt werden. Zugleich wurde eine mit Tropen und Figuren (→ KAPITEL 10, 11) überladene Sprache, wie sie in der Spätphase des Barock gepflegt wurde, wegen ihrer mangelnden Verständlichkeit und Natürlichkeit abgelehnt.

Die Dichtung insbesondere der Frühaufklärung war geprägt von einem unbeirrbaren Glauben an die Erziehbarkeit der Menschen. Während sich der Dichter im Barock seine Privilegien durch Gelehrtheit verdiente, resultierten sie in der Aufklärung aus der Vermittlung von Wissen und Bildung an die Leser.

Lehrdichtung

Bei einer solch programmatischen Ausrichtung auf die Belehrung verwundert es kaum, dass die wichtigste Gedichtgattung der Aufklärung das Lehrgedicht war. Seine Tradition reicht bis in die Antike zurück. Hesiods *Theogonie* und seine *Erga* (um 700 v. Chr.) gelten als die ersten Lehrgedichte, wobei sie jedoch noch keine eigenständige Gattung bildeten. Sie wurden aufgrund ihres Versmaßes, des Hexameters (→ KAPITEL 3), der Gattung Epos zugeordnet. Die ersten Lehrgedichte in deutscher Sprache wurden bereits im Barock verfasst. Sie galten jedoch allein durch die Autorität der Quellen und die vorbildliche Beherrschung der Regeln der Dichtkunst als gelehrt, wie man etwa an Martin Opitz' *Vesuvius* (1633) sehen kann. Das Gedicht war zwar durch den Vesuvausbruch im Jahr 1631 angeregt, sein Material stammte aber nicht aus Tatsachenberichten, sondern ausschließlich aus antiken Texten (vgl. Grimm 1983, S. 213).

<small>Antike Wurzeln</small>

<small>Barocke Lehrdichtung</small>

Die Lehrgedichte der Aufklärung dagegen beruhten nicht mehr auf der *imitatio* von Vorbildtexten, sondern auf der direkten Anschauung und logischen Durchdringung des Sachverhalts. Die Dichter stützten sich dabei auf die neuesten wissenschaftlichen Erkenntnisse. Sie bedienten sich zur Darstellung ihrer Lehre logischer Schlussfolgerungen und genauer Beschreibungen (lateinisch *descriptio*, → KAPITEL 11). Anhand zeittypischer Fragestellungen und Theorien wurden im Lehrgedicht naturwissenschaftliche, theologische, philosophische oder allgemein weltanschauliche Themen behandelt. Albrecht von Haller verband in seinem Gedicht *Die Alpen* (1729) Naturbeschreibung mit Zivilisationskritik und behandelte in seinem *Unvollkommenen Gedicht über die Ewigkeit* (entstanden 1736) die Frage der Theodizee, also die Frage nach der Gerechtigkeit Gottes. Barthold Heinrich Brockes geht in seinem umfangreichen Werk *Irdisches Vergnügen in Gott* (1721–48) oft von Naturbetrachtungen aus. Seine deskriptiven Gedichte führen regelmäßig zu einem Lob des göttlichen Schöpfers. Aus dem Umstand, dass die Natur vielfältig aber immer ‚zweckmäßig' eingerichtet ist, wird auf die Existenz Gottes geschlossen; diese Art der Beweisführung ist typisch für die weit verbreitete Anschauung der Physikotheologie (→ ASB D'APRILE / SIEBERS).

<small>Logische Schlussfolgerung und *descriptio*</small>

<small>Themen der Lehrdichtung</small>

In Brockes Lehrgedicht über den *Anblick einer schönen Leucoje* wird eine Pflanze von einem Betrachter sinnlich wahrgenommen, der verborgene „Kräfte" und „Geister" (V. 55) in ihr vermutet und ihr daher einen Eigenwert im Gotteslob zugesteht.

Barthold Heinrich Brockes, *Beym Anblick einer schönen Leucoje* (1736)

1 Sey willkommen, liebste Blume,
Die du, deinem Herrn zum Ruhme,
Lieblich riechst, und zierlich blühest;
Die du, durch der Farben Pracht,
5 Den, der alle Dinge macht,
Fast zu zeigen dich bemühest,
Ja, die du in bunten Schätzen,
Wenn wir uns daran ergetzen,
Unsre Seelen zu ihm ziehest.
10 Denn ist in so vielen Wercken,
Die so herrlich und so schön,
Keine Weisheit zu bemercken?
Keine GOttes-Kraft zu sehn?

Was um schöne Blumen schwebet
15 Und sich stets daraus erhebet
Wär und blieb' uns unbekannt;
Wenn sich nicht der holde Duft,
Durch das Dehnen unsrer Lungen,
Von dem schnellen Druck der Luft
20 In das Trichter-Paar gedrungen,
Das wir in der Nasen sehn
Wunderbar formiret stehn;
Wo sich in den beyden Gängen
Die sich zu dem Zweck verengen,
25 Die vorhin zertheilte Kraft
Neu-vereinigt sucht zu drengen,

Wodurch denn der trockne Saft,
Wenn er, dergestalt gepreßt,
Stärcker sich empfinden lässt
30 Von dem Nervgen, das es rühret,
Und das ins Gehirn ihn führet
Da ich dieses überlege
Und der Blumen Kraft erwege,
Fällt mir ziemlich glaublich bey,
35 Wie vielleicht noch vielerley,
So zur Lust, als Artzeney,
In denselbigen verstecket,
Und uns noch verborgen sey.
[...]
Könnt' es denn nicht möglich seyn,
Daß nicht diese Kräft' allein,
Sondern annoch andre Säfte,
55 Andre Geister, andre Kräfte
In den Blumen sich befinden;
Wenn wir solches nur verstünden?
Denn daß Menschen es nicht fassen,
Daraus wird die Möglichkeit
60 Mehrerley Beschaffenheit
Sich nicht wiedersprechen lassen.
Sonderlich, da solche Lehren
Von der schönen Blumen Heer
Unsers grossen Schöpfers Ehr'
65 Nicht vermindern, eh vermehren.

Natur im Gedicht

Mit der Beschreibung der Blume wird die Natur nicht um ihrer selbst Willen dargestellt, sondern um zu belegen, dass der Mensch den Zweck der Schönheit nicht zu erklären vermag. Die Pflanze wird als etwas Natürliches angeführt, das eine Aussage über die Grenzen der menschlichen Erkenntnis illustriert. Im Unterschied zu Simon Dach schöpft Brockes nicht aus einem Bildvorrat, seine Bilder stammen aus der Beobachtung der Natur. Die Beschreibung der Blume allerdings ist Bestandteil einer theologischen Beweisführung. Sie ist ein Beleg der über das menschliche Maß hinausreichenden Weisheit Gottes. Das hier gut zu beobachtende Miteinander von Beschreiben und Belehren ist typisch für das Lehrgedicht der Aufklärung.

Bedeutende Lehrgedichte wurden noch in der Klassik geschrieben, Goethes an Lukrez orientierte Elegie *Die Metamorphose der Pflanzen* (1799) ist ein Beispiel dafür. Schillers philosophische Gedichte wie etwa *Das Ideal und das Leben* (1795) oder *Der Spaziergang* (1795)

„Gedankenlyrik" sind Varianten des Lehrgedichts, die im 19./20. Jahrhundert als „Gedankenlyrik" bezeichnet wurden. Das ist ein Begriff, der heute kaum noch Verwendung findet. – An Schillers Beispielen ist die einsetzende Abwendung von der bloßen Beschreibung der Wirklichkeit schon zu erkennen; die zunehmende Hochschätzung des Fiktiven und die Auffassung von der Autonomie des Kunstwerks führten zu einer Abwendung von der Lehrdichtung insgesamt.

2.3 Aufwertung des Subjekts im 18. Jahrhundert

Im Sturm und Drang (ca. 1770–80) wird das Verständnis vom Dichter als aufklärendem Lehrer abgelöst durch ein Verständnis des Künstlers als eines „inspirierten und enthusiastisch ergriffenen Genies" (Kemper 2004, S. 224). Die Wandlung ist durch die Säkularisierung und Befreiung „des Menschen aus seiner selbst verschuldeten Unmündigkeit" (Kant 1999, S. 20) vorbereitet, das Ergebnis in seiner Radikalität dennoch überraschend: Der Dichter rückt in die Position des gottgleichen Schöpfers ein. Der mit Sturm und Drang bezeichnete Abschnitt der deutschen Kulturgeschichte war kurz, aber enorm folgenreich. Das liegt auch daran, dass die Entwicklung von grundlegenden ästhetischen Überlegungen begleitet war, als deren Höhepunkt Immanuel Kants *Kritik der Urteilskraft* (1790) gilt.

Der erste Schritt in dieser Entwicklung war die von den beiden Schweizer Theoretikern Johann Jakob Bodmer und Johann Jakob Breitinger in ihrer Poetik vorgenommene Aufwertung des Dichters, den sie als „Schöpfer originärer Werke" verstanden (Alt 2007, S. 91). Damit war die Natur nicht länger als Maßstab der Dichtung vorgegeben. Das seit der Antike verpflichtende Wahrscheinlichkeitspostulat, das im Kern besagte, die Kunst ahme die Natur nach (Natur-Mimesis-Prinzip), wurde hinfällig. Diese Aufwertung des dichtenden Subjekts führte zunächst – in der Dichtung der Empfindsamkeit (ab Mitte des 18. Jahrhunderts) – zu einer stärkeren Betonung von emotionalen Aspekten. Die Gedichte von Friedrich Gottlieb Klopstock, dem wichtigsten deutschen Vertreter der Empfindsamkeit, verbanden sinnliche Selbstvergewisserung mit Formen, die sich der Dichter selbst vorgegeben hatte, die Ausdruck seiner Individualität waren (Freie Rhythmen, → KAPITEL 3.2). Die Befreiung des Subjekts ging mit der Befreiung von formalen Zwängen einher. Dem Bild vom Künstler als besonderem Individuum korrespondierte der Anspruch, von der Kunst leben zu können, statt als Autor von reichen Gönnern abhängig zu sein. Allmählich vergrößerte sich der Markt für literarische

Genieästhetik

Empfindsamkeit

Erzeugnisse, der die Voraussetzung für die Verwirklichung dieses Ideals vom freien Schriftsteller bildete.

Die Ablösung der Dichtung von lebensweltlichen Anlässen und repräsentativen Zwecken machte sie zudem eigenständig. Es entwickelte sich eine Kunsttheorie, die Dichtung als autonomen ästhetischen Bereich bestimmte: Die Kunst bezieht sich zuerst einmal auf sich selbst, auf das Schöne an sich. Man bezeichnet ein solches Verständnis als Autonomieästhetik.

Autonomieästhetik

Erlebnislyrik

In der Erlebnislyrik findet die Aufwertung des Dichter-Subjekts ihren deutlichsten Ausdruck. Während bei der Gelegenheitsdichtung eine für die Adressaten wichtige Gelegenheit zum Anlass eines Gedichtes wird, ist der Ausgangspunkt bei der Erlebnislyrik ein für den Dichter selbst wichtiges Ereignis oder die Fiktion eines solchen (vgl. Segebrecht 1977, S. 3). Erlebnislyrik ist im Gegensatz zur Gelegenheitsdichtung zweckfrei und inhaltlich nur an das Subjekt gebunden, das sich im Gedicht ausspricht. Wenn also Goethe von seiner eigenen Lyrik behauptet, „alle meine Gedichte sind Gelegenheitsgedichte" (zu Eckermann am 18.9.1823; Goethe 1999, S. 50), so bezieht er sich auf subjektiv wichtige Gelegenheiten.

Gegensatz Erlebnis – Gelegenheit

Entsprechend den skizzierten historischen Veränderungen ändert sich auch das, was mit dem (später eingeführten) Begriff lyrisches Ich (→ KAPITEL 1.1) jeweils erfasst und bezeichnet wird. In der Epoche des Barock und in der frühen Aufklärung ist die Sprecherinstanz im Gedicht wesentlich durch die ausgeführte Aufgabe bestimmt: Der Sprecher füllt eine gesellschaftlich und kulturell festgeschriebene Rolle aus und tritt als Gratulant, Lobredner oder Lehrer auf. Das lyrische Ich der Erlebnisdichtung dagegen spricht über seine Subjektivität, seine Wahrnehmung und sein Empfinden.

Wandel in der Funktion des lyrischen Ichs

Erste Erlebnislyrik findet sich – vorbereitet durch die Lyrik Klopstocks und des Göttinger Hainbundes, einer seinem Beispiel nacheifernden literarischen Gruppe – im Sturm und Drang; bisweilen werden in der Lyrik von Andreas Gryphius (1616–64) und Johann Christian Günther (1695–1723) Vorformen vermutet (vgl. Feldt 1990, S. 45–72). Im Allgemeinen aber ist der Begriff „Erlebnislyrik" eng mit der Dichtung des frühen Goethe, insbesondere mit seinen *Sesenheimer Liedern* (um 1770) verbunden.

Sturm und Drang

Sesenheimer Lieder

Johann Wolfgang Goethe

1 Es schlug mein Herz. Geschwind, zu Pferde!
Und fort, wild wie ein Held zur Schlacht.
Der Abend wiegte schon die Erde,
Und an den Bergen hing die Nacht.
5 Schon stund im Nebelkleid die Eiche
Wie ein getürmter Riese da,
Wo Finsternis aus dem Gesträuche
Mit hundert schwarzen Augen sah.

Der Mond von einem Wolkenhügel
10 Sah schläfrig aus dem Duft hervor,
Die Winde schwangen leise Flügel,
Umsausten schauerlich mein Ohr.
Die Nacht schuf tausend Ungeheuer,
Doch tausendfacher war mein Mut,
15 Mein Geist war ein verzehrend Feuer,
Mein ganzes Herz zerfloß in Glut.

Ich sah dich, und die milde Freude
Floß aus dem süßen Blick auf mich.
Ganz war mein Herz an deiner Seite,
20 Und jeder Atemzug für dich.
Ein rosenfarbes Frühlingswetter
Lag auf dem lieblichen Gesicht
Und Zärtlichkeit für mich, ihr Götter,
Ich hofft' es, ich verdient' es nicht.

25 Der Abschied, wie bedrängt, wie trübe!
Aus deinen Blicken sprach dein Herz.
In deinen Küssen welche Liebe,
O welche Wonne, welcher Schmerz!
Du gingst, ich stund und sah zur Erden
30 Und sah Dir nach mit nassem Blick.
Und doch, welch Glück, geliebt zu werden,
Und lieben, Götter welch ein Glück!

Im Unterschied zu Brockes Vorgehen dient hier die Beschreibung der Berge, des Nebels und der Eiche nicht der Darstellung von Natur, sondern drückt die Gefühle des lyrischen Ichs aus. Die Natur wird nicht objektiv-mimetisch abgebildet, sondern aus der subjektiv-emotionalen Perspektive des Reiters wiedergegeben. Auf dem Ritt zu seiner Geliebten bestimmen die Emotionen des lyrischen Ichs die Wahrnehmung der Umgebung. Die Furcht macht die Bäume zu Ungeheuern, die durch den Anblick der Geliebten ausgelöste Freude färbt die Szene rosarot. Die Natur ist die Kulisse des Seelenlebens.

Natur im Gedicht

Konzeption der Klassik

Bereits in der klassisch-romantischen Konzeption von Dichtung um 1800 kommt es zu einer Zurücknahme der Erlebnisaspekte. Dichtung wird in antike oder – im Falle von Goethes *West-östlichem Divan* (1819) – in persische Dichtungskonzepte eingebunden, das individuelle Erlebnis wird so domestiziert (vgl. Wünsch 1997, S. 499). Damit einher geht der Anspruch auf überzeitlich individuelle Aussagen. Die Gedichte werden nicht als „der zufällige Ausdruck des Subjektes" verstanden, die ausgesprochenen „Anschauungen und Empfindungen" sollen vielmehr „eine allgemeine Gültigkeit enthalten" (Hegel 1970, S. 416).

2.4 Moderne Lyrik

Trotzdem blieb auf lange Sicht das bestimmende Merkmal der Lyrik die Aussprache des Einzelnen, die Betonung von Individualität. Das schränkte ihre Bedeutung im Gefüge der Gattungen ein. Schon in der Romantik deutet sich der Siegeszug des Romans an. Epische, auf das Darstellen von Totalität gerichtete Verfahren schienen am besten geeignet, die Erfahrungen des einzelnen Subjekts zu erfassen. Die Tendenz ist auch in der Lyrik nachzuweisen: Sie greift Themen des Alltags auf, von den Erfolgen der Technik (z. B. die Eisenbahn) bis zu Szenen im Haushalt, sie wird politisch und sie wird erzählend in einem Sinne, der weit über das Erzählen in der Ballade (→ KAPITEL 9) hinausreicht (vgl. Sorg 2004, S. 375f.). Zu beobachten ist die „Annäherung des Dichters an den Bürger" (Völker 2001, S. 341). Das hat nicht zuletzt auch mit den technischen Veränderungen in Herstellung und Vertrieb von Büchern und Zeitschriften zu tun. Literatur wird zur Massenware. Der ständige Ruf nach dem Neuen gehört zu den Forderungen des Marktes.

Gleichzeitigkeit der Strömungen

Einzelne literaturgeschichtliche Phasen des 19. Jahrhunderts wie etwa Biedermeier, Vormärz, Bürgerlicher Realismus oder Naturalismus lassen sich hinsichtlich ihrer Themenwahl und Sprechweise auch in der Lyrik unterscheiden, aber es entsteht dabei kein neues lyrisches Genre. Spätestens um 1900 hat sich die Abfolge der literarischen Strömungen in ein konkurrierendes Miteinander verwandelt, deren programmatische Benennungen nur bedingt auf gemeinsame Darstellungsmittel verweisen. Eben in der Gleichzeitigkeit von Naturalismus, Expressionismus, Wiener und Münchener Moderne liegt die Eigenart der sich entwickelnden Moderne überhaupt. Man kann dies auch den literaturwissenschaftlichen Kategorien ablesen, die zur Beschreibung der verschiedenen Richtungen entwickelt oder von ihnen übernommen worden sind: Impressionismus, Symbolismus, Jugendstil, Neuromantik, Futurismus, Dadaismus bezeichnen eher Stile und Gruppierungen als historisch klar zu trennende Abschnitte.

Aus all diesen Strömungen heraus entwickelt sich eine Lyrik, in der die Subjektaussprache programmatisch unterlaufen wird. Das Gedicht wird als künstlerisches Objekt verstanden, das aus Sprache gemacht ist. Neben die traditionellen formalen Konventionen treten nun solche, die aus anderen Künsten übernommen sind, besonders aus der Malerei. In der konkreten Poesie (→ KAPITEL 11.3) wird der Materialcharakter von Sprache besonders deutlich ausgestellt (→ KAPITEL 4.3, 11.1). Es steht nicht länger die Bedeutung der Zeichenfolgen im Vordergrund, sondern deren lautliche und grafische Expressivität. Freie Verse verdrängen die metrisch regulierten. Das alles geht einher mit einer deutlichen Auflösung der nationalliterarischen Bezüge, der Bezugsrahmen moderner Lyrik ist international.

Das aus Sprache Gemachte

Aus der Konkurrenz der Modelle ist ein Neben- und Miteinander geworden. Experimentelle Artisten und exzentrische Rapper sind wie gelehrte Poeten und gemäßigte Traditionalisten in der Lyrik der Gegenwart gleichermaßen vertreten. Dieses Miteinander lässt sich durchaus auf den zeittypischen Nenner des „Sinnzweifels" bringen. Über „das gegenwärtige Interesse für Lyrik und die zeitgemäße Auskunftslosigkeit der Texte" hat der Literaturwissenschaftler Theo Elm befunden: „Beide gehören zusammen" (Elm 2001, S. 605).

Lyrik heute

2.5 Lyrikgeschichte und Interpretation

Drei grundlegende Vorüberlegungen helfen, sich ein Gedicht historisch angemessen zu erschließen:

- Das Gedicht sollte zunächst historisch eingeordnet werden. Dabei helfen im Idealfall die Entstehungszeit und/oder die Lebensdaten des Autors. Diese Angaben ermöglichen zumindest eine grobe Epocheneinordnung, zu der auch die Klärung der dominierenden Vorstellungen von Lyrik gehört. Es ist keinesfalls zwingend, dass das Gedicht diesem Verständnis entsprechen muss, vielmehr ist der Text dazu ins Verhältnis zu setzen. Je mehr dichtungsgeschichtliches Wissen vorhanden ist, desto genauer lässt sich erkennen, hinsichtlich welcher Kriterien sich das Gedicht einordnen lässt.

Historische Einordnung

- Die in diesem Kapitel beispielhaft durchgeführte Analyse der Naturdarstellung lässt sich verallgemeinern: Generell liegt der Wirklichkeitsdarstellung in einem Gedicht ein bestimmtes Welt- und Dichtungsverständnis zugrunde. Man bestimmt es genauer, indem

Darstellungsweisen

man die Form und den Einsatz auffälliger Stilmittel betrachtet. Beobachtungen zu Häufungen stilistischer Eigenarten, zum Überwiegen von deskriptiven Passagen und belehrenden Ausführungen oder zu einer deutlich emotional gefärbten Darstellung lassen sich vor dem historischen Hintergrund bewerten. Dann kann beurteilt werden, ob die lyrischen Mittel konventionell oder innovativ, zeittypisch oder modernisierend eingesetzt sind. Ein solches Vorgehen schließt aus, dass das Gedicht lediglich aus heutiger Sicht betrachtet wird und seine Eigenheiten ahistorisch beurteilt werden.

- Das Dichtungsverständnis wirkt sich auch auf die Funktion oder Haltung des lyrischen Ichs aus. Es lohnt daher zu fragen: Wer spricht? In welcher Situation? In welchem Verhältnis steht die Sprecherinstanz zu Stoff, Thema oder Aussage des Gedichts: etwa in einem dominierenden, dienenden oder vermittelnden? In die Antwort ist das epochenspezifische Subjektverständnis mit einzubeziehen.

Haltung des lyrischen Ichs

Zum Beispiel: Andreas Gryphius, *Einsamkeit*; Barthold Heinrich Brockes, *Die Heide*

Anhand eines Vergleichs der Gedichte *Einsamkeit* (1663) von Andreas Gryphius und *Die Heide* (1727) von Barthold Heinrich Brockes wird exemplarisch vorgeführt, wie man literaturgeschichtliches Wissen in die Interpretation einbringen kann. Die Gedichte werden vor allem im Hinblick auf das Verhältnis des lyrischen Ichs zur dargestellten Welt und die Darstellung der Wirklichkeit analysiert.

Andreas Gryphius
Einsamkeit (1663)

1 In diser Einsamkeit / der mehr denn öden Wüsten /
   Gestreckt auff wildes Kraut / an die bemoßte See:
   Beschau' ich jenes Thal und diser Felsen Höh'
   Auff welchem Eulen nur und stille Vögel nisten.
5 Hir / fern von dem Pallast; weit von des Pövels Lüsten /
   Betracht ich: wie der Mensch in Eitelkeit vergeh'
   Wie / auff nicht festem Grund' all unser Hoffen steh'
   Wie die vor Abend schmähn / die vor dem Tag uns grüßten.
   Die Höl' / der rauhe Wald / der Todtenkopff / der Stein /
10 Den auch die Zeit aufffrist / die abgezehrten Bein /
   Entwerffen in dem Mutt unzehliche Gedanken.
   Der Mauren alter Grauß / dieß ungebau'te land
   Ist schön und fruchtbar mir / der eigentlich erkant /
   Daß alles / ohn ein Geist / den Gott selbst hält / muß wancken.

Barthold Heinrich Brockes
Die Heide (1727)

1   Es zeigt so gar die dürre Heide,
    Zu unsrer nicht geringen Freude,
    Wenn man sie recht genau betracht,
    Des grossen Schöpfers Wunder-Macht.

5   Wenn wir sie obenhin besehn,
    So scheint sie traurig, schwartz, verdorrt und schlecht:
    Allein betrachtet man sie recht;
    So ist auch sie nicht minder schön,
    Und sieht man wunderbar in ihr
10 Der Farben Pracht, der Bildung Zier
    Fast unverbesserlich verbunden.

    Ich habe dieses wahr befunden.
    Denn als ich jüngst mich etwas zu vertreten,
    Mich auf das Feld begab; befand ich alsobald,
15 Daß in des Heide-Krauts so zierlicher Gestalt,
    Nicht weniger als sonst, der Schöpfer anzubeten.
    Ich setzte mich, und rupfte manchen Strauß,
    Sie besser zu besehen, aus.
    Mein GOtt! wie viel, wie mancherley
20 Veränderung, Schmuck und Zierlichkeiten
    Fand ich in diesem Kraut, das doch von weiten
    Nicht anders lässt, als obs nur braun gefäret sey.
    Ich ward zugleich, wie schön, wie wunderbar.
    Wie mannigfaltig die Bildung sey, gewahr.

25 Die grösten Bäume trifft man hier
    In solcher Schön- und netten Kleinheit an,
    Daß man der Stämme Zweig' und Blätter holde Zier
    Nicht gnug besehn, nicht gnug bewundern kann.
    Ich fand, daß, ob sie gleich sehr klein,
30 Die Stämme wahres Holtz, wie grosse Stämme, seyn.
    Es hat die Festigkeit, es brennet, eine Rinde
    Umgiebt sie, ja ich finde
    Dieselbe recht mit Moß, gleich den bejahrten Eichen,
    Umgeben und geziert. Die Blühmchen, die so schön,
35 Auf jedem kleinen Zweig', als Apfel-Blühte, stehn,
    Sieht man der Bienen Heer die süsse Nahrung reichen.

    Betrachte denn forthin, geliebter Mensch, die Heide
    Nicht sonder GOttes Lob, nicht sonder Freude!

LYRIK UND GEDICHT IM HISTORISCHEN WANDEL

Gemeinsamkeiten
Unterschiede

Die beiden Gedichte – das dem Barock zuzuordnende Sonett (→ KAPITEL 8) von Gryphius und das in den Kontext der Frühaufklärung gehörige Gedicht von Brockes – scheinen auf den ersten Blick thematisch verwandt zu sein. In beiden ist ein Naturbild Ausgangspunkt für eine religiöse Schlussfolgerung. Die Gedichte unterscheiden sich aber in der Art und Weise, wie Natur dargestellt wird, und auch hinsichtlich ihrer religiösen Schlussfolgerungen. Ursache hierfür sind die verschiedenen Weltbilder, die den Texten zugrunde liegen.

Gryphius, Einsamkeit

Topische Landschaftsgestaltung

Bei der Ausgangsszene von Gryphius' Gedicht handelt es sich nicht um eine Landschaftsbeschreibung. Gryphius bedient sich der aus der christlichen und antiken Tradition überlieferten Topik, um eine Landschaft darzustellen, die seinem Thema „Einsamkeit" angemessen Ausdruck verleiht. Nicht die Natur an sich steht im Zentrum der Aufmerksamkeit, sondern das, worauf sie verweist: Einsamkeit und Vergänglichkeit. In der Beschreibung der Natur kann deshalb auch Disparates aufeinander treffen, wie „öde[] Wüsten" (V. 1) und „rauhe[r] Wald" (V. 9). „[Ö]de[] Wüsten" (V. 1), „wildes Kraut", „bemoßte See" (V. 2) und „Eulen" (V. 4) sind Requisiten, die den Ort, an dem das lyrische Ich sich befindet, als einen *locus desertus* (lateinisch: einsamer Ort) oder *locus terribilis* (lateinisch: schrecklicher Ort, im Gegensatz zu lateinisch *locus amoenus* = idealtypisch schöner Ort) ausweisen, der sich besonders gut für das Nachdenken über die menschliche Vergänglichkeit eignet – „wie der Mensch in Eitelkeit vergeh'" (V. 6). Gegensätze prägen das Weltbild des Sprechers: „Thal" und „Höh'" (V. 3), einsame Plätze in der Natur und bevölkerte Orte, die sich wiederum in sozial differenzierte Bereiche des Adels – „Pallast" (V. 5) – und des Volks – „Pövels Lüsten" (V. 5) – unterteilen lassen. Im zweiten Terzett, also dem vierten Abschnitt des Sonetts, erwächst aus diesen Bildern eine religiös-moralische Schlussfolgerung: Am Ende ist alles, auch das jetzt scheinbar Gegensätzliche, gleichermaßen der Vergänglichkeit unterworfen, „alles / ohn ein Geist / den Gott selbst hält / muß wancken" (V. 14). Diese Erkenntnis lässt schließlich auch die öde Landschaft „schön und fruchtbar" (V. 13) erscheinen.

Vanitas-Topik

Die Natur ist nichts anderes als eine topische Landschaft. Die bildhaften Versatzstücke der Beschreibung führen ihre Bedeutung schon mit sich. Die Schlussfolgerung des nachdenkenden Ichs, dass Mensch und Welt, Adel und Volk gleichermaßen vergänglich sind, ist genauso topisch besetzt wie die Landschaft. Die *vanitas*, die Vergänglichkeit des Menschen, ist eines der wichtigsten Themen des Barock. Dementsprechend sind ihm zahlreiche Topoi zugeordnet, die sich auch in der Malerei der Zeit beobachten lassen, wie etwa der „Todtenkopff [...], [d]en auch die Zeit aufffrist" (V. 9f.), und das Gerippe, das „abgezehrte[ ] Bein" (V. 10). Das Ergebnis der Reflexion steht von Anfang an fest und ist durch die Tradition vorgegeben. Hier kommt also niemand durch die Betrachtung der Landschaft zu einer Schlussfolgerung, sondern es wird durch das Aussprechen derselben eine bestimmte Haltung ausgestellt. Auch das nachdenkend-betrachtende Verhältnis des Ichs zur Welt ist topisch besetzt. Das Ich nimmt die Haltung des „von Erkenntnis ‚Bekümmerten'" ein (Mauser 1982, S. 239) und verweist damit auf die europäische Melancholie-Tradition. Die Reflexion ist letztlich durch die Imitation der Tradition legitimiert. *Topos des nachdenkenden Ichs*

In Gryphius' Gedicht *Einsamkeit* zeigt sich im verwendeten Bildmaterial und in der Sprecherhaltung deutlich der Rückgriff auf einen Wissensfundus, der aus einer vorbildhaften literarischen Tradition gewonnen wurde. Naturdarstellung erfolgt nicht mit Blick auf die Wirklichkeit, sondern mit Blick auf die Tradition.

Während Gryphius sein Gedicht mit einem Abstraktum überschrieben hat, kündigt Brockes bereits durch den Titel an, dass die Naturbetrachtung im Vordergrund stehen soll. In der ersten Strophe wird allerdings schon ausgesprochen, dass dies zu einem bestimmten Zweck geschieht: Wenn man die Heide genau betrachtet, dann zeigt sich „[d]es grossen Schöpfers Wunder-Macht" (V. 4) Die Betrachtung führt also zu Erkenntnis. Schon hier lässt sich ein erster Unterschied zwischen Gryphius und Brockes benennen: Während bei Gryphius die thematische Vorgabe (Einsamkeit) die Auswahl der Naturbilder bestimmt, muss Brockes für seine Zwecke (Gotteslob) die Natur tatsächlich betrachten. In seinem Gedicht bildet die Naturwahrnehmung den Ausgangspunkt. Kleinteilig wird die Betrachtung der Heide in deskriptiven Passagen wiedergegeben. Da sich bei einer oberflächlichen Betrachtung die Schönheit der Heide nicht erschließen lässt (vgl. V. 5f.), wird ein genaueres Hinsehen empfohlen. Dass dann die Schönheit des Strauches sichtbar wird, weiß das lyrische Ich aus eigener Erfahrung (vgl. V. 12–16). In den folgenden Versen wird genau beschrieben, was es wahrgenommen hat. Es bedient sich in seiner mimetischen Nachzeichnung des Heidestrauchs eines Vergleichs von Mikro- und Makrokosmos: „Die grösten Bäume trifft man hier / In solcher Schön- und netten Kleinheit an, / Daß man der Stämme Zweig' und Blätter holde Zier / Nicht gnug besehn, nicht gnug bewundern kann" (V. 25–28). Da sich in der Betrachtung ein einzelner Heidestrauch einer „bejahrten Eiche" (V. 33) als ziemlich *Brockes, Die Heide* *Wirklichkeitsbetrachtung* *Deskription* ähnlich erwiesen hat, und da er zudem noch nützlich ist als Nektarlieferant für Honig (vgl. V. 35f.; vgl. Rühaak 2008), kann die Heide sehr wohl „[d]es grossen Schöpfers Wunder-Macht" (V. 4) beweisen. Am Ende des Gedichts steht deshalb ein Appell an den Leser, der auf der durch rationale Analyse gewonnenen Erkenntnis des Gedichts beruht: „Betrachte denn forthin, geliebter Mensch, die Heide / Nicht sonder GOttes Lob, nicht sonder Freude!" (V. 37f.).

Nun lässt sich der Unterschied zwischen Brockes' und Gryphius' Umgang mit der Natur genauer beschreiben. Während bei Gryphius' Gedicht über Einsamkeit die Natur *als Natur* keine Rolle spielt, ist Brockes' im Gedicht enthaltene Argumentation gerade darauf angewiesen, Natur als solche wahrzunehmen. Dass die Beobachtung am Ende zu einem Lob Gottes führt, entspricht den zeitgenössischen Vorstellungen. Das wiederum lässt sich auch von Gryphius Gedicht und dem Gebrauch von Natur, der darin zu beobachten ist, sagen. Beide Gedichte entsprechen damit dem Gelehrsamkeitsideal ihrer Zeit und den Ansprüchen, die man damals an Gedichte stellte. Gryphius' Gedicht zeichnet sich durch einen versierten Rückgriff auf die Tradition aus, die unter Beachtung der Regeln in neuer Kombination verarbeitet wird. Brockes' Gedicht gehorcht dem wissenschaftlichen Standard seiner Zeit, indem es sich der Empirie und rationalen Argumentation bedient und von der Anschauung zur Schlussfolgerung gelangt.

Topik bei Gryphius

Empirie und Rationalismus bei Brockes

Aufgaben

Interpretation

Bei den beiden nachstehenden Gedichten von Simon Dach und Johann Wolfgang Goethe spielt die Naturdarstellung eine wichtige Rolle. Die folgenden Fragen sollen helfen, diesen Umstand für eine Interpretation aufzubereiten.

- Ordnen Sie die Gedichte historisch ein. Klären Sie auch, ob und warum sich für die Interpretation die Verwendung des Terminus „lyrisches Ich" empfiehlt.
- Ordnen Sie die Gedichte bestimmten Gattungen zu. Welche Anhaltspunkte ergeben sich aus der Zuordnung für die Interpretation?
- Welche Funktion haben die Naturbeschreibungen? Auf welche Merkmale hin sind sie für die Interpretation genauer zu betrachten?
- Vergleichen Sie ausführlich die erste Strophe von Dachs Gedicht mit den ersten drei Strophen von Goethes Gedicht.

Simon Dach
Matthias Stephan und Margarete Marderwald
20. April 1632

1 Die Sonne rennt mit prangen
durch ihre Frühlings Bahn,
Sie lacht mit ihren Wangen
Den runden Erdkreis an,
5 Der Westwind lest sich hören,
Die Flora, seine Braut,
kömpt auch uns zu verehren
Mit Blumen, Graß und Kraut.

Die Vögel kommen nisten
10 Auß fremden Ländern her,
Das Vieh' hengt nach den Lüsten
Die Schiffe gehn ins Meer,
Der Schäffer hebt zu singen
Von seiner Phyllis an,
15 Die Welt geht wie im springen,
Es frewt sich was nur kann.

Drumb wer anitzt zum lieben
Ein ehrlich Mittel hat,
Der flieh' es auffzuschieben,
20 Und folge gutem Rath,
Weil alles, was sich reget,
In dem es sich verliebt
und zu seins gleichen leget,
hiezu uns Anlaß gibt.

Johann Wolfgang Goethe
Mailied (1775)

1 Wie herrlich leuchtet
Mir die Natur!
Wie glänzt die Sonne!
Wie lacht die Flur!

5 Es dringen Blüthen
Aus jedem Zweig
Und tausend Stimmen
Aus dem Gesträuch.

Und Freud' und Wonne
10 Aus jeder Brust.
O Erd', o Sonne!
O Glück, o Lust!

O Lieb', o Liebe!
So golden schön,
15 Wie Morgenwolken
Auf jenen Höhn!

Du segnest herrlich
Das frische Feld,
Im Blüthendampfe
20 Die volle Welt.

O Mädchen, Mädchen,
Wie lieb' ich dich!
Wie blickt dein Auge!
Wie liebst du mich!

25 So liebt die Lerche
Gesang und Luft,
Und Morgenblumen
Den Himmelsduft,

Wie ich dich liebe
30 Mit warmem Blut,
Die du mir Jugend
Und Freud' und Muth

Zu neuen Liedern
Und Tänzen gibst.
35 Sei ewig glücklich,
Wie du mich liebst!

Lektüreempfehlungen

- Gunter E. Grimm: Literatur und Gelehrtentum in Deutschland. Untersuchungen zum Wandel ihres Verhältnisses vom Humanismus bis zur Frühaufklärung, Tübingen 1983. *In der umfangreichen Darstellung wird gezeigt, welche Auswirkungen der Wandel des Wissenschaftsverständnisses auf die Poetiken und die Dichtkunst der jeweiligen Epochen hatte.*

- Albrecht Holschuh: Schrift-Oralität: Zur Geschichte von Vers, Zeile und Gedicht, in: The German Quarterly 71, 1998, S. 209–227. *Kompakte Darstellung des Wandels im Dichtungsverständnis, beginnend mit dem Mittelalter und endend im 19. Jahrhundert.*

- Franz-Josef Holznagel u. a.: Geschichte der deutschen Lyrik, Stuttgart 2004. *Ein verlässlicher und kompakter Überblick über die deutsche Lyrikgeschichte, der auch über die kulturgeschichtlichen Zusammenhänge informiert.*

- Wulf Segebrecht: Das Gelegenheitsgedicht. Ein Beitrag zur Geschichte und Poetik der deutschen Lyrik, Stuttgart 1977. *Das Standardwerk zur Gelegenheitsdichtung; sehr umfangreich, aber auch sehr informativ.*

- Rolf Selbmann: Dichterberuf. Zum Selbstverständnis des Schriftstellers von der Aufklärung bis zur Gegenwart, Darmstadt 1994. *Nicht begrenzt auf die Lyrik wird anhand von poetologischen Schriften und fiktionalen Werken ausgewählter Autoren der historische Wandel des Selbstverständnisses der Dichter nachgezeichnet.*

3 Metrik

FISCHES NACHTGESANG

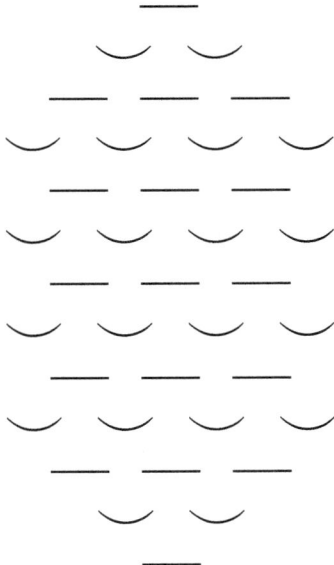

Abbildung 3: Christian Morgenstern, *Fisches Nachtgesang* (1905)

Christian Morgensterns Gedicht „Fisches Nachtgesang" (1905) spielt mit dem aus der Antike stammenden Notationssystem für metrische Merkmale von Gedichten. Es besteht sogar, mit Ausnahme des Titels, nur aus Zeichen für betonte und unbetonte (bzw., was die antike Dichtung angeht, lange und kurze) Silben. Das Gedicht ist damit ebenso lautlos, wie die Fische sprachlos sind. Vom Lied bleibt lediglich die metrische Notation als Stellvertreter fehlender Worte. Doch Worte können diese Zeichen aufgrund ihrer Anordnung kaum mehr vertreten – vier unbetonte oder drei betonte Silben hintereinander finden sich selten in der deutschen Lyrik. Losgelöst von den Worten verlieren die Zeichen ihre Bedeutung. Übrig bleibt nur noch ein Gebilde bestehend aus symmetrisch angeordneten, formale Schönheit repräsentierenden Zeichen, die auf Lyrik verweisen.

Metrik ist die Wissenschaft von den Regeln des Verses. Mit ihrer Hilfe werden die formalen Eigenschaften von Versen beschrieben. Der Begriff stammt aus dem Griechischen: *metriké téchne* bezeichnet die Kunst des Messens – im Fall der Lyrik die Kunst des Verse-Messens. Als Vers bezeichnet man eine Zeile eines Gedichts. Das Wort ist abgeleitet vom Partizip *versus* des lateinischen Verbs *vertere*, zu Deutsch „wenden". Man sagt, dass der Begriff von der Technik des Pflügens auf die Dichtung übertragen worden sei. Denn ähnlich den durch das Wenden (*vertere*) des Pflugs entstehenden Ackerfurchen fügen sich auch die Verse eines Gedichts Zeile um Zeile aneinander.

Mithilfe der metrischen Regeln können Gedichte formal beschrieben werden. Dies ist kein Selbstzweck, das Wissen um die Form eines Gedichts sollte vielmehr sinnvoll in eine inhaltliche Analyse eingebunden werden. Im Anschluss an die Vorstellung der formalen Prinzipien des Verses werden deshalb Anregungen für eine Form und Inhalt verbindende Interpretation gegeben und konkret am Beispiel vorgeführt.

3.1 **Versfüße**
3.2 **Versmaße**
3.3 **Von der metrischen Analyse zur Interpretation**
    Zum Beispiel: Ingeborg Bachmann, *Böhmen liegt am Meer*

3.1 Versfüße

Nicht für alle europäischen Sprachen gelten dieselben metrischen Regeln, da sie sich hinsichtlich der Prosodie voneinander unterscheiden. Der Begriff Prosodie bezeichnet in der Sprachwissenschaft alle phonologischen Eigenschaften einer Sprache, die sich auf die Verknüpfung von Einzellauten zu Silben, Wörtern und Sätzen beziehen, wie z. B. Betonung, Silbenlänge und Sprechpausen. In der Metrik bezeichnet er lediglich die lautlichen Besonderheiten, die die Versstruktur regeln und bestimmen – also etwa die Länge der Silben oder deren Akzentuierung. In der antiken Dichtung unterscheidet man beispielsweise lange und kurze Silben (quantitierendes Versprinzip), in der deutschen Dichtung betonte und unbetonte Silben (akzentuierendes Versprinzip), während in der romanischen Dichtung die Silben eines Verses gezählt werden (silbenzählendes Versprinzip). Bei der Übernahme antiker oder romanischer Versformen in die deutsche Dichtung wurden deren prosodische Besonderheiten den Eigenarten der deutschen Sprache angepasst. Das quantitierende und das silbenzählende Versprinzip wurden jeweils durch das akzentuierende ersetzt. Demzufolge entspricht einer Länge in der antiken Dichtung in der deutschen eine betonte Silbe, einer Kürze eine unbetonte.

Bei der Notation von Versen gibt es zwei verschiedene Verfahren. Entweder wird die einzelne Silbe mit einem „x" abgebildet und jede betonte Silbe zusätzlich mit einem Akzent versehen, oder eine betonte Silbe wird durch „–" gekennzeichnet und eine unbetonte durch „∪". Diese zweite Notationsweise, die auch im Folgenden verwendet wird, ist der antiken Metrik entlehnt. Wenn im Text des Gedichts selbst die betonten Silben hervorgehoben werden sollen, so werden jeweils Akzente auf die entsprechenden Vokale gesetzt:

> Es wár, als hätt' der Hímmel ...

Ein Versfuß ist die kleinste rhythmische Einheit eines Verses. Die folgenden vier Versfüße, aus denen sich alle regelmäßigen deutschen Versmaße zusammensetzen, sind aus der antiken Dichtung übernommen.

Jambus ∪ – (unbetont – betont)

> Es wár, als hätt' der Hímmel
> Die Érde still geküßt,
> (aus: Joseph von Eichendorff, *Mondnacht*, 1837)

Trochäus – ∪ (betont – unbetont)

> Frühling läßt sein bláues Bánd
> Wieder fláttern durch die Lüfte;
> (aus: Eduard Mörike, *Er ist's*, 1832)

Daktylus Daktylus – ᴗ ᴗ (betont – unbetont – unbetont)

Álles Vergängliche
Íst nur ein Gléichniß
Dás Unzulängliche
Híer wird's Eréigniß
(aus: Johann Wolfgang Goethe, *Faust II*, 1832, V. 12104ff.)

Anapäst Anapäst ᴗ ᴗ – (unbetont – unbetont – betont)

Und es wállet und síedet und bráuset und zíscht,
Wie wenn Wásser mit Féuer sich méngt,
(aus: Friedrich Schiller, *Der Taucher*, 1797)

In der deutschen Dichtung enthält jeder Versfuß genau eine betonte Silbe, nicht mehr, aber auch nicht weniger. Diese Festlegung wurde im Zeitalter des Barock durch Martin Opitz in seinem *Buch von der Deutschen Poeterey* (1624) propagiert und setzte sich in kurzer Zeit durch. Deshalb konnten die antiken Versfüße Spondeus, bestehend aus zwei Längen, und Pyrrhichius, bestehend aus zwei Kürzen, nicht in die deutsche Dichtung übertragen werden. Bei einem regelmäßigen Wechsel von betonten und nichtbetonten Silben im Jambus und Tro-
Alternation chäus spricht man auch von regelmäßiger Alternation.

3.2 Versmaße

Metrum Das Versmaß – auch bezeichnet als Metrum – bestimmt die Struktur
Takt eines Verses. Ein Vers wird in Takte eingeteilt, die in der Notation durch senkrechte Striche (Taktstriche) voneinander getrennt werden. Im Normalfall füllt jeder Versfuß einen Takt. In unregelmäßigen Versen oder am Ende eines Verses können aber auch Takte vorkommen, die keinen vollständigen Versfuß enthalten, also beispielsweise nur eine betonte Silbe wie der letzte Takt im zweiten Vers des folgenden Beispiels:

Táge der | Wónne,|
Kómmt ihr so | báld?
(aus: Johann Wolfgang Goethe, *Frühzeitiger Frühling*, 1804)

Charakteristisch für bestimmte Versmaße sind Sprechpausen, die meist aufgrund von syntaktischen Einschnitten im Vers entstehen. Im Folgenden werden diese Zäsuren, für die es keine einheitliche Notationsweise gibt, durch zwei senkrechte Striche („||") gekennzeichnet (vgl. auch Arndt 1995; Frey 1996). Einschnitte im Inneren eines Versfußes
Zäsur heißen Zäsuren, Einschnitte an der Grenze eines Versfußes nennt man
Diärese Diäresen (oder Dihäresen). Diese Unterscheidung wird jedoch nur bei

der Interpretation von antiken Formen streng gehandhabt. Ansonsten werden Sprechpausen oft generell als Zäsuren bezeichnet. Bei mehreren Zäsuren in einem Vers wird bisweilen auch, je nach Gewichtung der Einschnitte, zwischen Haupt- und Nebenzäsur unterschieden. Haupt- und Nebenzäsur

Neben den Zäsuren im Versinneren bildet insbesondere auch der Wechsel von einem Vers zum nächsten einen starken Einschnitt. Fallen Satz- und Versende zusammen, spricht man von Zeilenstil. Wird der Einschnitt dagegen durch die Syntax überspielt, dann bezeichnet man das als Enjambement. Die wirkungsvollsten Enjambements befinden sich innerhalb eines Satzglieds, wie das folgende Beispiel zeigt. Zeilenstil
Enjambement

> Danke ich brauch keine neuen
> Formen ich stehe auf
> festen Versesfüßen und alten
> Normen Reimen zu Hauf
> (aus: Ulla Hahn, *Ars poetica*, 1981)

Ein Enjambement zwischen zwei Strophen heißt Strophenenjambement. Strophen-enjambement

Wenn man nicht auf den ersten Blick feststellen kann, welches Versmaß in einem Gedicht vorliegt, empfiehlt es sich, zuerst die Wortakzente mehrsilbiger Wörter zu überprüfen. Auch wenn der Anfang des Gedichts *Komm in den totgesagten park* von Stefan George zunächst nicht auf ein jambisches Versmaß hinzuweisen scheint, zeigt sich doch anhand der folgenden Verse, dass es sich insgesamt um fünfhebige Jamben handelt – also um Verse, die fünf jambische Versfüße enthalten (vgl. Mellmann 2007, S. 82). Der Gedichtanfang durchbricht dieses Schema scheinbar, die erste Silbe trägt eine Nebenbetonung, was bei einer Interpretation diskutiert werden muss: Nebenbetonung

> Komm in den totgesagten park und schau:
> Der schimmer ferner lächelnder gestade ·
> Der reinen wolken unverhofftes blau
> Erhellt die weiher und die bunten pfade.
> (aus: Stefan George, *[Komm in den totgesagten park]*, 1897)

Regelmäßige Verse

Regelmäßige Versmaße setzen sich aus mehreren Versfüßen zusammen, deren Anzahl und Abfolge festgelegt ist. Einige dieser Folgen von Versfüßen tragen Namen, bei den anderen werden die Zahl der Hebungen (betonte Silben) und der jeweils verwendete Versfuß angegeben. Man spricht dann beispielsweise von einem vierhebigen Trochäus oder einem dreihebigen Jambus.

Von den regelmäßigen Versmaßen werden hier lediglich romanische und germanische vorgestellt. Die aus der antiken Dichtung übernommenen Versmaße Hexameter, Pentameter, Trimeter und Tetrameter, die ebenfalls zu den regelmäßigen Versmaßen gehören, werden bei den antiken Formen behandelt (→ KAPITEL 6.1).

Alexandriner Der Alexandriner ist ein sechshebiger, jambischer Reimvers mit fester Zäsur nach der sechsten Silbe. Er stammt aus der französischen Dichtung und ist dort der Vers des klassischen Dramas. Benannt wurde er nach der altfranzösischen Alexanderepik. In Deutschland war er vor allem im Barock sehr verbreitet. In der Lyrik wurde er später durch antikisierende Formen abgelöst, im Drama durch den Blankvers.

Versschema: ∪ – ∪ – ∪ – ‖ ∪ – ∪ – ∪ – (∪)

> Es wird der bleiche tod ‖ mit seiner kalten hand
> Dir endlich mit der zeit ‖ umb deine brüste streichen /
> Der liebliche corall ‖ der lippen wird verbleichen;
> (aus: Christian Hoffmann von Hoffmannswaldau, *Vergänglichkeit der Schönheit*, 1695)

Vers commun Der vers commun (deutsch: gewöhnlicher Vers) ist ein aus dem Französischen stammender, gereimter Zehn- oder Elfsilbler mit weiblicher oder männlicher Kadenz, d. h. betontem oder unbetontem Versende (zur Kadenz → KAPITEL 4.2). Häufig findet sich eine Zäsur nach der zweiten Hebung. Im Deutschen wird der Vers fünfhebig jambisch mit weiblicher oder männlicher Kadenz realisiert. Der vers commun wurde von Martin Opitz in die deutsche Dichtung eingeführt und war neben dem Alexandriner der wichtigste Vers des Barock.

Versschema: ∪ – ∪ – ‖ ∪ – ∪ – ∪ – (∪)

> Ach, schwacher Geist, ‖ der du mit so vil Leyden
> Beladen bist, ‖ wirstu nit bald abscheyden
> Und disen Leib sambt allem Leyd vermeiden?
> (aus: Jacob Regnart, *Brennendes Herz*, 1576)

Endecasillabo Der Endecasillabo (deutsch: Elfsilbler) stammt aus dem Italienischen. Es handelt sich um einen gereimten Vers mit ursprünglich weiblicher Kadenz. In der deutschen Dichtung wird der Endecasillabo zu einem fünfhebig jambischen Vers, oft auch mit männlichen Kadenzen oder mit männlichen und weiblichen im Wechsel. Er kann also zehn oder elf Silben haben. Im Gegensatz zum vers commun gibt es beim Endecasillabo keine festen Zäsuren. Bei Johann Wolfgang Goethe und in der Dichtung der Romantik finden sich, vor allem bedingt durch die damalige Rezeption der italienischen Sonettform, häufig ‚echte' Endecasillabi mit weiblichen Kadenzen (z. B. bei August Wilhelm

Schlegel, Gottfried August Bürger, Joseph von Eichendorff, Eduard Mörike).
Versschema: ⏑ – ⏑ – ⏑ – ⏑ – ⏑ – ⏑

> Verhallend eines Gongs braungoldne Klänge –
> Ein Liebender erwacht in schwarzen Zimmern
> Die Wang' an Flammen, die im Fenster flimmern.
> Am Strome blitzen Segel, Masten Stränge.
> (aus: Georg Trakl, *Traum des Bösen*, 1. Fassung, 1910/11)

Der Blankvers ist ein reimloser fünfhebiger Jambus mit männlicher oder weiblicher Kadenz. Er wurde im 18. Jahrhundert aus dem Englischen in die deutsche Dichtung übernommen. Sein Name geht auf den Ausdruck *blank verse* für einen blanken, d. h. reimlosen Vers zurück. Der Blankvers wurde zum bevorzugten deutschen Dramenvers. Abweichend von der Grundregel enthalten das Shakespeare-Sonett und seine Nachfolger im Deutschen (→ KAPITEL 8.4) gereimte Blankverse.

Blankvers

Versschema: ⏑ – ⏑ – ⏑ – ⏑ – ⏑ – (⏑)

> Der Richter sprach: Wenn ihr mir nun den Vater
> Nicht bald zur Stelle schafft, so weis' ich euch
> Von meinem Stuhle. Denkt ihr, daß ich Rätsel
> Zu lösen da bin? Oder harret ihr,
> Bis daß der rechte Ring den Mund eröffne?
> (aus: Gotthold Ephraim Lessing, *Nathan der Weise*, 1779, III, 7, V. 494ff.)

Die fünfhebigen Verse sind nicht immer genau zu unterscheiden, da der vers commun nicht in jedem Fall eine Zäsur nach der zweiten Hebung hat und der Endecasillabo nicht immer weibliche Kadenzen aufweist. In Zweifelsfällen hilft es, sich zu informieren, ob sich der Dichter an französische oder italienische Vorbilder angelehnt hat. In heiklen Fällen spricht man sicherheitshalber erst einmal von fünfhebigen Jamben.

- Blankvers – meist ohne Reim
- Vers commun – mit Zäsur nach der zweiten Hebung
- Endecasillabo – ohne feste Zäsur, gereimt, meist weibliche Kadenzen

Fünfhebige Verse im Überblick

Unregelmäßige Verse

Der Knittelvers ist unregelmäßig hinsichtlich der Anzahl der Senkungen zwischen den Hebungen (man nennt das „füllungsfrei"). Der in vorbarocker Zeit sehr beliebte Vers fand in der epischen und dramatischen Handwerkerdichtung Verwendung. Im Barock und in der

Knittelvers

Aufklärung, nachdem sich das akzentuierende Prinzip durchgesetzt hatte, erfuhr er eine Abwertung – vor allem wegen seines sich strenger Alternation bisweilen nicht fügenden, holpernden Klangs. Auch der Begriff „Knittelvers" ist abwertend gemeint: „knüttel" als Diminutivum zu „Knoten" verweist auf die Unregelmäßigkeit und Ungeschliffenheit des Verses. Erst mit der Aufwertung der Volksdichtung ab Mitte des 18. Jahrhunderts erschien der Knittelvers auch wieder in der Kunstdichtung (zum Beispiel in Goethes *Faust*, 1806).

Man unterscheidet zwei Typen des Knittelverses: zum einen den **Freier Knittelvers** freien Knittelvers, ein vorwiegend vierhebiger, paargereimter Vers, der unregelmäßig ist hinsichtlich der Anzahl der Senkungen zwischen den Hebungen und in seiner Silbenzahl zwischen sechs und 16 Silben **Strenger Knittelvers** schwankt; zum anderen den strengen Knittelvers, ebenfalls paargereimt und vierhebig, jedoch nie über acht oder neun Silben hinausgehend. Der strenge Knittelvers kann zwar immer wieder auch streng alternierend gelesen werden, bisweilen aber führt eine solche Skandierung zu Tonbeugungen, wie die in eckigen Klammern notierte Skandierung von Vers 5 im folgenden Beispiel zeigt (vgl. Breuer 1991, S. 139). Es liegt nahe, in solchen Fällen die Hebungen nach den Regeln der deutschen Sprache zu setzen und auf strenges Alternieren zu verzichten (vgl. Schlütter 1966, S. 51f.).

> Eins Abends ging ich aus nach Fischen,
> ein gutes Nachtmahl zu erwischen,
> mit einem Angel an den Rhein.
> Die Sonn gar überhitzig schein;
> Hart stachen die Bremen und Mucken.   [Hart stachen die Bremen und Mucken.]
> Urplützlich war die Sonn verdrucken
> Da schwarz Gewülk nach Wetters Furm,
> der Südwind weht' mit großem Sturm.
> (aus: Hans Sachs, *Baldanderst bin ich genannt*, 1534; zitiert nach Breuer 1991, S. 138)

Madrigalvers Der Madrigalvers ist unregelmäßig hinsichtlich der Zahl der Hebungen. Unabhängig davon, wie viele es sind, folgen sie jedoch in regelmäßiger Alternation, also jambisch oder trochäisch, aufeinander.

> Schöne Linde
> Deine Rinde
> Nehm den Wunsch von meiner Hand:
> Kröne mit dem sanfften Schatten
> Diese stets begrasten Matten/
> Stehe sicher vor dem Brand;
> Reist die graue Zeit hier nieder
> Deine Brüder/
> Sol der Lentzen diese Aest'

> Jedes Jahr belauben wieder
> Und dich hegen Wúrtzelfest.
> (aus: Johann Klaj, *Schöne Linde*, 1644)

Freie Rhythmen sind reimlos und unregelmäßig in der Zahl und Abfolge der Hebungen und Senkungen. Mit dem Begriff werden die von Friedrich Gottlieb Klopstock in die deutsche Lyrik eingeführten Verse bezeichnet, die an antike Versmaße angelehnt sind und diese variieren, ohne einheitlich metrisch geordnet zu sein. Der Begriff ist historisch markiert und wird nur für die freirhythmischen Hymnen der Empfindsamkeit und des Sturm und Drang im 18. Jahrhundert verwendet oder für Gedichte, die sich auf Gedichte dieser Zeit beziehen.

Die Freien Rhythmen sind an das *genus grande* gebunden, es handelt sich um auf Rührung (*movere*) ausgerichtetes hohes Sprechen (→ KAPITEL 10.1). Hebungen und Senkungen sind bewusst verteilt und auf eine bestimmte Wirkung hin berechnet. Sturm-und-Drang-Dichter benutzten dieses Versmaß häufig in ihren Hymnen (→ KAPITEL 6.2), weshalb es gelegentlich auch ‚Genievers' (nach der sogenannten ‚Genie-Epoche') genannt wird.

Freie Rhythmen

> Nicht in den Ózean
> Der Welten álle
> Will ich mich stürzen!
> Nicht schweben, wo die ersten Erscháffnen,
> Wo die Jubelchöre der Söhne des Lichts,
> Ánbeten, tief ánbeten!
> Und in Entzückung vergehn!
> (aus: Friedrich Gottlieb Klopstock, *Die Frühlingsfeier*, 1. Fassung, 1759)

Freie Verse sind ebenfalls unregelmäßig hinsichtlich der Zahl und Abfolge der Hebungen und Senkungen. Der Begriff wird nur für Gedichte verwendet, die ab dem späten 19. Jahrhundert entstanden sind. Freie Verse kommen in der Gegenwartsdichtung sehr häufig und in vielen verschiedenen Formen vor. Es gibt Freie Verse, die noch eine gewisse Rhythmisierung aufweisen und damit den Freien Rhythmen vergleichbar sind. Solche Verse finden sich etwa in der Lyrik Georg Trakls, Ingeborg Bachmanns oder Paul Celans. Andere Freie Verse folgen keinem festen metrischen Schema mehr und weisen auch keine Rhythmisierung mehr auf. Hier spricht man auch von „*Prosaische[r] Lyrik*" (Wagenknecht 1999, S. 102). Dazwischen liegt eine dritte Gruppe von Freien Versen, die zum Teil rhythmisiert sind und als „*Unregelmäßige[] Rhythmen*" (Wagenknecht 1999, S. 102) bezeichnet werden. Die lyrische Form wird in kaum rhythmisierten Gedichten in Freien Versen bisweilen nur noch gewählt, um eine inhalt-

Freie Verse

liche Konzentration anzuzeigen, wobei lediglich wenige Stellen durch ihre rhythmische Gestaltung hervorgehoben werden.

Rhythmisierte Freie Verse

Es ist ein Licht, das der Wind ausgelöscht hat.
Es ist ein Heidekrug, den am Nachmittag ein Betrunkener verläßt.
Es ist ein Weinberg, verbrannt und schwarz mit Löchern voll Spinnen.
Es ist ein Raum, den sie mit Milch getüncht haben.
(aus: Georg Trakl, *Psalm*, 2. Fassung, 1912)

Prosaische Lyrik

Der Mund eines Mädchens, das lange im Schilf gelegen hatte,
sah so angeknabbert aus.
Als man die Brust aufbrach, war die Speiseröhre so löcherig.
Schließlich in einer Laube unter dem Zwerchfell
fand man ein Nest von jungen Ratten.
(aus: Gottfried Benn, *Schöne Jugend*, 1912)

Unregelmäßige Verse im Überblick

Folgende Kriterien gestatten die Zuordnung unregelmäßiger Verse:
- Knittelvers: unregelmäßig hinsichtlich der Zahl der Senkungen zwischen den Hebungen („füllungsfrei") und bisweilen auch hinsichtlich der Verteilung der Hebungen.
- Madrigalvers: unregelmäßig hinsichtlich der Zahl der Hebungen pro Vers; regelmäßig alternierend (jambisch oder trochäisch).
- Freie Rhythmen: unregelmäßig hinsichtlich der Zahl und Abfolge der Hebungen und Senkungen, rhythmisiert, hohes Sprechen, meist historisch auf den Sturm und Drang bezogen.
- Freie Verse: unregelmäßig hinsichtlich der Zahl und Abfolge der Hebungen und Senkungen, oft nicht rhythmisiert, prosanah, nur aufzufinden bei Gedichten ab dem späten 19. Jahrhundert.

3.3 Von der metrischen Analyse zur Interpretation

Form und Inhalt

Die metrische Gestaltung eines Gedichts ist kein Wert an sich, der sich losgelöst vom Inhalt abhandeln lässt. Erst das Zusammenspiel von Form und Inhalt macht das Besondere des Gedichts aus. Abschnitte, in denen formale Merkmale lediglich aufgelistet und abgehakt werden, gehen an den Aufgaben einer Interpretation also gerade vorbei. Es kommt vielmehr darauf an, die Funktion dieser lyrischen Eigenheiten im Gesamtgefüge des Textes zu bestimmen und ihre Bedeutung für den Inhalt zu beschreiben. Lässt die Aufgabenstellung die ausführliche Behandlung metrischer Besonderheiten nicht zu, so sollten sie zumindest zusammenfassend erwähnt werden.

Wie sich metrische Merkmale für eine Interpretation nutzen lassen, wird im Folgenden zunächst abstrakt erörtert und schließlich in einer Beispielinterpretation vorgeführt.

Die vier im Deutschen verwendeten Versfüße haben einen je eigenen Charakter. Jambische oder trochäische Verse sind geprägt von regelmäßiger Alternation. Die trochäischen und die daktylischen Verse haben einen von Hebung zu Senkung fallenden, die jambischen und die sehr seltenen anapästischen Verse einen von Senkung zu Hebung steigenden Charakter. Der Charakter des jeweils verwendeten Versfußes prägt auch den Charakter des gesamten Gedichts. Charakter der Versfüße

Häufig werden in Gedichten, besonders in solchen der Gegenwart, Versmaße nicht im gesamten Gedicht streng durchgehalten. Gerade die metrisch abweichenden Verse enthalten oft eine wichtige inhaltliche Aussage. Bei Freien Rhythmen und Freien Versen sind umgekehrt Verse wichtig, die eine regelmäßigere metrische Gestaltung aufweisen. Abweichungen vom Metrum

Unterbrechungen des Versflusses durch feste Zäsuren etwa im Alexandriner oder vers commun eignen sich, um inhaltliche Aspekte zu betonen. Der Alexandriner beispielsweise wird oft benutzt, um Gegensätze anzuzeigen, da die Zäsur in der Mitte die Antithetik hervorhebt. Auch wenn Zäsuren durch die Satzstruktur überspielt werden, kann dies einen Anknüpfungspunkt für die Interpretation bieten. Inhaltliche Gewichtung durch Zäsuren

Das Versmaß eines Gedichts verweist in vielen Fällen auf den spezifischen Lyrikstil einer Epoche bzw. einen Traditionszusammenhang. Bei der Interpretation ‚historischer' Gedichte lässt sich der Gebrauch eines bestimmten Versmaßes in die Vorstellungen der Zeit einordnen. Eine solche Einordnung kann ganz verschiedene Momente umfassen, die sich anhand folgender Fragen genauer bestimmen lassen: Historische Einbindung eines Versmaßes

- Handelt es sich um einen in der Zeit beliebten oder um einen seltenen Vers?
- Ist er einer Stilebene zuzuordnen?
- Wurde er für die Behandlung bestimmter Themen bevorzugt? Gibt es also inhaltliche Aspekte, die das Gedicht mit der Epoche verbinden?
- Gibt es Vorbilder, auf die mit metrischen Signalen verwiesen wird?

Zusammenfassend: Wie nahe liegend war für den Autor die Wahl des Versmaßes?

Dieses Verfahren lässt sich auch auf Gedichte der Gegenwart übertragen. Wenn sich ein Lyriker heute für den Alexandriner entscheidet, dann ordnet er sich in das Erbe formstrenger Zeiten und Strömungen ein. Das lässt sich selbst dann erkennen, wenn die strengen Versmaße früherer Epochen nur anzitiert und nicht in ihrer ursprünglich strengen Version umgesetzt werden. Oft finden sich in einem Gedicht, das durch sein Versmaß auf eine bestimmte Epoche verweist, auch Anklänge an epochenspezifische Motive oder Themen. Der Autor stellt damit ein bestimmtes Verständnis von Lyrik aus und weist auf die Behandlung seines Themas oder Stoffes bei seinen Vorgängern hin. Geht man solchen Hinweisen nach, ergeben sich Vergleichsmöglichkeiten: Es ist zu erkennen, worauf sich der Autor bezieht oder wovon er sich abgrenzt. Solche Gemeinsamkeiten und Differenzen lassen sich für die Interpretation fruchtbar machen.

Zum Beispiel: Ingeborg Bachmann, *Böhmen liegt am Meer*

Im Folgenden wird an Ingeborg Bachmanns Gedicht *Böhmen liegt am Meer* (1966) exemplarisch vorgeführt, wie sich die metrische Analyse in eine Interpretation einbinden lässt. Die Interpretation konzentriert sich auf metrische Aspekte und wäre durch weiterführende Überlegungen zu ergänzen.

Alexandriner

Wie an den ersten beiden Versen zu erkennen ist, verwendet Ingeborg Bachmann den Alexandriner. Sie nutzt vor allem dessen Zweiteilung, um die inhaltliche Eigenheit der Versteile hervorzuheben. Es handelt sich jeweils um Konditionalsatz und Hauptsatz, also um Voraussetzung und Folge. Das Versmaß wird nicht im gesamten Gedicht streng durchgehalten, aber es ist deutlich erkennbar, dass die Konstruktionsweise des Alexandriners den meisten Versen unterliegt.

Unregelmäßigkeiten im Versmaß

Immer wieder finden sich Verse, in denen eine Alexandrinerhälfte um eine Hebung gekürzt ist:

Grenzt hier ein Wórt an mích ‖ so láß ich's grénzen (V. 5)

oder

Zugrúnd geríchtet ‖ wách ich rúhig áuf. (V. 11).

Eine Variation des Alexandriners findet sich auch in Vers 3:

Ist Líebesmǘh in álle Zéit verlóren, ‖ verlíer ich síe hier gérn. (V. 3)

Die erste Hälfte des Verses, der ebenso wie der reine Alexandriner durch eine Zäsur geteilt ist, weist zwei Hebungen mehr auf als üblich. Damit wird die Aussage der ersten Vershälfte betont: der Verlust der Liebesmüh für alle Zeiten.

Barock-Bezüge in Form und Inhalt

Es geht in Bachmanns Gedicht um ein Ich, das keine Gewissheit mehr hat über die Bedingungen seiner Existenz. Dennoch glaubt es sich in Vers 12 „unverloren". Mit dieser Vokabel zitiert Bachmann ein berühmtes Gedicht des Barock, Paul Flemings *An sich* (1641), und verweist dadurch auf dessen Thema. Dort heißt es: „Sei dennoch

Ingeborg Bachmann
Böhmen liegt am Meer (1966)

1 Sind hierorts Häuser grün, tret ich noch in ein Haus.
Sind hier die Brücken heil, geh ich auf gutem Grund.
Ist Liebesmüh in alle Zeit verloren, verlier ich sie hier gern.

Bin ich's nicht, ist es einer, der ist so gut wie ich.

5 Grenzt hier ein Wort an mich, so laß ich's grenzen.
Liegt Böhmen noch am Meer, glaub ich den Meeren wieder.
Und glaub ich noch ans Meer, so hoffe ich auf Land.

Bin ich's, so ist's ein jeder, der ist soviel wie ich.
Ich will nichts mehr für mich. Ich will zugrunde gehen.

10 Zugrund – das heißt zum Meer, dort find ich Böhmen wieder.
Zugrund gerichtet, wach ich ruhig auf.
Von Grund auf weiß ich jetzt, und ich bin unverloren.

Kommt her, ihr Böhmen alle, Seefahrer, Hafenhuren und Schiffe
unverankert. Wollt ihr nicht böhmisch sein, Illyrer, Veroneser,
15 und Venezianer alle. Spielt die Komödien, die lachen machen

Und die zum Weinen sind. Und irrt euch hundertmal,
wie ich mich irrte und Proben nie bestand,
doch hab ich sie bestanden, ein um das andre Mal.

Wie Böhmen sie bestand und eines schönen Tags
20 ans Meer begnadigt wurde und jetzt am Wasser liegt.

Ich grenz noch an ein Wort und an ein andres Land,
ich grenz, wie wenig auch, an alles immer mehr,

ein Böhme, ein Vagant, der nichts hat, den nichts hält,
begabt nur noch, vom Meer, das strittig ist, Land meiner Wahl zu sehen.

unverzagt ‖ gib dennoch unverloren". Auch bei Fleming geht es, wie bei vielen Dichtern des Barock, um die Bestimmung des Platzes für den Einzelnen in der Welt, um Selbstvergewisserung. Bachmann bezieht sich nicht nur mit diesem einzelnen Wort auf Fleming, sondern auch mit der Verwendung des Alexandriners, der im Barock lange Zeit dominierend war. Ebenso gehört auch das im Gedicht anklingende Vanitas-Thema, das Nachdenken über die Vergänglichkeit des Menschen, zu den bevorzugten Stoffen dieser Epoche. „Unverloren" (V. 12) aber fühlt sich das lyrische Ich in Bachmanns Gedicht aus einem anderen Grund als die Barockdichter: Es sieht sein Heil nicht, wie diese, in der Hoffnung auf ein ewiges Leben bei Gott, sondern es hofft auf die Kunst, wie sich im Folgenden zeigen wird.

Änderungen in Versmaß und Sprechhaltung

In der Mitte des Gedichts ist für eine ganze Strophe die Nutzung des Alexandriners unterbrochen. Die Sprechhaltung und der Bezug des Sprechens sind verändert. Vers 13 ist der erste, in dem nicht „Ich" gesagt wird.

> Kommt her, ihr Böhmen alle, || Seefahrer, Hafenhuren und Schiffe unverankert. || Wollt ihr nicht böhmisch sein, || Illyrer, Veroneser, und Venezianer alle. || Spielt die Komödien, || die lachen machen
>
> Und die zum Weinen sind. (V. 13ff.)

Regelmäßig sind lediglich die ersten Hälften der Verse 13, 15 und 16. Die übrigen Versteile sind relativ frei in ihrer Betonung, sie weisen mehr Hebungen auf als im Alexandriner üblich, oft auch eine weitere Zäsur. Die Strenge des Alexandriners ist völlig aufgegeben, es findet sich keine klare Gegenüberstellung von Voraussetzung und Folge mehr. Die Verse sind inhaltlich nicht einfach zweigeteilt, stattdessen sind sie durch Enjambements miteinander verbunden. An die Stelle der an Konditionalsätze gebundenen Ich-bezogenen Beschreibungen tritt ein Aufruf, ein Appell an andere.

Enjambement

Dieses Aufbrechen der bisher dominierenden, relativ starren Form hat seine Ursache im Inhalt. Das lyrische Ich unterbricht seine Selbstreflexion, die bis Vers 12 zu einem (vorläufigen) Schluss gefunden hat, und wendet sich nach außen. Es hat seinen Ruhepunkt am Grund des Meeres gefunden, von dem aus es „Böhmen wieder[finden]" (V. 10) kann. Daraufhin ruft es verschiedene Gruppen auf, ebenfalls in dieses Böhmen zu kommen. Durch die Enjambements, die die Verse eng miteinander verbinden, wird die große gedankliche Umarmungs- und Einladungsgeste noch unterstrichen.

Böhmen als Ort der Kunst

Böhmen bildet einen Gegenentwurf zu der zuvor geschilderten Welt, in der das lyrische Ich zugrunde geht. Das Zugrundegehen ist nur deshalb nicht erschreckend, weil sich, wenn der Grund einmal erreicht ist, der Blick auf die Gegenwelt Böhmen eröffnet. Böhmen meint hier nicht vordergründig das reale geografische Böhmen, sondern verweist zuallererst auf einen Ort der Kunst, an dem die Widersprüche aufgehoben sind, auf den Ort der ‚Bohemiens', die „Komödien" spielen, „die lachen machen/Und die zum Weinen sind" (V. 15f.). Die Kunst war es, die Böhmen „eines schönen Tags || ans Meer begnadigt" (V. 19f.) hatte: In Shakespeares *The Winter's Tale* (*Das Wintermärchen*, 1611) liegt Böhmen am Mittelmeer. Es ist der Ort der Kunst, an den sich bei Bachmann das lyrische Ich aus seinem Zugrundegehen rettet, das damit zugleich auch ein ‚Zum-Wesentlichen-Kommen' meint. Das lyrische Ich selbst wird zum „Böhme[n]" (V. 23), zum Künstler.

Auf die mittleren, freieren Verse des Gedichts folgen wieder strenger geordnete. Das lyrische Ich befindet sich wieder in der vorigen, realen Welt, weiß aber nun um die andere Welt, um die Welt der Kunst. Eine Reihe scheinbarer Paradoxa beschreibt das Verhältnis dieser beiden Welten, die Wirkung der Kunst auf die Welt, ihr Vermögen, alltägliche Bedeutungen und Wertungen umzukehren. Ein Ich, das um diese Wirkung weiß, passt sich nicht ein in eine Ordnung von Voraussetzung und Folge, es hofft auf anderes, wie der letzte Vers bis in die Metrik hinein abschließend zeigt:

Widerstand gegen die Ordnung

begábt nur nóch, vom Méer, ‖ das stríttig ist, ‖ Land meiner Wahl zu séhen.
[oder]   Lánd meiner Wáhl zu séhen.
(V. 24)

Die erste Hälfte des Verses verläuft im Maß des Alexandriners, die zweite Hälfte – durch eine Zäsur erneut geteilt – fällt aus der Regelmäßigkeit des Versmaßes heraus. Würde der Relativsatz „das strittig ist" wegfallen, ergäbe sich ein relativ regelmäßiger Alexandriner: „begabt nur noch, vom Meer, [...] ‖ Land meiner Wahl zu sehen". Aus dem grammatischen Bezug des Relativsatzes – es ist das Meer, das strittig ist – ergibt sich auch eine Folge für das Land: Wenn da kein Meer ist, kann es jenes besondere ‚Böhmen am Meer' auch nicht geben. Es ist das Wahlland Böhmen, das als Land der Kunst umstritten ist.

Der letzte Vers behauptet die Existenz der Kunst und führt zugleich ihre Wirkung vor: Die Kunst ist mitten in der Welt und verändert sie – ihre Anwesenheit verändert den regelgerechten Vers –, und sie kann, bei aller Umstrittenheit, der feste Punkt sein, von dem aus sich überhaupt erst Land sehen lässt.

Aufgaben

Bestimmen Sie Versfuß und Versmaß der folgenden Textauszüge.

Übungen

1. Versuchts, ihr Sterbliche, macht euren Zustand besser,
   Braucht, was die Kunst erfand und die Natur euch gab;
   Belebt die Blumen-Flur mit steigendem Gewässer,
   Teilt nach Korinths Gesetz gehaune Felsen ab;
   (aus: Albrecht von Haller, *Die Alpen*, 1729)

2. Du dauerst mich, du allerliebstes Kind.
   Du fühlst mein Weh, ich leide deine Schmerzen,
   Da Glück und Zeit so lange grausam sind
   Und mit dem Flehn getreuer Seelen scherzen;
   Du leidest viel, doch gib der Treu' Gehör:
   Ich leide mehr.
   (aus: Johann Christian Günther, *An Leonore bei dem andern Abschiede*, 1735)

3. O wie beschämt gesteh' ich, daß ich dir
   Mit stillem Widerwillen diene, Göttin,
   Dir meiner Retterin! Mein Leben sollte
   Zu freiem Dienste dir gewidmet sein.
   (aus: Johann Wolfgang Goethe, *Iphigenie auf Tauris*, 1787, V. 35ff.)

4. Heiße Magister, heiße Doctor gar,
   Und ziehe schon an die zehen Jahr,
   Herauf, herab und quer und krumm,
   Meine Schüler an der Nase herum –
   Und sehe, daß wir nichts wissen können!
   (aus: Johann Wolfgang Goethe, *Faust I*, 1806, V. 360ff.)

5. Besonders lernt die Weiber führen;
   Es ist ihr ewig Weh und Ach
   So tausendfach
   Aus Einem Puncte zu curieren,
   Und wenn ihr halbweg ehrbar thut,
   Dann habt ihr sie all' unter'm Hut.
   (aus: Johann Wolfgang Goethe, *Faust I*, 1806, V. 2023ff.)

6. Denn eben die Beschränkung läßt sich lieben,
   Wenn sich die Geister gar gewaltig regen;
   Und wie sie sich denn auch gebärden mögen,
   Das Werk zuletzt ist doch vollendet blieben.
   (aus: Johann Wolfgang Goethe, *Das Sonett*, 1806)

7. Laß, o Welt, o laß mich sein!
   Locket nicht mit Liebesgaben,
   Laßt dies Herz alleine haben
   Seine Wonne, seine Pein!
   (aus: Eduard Mörike, *Verborgenheit*, 1838)

8. Aus sicherer Quelle
   Erfahren wir: der Krieg
   Soll gut vorbereitet sein.
   Ungeheure Lebensmittelvorräte
   Sollen in den Kellern einer Villa
   In Berchtesgaden liegen.
   (aus: Bertolt Brecht, *Der Krieg soll gut vorbereitet sein*, 1938)

Interpretation

Interpretieren Sie das Gedicht *Ich denke dein* (1775; zitiert nach Detering 2007, S. 215) von Friederike Brun im Hinblick auf den Zusammenhang von metrischer Gestaltung und Inhalt. Inwiefern unterstützt der Umgang mit dem Versmaß die Aussage? (Bekannter als dieses Gedicht ist wohl Goethes Um- und Weiterdichtung *Nähe des Geliebten* (1796), die Sie hier gut vergleichend heranziehen könnten.)

Friederike Brun
Ich denke dein (1775)

1   Ich denke dein, wenn sich im Blütenregen
    Der Frühling malt,
    Und wenn des Sommers mildgereifter Segen
    In Ähren strahlt.

5   Ich denke dein, wenn sich das Weltmeer tönend
    Gen Himmel hebt,
    Und vor der Wogen Wut das Wasser strömend
    Zurücke bebt.

    Ich denke dein, wenn sich der Abend rötend
10 Im Hain verliert,
    Und Filomelens Klage leise flötend
    Die Seele rührt.

    Beim trüben Lampenschein in bittren Leiden
    Gedacht ich dein;
15 Die bange Seele flehte nah am Scheiden:
    Gedenke mein!

    Ich denke dein, bis wehende Zypressen
    Mein Grab umziehn;
    Und auch in Tempes Hain soll unvergessen
20 Dein Name blühn.

Lektüreempfehlungen

- **Erwin Arndt: Deutsche Verslehre,** Berlin 1959, 13., bearbeitete Auflage 1995. *Gut gegliederte, umfassende und verständliche Darstellung der deutschen Metrik.*

- **Alfred Behrmann: Kapitel II: Vor und nach Opitz: füllungsfreier, tonbeugender und wägend-alternierender Vers; Kapitel III: Der fünffüßige Jambus; Kapitel VIII: Der freie Rhythmus; Kapitel IX: Der Freie Vers,** in: ders., Einführung in den neueren deutschen Vers. Von Luther bis zur Gegenwart. Eine Vorlesung, Stuttgart 1989, S. 14–43, 105–134. *Sehr gute Einführung in die Grundlagen der Metrik. Aufgrund des Vorlesungscharakters gut lesbar, ein verlässlicher Ausgangspunkt.*

- **Dieter Breuer: Deutsche Metrik und Versgeschichte,** München 1981, 2., verbesserte Auflage 1991. *Ausführliche Darstellung der historischen Entstehung von Versmaßen und Strophenformen, viele* *ausführlich zitierte Beispiele, insgesamt eine gute Ergänzung zur hier geleisteten systematischen Darstellung.*

- **Katja Mellmann: Versanalyse**, in: Thomas Anz (Hg.), Handbuch Literaturwissenschaft. Band 2: Methoden und Theorien, Stuttgart 2007, S. 81–97. *Eine übersichtliche und grundlegende Einführung in die Versanalyse; Klärung von Grundbegriffen und Darstellung von Notationsweisen.*

- **Christian Wagenknecht: Deutsche Metrik. Eine historische Einführung**, München 1981, 5., erweiterte Auflage 2007. *Enthält auch Informationen zur Metrik der vorbarocken Dichtung.*

4 Reim, Kadenz, Klang

Max und Moritz, gar nicht träge,
Sägen heimlich mit der Säge –
Ritzeratze! – voller Tücke
In die Brücke eine Lücke.

Abbildung 4: Wilhelm Busch, *Max und Moritz* (1865), Ausschnitt (Dritter Streich)

Bild und Text gehören zum Dritten Streich von Wilhelm Buschs berühmten „bösen Buben" „Max und Moritz" (1865). Buschs Text zieht seine Komik zum großen Teil aus Reim- und Klangphänomenen, die Namen der beiden Buben beginnen alliterierend mit demselben Buchstaben, um sie als unzertrennlich darzustellen. Diese Technik findet im Streich gegen Schneidermeister Böck einen Höhepunkt. Da der Name des armen Mannes klanglich an einen Schafsbock erinnert, rufen die beiden Übeltäter „meck, meck, meck", um ihn auf die angesägte Brücke zu locken, die „in Stücke" bricht und den Schneider ins Wasser fallen lässt. Der gehäufte Gebrauch von Umlauten im Text (ä in den ersten beiden zitierten Versen, ü in den letzten beiden) verweist ebenfalls spottend auf Böck, der sich ja von einem Bock sprachlich nur durch den Umlaut unterscheidet. Außerdem wird das Geräusch der Säge klangmalerisch imitiert („Ritzeratze").

Der Text ist paargereimt, aber der Reim wird häufig noch zu weiteren Sprachspielereien verwendet: „Brücke" und „Lücke" bilden einen Binnenreim, d. h. einen Reim im Zeileninneren, genauso wie „Sägen" und „Säge", die zusätzlich einen grammatischen Reim darstellen, also einen Reim aus zwei flektierten Formen desselben Wortes.

Klangphänomene, die in der Lyrik häufig auftreten, und ihre möglichen Funktionen werden in diesem Kapitel vorgestellt. Neben verschiedenen Reimformen und -stellungen gehören dazu die Kadenz, d. h. die Art des Versausgangs, und die Onomatopoesis, die poetische Nachahmung von Lauten.

4.1 **Reim**
4.2 **Kadenz**
4.3 **Klang**
4.4 **Reim, Kadenz und Klang in der Interpretation**
    Zum Beispiel: Ulla Hahn, *Ars poetica*

4.1 Reim

Funktionen

Reime gehören zu den bekanntesten Merkmalen eines Gedichts, obwohl sie in der zeitgenössischen Lyrik häufig gar nicht mehr verwendet werden. Über Jahrhunderte hinweg war der Reim in der deutschsprachigen Dichtung das zentrale Mittel zur Bindung, Ordnung und Gliederung von einzelnen Wörtern, Versen, Strophen oder ganzen Gedichten. Reime binden die einzelnen Verszeilen aneinander und gliedern den Text in verschiedene Strophen; die meisten Strophen- oder Gedichtformen werden unter anderem über ein festes Reimschema definiert (→ KAPITEL 5–8). In der antiken Dichtung spielen Reime keine Rolle: Die Stilmittel Homoioteleuton (die Übereinstimmung von Wortschlüssen aufeinander folgender Wörter in griechischen oder lateinischen Texten, z. B. nolens – volens) und Homoioptoton (die Übereinstimmung der Kasusendungen in einer griechischen oder lateinischen Wortfolge, z. B. vocum – rerum) sind nur zwei unter sehr vielen und nehmen nicht den besonderen Rang ein, den der Reim seit dem Mittelalter in der deutschen Dichtung innehat.

Bindung, Ordnung, Gliederung

Die Herkunft des Wortes „Reim" führt folgerichtig auch ins Mittelalter, ist aber nicht ganz genau zu bestimmen. „Reim" könnte sowohl von dem althochdeutschen Wort *rîm* (Reihe, Zahl) herrühren als auch vom mittellateinischen *rithmus* (Vers), und es werden noch mehr Möglichkeiten diskutiert. Klar ist, dass das mittelhochdeutsche Verb *rîmen* „Verse bilden" bedeutet und dass das daraus abgeleitete Substantiv noch bis ins 17. Jahrhundert mit einer sehr viel weiteren Bedeutung als heute auftrat. Es konnte „Reim", „Vers" oder „Gedicht" bedeuten. Noch heute bezeichnen Begriffe wie „Kinderreim" oder „Kehrreim" ein ganzes Gedicht oder den Refrain eines Gedichts.

Wortherkunft

Reime können neben der gliedernden Funktion auch eine sprachspielerische haben, zum Beispiel beim Schüttelreim (siehe unten). Indem ein Wort mit einem anderen durch Reim verbunden wird, kann es zudem eine neue Sinndimension erhalten; beispielsweise kann eine Antithese (also ein Gegensatz) auf diese Weise verstärkt werden. Der Reim in dem vermeintlichen Sprichwort „Enden ist besser als wenden" aus Aldous Huxleys Roman *Brave New World* (*Schöne neue Welt*, 1932) betont den entscheidenden Gegensatz zwischen Wegwerfen und Ausbessern. Zudem erfüllt der Reim hier wie in vielen anderen Fällen auch eine gedächtnisunterstützende (mnemotechnische) Funktion (vgl. Moennighoff 2004). Durch den Reim ist der Satz ein-

Sprachspielerische Funktion

Mnemotechnische Funktion

fach zu behalten – in Huxleys Roman ein wichtiger Faktor, denn der Merkspruch wird Kindern im Schlaf eingeflüstert und sie halten sich danach ein Leben lang an diese Handlungsanweisung.

<small>Stabreim und Endreim</small>

Zu den Klangphänomenen gehört auch der Stabreim (auch: Anlautreim), der Vorgänger unseres heutigen Endreims in der althochdeutschen Dichtung. Die Verse der althochdeutschen Langzeile reimen nicht, sie ‚staben', d. h. die Anlaute der Haupthebungen im Vers sind gleich: „*H*iltibrant enti *H*adubrant untar *h*eriun tuem" („Hildebrand und Hadubrand, (allein) zwischen ihren beiden Heeren", aus: *Hildebrandslied*, um 830/40). Der Stabreim spielte vor allem in mündlich tradierten Texten eine Rolle. Mit zunehmender Verschriftlichung der Literatur gewann der Endreim an Bedeutung, in dem das Ende der Wörter gleich klingt (leise – Reise). Otfrid von Weißenburg wählte im 9. Jahrhundert für sein *Liber Evangelicorum* (*Evangelienbuch*) den Endreim als verbindendes Element und setzte ihn damit in der deutschsprachigen Dichtung durch (vgl. Weddige 1997, S. 144f.).

<small>Alliteration</small>

In Form des aus der Antike stammenden Stilmittels der Alliteration ist der Anlautreim bis in die Gegenwartsdichtung und -rhetorik zu finden. Im Unterschied zum Stabreim, der als bindendes Element in der Regel einen ganzen Text oder Textteil durchzieht, ist die Alliteration eine punktuell eingesetzte rhetorische Figur (→ KAPITEL 10.1). Zwei oder mehr Wörter mit gleichem Anlaut werden nebeneinander gestellt oder syntaktisch verbunden („Welche Max und Moritz hießen", aus: Wilhelm Busch, *Max und Moritz*, 1865). Die Anlaute der Wörter müssen betont sein. Daher können Personalpronomina, Konjunktionen und Präpositionen, genauso wie Wörter mit Vorsilben in der Regel nicht Teil einer Alliteration sein.

Qualität und Quantität

Die Ansprüche an die Qualität (auch: Reinheit) des Reims waren zunächst noch gering. Auch Assonanz (siehe unten) galt als Gleichklang. Erst Ende des 12. Jahrhunderts bildete sich durch Heinrich

<small>Reiner Reim</small>

von Veldeke der reine Reim als Ideal heraus, bei dem konsonantische und vokalische Phoneme (Laute) mindestens ab der letzten betonten Silbe übereinstimmen müssen. Er umfasst in der Regel entweder eine einzige betonte Silbe (Haus – Maus) oder zwei Silben, von denen die vorletzte betont ist (Hase – Nase). Für reine Reime, die mehr als zwei Silben umfassen, haben sich eigene Fachtermini herausgebildet (siehe unten). Als unrein bezeichnet man einen Reim, wenn die vokalische oder konsonantische Übereinstimmung der Reimwörter unvollkommen ist. Dabei können lautliche Unreinheiten, z. B. bei grüßen – fließen, von Unreinheiten unterschieden werden, welche die Länge der Silben betreffen, wie bei Fluss – Fuß. Stimmen die Vokale überein, nicht aber die Konsonanten, so spricht man von Assonanz (Häupter – Häuser; Hundert – Kuppel). Sie ist in einigen romanischen Sprachen (etwa dem Spanischen) dem Reim gleichwertig und bei bestimmten Strophenformen fest vorgeschrieben. Eine dieser Formen, die Romanzenstrophe, spielt auch in der deutschsprachigen Dichtung seit der Klassik und Romantik eine Rolle und mit ihr das Prinzip der Assonanz (→ KAPITEL 5.1). Im weiteren Sinne qualitative Unterscheidungen werden mit den Begriffen Augenreim (Eye-Rhyme) und Ohrenreim (Ear-Rhyme) getroffen. Bei ersterem ‚reimt' sich zwar das Schriftbild, nicht aber das Lautbild (Trage – Garage); bei letzterem ist es umgekehrt, das Lautbild reimt, das Schriftbild der Reimwörter unterscheidet sich jedoch deutlich (mobile phone – derweil schon).

Unreiner Reim

Assonanz

Augen- und Ohrenreim

Beim gebrochenen Reim bildet nur der erste Teil eines Wortes den Reim, während der zweite Teil bereits in der nächsten Verszeile steht: „Jeder weiß, was so ein Mai-/Käfer für ein Vogel sei." (aus: Wilhelm Busch, *Max und Moritz*, 1865). Beim gespaltenen Reim schließlich reimen sich zwei meist einsilbige Wörter mit einem mehrsilbigen: „Und verwundert steht und spricht er:/‚Zapperment! das Ding werd lichter!'" (aus: Wilhelm Busch, *Max und Moritz*, 1865).

Gebrochener Reim

Gespaltener Reim

Reime können nicht nur nach ihrer Qualität (Reinheit), sondern auch nach ihrer Quantität, also der Menge der reimenden Silben oder Wortteile, unterschieden werden. Beginnt der Gleichklang bereits vor der letzten betonten Silbe, so handelt es sich um einen erweiterten Reim. Dieser umfasst nochmals verschiedene Typen, von denen hier die wichtigsten genannt werden sollen: Der reiche Reim beginnt bereits bei der vorletzten betonten Silbe (Tugendreiche – Jugendstreiche). Das Charakteristikum des Schüttelreims ist der Positionstausch der anlautenden Konsonanten in einem mindestens zweisilbigen Reim (Satteldecke – Dattelsäcke). Beim identischen Reim sind die Reimwörter – wie der Name schon sagt – identisch (im Falle – der Falle). Der grammatische Reim schließlich ist kein erweiterter Reim im strengen Sinne. Er wird erzeugt, indem man für das eine Reimwort eine flektierte Form des anderen Reimwortes wählt. Dabei kann ein reiner Reim entstehen (sehen – gesehen); als grammatischen Reim bezeichnet man aber auch die folgende Variante: sehen – seht.

Erweiterter Reim

Stellung im Vers

Eingangsreim, Ausgangsreim, Binnenreim

Neben der Quantität und der Qualität des Reims spielt seine Stellung im Vers eine wichtige Rolle. Am häufigsten steht der Reim am Ende des Verses. Zu unterscheiden ist dieser Ausgangsreim vom Eingangsreim, bei dem die Reimwörter jeweils am Beginn der Verszeile stehen, und vom Binnenreim, bei dem sich mindestens eines der reimenden Wörter im Inneren des Verses befindet.

Notation des Ausgangsreims

Für den Ausgangsreim, der mit Abstand am häufigsten auftritt, haben sich verschiedene Stellungsvarianten herausgebildet, für die in der Literaturwissenschaft ein Notationssystem aus Buchstaben verwendet wird. Dabei werden die Verse, die reimen, mit demselben Kleinbuchstaben versehen. Man beginnt mit den Buchstaben vom Anfang des Alphabets. Verse in einem sonst gereimten Gedicht, die keinen Reimpartner haben, nennt man Waise. Sie werden mit Buchstaben vom Ende des Alphabets gekennzeichnet ($x, y \ldots$):

Waise

Der Thürmer der schaut zu Mitten der Nacht	a
Hinab auf die Gräber in Lage;	b
Der Mond der hat alles in's Helle gebracht;	a
Der Kirchhof er liegt wie am Tage.	b
Da regt sich ein Grab und ein anderes dann:	c
Sie kommen hervor, ein Weib da, ein Mann,	c
In weißen und schleppenden Hemden.	x

(aus: Johann Wolfgang Goethe, *Der Todtentanz*, 1815)

Stellungsvarianten des Ausgangsreims

Die ersten vier Verszeilen bilden einen Kreuzreim (*abab*), die Verse 5 und 6 einen Paarreim (*cc*), der letzte Vers ist eine Waise (*x*). Neben Kreuzreim und Paarreim existieren als gängige Stellungsvarianten des Ausgangsreims noch der Blockreim oder umarmende Reim (*abba*), der Schweifreim (*aabccb*) und der Kettenreim (*aba bcb cdc* ...). Umfasst der Paarreim einen dritten Vers, so spricht man von Dreireim (*aaa*), wird er um noch mehr Verse ergänzt, von Reimhäufung (*aaaa*...). Der erweiterte Kreuzreim (*abcabc*) wird manchmal auch als „verschränkter Reim" bezeichnet. Beim unterbrochenen Reim wechseln regelmäßig reimlose und reimende Verse (*axay*). Als letztes sei noch der Kornreim genannt, bei dem ein reimloser Vers in einer Strophe auf einen Vers in der folgenden Strophe reimt. Selbstverständlich können auch Stellungsvarianten auftreten, die sich nicht in diese Terminologie fügen. Wenn sie relevant für die beabsichtigte Deutung sind, müssen sie in einer Interpretation beschrieben werden.

Stellungsvarianten des Binnenreims

Da der Binnenreim weit seltener gebraucht wird als der Ausgangsreim, sollen hier nur einige seiner Varianten erläutert werden. Weitere Arten des Binnenreims werden auch in der Fachliteratur meist

Kreuzreim	abab	Ausgangsreime im Überblick
Paarreim	aabb	
Blockreim / umarmender Reim	abba	
Schweifreim	aabccb	
Kettenreim	aba bcb cdc ...	
Unterbrochener Reim	axax...	
Reimhäufung	aaaa...	

Abbildung 5: Ausgangsreime im Überblick

nur umschrieben. Als Zäsurreim bezeichnet man sowohl den Reim des Wortes vor einer Verszäsur mit dem am Versende als auch den Reim vor der obligaten Verszäsur von Langzeilen:

> Uns ist in alten maeren ‖ wunders vil geseit
> von helden lobebaeren ‖ von grôzer arebeit
> (aus: *Das Nibelungenlied*, anonym verschriftlicht Ende 12. Jh.)

Der sogenannte Schlagreim ist ein Reim in direkter Wortfolge („Quellende, schwellende Nacht", aus: Friedrich Hebbel, *Nachtlied*, entstanden 1836). Besonders auffällig tritt er als Echoreim am Versende auf („Ihm ist, als ob es tausend Stäbe gäbe", aus: Rainer Maria Rilke, *Der Panther*, 1907).

Für die Stellungsvarianten des Eingangsreims – also etwa dafür, ob dieser in direkt aufeinander folgenden Versen auftritt oder nicht – gibt es keine Terminologie. Auch hier gilt, dass Auffälligkeiten in einer Interpretation der Beschreibung bedürfen (→ KAPITEL 4.4).

Abschließend sei noch ein Reimtyp erwähnt, der eigentlich gar kein Reim ist: der Fehlreim. Darunter versteht man das Ausbleiben des Reimwortes, das der Leser erwartet. Dadurch kann eine Art Rätsel geschaffen werden wie im folgenden Beispiel aus Goethes *Westöstlichem Divan*, in dem der Autor sich durch den Fehlreim gleichzeitig selbst nennt und verschweigt: nicht „Hatem", sondern „Goethe" reimt sich auf „Morgenröthe".

Fehlreim

> Du beschämst wie Morgenröthe
> Jener Gipfel ernste Wand,
> Und noch einmal fühlet Hatem
> Frühlingshauch und Sommerbrand.
> (aus: Johann Wolfgang Goethe, *West-östlicher Divan, Buch Suleika*, 1819)

Mit dem Fehlreim lässt sich aber auch ein Wort in den Raum stellen, das nicht explizit genannt werden kann oder soll – zum Beispiel, weil es zur Fäkalsprache gehört wie hier:

> Ein Rollschuhläufer der lief froh
> die Straße lang ohn' Rast und Roh.
> Am Montag läuft er voller Lust
> die Straße lang mit stolzer Brust.
> Am Dienstag hört er einen Marsch
> und Bums, da liegt er auf dem Bauch.
> (aus: Hans Joachim Preil, *Das Gedicht*, 1975)

4.2 Kadenz

Mit dem Begriff Kadenz (von lateinisch *cadere* = fallen) bezeichnet man die mit der letzten Hebung einsetzende Schlussfüllung des Verses. Missverständlich wird die Kadenz manchmal auch als „Reimgeschlecht" bezeichnet. Sie hat jedoch mit dem Reim nichts zu tun; auch Verse ohne Reim haben eine Kadenz.

Während noch im Mittelhochdeutschen aufgrund der verschiedenen Silbentypen mindestens fünf Kadenzen unterschieden werden, treten in der neuhochdeutschen Dichtung hauptsächlich noch zwei verschiedene Kadenzen auf, die weibliche (oder klingende) und die männliche (oder stumpfe). Von männlicher Kadenz (*m*) spricht man, wenn ein Vers mit einer betonten Silbe, von weiblicher (*w*), wenn er mit der Folge betonte – unbetonte Silbe endet.

Weibliche und männliche Kadenz

> Der Thürmer der schaut zu Mitten der Nacht ᴗ – ᴗ ᴗ – ᴗ – ᴗ ᴗ – m
> Hinab auf die Gräber in Lage; ᴗ – ᴗ ᴗ – ᴗ ᴗ – ᴗ w
> (aus: Johann Wolfgang Goethe, *Der Todtentanz*, 1815)

Pyrrhichische Kadenz

Von diesen beiden gängigen Kadenzen kann noch die pyrrhichische Kadenz (*p*) unterschieden werden, bei der am Versende zwei unbetonte Silben hintereinander stehen, also ein daktylischer Versschluss vorliegt. Er tritt sehr selten auf, kann aber besonders effektvoll sein.

> Wir sind die Treibenden. – ᴗ ᴗ – ᴗ ᴗ p
> Aber den Schritt der Zeit, – ᴗ ᴗ – ᴗ – m
> nehmt ihn als Kleinigkeit – ᴗ ᴗ – ᴗ – m (p)
> im immer Bleibenden. – ᴗ ᴗ – ᴗ ᴗ p
> (aus: Rainer Maria Rilke, *Sonette an Orpheus, Erster Teil*, XXII, 1923)

Synaphischer Versschluss

Die pyrrhichische Kadenz sorgt in Vers 1 dafür, dass das daktylische Vermaß über die Versgrenze hinaus weiterläuft (synaphischer Versschluss), der Rhythmus also tatsächlich „weitergetrieben" wird. Im zweiten Vers liegt es aufgrund des Inhalts nahe, die letzte Silbe zu betonen. Dadurch wird das Versmaß unterbrochen. Statt eines zweiten Daktylus werden ein Trochäus und eine zusätzliche Hebung eingesetzt, mit welcher der Vers endet. Diese männliche Kadenz unterbricht das Fließen und führt zu einer Verzögerung im Rhythmus, was noch dadurch verstärkt wird, dass der dritte Vers wieder mit einer Hebung beginnt, die dazu zwingt, beim Lesen kurz ab- und wieder anzusetzen. Dieser das Versmaß durchbrechende Versschluss wird asynaphisch genannt. Die Kadenz am Ende des dritten Verses ist zwar pyrrhichisch, jedoch liegt es hier nahe, aufgrund des Reims zu Vers 2 auf die letzte Silbe zumindest eine Nebenbetonung zu legen. In Vers 4 schließlich wird mit der Rückkehr zum Daktylus und zur pyrrhichischen Kadenz der fließende Rhythmus erst wieder vollkommen hergestellt. Inhalt und Form hängen in dieser Strophe eng zusammen. Die pyrrhichische Kadenz steht für das kontinuierliche Fließen der Zeit, während die männliche Kadenz die einzelnen „Schritte" (V. 2) der Zeit hörbar macht. Der starke Kontrast der beiden Kadenzen ist hier eingesetzt, um zu verdeutlichen, wie Zeit empfunden werden kann: als unendlich fließender Strom und gleichzeitig als Folge einzelner Schritte oder Abschnitte.

Asynaphischer Versschluss

4.3 Klang

Zu den Klangphänomenen in Gedichten zählen neben Endreim, Stabreim, Alliteration und Assonanz auch die Onomatopoesie (Lautmalerei) und der gezielte Einsatz von bestimmten dunklen oder hellen Vokalen zur Erzeugung eines Klangbildes.

Onomatopoesie

Die Onomatopoesie umfasst die Klangmalerei, das heißt die Nachahmung von Lauten ohne Verwendung von grammatisch bestimmten Wörtern (wumms; peng), und die eigentliche Lautmalerei, die ebenfalls klangimitierende Wörter verwendet, welche aber eindeutig einer Wortart zuzuordnen sind, z. B. als flektierbare Verben (krachen; wimmern).

Klangmalerei, Lautmalerei

> Rickeracke! Rickeracke!
> Geht die Mühle mit Geknacke.
> (aus: Wilhelm Busch, *Max und Moritz,* 1865)

Für das klangmalerische „Rickeracke" lässt sich die Wortart nicht bestimmen, „Geknacke" dagegen ist als lautmalendes Substantiv syntaktisch integriert.

Vokal- und Konsonanteneinsatz

Von „Lautsymbolik" oder „Klang" spricht man, wenn in einem Gedicht durch den gezielten und gehäuften Einsatz von Vokalen (dunkle/helle) oder Konsonanten, häufig in Kombination mit Reim und Assonanz, ein bestimmter Klangeffekt hervorgerufen wird. Die Funktion dieses Effekts lässt sich nur aus dem Kontext des jeweiligen Gedichtes erschließen und sollte vor allem dann beschrieben werden, wenn ein Zusammenhang von Inhalt und Klangeffekt ersichtlich ist – wie es bei dem Ausschnitt aus Wilhelm Buschs *Max und Moritz* (1865) zu Beginn dieses Kapitels gezeigt wurde.

Lautpoesie

Gedichte, die mit dem phonetischen Material der Sprache spielen und damit Sinn erzeugen, nennt man Lautpoesie. Sie kann sich unterschiedlich weit von sprachlichen Strukturen entfernen. Manche Lautgedichte sind grammatisch korrekt aufgebaut, andere bestehen aus grammatisch und lexikalisch nicht mehr gebundenen lautlichen Elementen.

Schmackel
schmackel
bunz
bunz
schmackel
schmackel
bunz

Schmackel
schmackel
bunz
bunz
schmackel
schmackel
bunz

(aus: Ernst Jandl, *privater marsch*, 1970)

Der Titel stellt hier als einziges Textelement aus ‚echten' Wörtern eine Leseanweisung dar. Der eigentliche Text des Gedichtes besteht aus reiner Klangmalerei. Der Titel gibt den Hinweis darauf, dass es sich um die Nachahmung eines Musikstücks, nämlich eines Marsches, handelt. Diese Nachahmung ist aber keinesfalls vollständig, kann es auch gar nicht sein, denn die Musik wird in ein anderes Medium, die Schrift, übertragen. Damit sind Einbußen verbunden: Der Marsch ist auf seinen Rhythmus reduziert, eine Melodie fehlt. Hier könnte eine Deutung des Textes ansetzen. Da die Melodie nicht mitgeliefert wird, bleibt der Marsch in der Tat „privat" – im Sinne von „nicht öffentlich" –, denn er kann nicht als ein bestimmtes Musikstück identifiziert werden. Anders könnte man auch interpretieren, dass nach der privaten Meinung des Autors die Melodie von Märschen unwichtig ist und sie damit ohne Weiteres auf die vorliegende Weise dargestellt werden können.

4.4 Reim, Kadenz und Klang in der Interpretation

Grundsätzlich gilt, dass in einer Interpretation formale Merkmale wie Reim, Kadenz oder Klang nur im Hinblick auf ihre Funktion im Gedicht analysiert und angeführt werden sollten. Ein bestimmtes Reimschema kann ein Hinweis auf eine Strophen- oder Gedichtform sein. Die Gedichtform des Sonetts zeichnet sich durch charakteristische Reimschemata aus (→ KAPITEL 8), ebenso Strophenformen wie die Stanze oder die Terzine, um nur einige Beispiele zu nennen (→ KAPITEL 5.1). Die Kadenz kann ein Indiz sein für ein bestimmtes Versmaß wie den Endecasillabo, der in seiner reinen Form immer weiblich enden muss (→ KAPITEL 3.2), oder eine Strophenform wie die Volksliedstrophe, die durch alternierende Kadenz definiert ist.

Reim als Element von Strophen- und Gedichtformen

Es kann – wie in → KAPITEL 4.2 gezeigt – auch ergiebig sein, die Kadenz zusammen mit dem folgenden Vers zu betrachten und auf die Wirkung eines synaphischen oder asynaphischen Versschlusses zu achten. Die Brücke zum Inhalt lässt sich in manchen Fällen über die Syntax schlagen: Befindet sich an der fraglichen Stelle ein syntaktischer Einschnitt oder liegt ein Enjambement vor? Je nachdem hat der metrische Versausgang einen anderen Effekt.

Kadenz und Folgevers

Durch den Reim können bestimmte Worte verbunden werden, ohne dass sie syntaktisch zusammengehören. Ein Kontrast kann hervorgehoben oder Ähnlichkeit deutlich gemacht werden. Oft lohnt sich auch die Betrachtung von seltenen und damit auffälligen Reimstellungen wie Formen des Binnen- oder Eingangsreims.

Zum Beispiel: Ulla Hahn, *Ars poetica*

An Ulla Hahns Gedicht *Ars poetica* (1981) wird im Folgenden exemplarisch vorgeführt, wie sich Klangphänomene in eine Interpretation einbinden lassen.

Titel und Vokabular des Gedichts lassen schnell erkennen, dass das Thema das Schreiben selbst ist, es sich also um einen poetologischen Text handelt. *Ars poetica* bedeutet „die Dichtkunst" und ist der Titel einer berühmten Schrift des antiken römischen Dichters Horaz, in der er sich mit dem Dichten beschäftigt, und zwar genau wie

Schreiben als Thema

Ulla Hahn, *Ars poetica* (1981)

1 Danke ich brauch keine neuen
Formen ich stehe auf
festen Versesfüßen und alten
Normen Reimen zu Hauf

5 zu Papier und zu euren
Ohren bring ich was klingen soll
klingt mir das Lied aus den
Poren rinnen die Zeilen voll

9 und über und drüber und drunter
und drauf und dran und wohlan und
das hat mit ihrem Singen
die Loreley getan.

das vorliegende Gedicht auch in poetischer Form. In der ersten und zweiten Strophe von Hahns Gedicht werden Fachbegriffe der Dichtkunst verwendet wie Versfuß, Lied oder Zeile. Auch Reim und Klang („klingen" V. 6) werden im Gedicht explizit genannt. Daher liegt es nahe, ihre Verwendung näher zu betrachten.

Reimstellungen

Auf den ersten Blick erschließt sich der Ausgangsreim, bei dem es sich um einen unterbrochenen Reim handelt: jede zweite Zeile reimt, dazwischen befinden sich Waisen. Das erste Hören jedoch wird wahrscheinlich ein anderes Ergebnis hervorbringen. Zumindest in den ersten beiden Strophen ist deutlich ein Kreuzreim zu hören. „Zu [...] Ohren" wird also etwas anderes gebracht als „zu Papier", auf dem kein Kreuzreim zu lesen ist, sondern der Eingangsreim (Formen – Normen; Ohren – Poren) und der unterbrochene Reim am Ausgang der Zeilen (vgl. Anz 1997, S. 197).

Lesen und Hören

Mit der rhetorischen Figur des Zeugmas (→ KAPITEL 10.2), der Verbindung mehrerer syntaktischer Einheiten mit einer übergeordneten Einheit („zu Papier und zu euren/Ohren bring ich was klingen soll"), werden die beiden Möglichkeiten, Dichtung zu rezipieren, nämlich Lesen und Hören, auf der inhaltlichen Ebene des Gedichts genauso eng verbunden wie durch die akustisch und visuell konstruierten Reimstellungen auf der formalen Ebene.

Anapher, Binnenreim, Alliteration

„Reimen zu Hauf" begegnet der Rezipient auch in der letzten Strophe. Hier beginnen mit der Figur der Anapher, einem identischen Eingangsreim (→ KAPITEL 10.2) die ersten beiden Verse. Dasselbe Wort („und") wird auch innerhalb der entsprechenden Verse noch häufig wiederholt. Binnenreime bilden neben „und" auch „über – drüber" sowie „dran – wohlan". Hinzu kommt die Alliteration von „drüber –

drunter – drauf – dran". Neben einer klanglichen Verbindung lassen sich zwischen den vielleicht auf den ersten Blick sinnlos erscheinenden Wörtern der Verse 9 und 10 auch semantische Relationen feststellen: „drüber und drunter" sowie „drauf und dran" sind Redewendungen. Das Gedicht „klingt" durch die vielen Reime und Alliterationen, von denen sich eine schon in der ersten Strophe befindet, die sich, ähnlich wie der versteckte Kreuzreim, durch Hören besser als durch stilles Lesen erschließt: „festen Versesfüßen". Ein weiteres Klangphänomen findet sich in der zweiten Strophe, in der gehäuft der Vokal „i" auftritt. Dadurch gewinnt die Strophe, in der das Verb „klingen" zweimal kurz hintereinander auftritt und auch das „Lied" erwähnt wird, tatsächlich einen sehr einprägsamen Klang.

Vokale

Der Klang spielt in dem vorliegenden Gedicht also eine ganz besondere Rolle. Das Hören des Gedichts ist zu seinem Verständnis genauso wichtig wie das Sehen des gedruckten Textes. Klangphänomene werden gehäuft eingesetzt und durch das verwendete Vokabular hervorgehoben („Reimen", „Ohren", „klingen", „klingt", „Lied", „Singen"). Die Wörter, die sich auf Schreiben oder Lesen beziehen, sind dagegen unterrepräsentiert („Papier", „Zeilen").

Klang als zentrales Thema

Dazu passt, dass auch das Heinrich Heine-Zitat in den letzten beiden Versen mit Singen zu tun hat. Es handelt sich um die letzten Verse des berühmten Lore-Ley-Gedichts (*[Ich weiß nicht, was soll es bedeuten]*, 1823/24). Es sind eine ganze Reihe von Deutungen dieses Lore-Ley-Zitats im Kontext des Gedichts denkbar. An dieser Stelle sollen nur zwei Ansätze kurz verfolgt werden. Die Lore-Ley übt in Heines Gedicht durch ihr verführerisches Singen Gewalt über die Menschen aus. „Schiffer und Kahn" (V. 22) versinken, weil sie der Macht des Gesanges erliegen. Dies lässt sich mit der starken Rolle des Klangs in Ulla Hahns Gedicht verbinden, der seine volle Wirkung erst im Hören entfaltet. Freilich ist die Lore-Ley in dieser Hinsicht eine zweifelhafte Patronin, schließlich tötet sie durch ihren Gesang.

Zitat

Eine zweite Deutung des Heine-Zitats setzt am Verständnis von Dichtung an. In der ersten Strophe werden „neue Formen" zugunsten von „alten Normen" abgelehnt. Das Sprecher-Ich behauptet „auf festen Versesfüßen" zu stehen und sich also auf die metrische und reimtechnische Tradition und ihre Errungenschaften zu verlassen. Folgerichtig werden auf der formalen Ebene des Gedichts ein relativ regelmäßiges Metrum, der akustische Kreuzreim, Anaphern und Alliterationen verwendet. Auch die Kadenz ist regelmäßig alternierend; jeweils die Verse mit männlicher Kadenz reimen. Jedoch ist dieses Bild des bloß neu kombinierenden Handwerkers keineswegs schlüs-

Poetische Tradition . . .

sig, werden doch diese „alten Normen", vor allem der Reim, auf eine neue, wohl kaum konventionelle Art eingesetzt. Dazu passt die zweite Strophe, in der das Hervorbringen des Gedichts als geradezu körperlicher, sehr individueller Prozess beschrieben wird: das Lied „klingt [...] aus den/Poren" des Dichters. Trotzdem wird die Assoziation mit dem Handwerk nicht völlig aufgegeben. Schließlich gehört der Schweiß, der für Anstrengung steht, zum Handwerk dazu. Es wird somit eine Poetik propagiert, die auf alten Formen aufbauend Neues schafft. Jeder Dichter fügt der Tradition etwas Neues, Individuelles hinzu. Sie verändert sich damit beständig und ist doch immer noch in alten Formen erkennbar.

... und Innovation

Das Heine-Zitat kann in diesem Zusammenhang als Stellvertreter für die Tradition gelesen werden, die neue Formen überflüssig erscheinen lässt. Es handelt sich ja um ein sehr bekanntes Gedicht, das im Übrigen auch in der Vertonung von Friedrich Silcher als Lied tradiert wird. Das Lore-Ley-Gedicht bzw. die Tradition hat „mit ihrem Singen" bewirkt, dass den Dichtern nun eine große Auswahl an Formen zur Verfügung steht, und die Tradition hat die im Gedicht sprechende Dichterin so stark geprägt, dass sie sich in sie einordnet. Ulla Hahn hat in ihrem Gedicht von Heines *Ich weiß nicht, was soll es bedeuten* nicht nur das akustische Kreuzreimschema übernommen, sondern auch das Versmaß der dritten Strophe. Die letzte Strophe des Heine-Gedichts stimmt metrisch vollständig mit der letzten Strophe in *Ars poetica* überein.

Heines Dichtung steht in der Tradition aber gerade für einen neuen, ironischen Umgang mit dem Alten. Die alten, romantischen Bilder werden zwar noch verwendet, aber auf eine neue, sie umdeutende Weise. In Ulla Hahns Gedicht kann die Lore-Ley also als ‚Patin' oder Heine als ‚Pate' und Vorbild für das propagierte Dichtungsverständnis interpretiert werden.

Aufgaben

Übungen

Bestimmen Sie Regelmäßigkeiten und Auffälliges in Bezug auf Reim, Kadenz und Klang in den folgenden Gedichtausschnitten. An einigen Stellen hilft es, das Versmaß ebenfalls genauer zu beachten.

1. Nicht Gelegenheit macht Diebe,
   Sie ist selbst der größte Dieb,
   Denn sie stahl den Rest der Liebe,
   Die mir noch im Herzen blieb.
   (aus: Johann Wolfgang Goethe, *West-östlicher Divan*, 1819)

2. Oft denk' ich, sie sind nur ausgegangen,
   Bald werden sie wieder nach Haus gelangen,
   Der Tag ist schön, o sei nicht bang,
   Sie machen nur einen weitern Gang.
   (aus: Friedrich Rückert, *Kindertotenlieder*, entstanden 1833/34)

3. Rums! Da geht die Pfeife los
   Mit Getöse, schrecklich groß.
   Kaffeetopf und Wasserglas,
   Tabaksdose, Tintenfaß,
   Ofen, Tisch und Sorgensitz –
   Alles fliegt im Pulverblitz.
   (aus: Wilhelm Busch, *Max und Moritz*, 1865)

4. Christian Morgenstern, *Das ästhetische Wiesel* (1905)
   Ein Wiesel
   saß auf einem Kiesel
   inmitten Bachgeriesel.

   Wißt ihr
   weshalb?

   Das Mondkalb
   verriet es mir
   im stillen:

   Das raffinier-
   te Tier
   tats um des Reimes willen.

5. In Spiegelbildern wie von Fragonard
   ist doch von ihrem Weiß und ihrer Röte
   nicht mehr gegeben, als dir einer böte,
   wenn er von seiner Freundin sagt: sie war [...]
   (aus: Rainer Maria Rilke, *Die Flamingos*, 1908)

Rainer Maria Rilke setzt sich im folgenden Gedicht mit einer für die Lyrik zentralen Eigenschaft der Sprache auseinander. Er beschreibt zwei verschiedene Arten mit Worten umzugehen: Man kann Dinge einfach benennen und sie damit auf eine bestimmte Bedeutung festlegen, oder man kann die Dinge „singen" hören, sie poetisch zum Sprechen bringen.

Markieren Sie im Gedicht alle Reime, Alliterationen, Kadenzen, besonderen Klangeinsatz usw. Schreiben Sie jeweils einen kleinen Absatz, in dem sie die Funktion eines formalen Details erläutern, z. B. „Die Funktion der Alliterationen in Rilkes Gedicht".

Interpretation

Rainer Maria Rilke (1898)

1 Ich fürchte mich so vor der Menschen Wort.
  Sie sprechen alles so deutlich aus:
  Und dieses heißt Hund und jenes heißt Haus,
  und hier ist Beginn und das Ende ist dort.

5 Mich bangt auch ihr Sinn, ihr Spiel mit dem Spott,
  sie wissen alles, was wird und war;
  kein Berg ist ihnen mehr wunderbar;
  ihr Garten und Gut grenzt grade an Gott.

  Ich will immer warnen und wehren: Bleibt fern.
10 Die Dinge singen hör ich so gern.
  Ihr rührt sie an: sie sind starr und stumm.
  Ihr bringt mir alle die Dinge um.

Lektüreempfehlungen

- **Gerhard Kurz: Aus Dissonanz Konsonanz: Reim**, in: ders., Macharten. Über Rhythmus, Reim, Stil und Vieldeutigkeit, Göttingen 1999, S. 35–52. *Verschiedene Arten des Reims werden genauso behandelt wie die Effekte, die Reime erzeugen; auch auf die Geschichte des Reims wird eingegangen.*

- **Reinhart Meyer-Kalkus: Zwischen Afrikanismus und Byzantinischem Christentum: Hugo Balls „Gadji beri bimba" und die Begründung der Lautpoesie**, in: Jürgen Lehmann / Tilmann Lang / Fred Lönker / Thorsten Unger (Hg.), Konflikt Grenze Dialog. Kulturkontrastive und interdisziplinäre Textzugänge, Frankfurt a. M. 1997, S. 207–222. *Interpretation eines Lautgedichts.*

- **Burkhard Moennighoff: Rhythmus und Reim als poetogene Struktur**, in: Rüdiger Zymner / Manfred Engel (Hg.), Anthropologie der Literatur. Poetogene Strukturen und ästhetisch-soziale Handlungsfelder, Paderborn 2004, S. 242–251. *Überlegungen zur Geschichte und zur Leistung von anthropologischen Zugängen zu Reim und Vers. Interessant zum Thema „Funktionen des Reims".*

5 Strophenformen

בָּדָד בַּצָּפוֹן שָׁם עֵץ־אֹרֶן
נִצָּב עַל מַחְשָׂף שֶׁל הַר רָם;
עָטוּף לִבְנַת שֶׁלֶג וָקֶרַח
דּוֹמֵם עַל הַשִּׂיא הוּא נִרְדָּם.

תִּמְרָה עֲצוּבָה וּבוֹדֶדֶת
צוֹפָה הוּא וְחוֹזָה בַּחֲלוֹם:
בְּקַצְוֵי הַמִּזְרָח הִיא עוֹמֶדֶת
עַל סֶלַע קוֹדֵחַ בָּרוֹם.

Abbildung 6: J. L. Baruk, *Ein Fichtenbaum steht einsam* (1953)

Auch für jemanden, der den Text nicht entziffern kann, ist doch anhand der Anordnung der Zeilen sofort erkennbar, dass es sich um ein Gedicht handelt. Acht in etwa gleich lange Zeilen sind in zwei vierzeilige Blöcke unterteilt. Der Text ist also in Strophen gegliedert und weist damit ein ganz wesentliches Merkmal von Gedichten auf. Der Vergleich mit der deutschen Vorlage dieser hebräischen Übersetzung zeigt, dass es sich um eine ganz bestimmte Strophenform, die Volksliedstrophe, handelt:

Heinrich Heine, Ein Fichtenbaum (1823)

Ein Fichtenbaum steht einsam	Er träumt von einer Palme,
Im Norden auf kahler Höh'.	Die, fern im Morgenland,
Ihn schläfert; mit weißer Decke	Einsam und schweigend trauert
Umhüllen ihn Eis und Schnee.	Auf brennender Felsenwand.

Inwiefern das Versmaß der Übersetzung mit dem des Originals übereinstimmt, lässt sich ohne Kenntnis des Hebräischen nicht sagen. Bei genauerem Hinsehen könnte man aber anhand der Schriftzeichen am Ende der – im Gegensatz zum Deutschen rechts beginnenden – Verse erkennen, dass auch das Reimschema der Volksliedstrophe entspricht.

Abschnitte eines Gedichts, die aus mehreren Versen bestehen und metrisch gleich gebaut sind, heißen Strophen. Der Begriff „Strophe" kommt aus dem Griechischen und kann mit „Drehung" oder „Wendung" übersetzt werden. In der Antike wurde damit der Beginn eines neuen Liedabschnitts bezeichnet, weil sich dazu der Chor auf der Bühne „drehte" oder „wendete". Gedichte wurden in Strophen gegliedert, weil sie ursprünglich gesungen wurden und nur bei formal gleich gebauten Strophen die Melodie wiederholt werden konnte. Außerdem lässt sich durch die wiederkehrende strophische Form der Text besser merken.

Die Strophenformen, die im Folgenden in solche mit und ohne eigene Namen untergliedert sind, werden in erster Linie nach der Anzahl ihrer Verse unterschieden. Hinzu kommen Merkmale wie Versmaß, Reim und Kadenz.

5.1 **Strophenformen mit eigenen Namen**
5.2 **Namenlose Strophenformen**
5.3 **Von der Strophenanalyse zur Interpretation**
  Zum Beispiel: Johann Wolfgang Goethe, *Der untreue Knabe*

5.1 Strophenformen mit eigenen Namen

Strophen bestehen aus gleich vielen metrisch gleich gebauten Versen. Bei wechselnder Versanzahl und bei Abschnitten ohne festes metrisches Schema, wie beispielsweise bei Gedichten in Freien Rhythmen oder Freien Versen (→ KAPITEL 3.2), spricht man nicht von Strophen, sondern von Versgruppen. Gedichte, die weder in Strophen noch in Versgruppen gegliedert sind, sondern stattdessen metrisch gleich gebaute Verse ohne Unterbrechung aneinanderreihen, bezeichnet man als stichisch oder monostichisch (griechisch *monos* = allein; *stichos* = Verszeile) (zum Distichon → KAPITEL 6.1).

Versgruppe

Stichisch

Bei der Darstellung lyrischer Formen unterscheidet man zwischen Strophen- und Gedichtformen. Zieht man ausschließlich formale Gesichtspunkte in Betracht, kann man nur dann von einer Gedichtform sprechen, wenn nicht nur die Strophenform exakt festgelegt ist, sondern auch die Anzahl der Strophen. Das ist beispielsweise bei der Glosse, beim Sonett und bei der Sestine der Fall (→ KAPITEL 7, 8). Es gibt jedoch auch Gedichtformen, wie etwa die Ballade (→ KAPITEL 9), die hauptsächlich inhaltlich bestimmt sind und verschiedene Strophenformen haben können. Auch in diesem Fall ist die Abgrenzung von Strophen- und Gedichtformen unproblematisch. Dass die beiden Kategorien Strophenform und Gedichtform jedoch nicht immer eindeutig zu trennen sind, zeigt sich beispielsweise bei der Terzine (siehe unten).

Strophenform vs. Gedichtform

Die verschiedenen Strophenformen unterscheiden sich hinsichtlich der Versanzahl, des Versmaßes, des Reimschemas und der Kadenzen. Strophenformen, die einen eigenen Namen haben, gehen häufig auf eine bestimmte Tradition zurück, die sich in der deutschsprachigen Dichtung herausgebildet hat oder einer fremdsprachigen entstammt. Diese Tradition führt oft auch zu einer engen Verbindung der Strophenform mit einem bestimmten Inhalt. Allerdings kann die Verbindung im Laufe der Zeit auch wieder gelockert werden, sodass die Strophenform ihren speziellen Charakter verliert.

Merkmale von Strophenformen

Dreizeiler

Die aus der italienischen Dichtung stammende Terzine (italienisch *terzina*, lateinisch *tertius* = der Dritte) ist die Strophenform der *Divina Commedia* (*Göttliche Komödie*, 14. Jh.) von Dante Alighieri. Sie fand zwar vereinzelt schon im Barock Verwendung, wurde jedoch erst mit der Wiederentdeckung Dantes durch die Romantiker um 1800 in Deutschland populär. In der deutschen Dichtung wurde die

Terzine

Terzine, die bei Dante einen episch-erzählenden Charakter hatte, zu einer elegisch-lyrischen Form, die thematisch nicht festgelegt ist.

Das Versmaß der Terzine ist im Rückgriff auf die italienische Urform meist der Endecasillabo (→ KAPITEL 3.2). Die Terzine ist hauptsächlich durch ihr Reimschema gekennzeichnet. Der erste und dritte Vers der ersten Strophe reimen sich, der zweite Vers wird durch den Reim des ersten und dritten Verses der nächsten Strophe gebunden: *aba bcb cdc ...* Dieser Kettenreim macht die Terzine zu einer offenen Form, deren einzelne Strophen wie Glieder einer unabschließbaren Kette eng miteinander verbunden sind.

Hugo von Hofmannsthal (1895)

Die Stunden! wo wir auf das helle Blauen	a
Des Meeres starren und den Tod verstehn	b
So leicht und feierlich und ohne Grauen,	a
Wie kleine Mädchen, die sehr blass aussehn,	b
Mit grossen Augen, und die immer frieren,	c
An einem Abend stumm vor sich hinsehn	b
Und wissen, dass das Leben jetzt aus ihren	c
Schlaftrunknen Gliedern still hinüberfliesst	d
In Bäum' und Gras, und sich matt lächelnd zieren	c
Wie eine Heilige die ihr Blut vergiesst.	d

Bisweilen wird die enge Verbindung der Verse auch dadurch angezeigt, dass die einzelnen Strophen ohne Zwischenraum aneinandergereiht werden. Dann verweist allein der Reim auf die strophische Gliederung eines im Druckbild stichisch erscheinenden Gedichts. Ob das Strophische oder das Stichische überwiegt, zeigt sich dann an der syntaktischen Fügung.

Am Ende einer Terzine muss aufgrund des Reimschemas schließlich ein Vers alleine stehen oder er wird an die letzte Strophe angebunden, sodass ein Vierzeiler entsteht (*yzy z* oder *yzyz*). Der letzte Vers enthält oft eine schlussbildende Sentenz oder eine Steigerung des zuvor Gesagten.

Aufgrund ihres besonderen Reimschemas nimmt die Terzine eigentlich eine Mittelstellung zwischen Gedicht- und Strophenform ein. Der Reim drängt über die einzelnen Strophen hinaus. Die Anzahl der Strophen ist jedoch nicht festgelegt, wie es bei den streng definierten Gedichtformen der Fall ist.

Ritornell

Die Strophe des Ritornells ist ebenso wie die Terzinenstrophe dreizeilig, wirkt jedoch durch ihr Reimschema – *axa* – geschlossener als diese: Durch Reim verbunden sind nur der erste und dritte Vers, der zweite Vers ist stets eine Waise. Das Ritornell (italienisch *ritornello* = Wiederholung) stammt aus der italienischen Volksdichtung. Es wurde erst im 19. Jahrhundert in der deutschen Dichtung rezipiert und inhaltlich der Liebeslyrik zugeordnet. Mitunter wird die Strophenform auch separat als Epigramm gebraucht.

Auffällig ist bei der Strophe des Ritornells, dass der erste Vers meist deutlich kürzer ist als die beiden anderen, die im Endecasillabo verfasst sind. Er enthält oft einen Ausruf, eine Frage, eine Aufforderung oder – gemäß dem italienischen Vorbild – die Anrufung einer Blume.

> Blühende Myrte –   a
> Ich hoffte süße Frucht von dir zu pflücken;   x
> Die Blüte fiel; nun seh ich, daß ich irrte.   a
> (aus: Theodor Storm, *Frauen-Ritornelle*, 1875)

Villanelle

Die Villanelle ist ein aus Italien stammendes bukolisches (also: ländliches, der Hirtendichtung zuzuordnendes) Kunstlied (italienisch *alla villanella* = ‚auf bäuerische Art'). In ihrer strengen Form, die im 17. Jahrhundert in Frankreich festgelegt wurde, besteht sie aus dreizeiligen Strophen, in denen der erste und dritte Vers der Eingangsstrophe abwechselnd im jeweils dritten Vers der Folgestrophen refrainartig wiederkehren. Die beiden sich reimenden Refrains werden am Ende der letzten, vierzeiligen Strophe noch einmal wiederholt. Die zweiten Verse jeder Strophe reimen sich jeweils untereinander, sodass insgesamt nur zwei Reime verwendet werden ($a^1ba^2\ aba^1\ aba^2\ aba^1 \ldots aba^1a^2$). Diese strenge Form der Villanelle wurde für die deutsche Dichtung erst im 20. Jahrhundert von Oskar Pastior rezipiert.

Strenge Villanelle

> also das differenz am trivial a^1
> besteht aus einem obsolet   b
> das widersteht im regelfall a^2
>
> und im vertraun aufs futteral   a
> dem alphajet – wer will verstehst   b
> also das differenz am trivial- a^1
>
> kalau als vulgo so ein kal-   a
> orien oder -amitätsgerät   b
> das widersteht im regelfall [...] a^2
> (aus: Oskar Pastior, *wollflauschmantel*, 2000)

‚Vereinfachte' Villanelle

Im 16. Jahrhundert, als Jacob Regnart die Villanelle in die deutsche Dichtung einführte, wurde die Villanellenstrophe vereinfacht zu einer dreizeiligen Strophe, in der alle Verse durch Reim aneinandergebunden sind, mit nur einem Refrain oder ganz ohne Refrain. Die Reimfolge war also *aaa bbb* oder mit Refrain auch *abb acc add*. Das Versmaß der Villanelle ist ein fünfhebiger Jambus mit meist männlicher Kadenz.

> Mein múnd, der síngt, mein hérz vor tráwren weint.   a
> So böslich seind mein múnd und hérz vereint.   a
> Daß sólchs künd sein, hät ich niemáls gemeint.   a
> (aus: Jacob Regnart, *Zehnte Villanelle*, 1576)

Vierzeiler

Volksliedstrophe   Das Versmaß der Volksliedstrophe ist ein dreihebiger Jambus, der frei ist in der Senkungsfüllung – d. h. in der Anzahl der Senkungen zwischen den Hebungen –, mit einem Wechsel von weiblicher und männlicher Kadenz. Die vier Verse sind durch Kreuzreim (*abab*) oder halben Kreuzreim (*xaxa*) miteinander verbunden, häufig findet sich auch Assonanz statt Reim. Die Volksliedstrophe ist abgeleitet vom Langzeilenpaar der mittelalterlichen Heldenepik, wodurch sich auch der manchmal fehlende Reim im ersten und dritten Vers erklärt. Man findet deshalb in der Literatur bisweilen auch die Bezeichnung „halber Hildebrandston", abgeleitet von der Strophenform des *Jüngeren Hildebrandslieds*.

> Ich hört ein Síchlein ráuschen   x (w)
> Wohl ráuschen durch das Kórn,   a (m)
> Ich hört ein Mägdlein klágen,   x (w)
> Sie hätt' ihr Lieb verlórn.   a (m)
> (aus: Achim von Arnim / Clemens Brentano, *Laß rauschen Lieb, laß rauschen*, 1808)

Zu beachten ist: Die meisten Volkslieder, d. h. anonym und mündlich tradierte Lieder, sind nicht in Volksliedstrophen verfasst. Diese Strophenform ist insbesondere mit dem Volksliedton in der romantischen Dichtung verbunden (→ KAPITEL 7.1).

Chevy-Chase-Strophe   Die Chevy-Chase-Strophe wurde im 18. Jahrhundert aus dem Englischen in die deutsche Dichtung übernommen. Ihr Name stammt vom Titel der englischen Ballade *Chevy Chase* aus dem 15. Jahrhundert, die von einer Schlacht in den Cheviot Hills handelt. Sie wurde durch eine Übersetzung Luise Gottscheds Mitte des 18. Jahrhunderts in Deutschland bekannt. Die Chevy-Chase-Strophe wurde erstmals von Friedrich Gottlieb Klopstock und Johann Ludwig Gleim für die deutsche Dichtung adaptiert. Analog zu ihrer Herkunft aus der erzählenden englischen Dichtung findet sich diese Strophenform im Deutschen häufig in Balladen.

Die Chevy-Chase-Strophe besteht aus vier jambischen Versen, bisweilen auch mit freier Senkungsfüllung, die durchweg mit männlichen Kadenzen schließen. Der erste und der dritte Vers sind vierhebig, der zweite und vierte dreihebig. Im englischen Original reimen sich nur der zweite und vierte Vers, im Deutschen überwiegt dagegen der Kreuzreim. Häufig wird die Chevy-Chase-Strophe auch gedoppelt und zu einer achtzeiligen Strophenform erweitert.

> Ich hab' es getragen sieben Jahr,   a
> Und ich kann es nicht tragen mehr!   b
> Wo immer die Welt am schönsten war,   a
> Da war sie öd' und leer.   b
> (aus: Theodor Fontane, *Archibald Douglas*, 1854)

Die Romanzenstrophe wurde aus der spanischen Dichtung übernommen, wo sie ursprünglich für episch-erzählende Inhalte verwendet wurde. Erstmals findet sich diese Strophenform in der deutschen Barockdichtung; durch Goethe erlangte sie große Beliebtheit, vor allem die Romantiker haben sie vielfach verwendet. Häufig findet man sie auch in achtzeiliger Form als doppelte Romanzenstrophe.

Romanzenstrophe

Die Romanzenstrophe besteht aus vierhebigen trochäischen Versen. Die Verse sind durch Kreuzreim verbunden oder auch, gemäß dem spanischen Vorbild, nur durch Assonanz.

Man unterscheidet zwei Formen der Romanzenstrophe:

Kennzeichen der Suleikastrophe – benannt nach dem *Buch Suleika* im *West-östlichen Divan* von Goethe – ist ein Wechsel weiblicher und männlicher Kadenzen.

Suleikastrophe

> Locken, haltet mich gefangen   a (w)
> In dem Kreise des Gesichts!   b (m)
> Euch geliebten braunen Schlangen   a (w)
> Zu erwidern hab' ich nichts.   b (m)
> (aus: Johann Wolfgang Goethe, *West-östlicher Divan*, 1819)

Kennzeichen der Schenkenstrophe – benannt nach dem *Schenkenbuch* im *West-östlichen Divan* –, sind durchgehend weibliche Kadenzen.

Schenkenstrophe

> Heute hast du gut gegessen,   a (w)
> Doch du hast noch mehr getrunken;   b (w)
> Was du bei dem Mahl vergessen,   a (w)
> Ist in diesen Napf gesunken.   b (w)
> (aus: Johann Wolfgang Goethe, *West-östlicher Divan*, 1819)

Bei der Vagantenstrophe handelt es sich um die beliebteste Strophenform der weltlichen lateinischen Dichtung des Mittelalters, der sogenannten Vagantendichtung. Eine ‚Vagantenzeile' war ursprünglich ein siebenhebiger trochäischer Langvers, der durch eine Zäsur in einen vierhebigen und einen dreihebigen Teil zerfiel. Die Vagantenstrophe bestand aus vier Vagantenzeilen.

Vagantenstrophe

Mittelalterlich ...

> Meum est propositum ‖ in taberna mori,
> ubi uina proxima ‖ morientis ori;
> tunc cantabunt lecius ‖ angelorum chori:
> „Deus sit propicius ‖ isti potatori".
> (aus: *Carmina burana*, 12. Jh.)

... und neuzeitlich

In der neuzeitlichen Dichtung gibt es eine Strophenform, die formal der mittelalterlichen Vagantenstrophe entspricht, jedoch nicht aus dieser hervorgegangen ist. Anstelle von Langzeilen finden sich hier kürzere Verszeilen, die rhythmisch jeweils einer Hälfte der Langzeile entsprechen, sodass ein Wechsel von vier- und dreihebigen trochäischen Versen entsteht. Vier solcher Verse zusammen – mit wechselnd männlichen und weiblichen Kadenzen und dem Reimschema *abab* oder *xaxa* – ergeben schließlich die ‚neuzeitliche' Vagantenstrophe. Sie fand im 19. Jahrhundert Verwendung in der Volksliedichtung.

> Mag der Grieche seinen Thon   a (m)
> Zu Gestalten drücken,   b (w)
> An der eignen Hände Sohn   a (m)
> Steigern sein Entzücken; [...]   b (w)
> (aus: Johann Wolfgang Goethe, *Lied und Gebilde?*, 1819)

Antike Odenstrophen

Zu den vierzeiligen Strophenformen gehören auch die Odenstrophen, die im Kapitel „Antike Formen" beschrieben werden. Im Gegensatz zu allen übrigen Vierzeilern, die hier angeführt wurden, sind Odenstrophen reimlos (→ KAPITEL 6.2).

Fünfzeiler

Lindenschmidt- oder...

Die Lindenschmidtstrophe war im 15. und 16. Jahrhundert eine der beliebtesten Strophenformen für Volkslieder. Sie ist schon seit dem Minnesang bekannt und hat ihren Namen von einem Lied über den 1490 enthaupteten Raubritter Hans Schmied von der Linden, das im 16. Jahrhundert in verschiedenen Versionen im Umlauf war. Aufgrund ihrer Beliebtheit in der Volksdichtung wurde die Lindenschmidtstrophe seit dem 17. Jahrhundert auch für Kirchenlieder verwendet, insbesondere für Passionslieder, weshalb sie bisweilen auch

... Kreuzliedstrophe

als Kreuzliedstrophe bezeichnet wird.

Die fünfzeilige Lindenschmidtstrophe besteht aus einem Reimpaar in vierhebigen Jamben mit männlichen Kadenzen und zwei gereimten Versen aus dreihebigen Jamben mit weiblichen Kadenzen, die einen Vers mit vierhebigen Jamben umschließen. Dieser mittlere Vers nimmt entweder den Reim der ersten Vierheber auf oder bleibt, was häufiger der Fall ist, ungereimt (*aabxb* oder *aabab*). Manchmal ist diese Strophenform auch frei in der Senkungsfüllung, besonders in der Volksdichtung.

Es ist nicht lange daß es geschah,	a (m)
Daß man den Lindenschmidt reiten sah,	a (m)
Auf einem hohen Rosse.	b (w)
Er reitet den Rheinstrom auf und ab;	x (m)
Er hat ihn gar wohl genossen.	b (w)

(aus: Achim von Arnim / Clemens Brentano, *Lindenschmidt*, 1806)

Eine Variante der Lindenschmidtstrophe ist die Morolfstrophe, bei der bis auf den reimlosen Vers alle Verse vierhebig sind und mit männlicher Kadenz schließen. Sie hat ihren Namen von dem Spielmannsepos *Salman und Morolf* (Ende 12. Jh.).   *Morolfstrophe*

Sechszeiler

Die Schweifreimstrophe, die bereits in der mittelalterlichen Dichtung verwendet wurde, ist bestimmt durch ihre Versanzahl und durch den Reim (*aabccb*), Versmaß und Kadenzen sind nicht festgelegt. Sie zeichnet sich aus durch einen zweiteiligen Aufbau, der oft durch die Kadenzabfolge und die Hebungszahl der Verse zusätzlich betont wird.   *Schweifreimstrophe*

Geh aus mein Hertz, und suche Freud /	a
In dieser lieben Sommerzeit	a
An deines Gottes Gaben:	b
Schau an der schönen Garten-Zier /	c
Und siehe wie sie mir und dir	c
Sich außgeschmücket haben.	b

(aus: Paul Gerhardt, *Sommer-Gesang*, 1653)

Bei der Stabat-Mater-Strophe handelt es sich um eine Sonderform der Schweifreimstrophe, in der auch das Versmaß festgelegt ist. Es richtet sich nach den vierhebigen Trochäen der Sequenz *Stabat mater*, einem berühmten mittelalterlichen Wechselgesang.   *Stabat-Mater-Strophe*

Stabat mater dolorosa	a (w)
Juxta crucem lacrimosa,	a (w)
Dum pendebat filius.	b (m)
Cujus animam gementem	c (w)
Contristantem et dolentem	c (w)
Pertransivit gladius.	b (m)

(aus: Jacopone da Todi, *Stabat mater*, 13. Jh., zitiert nach Nohl 1998, S. 193)

Siebenzeiler

Luther-/Reformationsstrophe

Die Luther- oder Reformationsstrophe hat Martin Luther aus der Volksdichtung für das Kirchenlied adaptiert. Sie wurde später auch in historischen Liedern und Bänkelgesängen vielfach verwendet. Die Strophenform besteht aus sieben im Wechsel vier- und dreihebigen Jambenversen mit dem Reimschema *ababccx* oder *ababccb*. Die Bauweise verweist auf die dreiteilige Kanzonenstrophe, in der die Lutherstrophe ihren Ursprung hat.

> Aus tieffer not schrey ich zu dyr,   a (m)
> Herr Gott, erhor mein ruffen.   b (w)
> Deyn gnedig oren ker zu myr   a (m)
> Und meyner bitt sie offen.   b (w)
> Denn so du willt das sehen an,   c (m)
> Was sund und unrecht ist gethan,   c (m)
> Wer kann, Herr, fur dyr bleyben?   x (w)
> (aus: Martin Luther, *Aus tieffer not schrey ich zu dyr*, 1524)

Achtzeiler

Hildebrandston

Der Hildebrandston hat seinen Ursprung im *Jüngeren Hildebrandslied* (15./16. Jh.). Er wurde als Volksliedstrophe, später häufig auch als Kirchenliedstrophe verwendet.

Rein formal ist der Hildebrandston in der neueren deutschen Dichtung eine ‚verdoppelte Volksliedstrophe' (die ja auch als „halber Hildebrandston" bezeichnet wird). Es handelt sich um kreuzgereimte dreihebig jambische Verse mit einem Wechsel von weiblichen und männlichen Kadenzen.

> Befiehl du deine Wege/   a (w)
> Und was dein Herze kränckt/   b (m)
> Der allertreusten Pflege   a (w)
> Deß/der den Himmel lenckt: b (m)
> Der Wolcken/Lufft und Winden   c (w)
> Gibt Wege/Lauff und Bahn/   d (m)
> Der wird auch Wege finden/   c (w)
> Da dein Fuß gehen kan.   d (m)
> (aus: Paul Gerhardt, *Befiehl du deine Wege*, 1653)

Stanze

Die Stanze (italienisch *stanza* = Zimmer, ‚Sinngehäuse'), nach ihrer Versanzahl auch Oktave genannt, ist die Strophenform des klassischen italienischen Epos. Bereits im 14./15. Jahrhundert findet man sie auch in der Lyrik. In ihrer italienischen Urform sind die Verse im Endecasillabo verfasst. In der deutschen Barockdichtung wurde für

Stanzen der Alexandriner verwendet, erst später setzten sich auch in der deutschen Dichtung fünfhebige Jamben durch. Nach dem Vorbild Wilhelm Heinses (1746–1803) wurden in deutschen Stanzen Verse mit weiblichen und männlichen Kadenzen abgewechselt – Vers 2, 4 und 6 (Reim *b*) endeten nach diesem Vorbild männlich, die übrigen Verse weiblich. Später fanden sich auch in der deutschen Dichtung Stanzen, die im Endecasillabo verfasst waren. Die Stanze ist seit Goethe und Schiller in der deutschen Dichtung sehr beliebt.

Am besten erkennbar ist die Stanze an ihrem Reimschema, das auch entscheidend ist für die Bestimmung der Strophenform im Deutschen (*abababcc*). Die beiden paargereimten Verse am Ende liefern eine Zusammenfassung, eine Steigerung des zuvor Gesagten oder einen sentenzhaften Abschluss, sodass sich die Stanze insgesamt durch eine starke innere Geschlossenheit auszeichnet. Eine Strophe enthält meist eine syntaktisch abgeschlossene inhaltliche Aussage.

Wie an dem Tag, der dich der Welt verliehen,	a
Die Sonne stand zum Gruße der Planeten,	b
Bist alsobald und fort und fort gediehen,	a
Nach dem Gesetz wonach du angetreten.	b
So mußt du sein, dir kannst du nicht entfliehen,	a
So sagten schon Sibyllen, so Propheten;	b
Und keine Zeit und keine Macht zerstückelt	c
Geprägte Form die lebend sich entwickelt.	c

(aus: Johann Wolfgang Goethe, *Urworte. Orphisch*, 1820)

Die Siziliane ist eine Variante der Stanze. Diese in der deutschen Dichtung nur sehr selten verwendete Strophenform wurde im 19. Jahrhundert von Friedrich Rückert aus der italienischen Dichtung übernommen. Oft wird sie in der deutschen Dichtung als Gedichtform verwendet, also mit nur einer Strophe. Im Gegensatz zur Stanze endet die Siziliane nicht mit einem Paarreim, sondern setzt den Kreuzreim bis zum Ende der Strophe fort (*abababab*). Ihr ursprüngliches Versmaß ist der Endecasillabo.

Siziliane

Aus weißem Stein geformt, im Junigarten,	a
Liegt eine Sphinx, die greulichste der Katzen.	b
Es küssen ihr die zierlichsten Standarten,	a
Zwei Rosen, windgeschaukelt, leicht die Tatzen.	b
Das Untier schweigt, die Lippen offenbarten	a
Wie schon zu Ramses Zeiten, leere Fratzen.	b
Und schweigt, und schweigt, und läßt auf Antwort warten,	a
Im stillen Garten schwatzen nur die Spatzen.	b

(aus: Detlev von Liliencron, *Sphinx in Rosen*, 1883)

Zehnzeiler

Dezime

Die Dezime ist eine wichtige Strophenform des Spanischen. Sie wurde von den Romantikern in die deutsche Dichtung übernommen und hauptsächlich in der Gedichtform Glosse eingesetzt (→ KAPITEL 7.2). Die Strophe besteht aus zehn Versen – daher auch der Namen Dezime (spanisch *décima* = Zehntel) – in vierhebigen Trochäen, die meist weiblich enden. Das ursprüngliche Reimschema lautete *ababacdccd*, das am meisten gebrauchte *abbaaccddc*. Die symmetrische Reimaufteilung führte auch zu einer syntaktischen Zweiteilung, also zu zwei Fünfzeilern mit je zwei Reimen (*ababa/cdccd* bzw. *abbaa/ccddc*).

Espinela

Dieser Tendenz wirkte der spanische Dichter Vicente Espinel (1551–1624) entgegen, indem er den 5. und 6. Vers syntaktisch miteinander verband, sodass man von zwei umarmend gereimten Quartetten (*abba* und *cddc*) und einem sie verbindenden Zweizeiler (*ac*) sprechen kann. Diese oft syntaktisch unsymmetrisch (*abba/accddc*) realisierte Variante heißt nach ihrem Erfinder „Espinela".

> Decket Schlaf die weite Runde, a
> Muß ich oft am Fenster lauschen, b
> Wie die Ströme unten rauschen, b
> Räder sausen kühl im Grunde, a
> Und mir ist so wohl zur Stunde; a
> Denn hinab vom Felsenrande c
> Spür' ich Freiheit, uralt Sehnen, d
> Fromm zerbrechend alle Bande, c
> Ueber Wälder, Strom und Lande c
> Keck die großen Flügel dehnen. d
> (aus: Joseph von Eichendorff, *Nachtfeier 1810*, 1837)

Sonderfall Kanzone

Freie Versanzahl

Im Gegensatz zu den anderen Strophenformen ist die Kanzonenstrophe (auch Barform oder Stollenstrophe) in ihrer Versanzahl nicht festgelegt. Sie stammt aus der provençalischen Trobador-Dichtung und wurde schon früh ins Italienische übernommen, woher auch ihr Name *canzone* (deutsch: Lied) kommt. Im 12. Jahrhundert wurde sie zur wichtigsten lyrischen Grundform der mittelhochdeutschen Dichtung. Auch in die neuzeitliche Kirchenlieddichtung wurde sie übernommen. Ausgehend von der Kanzonenstrophe entwickelte Luther die nach ihm benannte Lutherstrophe. Später wurde die Kanzone hingegen in der deutschen Dichtung kaum mehr verwendet. Sie findet sich lediglich bei den an mittelhochdeutscher Dichtung interessierten Romantikern sowie bei August von Platen und Friedrich Rückert im 19. Jahrhundert.

STROPHENFORMEN MIT EIGENEN NAMEN

Name	Versanzahl	Versmaß	Reim	Kadenz	Besonderheit
Terzine	3	Endecasillabo	aba bcb cdc …	w	
Ritornell	3	Endecasillabo	axa	w	verkürzter erster Vers
Villanelle	3	5-hebiger Jambus	aaa *oder* a^1ba^2 aba^1 aba^2 aba^1 … aba^1a^2	m	Refrain
Odenstrophe	4	(→ KAPITEL 6.2)	kein Reim		ungleich lange Verszeilen
Volksliedstrophe	4	3-hebiger Jambus	abab oder xaxa	wmwm	
Chevy-Chase-Strophe	4	4-/3-hebiger Jambus im Wechsel	abab	m	
Suleikastrophe	4	4-hebiger Trochäus	abab	wmwm	
Schenkenstrophe	4	4-hebiger Trochäus	abab	w	
Vagantenstrophe	4	4-/3-hebiger Trochäus im Wechsel	abab	mwmw	
Lindenschmidtstrophe	5	Folge der Jamben: 4, 4, 3, 4, 3-hebig	aabab *oder* aabxb	mmwmw	
Morolfstrophe	5	4-hebiger Jambus	aabxb	m	
Schweifreimstrophe	6	verschiedene möglich	aabccb	verschiedene möglich	
Stabat-Mater-Strophe	6	4-hebige Trochäen	aabccb	wwmwwm	
Lutherstrophe	7	Folge der Jamben: 4, 3, 4, 3, 4, 4, 3-hebig	ababccx *oder* ababccb	mwmwmmw	
Hildebrandston	8	3-hebiger Jambus	ababcdcd	wmwmwmwm	‚doppelte Volksliedstrophe'
Stanze	8	meist Alexandriner oder Endecasillabo	abababcc	verschiedene möglich	
Siziliane	8	verschiedene möglich	abababab	verschiedene möglich	
Dezime	10	4-hebiger Trochäus	abbaa ccddc *oder* abba ac cddc (Espinela)	w	
Kanzonenstrophe		verschiedene möglich	Reimschema wechselt nach dem Aufgesang	verschiedene möglich	Gliederung in Aufgesang (Stollen 1 u. 2) und Abgesang

Abbildung 7: Strophenformen im Überblick. Grundsätzlich unterscheiden sich alle Strophenformen zunächst durch die Anzahl ihrer Verse, entsprechend gibt die Versanzahl die Reihenfolge der Strophenformen im Schema vor.

STROPHENFORMEN

Aufgesang und Abgesang

Charakteristisch für die Kanzonenstrophe ist ihre Gliederung in Aufgesang und Abgesang. Der Aufgesang ist in zwei sogenannte Stollen unterteilt (daher der Name Stollenstrophe), die gleich viele Verse haben und in Bezug auf Metrum, Kadenz, Reimschema und Melodie gleich sind. Ein Stollen muss mindestens zwei Verse umfassen. Der dritte Teil, der Abgesang, unterscheidet sich formal vom Aufgesang und muss mindestens so lang wie ein Stollen sein. In der Forschung werden die Stollen und der Abgesang in der Regel mit Großbuchstaben bezeichnet: *AAB* (= Stollen, Stollen, Abgesang).

Die Kanzonenstrophe lebt von den Prinzipien der Parallelität und des Gegensatzes, die auch für Stanze und Sonett bedeutend sind. Sie weist durch ihre Struktur eine starke innere Geschlossenheit auf und eignet sich daher gut für einstrophige Lieder, wie sie häufig in der mittelhochdeutschen Sangspruchdichtung zu finden sind.

Ein feste burg ist vnser Gott,	a	A
ein gute wehr und waffen.	b	
Er hilfft unns frey aus aller not,	a	A
die vns ytzt hat betroffen.	b	
Der alt böse feind,	c	B
mit ernst ers ytzt meint,	c	
gros Macht vnd viel list,	d	
sein grausam rüstung ist;	d	
auf erd ist nicht seins gleichen.	x	

(aus: Martin Luther, *[Ein feste burg ist unser gott]*, 1529)

5.2 Namenlose Strophenformen

Strophenformen, die aus anderen Sprachen entlehnt wurden, bringen schon eine Tradition und damit auch einen Namen mit, der zusammen mit den formalen Merkmalen importiert wurde. Wenn eine Strophenform dagegen namenlos ist, muss das nicht heißen, dass sie nicht häufig verwendet würde: Strophenformen ohne Benennung machen sogar den Großteil aller Strophen in der deutschen Dichtung aus. Insbesondere unter den häufig verwendeten Vierzeilern gibt es zahlreiche namenlose Strophenformen.

Varianten

Neben den etablierten Strophenformen finden sich alle möglichen Kombinationen von Versen und Reimen. Etablierte Strophenformen können variiert werden, sie können um einen Vers erweitert oder verkürzt oder auch verdoppelt werden – sehr beliebt ist z. B. die Dopplung der Romanzen- oder Chevy-Chase-Strophe –, oder das Versmaß wird verändert. Unzählige neue Formen können so entstehen.

Namenlose Strophenformen werden anhand ihrer Versanzahl, ihres Versmaßes, nach Reim und Kadenz beschrieben. Handelt es sich um Abwandlungen von Strophenformen mit eigenen Namen, kann man bei der Beschreibung auf die zugrunde liegende Form zurückgreifen.

Beschreibung

5.3 Von der Strophenanalyse zur Interpretation

Es kann bei einer Interpretation lohnend sein, die Strophenform nicht nur dem Namen nach korrekt zu bestimmen, sondern ihre Merkmale und Tradition auch hinsichtlich inhaltlicher Anknüpfungspunkte zu betrachten.

Der Charakter einer Strophenform wird bestimmt durch Versanzahl, Versmaß, Reim und Kadenzen. Bei einer Interpretation ist zu fragen, wie die formalen Vorgaben umgesetzt werden, inwiefern Form und Inhalt zusammenpassen. Manche Strophenformen zerfallen beispielsweise durch ihr Reimschema oder Versmaß in mehrere Teile. Andere enthalten Verszeilen, die ohne Reimbindung bleiben. Hier lohnt es sich zu prüfen, inwiefern die formale Besonderheit auch eine inhaltliche Bedeutung hat.

Charakter der Strophenform

Strophenformen stehen oft in einer Tradition: Sie sind beispielsweise einer anderssprachigen Literatur entnommen, entstammen einem weltlichen oder geistlichen Kontext oder stehen in engem Zusammenhang mit einer bestimmten Gedichtform. Wenn eine Strophenform häufig Verwendung findet und insbesondere in beliebten und viel rezipierten Werken vorkommt, dann entwickelt sich bisweilen eine eigene Formtradition. Das abstrakte formale Schema wird durch seine Verwendung fest mit bestimmten Inhalten verknüpft. Wenn eine Strophenform jedoch im Laufe der Zeit mit vielen verschiedenen Inhalten gefüllt wird, löst sich die feste Verbindung von Form und Inhalt wieder auf und der spezielle Charakter der Form geht verloren. Bei der Interpretation einer Strophenform sollte man untersuchen, wie sie sich im konkreten Gedicht zur Tradition verhält, ob diese weiter- oder umgeschrieben wird.

Einordnung in die Tradition

Bekannte Strophenformen können erweitert oder verändert werden; es kann zu Abwandlungen in Versmaß, Reim oder Kadenz kommen. Bei Strophenformen, die keinen eigenen Namen haben, finden sich häufig solche Anknüpfungspunkte an Strophenformen mit Namen. Mit Blick auf eine zugrunde liegende bekannte Form kann man bei der Interpretation z. B. fragen, wie sich der Charakter der Strophenform durch die formalen Eingriffe verändert hat.

Abweichungen von traditionellen Strophenformen

Zum Beispiel: Johann Wolfgang Goethe, *Der untreue Knabe*

Im Folgenden wird am Beispiel des Gedichts *Der untreue Knabe* (1776) von Johann Wolfgang Goethe vorgeführt, wie sich das Wissen um die Strophenform eines Gedichts in eine Form und Inhalt verbindende Interpretation einbinden lässt.

Lutherstrophen

Goethes Ballade (→ KAPITEL 9) aus dem Singspiel *Claudine von Villa Bella* ist in Lutherstrophen verfasst, einer siebenzeiligen Strophenform, die Luther aus der Volksdichtung für seine Kirchenlieder übernommen hat. In der Tradition der erzählenden, volkstümlichen Dichtung steht auch Goethes *Untreuer Knabe*.

Zweiteilung durch Reim und Syntax

Die Lutherstrophe zerfällt schon aufgrund des Reimschemas in zwei Teile, einen vierzeiligen kreuzgereimten Abschnitt und einen Abschnitt mit einem Paarreim und einer Waise am Ende. Hier zeigt sich die Herkunft der Lutherstrophe aus der Kanzone, die sich in Aufgesang und Abgesang teilt. Die Syntax unterstützt diese Zweiteilung in fast allen Strophen von Goethes Gedicht, wenngleich die inhaltliche Zäsur nur in der zweiten und letzten Strophe deutlich erkennbar ist. In der zweiten Strophe enthält der erste Abschnitt eine Aussage über das Mädchen, im zweiten wendet sich der Erzähler dem Jungen zu. In der sechsten Strophe ist mit der Zäsur der Blickwechsel des Erzählers vom Jungen zum Mädchen verbunden (vgl. Hinck 1962, S. 42). In den übrigen Strophen wird die syntaktische und durch den Reim bedingte Trennung inhaltlich überspielt.

Geschlossenheit der Strophenform

Jede Strophe behandelt ein Thema, einen inhaltlichen Abschnitt, und mit jeder Strophe endet auch ein Satz. Diese Geschlossenheit ist typisch für Luther- oder Kanzonenstrophen. Die einzelnen Strophen selbst werden inhaltlich zielstrebig auf das Strophenende hingedrängt, auf den letzten, ohne Reimbindung bleibenden Vers. Insbesondere der zweite Teil beschleunigt den Rhythmus durch die enge Verbindung seiner ersten beiden Verse im Paarreim und die nachklappende Waise. Gerade in der Schlusszeile konzentriert sich dann die inhaltliche Aussage: „Und endlich sie verlassen" (V. 7), „Es treibt ihn fort zu Pferde" (V. 14), „Die Fluthen reißen über" (V. 21), „Er stürzt wohl hundert Klafter" (V. 28), „Verfallne wüste Keller" (V. 35) – diese Zeilen liefern fast schon eine Kurzfassung der gesamten Balladenhandlung (vgl. Hinck 1962, S. 43). In den Schlusszeilen finden sich meist die entscheidenden Höhe- und Wendepunkte des Gedichts. Während in der ersten Strophe zunächst eine fröhliche Liebesaffäre geschildert wird, wendet der letzte Vers der Strophe die glückliche Zweisamkeit ins Unglück: der Bruch der Beziehung von

Johann Wolfgang Goethe, *Der untreue Knabe* (1776)

1 Es war ein Knabe frech genung,
   War erst aus Frankreich kommen,
   Der hatt' ein armes Mädel jung
   Gar oft in Arm genommen,
5 Und liebgekos't und liebgeherzt,
   Als Bräutigam herumgescherzt,
   Und endlich sie verlassen.

   Das braune Mädel das erfuhr,
   Vergingen ihr die Sinnen,
10 Sie lacht und weint und bet't und schwur;
   So fuhr die Seel' von hinnen.
   Die Stund', da sie verschieden war,
   Wird bang dem Buben, graus't sein Haar,
   Es treibt ihn fort zu Pferde.

15 Er gab die Sporen kreuz und quer,
   Und ritt auf alle Seiten,
   Herüber, hinüber, hin und her.
   Kann keine Ruh erreiten,
   Reit't sieben Tag' und sieben Nacht;
20 Es blitzt und donnert, stürmt und kracht,
   Die Fluten reißen über.

   Und reit't in Blitz und Wetterschein
   Gemäuerwerk entgegen,
   Bind't's Pferd hauß' an, und kriecht hinein
25 Und duckt sich vor dem Regen.
   Und wie er tappt, und wie er fühlt,
   Sich unter ihm die Erd' erwühlt;
   Er stürzt wohl hundert Klafter.

   Und als er sich ermannt vom Schlag,
30 Sieht er drei Lichtlein schleichen.
   Er rafft sich auf und krabbelt nach;
   Die Lichtlein ferne weichen;
   Irr' führen ihn die Quer und Läng',
   Trepp' auf Trepp' ab, durch enge Gäng',
35 Verfallne wüste Keller.

   Auf einmal steht er hoch im Saal,
   Sieht sitzen hundert Gäste,
   Hohläugig grinsen allzumal
   Und winken ihm zum Feste.
40 Er sieht sein Schätzel unten an,
   Mit weißen Tüchern angethan,
   Die wend't sich –

Seiten des Knaben. In der zweiten Strophe werden zunächst Leiden und Tod des Mädchens beschrieben, dann die Leiden des Knaben, die ihn schließlich, im letzten Vers, zum Aufbruch drängen – von dem Ritt, zu dem das Ende der zweiten Strophe überleitet, berichtet die dritte Strophe. Die vierte endet mit dem Sturz des Knaben in die Tiefe, den Ort, an dem sich die Handlung der fünften und sechsten Strophe abspielt. Die Waise, die die vierte Strophe abschließt, gehört also inhaltlich noch der vorangehenden Handlung an, verweist aber zugleich schon auf das neue Geschehen – sie steht somit nicht nur, was den Reim angeht, im ‚Niemandsland', sie steht auch zwischen zwei Welten: Sie beschreibt den Übergang des Knaben von der Welt der Lebenden ins Totenreich als einen jähen Sturz, der ihn jedoch letztendlich keiner der beiden Welten wirklich zugehörig macht. Sein Schicksal bleibt bis zum Ende des Gedichts unentschieden.

Waise

Der letzte Vers sticht nicht nur durch seine fehlende Reimbindung heraus, sondern insbesondere durch seine metrische Verkürzung (Aposiopese) (→ KAPITEL 10), der auch eine Unvollständigkeit der Aussage entspricht. Der Vers verweist wie die anderen Waisen auf eine folgende Handlung, die aber nicht mehr geschildert wird. Der Fortgang bleibt der Fantasie des Lesers anheimgestellt. Der letzte Vers erweist sich so als beunruhigender, nicht aufgelöster Höhepunkt des gesamten Gedichts.

Der letzte Vers: formal und inhaltlich herausragend

Aufgaben

Übungen

Bestimmen Sie Versmaß, Reimschema und Kadenzen der folgenden Strophen und nennen Sie, sofern möglich, deren Namen. Erläutern Sie bei längeren Strophen, aus welchen kleineren Strophenformen sie sich zusammensetzen.

1. Der Winter hat mit kalter Hand
   Die Pappel abgeglaubt,
   Und hat das grüne Maigewand
   Der armen Flur geraubt;
   Hat Blümchen, blau und rot und weiß,
   Begraben unter Schnee und Eis.
   (aus: Gottfried August Bürger, *Winterlied*, 1773)

2. Weinen muß ich, immer weinen:
   Möcht' er einmal nur erscheinen,
   Einmal nur von Ferne mir.
   Heilge Wehmuth! ewig währen
   Meine Schmerzen, meine Zähren;
   Gleich erstarren möcht ich hier.
   (aus: Novalis, *Weinen muss ich*, 1802)

3. Zu Koblenz auf der Brücken
   Da lag ein tiefer Schnee,
   Der Schnee der ist verschmolzen,
   Das Wasser fließt in See.
   (aus: Clemens Brentano/Achim von Arnim, *Wassersnoth (Mündlich)*, 1806)

4. Der Müller auf seim Rößlein saß,
   Gar wohl er in die Mühle sah,
   Er thät dem Annely winken,
   O Annelin, liebstes Annelin mein,
   Hilf mir den Wein austrinken.
   (aus: Achim von Arnim/Clemens Brentano, *Müllerlied*, 1808)

5. Hans Adam war ein Erdenklos,
   Den Gott zum Menschen machte,
   Doch bracht' er aus der Mutter Schoos
   Noch vieles Ungeschlachte.
   (aus: Johann Wolfgang Goethe, *Erschaffen und beleben*, 1819)

6. Ros' und Lilie morgenthaulich
   Blüht im Garten meiner Nähe;
   Hinten an, bebuscht und traulich,
   Steigt der Felsen in die Höhe;
   Und mit hohem Wald umzogen,
   Und mit Ritterschloß gekrönet,
   Lenkt sich hin des Gipfels Bogen,
   Bis er sich dem Thal versöhnet.
   (aus: Johann Wolfgang Goethe, *Im Gegenwärtigen Vergangnes*, 1819)

7. Mit Mädchen sich vertragen,
   Mit Männern 'rumgeschlagen,
   Und mehr Credit als Geld;
   So kommt man durch die Welt.
   (aus: Johann Wolfgang Goethe, *Mit Mädchen sich vertragen*, 1833)

8. Die Sonne sinkt den lebenleeren Tagen
   Und sinkt der Stadt, vergoldend und gewaltig,
   So wie sie sank der Zeit, die viel zu sagen
   Und viel zu schenken hatte, vielgehaltig.
   Und Schatten scheint die goldne Luft zu tragen
   Versunk'ner Tage, blass und zartgestaltig
   Und alle Stunden, die vorübergleiten,
   Erfüllt ein Hauch verklärter Möglichkeiten.
   (aus: Hugo von Hofmannsthal, *Leben*, 1894)

Interpretation

Interpretieren Sie das folgende Gedicht mit Blick auf den Zusammenhang von Strophenform und Inhalt. Achten Sie dabei besonders auf den Umgang mit dem Thema Vergänglichkeit.

Johann Wolfgang Goethe (1826)

1 Im ernsten Beinhaus war's, wo ich beschaute
    Wie Schädel Schädeln angeordnet paßten;
    Die alte Zeit gedacht' ich, die ergraute.
    Sie stehn in Reih' geklemmt die sonst sich haßten,
5 Und derbe Knochen die sich tödtlich schlugen,
    Sie liegen kreuzweis, zahm allhier zu rasten.
    Entrenkte Schulterblätter! was sie trugen
    Fragt niemand mehr, und zierlich thät'ge Glieder,
    Die Hand, der Fuß zerstreut aus Lebensfugen.
10 Ihr Müden also lagt vergebens nieder,
    Nicht Ruh im Grabe ließ man euch, vertrieben
    Seid ihr herauf zum lichten Tage wieder,
    Und niemand kann die dürre Schale lieben,
    Welch herrlich edlen Kern sie auch bewahrte.
15 Doch mir Adepten war die Schrift geschrieben,
    Die heil'gen Sinn nicht jedem offenbarte,
    Als ich in Mitten solcher starren Menge
    Unschätzbar herrlich ein Gebild gewahrte,
    Daß in des Raumes Moderkält' und Enge
20 Ich frei und wärmefühlend mich erquickte,
    Als ob ein Lebensquell dem Tod entspränge.
    Wie mich geheimnißvoll die Form entzückte!
    Die gottgedachte Spur die sich erhalten!
    Ein Blick, der mich an jenes Meer entrückte
25 Das fluthend strömt gesteigerte Gestalten.
    Geheim Gefäß! Orakelsprüche spendend,
    Wie bin ich werth dich in der Hand zu halten,
    Dich höchsten Schatz aus Moder fromm entwendend
    Und in die freie Luft, zu freiem Sinnen,
30 Zum Sonnenlicht andächtig hin mich wendend.
    Was kann der Mensch im Leben mehr gewinnen,
    Als daß sich Gott-Natur ihm offenbare?
    Wie sie das Feste läßt zu Geist verrinnen,
    Wie sie das Geisterzeugte fest bewahre.

Lektüreempfehlungen

- **Erwin Arndt: Deutsche Verslehre. Ein Abriß.** Berlin 1959, 13., bearbeitete Auflage 1995. *Arndt gibt in den §§ 24–28 einen guten Überblick über verschiedene Strophenformen mit zahlreichen Beispielen, unterscheidet dabei allerdings nicht zwischen Strophen- und Gedichtformen. Er bezieht auch namenlose Strophenformen in seinen Überblick mit ein.*

- **Alfred Behrmann: Kapitel V: Andere Romanische und weitere Strophen,** in: ders., Einführung in den neueren deutschen Vers. Von Luther bis zur Gegenwart. Eine Vorlesung, Stuttgart 1989. S. 57–72. *Bietet einen Überblick über die Stanze, die Terzine und freie Strophenformen Ingeborg Bachmanns sowie die Probleme, die sich beim Übersetzen von Lyrik für die Form ergeben.*

- **Horst Joachim Frank: Handbuch der deutschen Strophenformen.** München, Wien 1980, 2., durchgesehene Auflage, Tübingen 1993. *Liefert eine umfassende Auflistung aller Strophenformen mit zahlreichen Beispielen und guten Erläuterungen.*

6 Antike Formen

Abbildung 8: Friedrich Gottlieb Klopstock, *Lyrische Sylbenmaße*, Handschrift, mit Eigenhändigkeitsbestätigung durch Johann Wilhelm Ludwig Gleim (1764)

Dieses Blatt mit „Lyrische[n] Sylbenmaasse[n]", die erste Seite eines mehrseitigen Manuskripts, 1764 als Privatdruck veröffentlicht, zeigt, wie intensiv sich Friedrich Gottlieb Klopstock mit antiken Maßen auseinandergesetzt hat. Innerhalb kürzester Zeit erfand er mehrere neue Strophenformen, die er für diesen Druck zusammenstellte. Die Sammlung enthält 30 Beispielstrophen zu Klopstocks Oden und zu Triumphchören aus seinem „Messias", bei denen dem metrischen Schema jeweils ein Beispiel folgt (vgl. Hellmuth 1973, S. 86). Auf dem abgebildeten Blatt notiert Klopstock zwei Strophen aus seiner Ode „Aganippe und Phiala", in Klammern hat er den Anfang der Ode vorangestellt. Dass Klopstock sich seine Strophenformen selbst ausgedacht hat, betont er in einer anschließenden Anmerkung: Erst nachträglich habe er bei Sophokles Ähnliches gefunden. – Ein lautes Lesen dieser Strophen nach Klopstocks metrischen Vorgaben ist eine gute Einstimmung auf die ‚antiken Klänge' dieses Kapitels.

Antike Gedichtformen wurden bereits zur Zeit des Barock in die deutsche Dichtung übertragen. Allerdings wurden dabei deren formale Merkmale nicht berücksichtigt. Elegien, Epen, Epigramme und Oden wurden im Barock mit regelmäßig alternierenden Versmaßen umgesetzt, wie sie Martin Opitz in seinem *Buch von der Deutschen Poeterey* (1624) als mustergültig propagierte. Diese engen formalen Vorgaben wurden erst durch Friedrich Gottlieb Klopstock aufgehoben, der mit seinem Epos *Messias* 1748 den Hexameter in der deutschen Dichtung etablierte. Auch die Rezeption griechischer Odenmaße in ihrer ursprünglichen metrischen Form ist Klopstock zu verdanken. Ihre Blütezeit in der deutschen Dichtung erlebten antike Formen um 1800, während der Zeit der Klassik. Bis in die Gegenwart greifen Dichter immer wieder auf antike Formen zurück, wie etwa die Lyrik Johannes Bobrowskis in den 1960er-Jahren oder die Dichtung Durs Grünbeins aus jüngster Zeit zeigen. – Die Darstellung antiker Formen in der deutschen Dichtung ergänzt die Ausführungen zu Versmaß, Strophen- und Gedichtformen.

6.1 **Antike Versmaße**
6.2 **Odenstrophen**
6.3 **Gedichtformen nach antiken Vorbildern**
6.4 **Von der formalen Analyse zur Interpretation**
     Zum Beispiel: Friedrich Hölderlin, *Sokrates und Alcibiades*

6.1 Antike Versmaße

Der antike Hexameter (griechisch *héx* = sechs, *métron* = Maß) besteht aus fünf vollständigen Daktylen (→ KAPITEL 3.1), von denen die ersten vier auch jeweils durch Spondeen (– –) ersetzt werden können. Der letzte, sechste Takt ist unvollständig (katalektisch) und wird als Trochäus oder Spondeus realisiert. Im 18. Jahrhundert bemühten sich zahlreiche deutsche Dichter darum, auch im Deutschen Spondeen zu bilden, also Worte zu finden, die zwei Betonungen hintereinander aufweisen (vgl. Kelletat 1964, S. 68ff.). „Schicksal", „Freiheit" oder „Heerschar" galten ihnen als ‚deutsche Spondeen'; in allen diesen Fällen liegt jedoch ein Trochäus vor (vgl. Mellmann 2007, S. 94f.). Und da die deutsche Prosodie keine Spondeen gestattet, treten im deutschen Hexameter Trochäen an deren Stelle. Hexameter sind wie alle auf antike Vorbilder zurückgehende Verse ungereimt.

Versschema: – ᴗ ᴗ | – ᴗ ᴗ | – ᴗ ᴗ | – ᴗ ᴗ | – ᴗ ᴗ | – ᴗ
bzw.   – ᴗ | – ᴗ | – ᴗ | – ᴗ | – ᴗ ᴗ | – ᴗ

In der Regel ist der Hexameter durch feste Zäsuren gegliedert, wobei es auch Verse gibt, die keine Zäsur enthalten. Die im folgenden Schema aufgeführten Zäsuren sind vom antiken Hexameter in den deutschen übernommen worden. Deutsche Hexameter können auch Zäsuren an anderen Stellen aufweisen, die jedoch keine eigenen Namen haben. Die Namensgebung der aus der Antike übernommenen Zäsuren erfolgt meist durch Zählung sogenannter ‚halber Versfüße' (griechisch *hemí* = halb, *méros* = Teil). Ein halber Versfuß besteht aus einer Länge oder zwei Kürzen bzw. im deutschen Hexameter aus einer betonten und zwei unbetonten Silben oder auch nur einer unbetonten Silbe, wenn es sich um Trochäen handelt. Im antiken Hexameter gibt es folgende Zäsuren:

– ᴗ ᴗ	– ‖ ᴗ ᴗ	– ᴗ ᴗ	– ᴗ ᴗ	– ᴗ ᴗ	– ᴗ	Trithemimeres (nach dem dritten halben Versfuß)
– ᴗ ᴗ	– ᴗ ᴗ	– ‖ ᴗ ᴗ	– ᴗ ᴗ	– ᴗ ᴗ	– ᴗ	Penthemimeres Hauptzäsur nach dem fünften halben Versfuß
– ᴗ ᴗ	– ᴗ ᴗ	– ᴗ ‖ ᴗ	– ᴗ ᴗ	– ᴗ ᴗ	– ᴗ	kata triton trochaion (nach der ersten Kürze im dritten Daktylus)
– ᴗ ᴗ	– ᴗ ᴗ	– ᴗ ᴗ	– ‖ ᴗ ᴗ	– ᴗ ᴗ	– ᴗ	Hephthemimeres (nach dem siebten halben Versfuß)
– ᴗ ᴗ	– ᴗ ᴗ	– ᴗ ᴗ	– ᴗ ᴗ ‖ – ᴗ ᴗ	– ᴗ	Bukolische Diärese (nach dem vierten Versfuß)

Abbildung 9: Zäsuren im antiken Hexameter

ANTIKE FORMEN

Lächelnd erwiederte drauf || der edle, bescheidene Walter: Penthemimeres
„Nicht so gezürnt, || mein Vater! || Das rosenwangige Mägdlein   Trithemimeres; kata triton trochaion
Blickte mit schelmischem Auge mich an; || da vergaß ich die Regel."   Hephthemimeres
(aus: Johann Heinrich Voß, *Luise*, 1. Idylle, 1795, V. 645 ff. ; vgl. Binder / Haberkamm 1987, S. 37)

Pentameter

Der Pentameter, den sein griechischer Name irrtümlich als ein aus fünf Metren bestehendes Versmaß ausweist (griechisch *pénte* = fünf), ist ebenso wie der Hexameter ein sechsfüßiger daktylischer Vers, auch wenn zwei Versfüße nur aus einer Silbe bestehen. Er wird durch eine Mitteldiärese, an der zwei Hebungen aufeinander treffen (Hebungsprall), in zwei Hälften geteilt. Im ersten Halbvers können jeweils auch Spondeen, im deutschen Pentameter dann Trochäen, an die Stelle der Daktylen treten, der zweite Halbvers ist jedoch nicht veränderbar.

Versschema: – ᴗ ᴗ | – ᴗ ᴗ | – || – ᴗ ᴗ | – ᴗ ᴗ | –
bzw.   – ᴗ | – ᴗ | – || – ᴗ ᴗ | – ᴗ ᴗ | –

Elegisches Distichon

Der Pentameter kommt nur zusammen mit dem Hexameter vor, zum Beispiel in der Elegie und im Epigramm – ungereimt, wie alle antiken Verse. Diese Kombination nennt man (elegisches) Distichon (griechisch *dís* = zweimal; *stíchos* = Verszeile). Gut zu erkennen ist das Distichon häufig schon durch das Druckbild, da der Pentameter gegenüber dem Hexameter meist eingerückt wird. Die einzelnen Distichen sind allerdings untereinander nicht durch Abstände getrennt, denn es handelt sich nicht um eine Strophenform.

    Friedrich Schiller, *Das Distichon* (1797)

    Im Hexameter steigt || des Springquells flüssige Säule,
      Im Pentameter drauf || fällt sie melodisch herab.

Trimeter

Der ebenfalls ungereimte antike Trimeter („drei Metren") ist ein aus drei jambischen Dipodien (Doppelversfüßen) bestehender Vers. Weil man in der deutschen Metrik keine Doppelversfüße kennt, wird der Trimeter als sechshebiger Jambus beschrieben. Der in seiner Wirkung prosanahe Vers kommt in der deutschen Dichtung nur sehr selten vor. In der Antike war der Trimeter das Versmaß der satirischen Jambendichtung, der Tragödie und der Komödie.

Versschema: ᴗ – ᴗ – ᴗ – ᴗ – ᴗ – ᴗ –

    Wild zuckt der Blitz. In fahlem Lichte steht ein Turm
    Der Donner rollt. Ein Reiter kämpft mit seinem Roß,
    Springt ab und pocht ans Tor und lärmt. Sein Mantel saust
    Im Wind. Er hält den scheuen Fuchs am Zügel fest.
    (aus: Conrad Ferdinand Meyer, *Die Füße im Feuer*, 1882)

Beim Tetrameter handelt es sich um einen ungereimten trochäischen Vers. Der antike Tetrameter besteht aus vier trochäischen Dipodien – daher auch der Name Tetrameter („vier Metren"). Er findet sich vor allem als Sprechvers des antiken Dramas. Der deutsche Tetrameter besteht aus acht Trochäen und wird meist durch eine Mitteldiärese in zwei Hälften geteilt. Nachbildungen dieses antiken Verses im Deutschen finden sich bei Barthold Heinrich Brockes (1680–1747), Johann Wolfgang Goethe und August von Platen (1796–1835). Insgesamt ist dieser Vers jedoch in der deutschen Dichtung sehr selten.
Versschema: – ᴗ – ᴗ – ᴗ – ᴗ ‖ – ᴗ – ᴗ – ᴗ – (ᴗ)

Tetrameter

> Wír, in díeser táusend Äste Flüsterzíttern, Säuselschwében,
> Réizen tändelnd, lócken léise, würzelauf des Lébens Quéllen
> Nách den Zwéigen; báld mit Bláttern, ‖ báld mit Blüthen überschwänglich
> Zíeren wír die Flatterháare ‖ fréi zu lúftigem Gedéihn.
> (aus: Johann Wolfgang Goethe, *Faust II*, 1832, V. 9992ff.)

6.2 Odenstrophen

Die antiken Odenstrophen sind in Griechenland entstanden, ihre Namen verweisen jeweils auf ihre ‚Erfinder'. Die griechischen Odenstrophen wurden von Horaz (65 – 8 v. Chr.) für die römische Dichtung adaptiert. Im Rückgriff auf Horaz übertrug Friedrich Gottlieb Klopstock diese Strophenformen Mitte des 18. Jahrhunderts in die deutsche Dichtung. Friedrich Hölderlin brachte schließlich die deutsche Odendichtung zu ihrem Höhepunkt. Erste Adaptionsversuche der Odenstrophen gab es bereits in der Epoche des Barock, wobei aber die antike Form nicht in ihrer charakteristischen Formstrenge nachempfunden, sondern im Sinne der Poetik von Martin Opitz meist jambisch realisiert wurde. Klopstock hat sich intensiv mit der antiken Odenform auseinandergesetzt und schließlich auch, ausgehend von den antiken Formen, eigene Odenformen entwickelt, deren Metren er zur Orientierung der Leser jeweils vor den Gedichten angab.

Die Ode war ursprünglich mit einer Melodie verbunden und für den Gesang gedacht (griechisch *odé* = Gesang). Darauf verweist auch der strenge Strophenbau, der für jede Strophe die gleiche Melodie ermöglicht. Die streng regulierte Verteilung von Längen und Kürzen, die die Ode ursprünglich singbar machen sollte, begünstigt in der deutschen Dichtung den hohen Ton dieser Gattung, der sie als dem *genus grande* zugehörig ausweist (→ KAPITEL 10.1), also dem auf ‚Rührung' ausgerichteten ‚hohen' Sprechen.

ANTIKE FORMEN

Vierzeilig, reimlos

Alle Oden, die in die deutsche Dichtung übernommen wurden, sind wie ihre antiken Vorbilder vierzeilig und reimlos. Die Odenstrophen sind sehr streng gebaut, Längen und Kürzen bzw. Hebungen und Senkungen sind in ihrer Abfolge genau festgelegt. Man erkennt Oden oft schon an ihrem Druckbild, da die Verse häufig eingerückt sind – für gewöhnlich stehen gleiche Verse auf gleicher Höhe und nachfolgende andere Verse werden immer weiter nach rechts eingerückt oder alle Verse werden absteigend immer weiter eingerückt.

Einrückungen im Druckbild

Zur Erläuterung des Charakters von Odenstrophen werden im Folgenden, wie in der deutschen Odenanalyse üblich (vgl. z. B. Binder 1970, 1987), die in der deutschen Dichtung bekannten Versfüße verwendet und nicht die für die antiken Oden gebräuchlichen.

Alkäische Ode

Die alkäische Ode wurde benannt nach dem griechischen Dichter Alkaios (um 660 v. Chr.). Sie ist sowohl in der antiken wie auch in der deutschen Dichtung eine der beliebtesten Odenformen.
Deutsche Strophenform:

alkäischer Elfsilbler	◡ – ◡ – ◡ ‖ – ◡◡ – ◡ x
alkäischer Elfsilbler	◡ – ◡ – ◡ ‖ – ◡◡ – ◡ x
alkäischer Neunsilbler	◡ – ◡ – ◡ – ◡ – ◡
alkäischer Zehnsilbler	– ◡◡ – ◡◡ – ◡ – ◡

Des Ganges Úfer ‖ hörten des Freudengotts
Triúmph, als alleróbernd vom Índus her
    Der júnge Bácchus kám, mit héilgem
        Wéine vom Schláfe die Völker wékend.
(aus: Friedrich Hölderlin, *An unsre großen Dichter*, 1799)

Die Zäsur nach der fünften Silbe im alkäischen Elfsilbler ist in der deutschen Adaption nicht immer realisiert. Im Gegensatz zum Pentameter, wo ein Hebungsprall ein kurzes Innehalten verursacht, lässt sich die Zäsur im alkäischen Elfsilbler durch die Abfolge von Senkung und Hebung ohne Weiteres überspielen.

In der alkäischen Ode beginnen alle Verse jambisch. Jambische und anapästische Verse haben steigenden Charakter, während trochäische und daktylische Verse von Hebung zu Senkung abfallen (→ KAPITEL 3.2). Die beiden alkäischen Elfsilbler steigen demnach bis zur Zäsur nach der fünften Silbe an und fallen danach in Daktylus und Trochäus wieder ab. So entsteht an der Stelle der Zäsur ein Höhepunkt, dessen genauere Betrachtung sich lohnen kann. Des Weiteren entstehen im Übergang der Verse, also am Ende und Anfang der Elfsilbler, Wendepunkte zwischen Fallen und Steigen. Auch hier können sich Worte finden, denen ein besonderes Gewicht zukommt.

Die Abfolge von Steigen und Fallen innerhalb der beiden Elfsilbler wiederholt sich auch in den beiden letzten Versen. Allerdings verteilt sich die Bewegung hier auf zwei Verse: Der rein jambische alkäische Neunsilbler hat steigenden Charakter, der Zehnsilbler dagegen ist durch seine Daktylen und Trochäen abfallend. Vers drei und vier wiederholen also die beiden kurzen Wellenbewegungen der ersten beiden Verse in einer langen, über zwei Verse gehenden Welle (vgl. Binder 1987, S. 84–91).

Aufgrund dieser Wellenbewegung eignet sich die alkäische Ode besonders gut für die Darstellung von lebendigen, Bewegung ausdrückenden Vorgängen (vgl. Binder 1970, S. 54f.) – wie etwa im oben abgedruckten Beispiel die freudig begrüßte Ankunft des Bacchus.

Die asklepiadeische Ode (sprich ‚asklepiadé-isch‘) ist benannt nach dem griechischen Dichter Asklepiades (um 270 v. Chr.). In der lateinischen Dichtung gibt es verschiedene asklepiadeische Odenformen, von welchen in der deutschen Dichtung jedoch hauptsächlich die sogenannte dritte asklepiadeische Strophe übernommen wurde. Lediglich Klopstock hat auch die anderen Strophenformen benutzt.

Asklepiadeische Ode

Deutsche Strophenform:

Asklepiadeus minor	– ∪ – ∪ ∪ – ‖ – ∪ ∪ – ∪ –
Asklepiadeus minor	– ∪ – ∪ ∪ – ‖ – ∪ ∪ – ∪ –
Pherekrateus	– ∪ – ∪ ∪ – ∪
Glykoneus	– ∪ – ∪ ∪ – ∪ –

Schön ist, Mutter Natur, ‖ deiner Erfindung Pracht
Auf die Fluren verstreut, ‖ schöner ein froh Gesicht,
    Das den großen Gedanken
        Deiner Schöpfung noch Einmal denkt.

(aus: Friedrich Gottlieb Klopstock, *Der Zürchersee*, 1750)

Auch im Deutschen wird die Zäsur nach der sechsten Silbe im Asklepiadeus minor realisiert, da hier ein Hebungsprall entsteht, der unweigerlich zu einem kurzen Innehalten führt.

Im Gegensatz zur alkäischen Ode beginnt in der asklepiadeischen Ode jeder Vers trochäisch, also abfallend. Auch nach der Zäsur im Asklepiadeus minor setzt die Versbewegung mit einer Betonung ein. Durch den Hebungsprall werden die beiden Vershälften scharf voneinander abgegrenzt. Eine ebenso genaue Abgrenzung erfolgt im Übergang der Verse eins und zwei sowie zwei und drei, wo ebenfalls je zwei Hebungen aufeinander treffen. So entsteht ein scharf konturiertes Nebeneinander – ein deutlich anderer Charakter als das wellenartige, ineinander übergleitende Auf und Ab der alkäischen Ode.

ANTIKE FORMEN

Die asklepiadeische Ode eignet sich daher sehr gut für die Darstellung von logisch-antithetischen Sachverhalten, von Gefügen und Ordnungen (vgl. Binder 1987, S. 92–94).

Sapphische Ode Die sapphische Ode (sprich ‚sapfisch') wurde benannt nach der griechischen Dichterin Sappho (um 600 v. Chr.). Diese Odenform findet sich in der deutschen Dichtung, im Gegensatz zur alkäischen und asklepiadeischen Ode, nur sehr selten. Sie ist am Druckbild meist sehr leicht zu erkennen, weil der vierte Vers sehr kurz und für gewöhnlich auch als einziger nach rechts eingerückt ist.

Deutsche Strophenform:

sapphischer Elfsilbler – ∪ – ∪ – ∪ ∪ – ∪ – ∪
sapphischer Elfsilbler – ∪ – ∪ – ∪ ∪ – ∪ – ∪
sapphischer Elfsilbler – ∪ – ∪ – ∪ ∪ – ∪ – ∪
Adoneus – ∪ ∪ – ∪

> Stets am Stoff klebt unsere Seele, Handlung
> Ist der Welt allmächtiger Puls, und deshalb
> Flötet oftmals tauberem Ohr der hohe
>   Lyrische Dichter.
>
> (aus: August von Platen, *Los des Lyrikers*, 1832)

Klopstock hat eine eigene Version der sapphischen Ode geprägt, in der der Daktylus, der sich in der strengen antiken Form etwa in der Versmitte findet, vom Anfang des Verses im ersten Elfsilbler bis zur Mitte im letzten Elfsilbler ‚wandert' (Wanderdaktylus):

sapphischer Elfsilbler – ∪ ∪ – ∪ – ∪ – ∪ – ∪
sapphischer Elfsilbler – ∪ – ∪ ∪ – ∪ – ∪ – ∪
sapphischer Elfsilbler – ∪ – ∪ – ∪ ∪ – ∪ – ∪
Adoneus – ∪ ∪ – ∪

> Cidli, du weinest, und ich schlumre sicher,
> Wo im Sande der Weg verzogen fortschleicht;
> Auch wenn stille Nacht ihn umschattend decket;
>   Schlumr' ich ihn sicher.
>
> (aus: Friedrich Gottlieb Klopstock, *Furcht der Geliebten*, 1771)

Die drei Elfsilbler der sapphischen Ode fließen im Gegensatz zur strengen Konturiertheit der asklepiadeischen Verse ineinander, die Senkung am Ende des Verses gibt gleichsam den Auftakt für die Hebung am Versanfang (synaphischer Verschluss). In der klopstockschen Form, in der sich der Daktylus von Vers zu Vers immer mehr nach hinten verschiebt, wird diese Bewegung noch lebendiger und treibt dynamischer auf das Ende der Strophe zu. Die fließende Auf-und-Ab-Bewegung der Trochäen und des Daktylus in den drei sapphischen Elfsilblern findet ihren Abschluss im Adoneus, der sich als Versschluss nach einer bukolischen Diärese, also einem Einschnitt nach dem vierten Versfuß, auch im Hexameter findet. Die Bewegung ‚plätschert' gleichsam aus. Im Adoneus findet die sapphische Odenstrophe formal und meist auch inhaltlich einen Abschluss, denn sie enthält häufig nur einen Gedankengang, oft auch nur einen Satz – Satzende und Strophenende fallen meist zusammen.

Inspiriert von den antiken Odenstrophen hat Klopstock eigene Strophenformen entwickelt, deren Maße er jeweils über den Gedichten angab. Ein Beispiel dafür:

Klopstocks eigene Odenstrophen

```
◡ – ◡◡ – ◡◡ –            Willkommen, o silberner Mond,
– ◡ – ◡◡ – ◡ –            Schöner, stiller Gefährt der Nacht!
◡◡ – ‖ – ◡ – ‖ – ◡ – ◡    Du entfliehst? Eile nicht, bleib, Gedankenfreund!
– ◡◡ – ◡◡ – ‖ – ◡◡ –      Sehet, er bleibt, das Gewölk wallte nur hin.
```
(aus: Friedrich Gottlieb Klopstock, *Die frühen Gräber*, 1771)

Friedrich Hölderlin hat diese Formen zum Teil aufgenommen und einige Oden nach von Klopstock erfundenen Odenmaßen gestaltet.

Um eine Ode sinnvoll interpretieren zu können, ist es unerlässlich, das gesamte Schema zu kennen. Besser merken kann man sich die Strophenschemata, wenn man für jede Odenform jeweils eine Strophe auswendig lernt. Für die bisher vorgestellten, auf Horaz' Vorbild zurückgehenden Oden lässt sich zusammenfassen:

Die ‚horazischen' Oden im Überblick

- Alle Odenstrophen haben vier Verse und sind reimlos.
- Man erkennt die Ode oft schon am Schriftbild aufgrund der Einrückung der Verse.
- Die sapphische Ode erkennt man auf den ersten Blick an dem sehr kurzen vierten Vers, dem Adoneus.
- Alkäische und asklepiadeische Ode kann man sofort unterscheiden anhand des Versanfangs: Die alkäische Ode beginnt jambisch, die asklepiadeische trochäisch.
- Man kann die Odenstrophen insgesamt durch die Silbenanzahl der vier Verse voneinander unterscheiden: alkäische Ode: 11–11–9–10 Silben, asklepiadeische Ode: 12–12–7–8 Silben, sapphische Ode: 11–11–11–5 Silben.

Pindarische Ode

Zwischen den bisher genannten und den auf Pindar zurückgehenden Oden besteht ein großer Unterschied. Horaz schrieb fast ausnahmslos monodische Oden, die von nur einem Sänger vorgetragen wurden. Die Oden des griechischen Lyrikers Pindar (522/18 – 438 v. Chr.) dagegen sind für den Chorgesang gedacht. Auch formal sind beide Odenformen sehr verschieden. Für die pindarische Ode hat

Hymne

sich deshalb neben der Bezeichnung „Ode" der Begriff „Hymne" oder „freirhythmische Hymne" eingebürgert. Die Begriffe Ode und Hymne wurden im 18. Jahrhundert synonym gebraucht, für die Gegenwart aber empfiehlt es sich, lediglich die an Pindar angelehnten freirhythmischen Gedichte als Hymnen zu bezeichnen, für die bezüglich Versmaß oder Strophenform keine festen Vorgaben gelten.

Horaz' Pindar-Bild

Zwischen Pindars Dichtung und deren Rezeption, die von sehr viel später getroffenen Aussagen des Horaz gelenkt wurde, muss klar unterschieden werden. Horaz preist in einer seiner Oden (*carmen IV, 2*) Pindar als einen Dichter, der wie in emotionalem Rausch gedichtet und neue Wörter geprägt und ohne sich an Regeln zu halten Verse in freien Rhythmen geschrieben hätte (V. 10f.). Pindar habe sein Werk aufgrund von göttlicher Inspiration verfasst, im Gegensatz zu ihm, Horaz, für den das Dichten eine mühevolle Arbeit sei (vgl. V. 25ff.).

Der ‚reale' Pindar

Pindars Lyrik ist jedoch keineswegs rhythmisch ungebunden. Sie folgt festen metrischen Gesetzen und weist eine triadische Struktur auf, die aus zwei gleich gebauten Strophen – Strophe und Antistrophe – und einer kürzeren Epode (griechisch *epódos* = Nachgesang) besteht; Merkmale, die sich in den deutschen Nachahmungen meist nicht finden.

Deutsche Pindar-Rezeption

Regelfreiheit und ein erhabener Ton in der Dichtung eines Genies, der beim Hörer/Leser große emotionale Regungen freisetzt – das waren die essenziellen Merkmale pindarischer Dichtung für die Dichter des Sturm und Drang. Die Pindar-Rezeption der deutschen Dichtung ist insofern eher beeinflusst von den Aussagen des Horaz als von Pindars eigenen Texten. Die Aneignung des ‚horazischen Pindars' setzte, nach einigen Versuchen im Barock, ebenfalls mit Friedrich Gottlieb Klopstock ein, der sich – von Zeitgenossen auch als „deutscher Pindar" bezeichnet – mit seinen in freien Rhythmen verfassten, von zahlreichen Wortneuschöpfungen durchzogenen Hymnen unter anderem auf Pindar bezog. Auch beeinflusst von der rhythmisierten Psalmensprache und den *Ossian*-Dichtungen Macphersons (im 18. Jahrhundert entstandene Fälschungen schottisch-gälischer Volkspoesie) entstand so eine neuartige, freirhythmische Gattung in der deutschen Dichtung, die aber mit der Dichtung Pindars nur noch wenig zu tun hatte. Im Sturm und Drang wurde Pindar aufgrund von Horaz' Charakterisierung als göttlich inspirierter Dichter zum Vorbild erhoben, dem die Dichter dieser Epoche, insbesondere Goethe, in ihren regellosen, freirhythmischen Gedichten nacheiferten (vgl. z. B. Goethes Gedicht *Wanderers Sturmlied* (1777)) – Vorbild aber war wohl vor allem Klopstock.

Der erste Dichter, der sich intensiv mit den Oden Pindars auseinandersetzte, war Friedrich Hölderlin (vgl. Seifert 1982, S. 35ff.). Er hat Pindar übersetzt und nach dessen Vorbild eigene Oden geschrieben. Nur in Bezug auf Hölderlins späte Hymnen, die aufgrund dieser Auseinandersetzung entstanden sind, lohnt ein Vergleich mit Pindars Odenformen (vgl. z. B. *Wie wenn am Feiertage* (entstanden 1799/1800) und *Friedensfeier* (entstanden 1802/03)).

6.3 Gedichtformen nach antiken Vorbildern

Gedichtformen, die auf antike Vorbilder zurückgehen, wurden in der deutschen Dichtung anfänglich meist formgetreu rezipiert. Später aber verselbstständigte sich die Entwicklung und die Formen entfernten sich von ihren Vorbildern.

Die antike Elegie ist rein formal definiert als ein längeres, in elegischen Distichen verfasstes Gedicht. Sie konnte neben Themen der Trauer (threnetische Elegie) oder der Liebe (erotische Elegie) auch jeden anderen Inhalt haben. In der römischen Dichtung der augusteischen Zeit, in den Elegien der *triumviri amoris* – dem „Dreimännerkollegium der Liebe" mit den Dichtern Tibull, Properz und Ovid (bisweilen wird auch Catull dazu gezählt) –, wurde die Elegie auf erotische Themen festgelegt.

Elegie

Die Elegie wurde in ihrer antiken Form Mitte des 18. Jahrhunderts von Klopstock für die deutsche Dichtung adaptiert. In der Zeit der Klassik war das Themenspektrum von in Distichen verfassten Gedichten fast ebenso breit wie in der Antike. Neben erotischen Elegien im Rückgriff auf die augusteische Tradition (Goethes *Römische Elegien* (1795)) finden sich auch weltanschauliche Elegien mit wehmütigem Blick auf eine bessere, vergangene Zeit (etwa bei Schiller) und sehnsuchtsvolle Elegien mit hymnischer Ausrichtung (bei Hölderlin). Bereits in der Klassik stehen Gedichte, die durch die Verwendung von Distichen formal als Elegien erkennbar sind, neben solchen, die nur durch ihre auf Klage und Trauer festgelegten Themen als Elegien ausgewiesen sind, wodurch später die Definition der Gedichtform vor allem bestimmt wird. Goethes *Marienbader Elegie* (1825), in der er seine unerwiderte Liebe zu Ulrike von Levetzow betrauert, ist nicht in elegischen Distichen, sondern in Jamben verfasst, während sein Lehrgedicht *Die Metamorphose der Pflanzen* (1799) nur formal, nicht aber inhaltlich als Elegie zu erkennen ist.

ANTIKE FORMEN

Im 19. Jahrhundert kommt es schließlich zu einer Auflösung der Form (vgl. Frey 1995, S. 189). Elegien werden zwar noch geschrieben, aber nicht mehr in elegischen Distichen. Stattdessen bestimmt eher der Inhalt, die Ausrichtung auf Klage und Wehmut, die Gattung. In Rainer Maria Rilkes *Duineser Elegien* (1922) zeigen sich stellenweise noch die formalen Eigenschaften der Elegie in Langversen, die an Hexameter und Pentameter erinnern, doch insgesamt ist die Form nicht mehr an ein strenges Versmaß gebunden.

Trotz dieser formalen Auflösung sollte auch ein Gedicht des 20. Jahrhunderts, das die Gattung Elegie im Titel führt oder inhaltlich eine Zuordnung zu dieser Gattung nahelegt, auf seine Bezüge zur ursprünglichen Gedichtform der Elegie geprüft werden.

Epigramm

Das Epigramm ist in Griechenland entstanden (griechisch *epígramma* = Aufschrift). Ursprünglich handelte es sich um eine Inschrift auf Grabmalen, Weihegaben oder Geschenken, später auch um eine für ein Buch konzipierte, zugespitzte Einzelbemerkung in Versform (vgl. Hess 1989, S. 71ff.). Mit den Epigrammen des Martial (1. Jh. n. Chr.) wurden Spott und Witz gattungskonstitutiv. Das antike Epigramm ist ebenso wie die Elegie in Distichen verfasst, unterscheidet sich jedoch durch seine Kürze und Pointiertheit von dieser, wobei die Übergänge zwischen den Gattungen bisweilen fließend sind.

Die formale Bestimmung des Epigramms als ein Gedicht in Distichen wurde in der deutschen Dichtung zunächst nicht übernommen. In der Epoche des Barock, in der das Epigramm sehr beliebt war, finden sich vor allem Alexandriner und andere jambische Versmaße. Erst in der Zeit der Klassik wird die antike Form wieder aufgegriffen.

Das Epigramm ist durch seine Kürze (*brevitas*) und Pointiertheit (*argutia*) definiert. Nach einer von Gotthold Ephraim Lessing im 18. Jahrhundert entwickelten Theorie sind Epigramme zweiteilig. Sie gliedern sich in die „Erwartung", die durch den Gegenstand erweckt wird, und den „Aufschluss" (Lessing 2000, S. 188), den Aha-Effekt der Pointe. Es gibt jedoch neben dieser auf Martial zurückgehenden Tradition satirischer Epigramme auch solche ohne Pointen. Johann Gottfried Herder, der sich auf die in der *Anthologia Graeca* gesammelten griechischen Epigramme beruft, betont vor allem die konzentrierte Darstellung eines Gegenstandes oder Gefühls, die zu einer Befriedigung beim Leser über die Erkenntnis des Gelesenen führt (vgl. Neumann 1980, S. 298f.). Die satirische Epigrammatik ist jedoch in der deutschen Dichtung bei weitem verbreiteter. Klopstock hat beide Erscheinungsweisen der Gattung in einem Epigramm zusammengefasst:

Friedrich Gottlieb Klopstock, *Vorrede* (1774)
Bald ist das Epigramm ein Pfeil,
Trifft mit der Spitze;
Ist bald ein Schwert,
Trifft mit der Schärfe;
Ist manchmal auch – die Griechen liebten's so –
Ein klein Gemäld', ein Strahl, gesandt
Zum Brennen nicht, nur zum Erleuchten.

Gemeinsam ist allen Epigrammen, ob satirischer Witz oder Empfindung darin zum Ausdruck kommen sollen, ein Objektbezug, denn jedes Epigramm konzentriert sich auf ein Objekt oder ein Thema. Dieser Gegenstandsbezug, der ursprünglich durch den Gegenstand selbst hergestellt wurde, auf dem das Epigramm angebracht war, wird in rein literarischen Epigrammen durch den Titel erzeugt.

Bei der rein in Hexametern verfassten Gedichtform des Epos handelt es sich um eine narrative Großform in Versen, weshalb in der deutschen Dichtung auch manchmal vom „Versepos" gesprochen wird. Das Epos hat sein antikes Vorbild in der Dichtung Homers und Vergils. Im Mittelalter wurden Heldenepen verfasst, die inhaltlich an die antiken Vorbilder anknüpften. Erst Klopstock adaptierte mit seinem *Messias*-Epos (1748) auch das für das antike Epos typische Versmaß und führte es in die deutsche Ependichtung ein. Der Versuch einer Wiederaufnahme des antiken Epos im 18. Jahrhundert verlief jedoch zeitgleich mit dem Aufkommen einer neuen epischen Großform: des Romans. Während das Epos auf Rezitation ausgerichtet ist, ist der Roman für einen einzelnen, still für sich lesenden Rezipienten gedacht – eine Rezeptionsweise, die sich um 1800 durchzusetzen begann (→ ASB D'APRILE/SIEBERS). Deutsche antikisierende Epen finden sich etwa in der Zeit der Klassik – Beispiele sind Goethes Epos *Reineke Fuchs* (1794) oder das Epenfragment der *Achilleis* (entstanden 1799). Diese Epen fanden jedoch nur wenige Nachahmer.

(Vers-)Epos

Die antike Idyllendichtung hatte ihren Ursprung in der in Hexametern verfassten bukolischen Dichtung (Hirtendichtung) Theokrits und Vergils. Die Gattung Idylle ist in der deutschen Dichtung insgesamt eher inhaltlich als formal bestimmt. Antike Idyllen enthalten die Schilderung idealer ländlich-friedlicher Szenen, deren Schauplatz stets ein *locus amoenus* ist, ein abgeschlossener, Geborgenheit vermittelnder Ort in der Natur. Im Rückbezug darauf werden in der deutschen Idyllik friedlich-harmonische Szenen auf dem Lande, in der bürgerlichen Familie und in anderen Kontexten geschildert.

Idylle

Die deutsche Idyllendichtung, die sich auch formal auf die Antike zurück bezieht, erlebte ihren Höhepunkt während der Empfindsamkeit in der zweiten Hälfte des 18. Jahrhunderts. Aufmerksamkeit erregten zunächst Salomon Gessners in rhythmisierter Prosa abgefasste Idyllen (1756). Die ersten Idyllen im Hexameter verfasste Johann Heinrich Voß, der mit seiner *Luise* (1783/84) einen Topos für die Idyllendichtung des 19. Jahrhunderts schuf: Der bürgerliche Innenraum tritt an die Stelle des Naturraums. Durch die zunehmende Länge – Vossens Idyllen wurden mit jeder Umarbeitung umfangreicher – näherte sich die in Hexametern verfasste Idylle dem Epos an (vgl. Böschenstein-Schäfer 1977, S. 101). Diese Gattungsüberschreitung zeigt sich auch an Goethes Hexameterdichtung *Hermann und Dorothea* (1797), die sowohl von der griechischen Epik als auch von Vossens *Luise* angeregt wurde, und an der langen *Idylle vom Bodensee* (1846) von Eduard Mörike, dem wichtigsten Idyllendichter des 19. Jahrhunderts.

Epistel Die Epistel (von lateinisch *epistula* = Brief) ist ein Gedicht didaktischen oder lyrischen Charakters mit den Kennzeichen eines Briefes. Für das Versmaß gibt es in der deutschen Dichtung keine Vorgaben. Das antike Vorbild dieser Gattung sind die in Hexametern verfassten Briefe des Horaz – zu denen auch die sogenannte *ars poetica* gehört – und in den Briefen Ovids. Es handelt sich dabei um fingierte Briefe, um Kunstbriefe, die von Anfang an für ein größeres literarisches Publikum verfasst worden sind. Durch die Anrede an eine bestimmte Person erhielten die Schilderungen von Ereignissen oder Empfindungen mit oft lehrhafter Absicht eine persönliche Note.

Im Barock wurden Episteln in gereimten Alexandrinern verfasst. In den nachfolgenden Epochen finden sich Episteln mit verschiedenen Versmaßen und Strophenformen, nur vereinzelt aber in Hexametern, etwa bei Christoph Martin Wieland (vgl. Motsch 1974, S. 88). Als herausragender Vertreter der Epistel im 20. Jahrhundert gilt Bertolt Brecht.

6.4 Von der formalen Analyse zur Interpretation

Zum Beispiel: Friedrich Hölderlin, *Sokrates und Alcibiades*

Im Folgenden wird an Hölderlins Gedicht *Sokrates und Alcibiades* (1799) vorgeführt, wie sich die metrische Analyse und das Wissen um die antike Gedichtform in eine Interpretation einbinden lassen.

Friedrich Hölderlin, *Sokrates und Alcibiades* (1799)

1 „Warum huldigest du, heiliger Sokrates,
   Diesem Jünglinge stets? kennest du Größers nicht?
     Warum siehet mit Liebe,
       Wie auf Götter, dein Aug' auf ihn?"

5 Wer das Tiefste gedacht, liebt das Lebendigste,
   Hohe Jugend versteht, wer in die Welt geblickt,
     Und es neigen die Weisen
       Oft am Ende zu Schönem sich.

Die kurze asklepiadeische Ode enthält nicht, wie man anfänglich meinen könnte, einen Dialog des Weisen mit seinem Schüler. Vielmehr fragt ein Außenstehender Sokrates nach seiner Beziehung zu dem jungen, schönen Alcibiades. Die erste Strophe enthält eine mehrteilige Frage, die zweite Strophe vermeintlich die Antwort, die aber sehr allgemein gehalten ist und nicht auf die konkrete Frage eingeht. Sie liest sich deshalb weniger als eine Antwort *von* Sokrates, denn als eine Aussage *über* Sokrates als prototypischen Weisen (vgl. Giese 1986/87, S. 130f.). Nicht die besondere Beziehung des Meisters zu seinem Schüler wird thematisiert, sondern allgemein die Beziehung von Weisheit und Schönheit.   Gedichtaufbau

In beiden Strophen fallen, typisch für das gliedernde Versmaß dieser Odenform, die syntaktischen Einschnitte mit den metrischen zusammen, das Ende eines Satzes oder Teilsatzes mit dem Hebungsprall in der Mitte oder am Ende des Verses (vgl. auch Binder 1970, S. 57):   Zäsuren

   Wárum húldigest dú, ‖ heiliger Sókrates,
   Diesem Jünglinge stets? ‖ Kennest du Größers nicht? (V. 1f.)

Besonders kunstvoll gebaut ist die zweite Strophe, die vermeintliche Antwort des Sokrates. Im Gegensatz zum jugendlich-stürmischen Charakter der Fragen in der ersten Strophe enthält diese zweite Strophe eine mit Bedacht formulierte, abgewogene Aussage. Sie verrät die Ruhe und Weisheit des Alters. Jede Vershälfte ist um einen Hauptbegriff zentriert: „das Tiefste" und „das Lebendigste" in Vers 5, „Jugend" und „Welt" in Vers 6. In Vers 7 stehen die „Weisen" im Zentrum, in Vers 8 das „Schöne[]". Die Mittelzäsur gliedert die beiden Asklepiadei minores in zwei Satzteile, einen Relativsatz, jeweils eingeleitet mit dem Pronomen „wer" (V. 5 und 6), und einen Aussagesatz, in dem der Relativsatz die Subjektstelle einnimmt. Die beiden Verse sind chiastisch gebaut, also überkreuz angeordnet (→ KAPITEL 10.2): Im fünften Vers besetzt der Relativsatz die erste, im sechsten Vers die zweite Hälfte. Die Relativsätze zeigen, was den Weisen aus-   Aufbau der zweiten Strophe

Chiastische Struktur

macht: Er hat in seinem Leben bereits „das Tiefste gedacht" (V. 5) und „in die Welt geblickt" (V. 6), er kennt das Leben aus Anschauung und rationaler Erkenntnis. Aufgrund dieser Bildung hat der Weise eine emotionale Affinität zum „Lebendigste[n]" (V. 5) und im größten Maße Verständnis für die „hohe Jugend" (V. 6). Die Differenzen, die zwischen Weisheit und Schönheit, zwischen Erfahrung und Jugend bestehen, können überbrückt werden: Der Ältere und Erfahrenere neigt sich am Ende zu Jugend, Schönheit und Lebendigkeit hin – nicht notwendigerweise, aber „oft" (V. 8).

Weisheit und Schönheit ergeben in der Strophe ein Gewebe, sind chiastisch ineinander verschlungen und verwoben zu einer Textur, ebenso wie das gesamte Gedicht sich aus den Fragen der unerfahrenen Jugend in der ersten Strophe und der Antwort des abgeklärten Alters in der zweiten zusammensetzt. Das vollkommene Gedicht ist gewebt aus den Bestandteilen von Weisheit und Schönheit, Alter und Jugend. Erst beides zusammen führt zur Vollkommenheit. Das zeigt sich schon in der Überschrift – „Sokrates und Alcibiades" –, die beides zusammenführt.

Gattungsfrage   Hölderlins Kurzoden wurden wegen ihrer Kürze und Konzentriertheit als „epigrammatisch" bezeichnet (Giese 1986/87, S. 135). Der Gegenstandsbezug ist anhand der Überschrift hergestellt: Sokrates und Alcibiades sind Thema des Gedichts, aber nur in metaphorischem Sinne, in ihrer Stellvertreterposition für Weisheit und Schönheit. Was anfangs als Gegensatz vorgestellt wird, wobei das scharf konturierte Nebeneinander der asklepiadeischen Odenstrophe genutzt wurde, erweist sich am Ende als Einheit. Aus der Symbiose beider, die „oft" (V. 8), aber keineswegs immer erfolgt, entsteht Dichtung, wie die kurze Ode selbst beweist. – Die Ode *Sokrates und Alcibiades* ist kein Epigramm im Sinne Lessings mit „Erwartung" und „Aufschluss" in einer satirischen Pointe. Doch die Darstellung von Weisheit und Schönheit und deren erreichte Verbindung in der Struktur führt im Sinne Herders zu einer Befriedigung des Lesers (vgl. Giese 1986/87, S. 136).

Aufgaben

- Bestimmen Sie das Versmaß der folgenden Gedichte.   *Übungen*

    1. Sing, unsterbliche Seele, der sündigen Menschen Erlösung,
       Die der Messias auf Erden in seiner Menschheit vollendet,
       Und durch die er Adams Geschlechte die Liebe der Gottheit,
       Mit dem Blute des heiligen Bundes von neuem geschenkt hat.
       (aus: Friedrich Gottlieb Klopstock, *Messias* 1748)

    2. Rings um ruhet die Stadt; still wird die erleuchtete Gasse,
           Und, mit Fakeln geschmükt, rauschen die Wagen hinweg.
       Satt gehen heim von Freuden des Tags zu ruhen die Menschen,
           Und Gewinn und Verlust wäget ein sinniges Haupt
       Wohlzufrieden zu Haus; leer steht von Trauben und Blumen,
           Und von Werken der Hand ruht der geschäfftige Markt.
       (aus: Friedrich Hölderlin, *Brod und Wein*, entstanden 1800/01)

    3. Nächtlich am Busento lispeln, bei Cosenza, dumpfe Lieder,
       Aus den Wassern schallt es Antwort, und in Wirbeln klingt es wider!
       (aus: August von Platen, *Das Grab im Busento*, 1828)

    4. Noch unverrückt, o schöne Lampe, schmückest du,
       An leichten Ketten zierlich aufgehangen hier,
       Die Decke des nun fast vergeßnen Lustgemachs.
       (aus: Eduard Mörike, *Auf eine Lampe*, 1846)

- Um welche Odenstrophe handelt es sich bei folgenden Beispielen?

    1. Sammle Zypressen, daß des Trauerlaubes
       Kränz' ich winde, du dann auf diese Kränze
       Mitgeweinte Tränen zur ernsten Feier
           Schwesterlich weinest!
       (aus: Friedrich Gottlieb Klopstock, *Die tote Clarissa*, 1771)

    2. Hoch auf strebte mein Geist, aber die Liebe zog
       Schön ihn nieder; das Laid beugt ihn gewaltiger;
       So durchlauf ich des Lebens
           Bogen und kehre, woher ich kam.
       (aus: Friedrich Hölderlin, *Lebenslauf*, 1799)

    3. Der schöne Luftgeist bläst auf dem Muschelhorn,
       dem rötlichen, gespitzten, er teilt den Schall
           mit seiner Hand, der hier- und dorthin
               fliegt, soviel anders als Ufervögel.
       (aus: Johannes Bobrowski, *Der Muschelbläser*, 1962)

Interpretieren Sie das folgende Gedicht. Beachten Sie vor allem die metrischen und formalen Merkmale, den Zusammenhang von Inhalt und Form und äußern Sie sich zur Gattung.   *Interpretation*

Johann Wolfgang Goethe, *Römische Elegien*
(Fassung nach der Ausgabe letzter Hand, 1815)

I.

1 Saget, Steine, mir an, o sprecht, ihr hohen Paläste!
    Straßen, redet ein Wort! Genius, regst du dich nicht?
  Ja, es ist alles beseelt in deinen heiligen Mauern,
    Ewige Roma; nur mir schweiget noch alles so still.
5 O wer flüstert mir zu, an welchem Fenster erblick' ich
    Einst das holde Geschöpf, das mich versengend erquickt?
  Ahn' ich die Wege noch nicht, durch die ich immer und immer,
    Zu ihr und von ihr zu gehn, opfre die köstliche Zeit?
  Noch betracht' ich Kirch' und Palast, Ruinen und Säulen,
10   Wie ein bedächtiger Mann schicklich die Reise benutzt.
  Doch bald ist es vorbei; dann wird ein einziger Tempel,
    Amors Tempel, nur sein, der den Geweihten empfängt.
  Eine Welt zwar bist du, o Rom; doch ohne die Liebe
    Wäre die Welt nicht die Welt, wäre denn Rom auch nicht Rom.

Lektüreempfehlungen

- **Alfred Behrmann: Kapitel VI: Der reimlose Vers. Die Ode; Kapitel VII: Hexameter und elegisches Distichon**, in: ders., Einführung in den neueren deutschen Vers. Von Luther bis zur Gegenwart. Eine Vorlesung, Stuttgart 1989, S. 73–104. *Gute Darstellung der antiken Formen und ihrer Rezeption in der deutschen Dichtung.*

- **Wolfgang Binder: Hölderlins Odenstrophe**, in: ders., Hölderlin-Aufsätze, Frankfurt a. M. 1970, S. 47–75.

- **Wolfgang Binder: Hölderlins Verskunst**, in: Elisabeth Binder/Klaus Weimar (Hg.), Friedrich Hölderlin. Studien von Wolfgang Binder, Frankfurt a. M. 1987, S. 82–109. *Beide Aufsätze enthalten Odenanalysen und veranschaulichen den Charakter von alkäischer und asklepiadeischer Ode.*

- **Daniel Frey: Bissige Tränen. Eine Untersuchung über Elegie und Epigramm von den Anfängen bis zu Bertolt Brecht und Peter Huchel**, Würzburg 1995. *Gut lesbare Darstellung der Geschichte beider Gattungen und ihrer Zusammenhänge; nicht geeignet fürs schnelle Nachschlagen.*

- **Peter Hess: Epigramm**, Stuttgart 1989. *Sehr gute, übersichtliche Darstellung der Gattungsgeschichte und -theorie mit hilfreichen Literaturangaben jeweils am Kapitelende.*

7 Gedichtformen

Abbildung 10: Teichschleie (*tinca vulgaris*)

Gattungen sind in der Biologie eine fest definierte Kategorie. In dem Nomenklatur-System, das der Naturforscher Carl von Linné im 18. Jahrhundert entwickelte, werden die Tiere und Pflanzen auf der untersten Ebene in Arten eingeteilt, dann folgen die Gattungen, eine Ebene darüber Familien usw. Die Teichschleie (tinca vulgaris) kann aufgrund ihrer Merkmale eindeutig zugeordnet werden. Sie gehört zur Gattung der Schleien (tinca tinca) in der Familie der Karpfenfische (cyprinidae). – In der Literaturwissenschaft sind die Verhältnisse komplizierter. Epik, Dramatik und Lyrik werden genauso unter dem Oberbegriff „Gattung" zusammengefasst wie das Volkslied und die Ballade, die in der „Gattung" Lyrik aufgehen. Daneben wird – aber nicht konsequent – für Untergattungen auch der Begriff „Genre" verwendet.

Die Uneinheitlichkeit der Begriffsverwendung kommt durch die Orientierung an wechselnden Merkmalen bei der Einordnung von Texten in Gattungen oder Genres zustande. Untergattungen oder Genres der Lyrik können z. B. durch eine bestimmte Darstellungsweise wie das Erzählen bei der Ballade (→ KAPITEL 9) definiert werden. Gattungen, die über das Dichtungsverständnis definiert werden, wurden in → KAPITEL 2 vorgestellt. Bei manchen Gattungen, etwa dem Lied, spielen formale und inhaltliche Kriterien gemeinsam eine Rolle. Die Elegie wurde in der Antike formal definiert, in der Moderne inhaltlich (→ KAPITEL 6.3). Manche Gattungen sind identisch mit einer Gedichtform, wie beispielsweise das Sonett (→ KAPITEL 8). Unter einer Gedichtform versteht man eine Formvorgabe für ein ganzes Gedicht. Dabei können unterschiedliche formale Aspekte festgelegt sein wie das Versmaß, das Reimschema, die Strophenform, die Anzahl der Verse oder Strophen oder ein Refrain. Aber auch inhaltliche Elemente können vorgeschrieben sein wie z. B. das Jahreszeitenwort im Haiku (→ KAPITEL 7.3). Je nach Betrachtungsweise und Einordnungskriterien kann ein Gedicht auch verschiedenen Gattungen angehören. Es kann z. B. gleichzeitig ein Madrigal und ein Gelegenheitsgedicht sein.

7.1 **Das Lied**
7.2 **Gedichtformen nach romanischen Vorbildern**
7.3 **Gedichtformen nach außereuropäischen Vorbildern**
7.4 **Gedichtformen in der Interpretation**
    Zum Beispiel: Wilhelm Müller, *Der Lindenbaum*

7.1 Das Lied

In Musik und Literatur umfasst der Begriff „Lied" gleichermaßen einen sehr weiten Bereich. Die Herkunft des Wortes ist nicht vollständig geklärt. Wahrscheinlich hat der althochdeutsche Begriff *liod* ein Loblied bezeichnet. Im Mittelhochdeutschen wird eine Strophe *liet* genannt. Der Plural *diu liet* bezeichnet einen mehrstrophigen Text. Daneben werden auch gesungen vorgetragene erzählende Texte in strophischer Form *liet* genannt, z. B. das Nibelungenlied.

In der Neuzeit wird der Begriff im Alltag und in der Literaturwissenschaft allgemein für Verstexte verwendet, die entweder gesungen werden (z. B. Kirchenlied, Wiegenlied) oder durch ihre Form Sangbarkeit demonstrieren. Als „Lied" kann also auch ein Gedicht bezeichnet werden, zu dem (noch) keine Melodie existiert. Als charakteristische Merkmale gelten die strophische Form und der Refrain. Beide sind jedoch nicht zwingend (vgl. Jost 1996, Sp. 1259f.). Das Lied ist also keine streng definierte Gedichtform und das liegt nicht zuletzt an seiner Geschichte.

Am Ende des 18. Jahrhunderts entstand im Zuge der romantischen Beschäftigung mit der Volkskultur ein Interesse an Liedern, die anonym und ohne schriftliche Fixierung ‚im Volk' tradiert wurden. Johann Gottfried Herder prägte für sie den Begriff „Volkslied" als Übersetzung des englischen *popular song* und gab eine erste Sammlung heraus (*Volkslieder*, 1778/79; → KAPITEL 9.2). Jedoch veränderte eine zweite Volksliedsammlung, *Des Knaben Wunderhorn* (1805/06), die herrschende Vorstellung von Liedern weit stärker. Die beiden Herausgeber Achim von Arnim und Clemens Brentano folgten bei der Bearbeitung der Texte in ihrer Sammlung einem eigenen, romantischen Ideal des Volksliedes. Sie griffen z. T. sehr stark in die Lieder ein, dichteten eigene Strophen hinzu und glätteten derbe und vulgäre Stellen. Sie schufen damit einen „Volksliedton", den es vorher so nicht gegeben hatte, der aber in der Folgezeit das Verständnis des Volksliedes ganz entscheidend prägte. So wird die Volksliedstrophe (→ KAPITEL 5.1) zur beliebtesten Form in der Lieddichtung des 19. Jahrhunderts, während sie in der Volksdichtung im Sinne Herders eher selten ist (vgl. Kremer 2007, S. 278–282). Je nachdem von welchem Liedbegriff die Rede ist, können die formalen Merkmale also variieren. Während die Begriffe „Volksliedstrophe" oder „Volksliedton" tatsächlich festgelegte Formen bezeichnen, meint der Begriff „Volkslied" Texte mit einer bestimmten Entstehungs- und Überlieferungsgeschichte. Die Autoren von Volksliedern sind anonym – ja das ‚Volk' selbst gilt als Autor. Die Lieder wurden mündlich tradiert, haben oft verschiedene Varianten und bestehen in der Regel aus mehreren gleich gebauten Strophen. Die im Volksliedton geschriebenen Gedichte der Romantik hingegen rekurrieren zwar auf den (vermeintlich) einfachen und ursprünglichen Ton und Inhalt der Volkslieder, jedoch bleiben die Dichter nicht anonym. Wie in → KAPITEL 7.4 an Wilhelm Müllers Gedicht *Der Lindenbaum* gezeigt wird, können solche Lieder jedoch wiederum zu Volksliedern werden, wenn sie sich in ihrer Rezeptionsgeschichte von Autor und Komponist lösen.

Volkslied vs. Kunstlied

Im 19. und 20. Jahrhundert wurden viele Gedichte als Kunstlieder vertont. Auch wenn das vertonte Gedicht in Strophen verfasst ist, sind diese Kunstlieder im Unterschied zu den Volksliedern meist durchkomponiert. Das bedeutet, dass die Melodie nicht mit jeder Strophe wieder von vorne beginnt, sondern vom Anfang bis zum Ende einen Bogen bildet. Kunstlieder sind für den Vortrag im Konzertsaal durch einen ausgebildeten Sänger und begleitende Instrumente, häufig ein Klavier, bestimmt. Die Komponisten sind nicht wie bei Volksliedern anonym, sondern erheben Anspruch auf künstlerische Originalität.

20. Jahrhundert

Im 20. Jahrhundert kommen zum Kunstlied der Song, das Chanson, das Couplet und besonders seit den 1960er-Jahren das politische Lied hinzu. Textautor und Komponist sind nun sehr häufig in einer Person vereint. Bezeichnungen wie *singer-songwriter* oder Liedermacher tragen dem Umstand Rechnung, dass außerdem viele Autoren-Komponisten die Lieder selbst vortragen.

7.2 Gedichtformen nach romanischen Vorbildern

Eine Vielzahl der im Deutschen verwendeten Gedichtformen stammt aus den romanischen Literaturen. Mit Abstand am wirkungsmächtigsten, bis in die Lyrik der Gegenwart hinein, ist das Sonett, das daher in diesem Buch in einem eigenen Kapitel behandelt wird (→ KAPITEL 8). Die Blütezeit der romanischen Formen in der deutschen Dichtung war im 17. Jahrhundert, im Barock, und in der Romantik um 1800, aber auch später finden sie immer wieder Verwendung.

Aus der altfranzösischen Dichtung stammen Rondel, Triolett und Rondeau. Gemeinsam sind allen dreien eine starke innere Gebundenheit durch Refrainzeilen und feste Reimschemata, die oft nur zwei oder drei Reime zulassen. Keine der drei Formen ist auf die Verwendung eines bestimmten Versmaßes festgelegt, jedoch dominieren in den deutschen Adaptionen vier- oder fünfhebige Verse. Das Rondel (von lateinisch *rotundum* = runder Gegenstand) ist die älteste der drei Formen. Seine einfachste Version, das Rondel simple, das später zur Unterscheidung von komplexeren Varianten auch Triolett genannt wird, ist durch das Reimschema *ABaAabAB* definiert. Mit Großbuchstaben werden die Refrainzeilen gekennzeichnet, also die Zeilen, die als Ganze wiederholt werden müssen.

Rondel

Triolett

Friedrich von Hagedorn, *Der erste May* (1742)		Georg Trakl, *Schwesters Garten* (1. Fassung, entstanden 1913)	
Der erste Tag im Monat May	A	Es wird schon kühl, es wird schon spat,	a
Ist mir der glücklichste von allen.	B	Es ist schon Herbst geworden	B
Dich sah ich, und gestand dir frey,	a	In Schwesters Garten, still und stad;	A
Den ersten Tag im Monat May,	A	Ihr Schritt ist weiß geworden.	b
Daß dir mein Herz ergeben sey.	a	Ein Amselruf verirrt und spat,	a
Wenn mein Geständniß dir gefallen;	b	Es ist schon Herbst geworden	B
So ist der erste Tag im May	A	In Schwesters Garten still und stad;	A
Für mich der glücklichste von allen.	B	Ein Engel ist geworden.	b

Friedrich von Hagedorn und Georg Trakl gehen in ihren beiden Gedichten auf unterschiedliche Weise frei mit den Gattungsvorgaben um. Während Hagedorn sich zwar streng an die Reimvorgaben hält, die Refrainzeilen hingegen von Mal zu Mal leicht abwandelt, sind die Refrains bei Trakl tatsächlich identische Verse, die Reim- und Refrainreihenfolge ist jedoch nicht eingehalten; vor allem wird der erste Vers nicht wiederholt und das Gedicht endet auch nicht mit einer Refrainzeile. Die Gattungsvorlage ist dennoch gut zu erkennen: Es gibt einen zweizeiligen Refrain und nur zwei Reime, die – den Wiederholungscharakter des Gedichts noch steigernd – z. T. als identische Reime realisiert sind („geworden"). Thematisch liegen die Texte weit auseinander. Hagedorns Mailied kann prototypisch für eine ganze Reihe ähnlicher Triolette aus dem 18. Jahrhundert stehen, die den Frühling und einfaches Liebesglück besingen. Nicht umsonst ist es das wohl bekannteste deutsche Triolett. Während in diesem Gedicht die Wiederholungen nur dazu verwendet werden, den Ausdruck des Glücks zu steigern, benutzt Trakl sie, um den Herbst und das Sterben eines Menschen aufeinander zu beziehen. Trakl nimmt die Gattung wieder auf und bricht effektvoll mit ihren inhaltlichen Konventionen.

Aus dem Rondel simple oder Triolett entwickelten sich später längere Varianten mit bis zu 24 Versen, die aber ebenfalls eine feste Re-

GEDICHTFORMEN

frainstruktur – meist ein zweizeiliger Refrain – haben (zum Beispiel: *ABabaABababaAB*).

Rondeau Durch Abwandlung des Rondel entstand im 16. Jahrhundert das Rondeau. Es enthält nur noch einen Refrain, der auf einen halben Vers beschränkt ist. Das Gedicht beginnt mit dem Refrain, der dann im 9. und 15. Vers wiederholt wird. Das Reimschema sieht nun so aus: *aabba aab R aabbaR* (R = Refrain). Der erste Einsatz des Refrains ist in der Notation nicht zu sehen, da es sich eben nur um die erste Hälfte des Verses handelt. Die Verse des Rondeau sind im Unterschied zu denen des Rondel und Triolett unterschiedlich lang, da die Refrainzeilen kürzer sind als die anderen Verse. Es sind außerdem zwei syntaktische Einschnitte nach dem fünften und neunten Vers vorgeschrieben, die das Gedicht in drei Teile gliedern. Das Rondeau erfreute sich in der deutschen Dichtung vor allem im Barock großer Beliebtheit, zum Beispiel bei Johann Fischart oder Georg Rudolf Weckherlin, wurde jedoch weit seltener adaptiert als das Triolett und Rondel. Der Begriff „Rondeau" wurde als „Rund-um" oder „Ringelgedicht" ins Deutsche übertragen. Das *Rund-vmb* von Weckherlin ist ein typisches Beispiel und macht zugleich deutlich, wie originell der Refrain eingesetzt werden kann.

Georg Rudolf Weckherlin, *An die Marina. Ein Rund-vmb* (1648)

Jhr wisset was für schwere klagen/	a (erste Hälfte = R)
Für grosse schmertzen/sorg vnd plagen	a
Mich ewre Schönheit zart vnd rein/	b
Vnd ewrer brauen augen schein	b
Schon lange zeit hat machen tragen.	a
Was solt ich euch dan weitters sagen/	a
Weil vns die lieb zugleich geschlagen/	a
Dan das vns jetz kan füglich sein	b
Jhr wisset was.	x (R)
Derhalben länger nicht zu zagen/	a
So wollet mir nu nicht versagen	a
Vil taussent küß für taussent pein;	b
Vnd weil wir beed jezund allein	b
So lasset vns auch vollends wagen	a
Jhr wisset was.	x (R)

In der Anakreontik (eine literarische Strömung, die an antike Vorbilder anknüpft, in denen die Freude am Leben gefeiert wird) und der Rokokodichtung wurden Rondel und Triolett zu Beginn des 18. Jahrhunderts wieder aufgenommen (beispielsweise durch Johann Nikolaus Götz, Johann Wilhelm Ludwig Gleim, Friedrich von Hagedorn), und sie finden sich auch in der Romantik wieder (etwa bei August

Wilhelm Schlegel). Von allen drei Formen gibt es im 20. Jahrhundert freie Bearbeitungen, zum Beispiel durch Georg Trakl, Oskar Loerke oder Barbara Köhler, die sich nicht mehr streng an die Reim- und Refrainregeln halten, aber doch einen deutlichen Bezug dazu herstellen.

Die Kanzone wurde in der deutschen Literatur hauptsächlich im Mittelalter verwendet und ist zu dieser Zeit eine der bedeutendsten Formen. Sie setzt sich aus einer oder mehreren Kanzonenstrophen (→ KAPITEL 5.1) zusammen, die in sich formal sehr variabel sind. Im Zuge der Mittelalterbegeisterung der Romantiker wurde die Kanzone im 19. Jahrhundert einige Male wieder aufgenommen.

Kanzone

Aus der Kanzone entwickelte sich in Italien die Sestine (italienisch: *canzone sestina*), die im Barock auch in die deutsche Literatur übernommen wurde, z. B. von Martin Opitz. Im 19. Jahrhundert adaptierten sie u. a. Friedrich Rückert und auch einige Romantiker, wie Joseph von Eichendorff. Rudolf Borchardt und vor allem Oskar Pastior schrieben im 20. Jahrhundert Sestinen – letzterer sogar einen ganzen Zyklus. Insgesamt bleibt die Sestine in der deutschen Literatur aber selten. Sie besteht aus sechs Sestinenstrophen, die jeweils sechs Verse haben, und einem abschließenden Dreizeiler, dem *congedo* oder *commiato*. Während die Versform nicht festgelegt ist – im Italienischen dominiert der Endecasillabo, im Deutschen gibt es aber auch Alexandriner-Sestinen, zu denen das unten angegebene Beispiel gehört –, gibt es für das Reimschema genaue Vorschriften. Die Reimwörter kehren in jeder Strophe identisch, aber verschoben wieder, im Deutschen meist nach dem Schema *abcdef fabcde efabcd* usw. Das jeweils letzte Reimwort der letzten Strophe wird zum ersten der darauf folgenden. Eine andere Reimmöglichkeit ist: *abcdef faebdc cfdabe ecbfad deacfb bdfeca*. Im abschließenden Dreizeiler werden die sechs Reime jeweils in der Mitte und am Ende des Verses aufgenommen. Durch das häufige Wiederholen derselben Reimworte hat die Sestine etwas Insistierendes und eignet sich daher besonders für das wiederholte Durchspielen und Variieren eines Themas. Im folgenden Beispiel ist dies die Suche nach der Geliebten in der Natur.

Sestine

Martin Opitz, *Sechstine* (1630)

Wo ist mein Auffenthalt, mein Trost und schönes Liecht?	a
Der trübe Winter kömpt, die Nacht verkürtzt den Tag;	b
Ich irre gantz betrübt umb diesen öden Waldt.	c
Doch were gleich jetzt Lentz und Tag ohn alle Nacht	d
Und hett' ich für den Wald die Lust der gantzen Welt,	e
Was ist Welt, Tag und Lentz, wo nicht ist meine Zier?	f

GEDICHTFORMEN

Ein schönes frisches Quell giebt Blumen ihre Zier,	f
Dem starcken Adler ist nichts liebers als das Liecht,	a
Die süsse Nachtigal singt frölich auff den Tag,	b
Die Lerche suchet Korn, die Ringeltaube Waldt,	c
Der Reiger einen Teich, die Eule trübe Nacht;	d
Mein Lieb, ich suche dich für allem auff der Welt.	e
So lange bist du mir das liebste von der Welt.	e
So lange Pales hegt der grünen Weide Zier,	f
So lange Lucifer entdeckt das klare Liecht.	a
So lange Titans Glantz bescheint den hellen Tag,	b
So lange Bacchus liebt den Wein und Pan den Waldt,	c
So lange Cynthia uns leuchtet bey der Nacht,	d
Die schnelle Hindin sucht den Hirschen in der Nacht,	d
Was schwimmt und geht und kreucht, liebt durch die gantze Welt,	e
Die grimme Wölffin schätzt den Wolff für ihre Zier,	f
Die Sternen leihen uns zum Lieben selbst ihr Liecht;	a
Ich aber gehe nun allhier schon manchen Tag,	b
O Schwester, ohne dich durch Berge, Wildt und Wald.	c
Was ist, wo du nicht bist? So viel der kühle Waldt	c
Ein Sandfeldt übertrifft, der Morgen für der Nacht	d
Uns angenemer ist, der Mahler dieser Welt,	e
Der Lentz, für Winterlufft, so viel ist deine Zier,	f
Die Schönheit, diese Lust mir lieber, o mein Liecht,	a
Als das, so weit und breit bestralt wird durch den Tag.	b
Der Trost erquickt mich doch, es komme fast der Tag,	b
Da ich nicht werde mehr bewohnen Berg und Wald,	c
Da deine Gegenwart und die gewünschte Nacht	d
Der Treu noch lohnen soll; in dessen wird die Welt	e
Vergessen ihrer selbst, eh' als ich deiner Zier,	f
Mein höchster Auffenthalt, mein Trost und schönes Liecht.	a
Laß wachsen, edler Wald, mit dir mein treues Liecht,	c–a
Die liebste von der Welt; es schade deiner Zier,	e–f
O Baum, kein heisser Tag und keine kalte Nacht.	b–d

Madrigal

Das Madrigal entstand im 14. Jahrhundert (*trecento*) in Italien. Die Wortherkunft ist nicht vollständig geklärt: sowohl die Rückführung auf lateinisch *matricalis* (muttersprachlich) als auch auf lateinisch *cantus materialis* (weltlicher Gesang; im Gegensatz zu *cantus spiritualis*, geistlicher Gesang) scheinen plausibel. Von Beginn an laufen literarische und musikalische Entwicklung parallel: Viele Madrigale werden vertont. Jedoch muss ein Madrigal in der Musik – eine mehrstimmige Vertonung eines Textes – nicht unbedingt der literarischen Gattung Madrigal angehören. In Italien entwickelte sich das Madrigal von einer strengeren hin zu einer relativ freien Form –

letztere ist die für die deutschsprachige Literatur bedeutende. Es handelt sich um ein nicht strophisch gegliedertes Gedicht, das aus beliebig vielen alternierenden Versen mit verschiedener Hebungszahl – Madrigalversen (→ KAPITEL 3.2) – zusammengefügt ist. Das Reimschema kann frei gewählt werden; es können auch Waisen eingestreut sein. Thematisch ist das Madrigal zu keiner Zeit festgelegt, jedoch dominieren in seinen Blütezeiten, der Anakreontik und der Romantik, die Schäfer- und Naturdichtung. Im 16. und 17. Jahrhundert gab es vermittelt über die Oper erste Ansätze der Madrigalversrezeption im deutschsprachigen Raum. Caspar Zieglers Poetik *Von den Madrigalen* (1653) markiert den Zeitpunkt, an dem die Gattung auch in der Literatur fest etabliert ist. Philipp von Zesen experimentierte bereits (wenige Jahre später) mit der Madrigalform und schrieb strophische und dialogische Madrigale. Im folgenden Beispiel finden sich Verse mit verschiedenen Hebungszahlen (drei, vier und sechs Hebungen), verschiedene Reimschemata (Kreuzreim und Reimhäufung) und Waisen.

Gotthold Ephraim Lessing, *Das Leben* (1753)

Sechs Tage kannt ich sie,	a (3)
Und liebte sie sechs Tage.	b (3)
Am siebenten erblaßte sie,	a (4)
Dem ersten meiner ewgen Klage.	b (4)
Noch leb ich? Zauderndes Geschick!	c (4)
Ein pflanzengleiches Leben,	d (3)
O Himmel, ist für den kein Glück,	c (4)
Dem du Gefühl und Herz gegeben!	d (4)
O nimm dem Körper Wärm und Blut,	e (4)
Dem du die Seele schon genommen!	f (4)
Hier, wo ich wein, und wo sie ruht,	e (4)
Hier laß den Tod auf mich herab gebeten kommen!	f (6)
Was hilft es, daß er meine Jahre,	g (4)
Bis zu des Nestors Alter spare?	g (4)
Ich habe, Trotz der grauen Haare,	g (4)
Womit ich dann zur Grube fahre,	g (4)
Sechs Tage nur geliebt,	x (3)
Sechs Tage nur gelebt.	x (3)

In Spanien entstand im 15. Jahrhundert die Glosse. Wie der Name vermuten lässt, handelt es sich dabei um eine Form des Kommentars (von griechisch *glóssa* = Sprache, zu gelehrtenlateinisch *glossa* oder *glosa* = Erläuterung eines dunklen Ausdrucks, Kommentar). Ein meist vier Verse umfassendes Motto – häufig ein Zitat eines anderen Dichters – bildet den Anfang. Dann folgen so viele Strophen wie

Glosse

das Motto Verse hat, in den meisten Fällen also vier. Die Strophenform ist zwar nicht vorgeschrieben, am gebräuchlichsten aber ist in Anlehnung an das Spanische die Dezime (→ KAPITEL 5.1). Der letzte Vers jeder Strophe entstammt dem Motto. Die Glosse kann das Motto interpretieren oder variieren, aber auch parodieren. Während zu Anfang im Spanischen Liebesthemen dominieren, ist die Glosse später, vor allem in der deutschsprachigen Literatur der Romantik, eine intellektuelle Gattung, in der Virtuosität im intertextuellen Spiel bewiesen wird (→ KAPITEL 13.1). Zu einigen Motti existieren sogar mehrere Glossen. Ludwig Tieck z. B. kommentierte in *Glosse* (entstanden 1803) einen Auszug aus seinem eigenen Gedicht *Liebe* (1799), der daraufhin nochmals von Ludwig Uhland in einer neuen Glosse aufgegriffen wurde. Uhland parodiert nicht nur Tiecks Gedichte und das Glossenschreiben, sondern in der letzten Strophe auch die zeitgenössische Diskussion um antike und romanische Gedichtformen.

Ludwig Uhland, Der Rezensent (1813)

Süße Liebe denkt in Tönen,
Denn Gedanken stehn zu fern;
Nur in Tönen mag sie gern
Alles, was sie will, verschönen.
                                Tieck

Schönste! du hast mir befohlen,
Dieses Thema zu glossieren;
Doch ich sag' es unverhohlen:
Dieses heißt die Zeit verlieren,
Und ich sitze wie auf Kohlen.
Liebtet ihr nicht, stolze Schönen!
Selbst die Logik zu verhöhnen,
Würd' ich zu beweisen wagen,
Daß es Unsinn ist, zu sagen:
Süße Liebe denkt in Tönen.

Zwar versteh' ich wohl das Schema
Dieser abgeschmackten Glossen,
Aber solch verzwicktes Thema,
Solche rätselhafte Possen
Sind ein gordisches Problema.
Dennoch macht' ich dir, mein Stern!
Diese Freude gar zu gern.
Hoffnungslos reib' ich die Hände,
Nimmer bring' ich es zu Ende,
Denn Gedanken stehn zu fern.

Laß, mein Kind! die span'sche Mode!
Laß die fremden Triolette!
Laß die welsche Klangmethode
Der Kanzonen und Sonette!
Bleib bei deiner sapph'schen Ode!
Bleib der Aftermuse fern
Der romantisch süßen Herrn!
Duftig schwebeln, luftig tänzeln
Nur ein Reimchen, Assonänzeln,
Nur in Tönen mag sie gern.

Nicht in Tönen solcher Glossen
Kann die Poesie sich zeigen;
In antiken Verskolossen
Stampft sie besser ihren Reigen
Mit Spondeen und Molossen.
Nur im Hammerschlag und Dröhnen
Deutschhellenischer Kamönen
Kann sie selbst die alten, kranken,
Allerhäßlichsten Gedanken,
Alles, was sie will, verschönen.

7.3 Gedichtformen nach außereuropäischen Vorbildern

Gedichtformen aus dem Orient und aus Asien sind insbesondere seit dem 19. Jahrhundert immer wieder in die westliche Dichtung übernommen worden. Im Folgenden werden exemplarisch zwei Formen vorgestellt, die im Deutschen eine eigene Tradition entwickelt haben.

Das Haiku (japanisch: witziger Vers) ist eine in Japan entstandene sehr kurze Gedichtform. Im Japanischen war sie – zumindest zeitweise – strengen Regeln unterworfen, die jedoch in den westlichen Adaptionen zunehmend aufgeweicht wurden. Das Haiku besteht aus drei reimlosen Versen, von denen der erste fünf, der zweite sieben und der dritte wieder fünf Silben umfassen muss. Ein Wort des Gedichts muss eine Jahreszeit benennen oder deutlich auf sie anspielen. Schließlich muss sich an einem der Zeilenenden eine Sprechpause (Zäsur) befinden. In Europa und Amerika wurden zu Beginn des 20. Jahrhunderts Haikus nachgedichtet und neue geschrieben (etwa von William Butler Yeats, Ezra Pound, Rainer Maria Rilke u. a.); in den 1960er-Jahren folgte eine zweite Rezeptionswelle. Dabei löste sich die Form von ihren strengen Vorgaben. Häufig lässt sich nur noch über den expliziten Bezug eines Dichters zum japanischen Vorbild

Haiku

ein Haiku von einem anderen Kurzgedicht in freien Versen unterscheiden.

> H. C. Artmann, *nachtwindsucher (1984)*
> hier dringt der flieder
> schon welk aus seiner knospe
> kein wort von lila.

Ghasel Die aus dem Arabischen und Persischen stammende Gedichtform des Ghasel (von arabisch *ghazal* = Frauen loben) hat ihre Bedeutung für die deutsche Dichtung insbesondere von Johann Wolfgang Goethe, Friedrich Rückert und August von Platen erhalten. Goethes Lektüre von Hafis' *Der Diwan* in der Übersetzung von Joseph von Hammer-Purgstall (1812) gab die entscheidende Anregung für seinen *West-östlichen Divan* (1819), der zwar kein Ghasel in ganz reiner Form enthält, sich aber vor allem inhaltlich an die Themen und die Bildsprache von Hafis' Dichtung anlehnt. Rückert bemühte sich als Orientalist um eine genauere Nachbildung der Form in seinen Nachdichtungen arabischer Gedichte wie in seinen eigenen Ghaselen (Beispiele in: Kemp 2002, S. 134–149). Auch das hier gegebene Beispiel von August von Platen folgt formal sehr eng den orientalischen Vorbildern, deren auffälligstes Kennzeichen im Deutschen der Monoreim ist: Im ganzen Gedicht darf nur ein einziger Reim verwendet werden. Er befindet sich am Ende jeder der sechzehnhebigen Langzeilen sowie am Ende des ersten Halbverses. Im Deutschen wird in der Regel nach jedem Halbvers ein Zeilenumbruch gesetzt. Daher entsteht das Reimschema *aaxaxaxa* usw. Eine mögliche Erweiterung ist der Radíf, ein Wort oder eine Wortgruppe, die nach jedem Reim unverändert, als identischer und zugleich gemeinsam mit dem regulären Reim also als reicher Reim (→ KAPITEL 4.1), wiederholt wird. Das ist in Platens Gedicht der Fall. An den regulären Reim („Wunde", „Gesunde", „Runde", „Stunde" ...) ist das Wort „nichts" angefügt. Lediglich die im Ghasel vorgeschriebene Selbstnennung des Dichters im letzten Vers fehlt in Platens Gedicht (vgl. Schmitz 1983).

> August von Platen (1823)
> Es liegt an eines Menschen Schmerz, an eines Menschen Wunde nichts,
> Es kehrt an das, was Kranke quält, sich ewig der Gesunde nichts!
> Und wäre nicht das Leben kurz, das stets der Mensch vom Menschen erbt,
> So gäb's Beklagenswerteres auf diesem weiten Runde nichts!
> Einförmig stellt Natur sich her, doch tausendförmig ist ihr Tod,
> Es fragt die Welt nach meinem Ziel, nach deiner letzten Stunde nichts;
> Und wer sich willig nicht ergibt dem ehrnen Lose, das ihm dräut,
> Der zürnt ins Grab sich rettungslos und fühlt in dessen Schlunde nichts;

Dies wissen Alle, doch vergißt es Jeder gerne jeden Tag,
So komme denn, in diesem Sinn, hinfort aus meinem Munde nichts!
Vergeßt, daß euch die Welt betrügt, und daß ihr Wunsch nur Wünsche zeugt,
Laßt eurer Liebe nichts entgehn, entschlüpfen eurer Kunde nichts!
Es hoffe Jeder, daß die Zeit ihm gebe, was sie Keinem gab,
Denn Jeder sucht ein All zu sein und Jeder ist im Grunde nichts.

7.4 Gedichtformen in der Interpretation

Das Wiederaufgreifen einer historischen Gedichtform ist eine Möglichkeit, einen Bezug zu anderen Texten und Autoren, zu einer Tradition herzustellen und den eigenen Text in einen größeren Rahmen einzufügen. In einer Interpretation sollten solche Bezüge herausgearbeitet und mit dem Inhalt verbunden werden. Mögliche Fragen dabei sind z. B.:

Bezug zur Formtradition

- Sind der Gedichtform in der Regel eine besondere Stilebene oder bestimmte Themen zugeordnet? Wie ist das im vorliegenden Fall?
- Aus welcher Sprache und aus welchem Kulturraum stammt die Form? Wie wird sie den Eigenheiten des Deutschen angepasst?
- Wird die Form selbst thematisiert? Wird sie implizit oder explizit kritisiert? Handelt es sich um eine ernsthafte Adaption oder um eine Parodie? (→ KAPITEL 13)
- Wird die Gedichtform streng angewendet, oder handelt es sich um eine abgewandelte Form? Im letzteren Fall: Welche Merkmale sind verändert worden, welche sind erhalten? Wodurch wird der Bezug deutlich gemacht?

Eine weitere Möglichkeit, die Form interpretatorisch fruchtbar zu machen, besteht darin, danach zu fragen, wie die formalen Kennzeichen der Gattungen im speziellen Fall verwendet werden:

Verwendung der formalen Kennzeichen

- Warum könnte eine streng regulierte (Sonett) oder freie Form (Madrigal) gewählt worden sein?
- Wie werden vorgeschriebene Wiederholungen und Refrains genutzt?
- Spiegeln sich symmetrische oder asymmetrische Strukturen im Inhalt wider?
- Welchen Zweck hat eventuelle Kürze (z. B. Epigramm, Haiku) oder exzessive Länge (z. B. Sestine, Glosse)?

Vor allem die letzten beiden Fragen können und sollten auch bei Gedichten gestellt werden, die keine traditionsreiche Gedichtform haben.

GEDICHTFORMEN

Name	Auffälliges Kennzeichen	Vermaß	Reim	Strophen(anzahl)
Lied	Strophischer Bau, manchmal Refrain, sangbar	Häufig 3- oder 4-hebige Verse	Oft Kreuzreim oder unterbrochener Reim	Häufig Volksliedstrophen oder andere vierzeilige Strophen
Triolett (= Rondel simple)	Zwei Refrainzeilen	4- oder 5-hebige Verse	ABaAabAB	Keine Strophen
Rondel	Zwei Refrainzeilen; bis zu 24 Versen	4- oder 5-hebige Verse	Verschiedene Varianten, zwei Refrainzeilen	Keine Strophen
Rondeau	Erster Halbvers = Refrain	4- oder 5-hebige Verse	aabba aabR aabbaR	Keine Strophen
Madrigal	Verse mit unterschiedlich vielen Hebungen	Madrigalvers	Gereimt, Reimschema nicht festgelegt	Keine Strophen
Kanzone	Strophen bestehen aus zwei Teilen: Aufgesang und Abgesang	Nicht festgelegt	Reimschema wechselt nach dem Aufgesang	Kanzonenstrophen; auch einstrophig möglich
Sestine	6 Strophen mit je 6 Versen, + 1 Strophe mit 3 Versen	Meist Alexandriner oder Endecasillabo	abcdef fabcde efabcd... *oder* abcdef faebdc cfdabe ecbfad deacfb bdfeca	6 Sestinenstrophen + 1 Strophe mit 3 Versen
Glosse	Motto zu Beginn (meist vierzeilig), am Ende jeder Strophe wird ein Mottovers wiederholt.	Meist 4-hebige Trochäen	Häufig: ababacdccd, aber viele Varianten möglich	So viele Strophen wie das Motto Verse hat; in der Regel 4 Dezimen
Sonett (→ KAPITEL 8)	14 Verse	Verschiedene Versmaße möglich	Verschiedene Reimschemata möglich	Zwei Quartette (je 4 Verse) und zwei Terzette (je 3 Verse); oder: drei Quartette und couplet (2 Verse)
Haiku	3 Verse	Silbenanzahl pro Vers vorgeschrieben: 5 – 7 – 5	Kein Reim	Keine Strophen
Ghasel	Monoreim, Radíf	Meist 8-hebige Jamben oder Trochäen	aaxaxaxa...	Keine Strophen

Abbildung 11: Gedichtformen im Überblick
Die Tabelle enthält nicht alle Informationen zu den einzelnen Gedichtformen, sondern ihre auffälligen Kennzeichen. Sie versteht sich als Lernhilfe; allerdings nützt es wenig, sich für die einzelnen Gedichtformen nur ein starres Schema einzuprägen. Insbesondere moderne Adaptionen verwenden oft nur einzelne Merkmale einer Form.

Zum Beispiel: Wilhelm Müller, *Der Lindenbaum*

Wilhelm Müller, *Der Lindenbaum* (1824)

> 1 Am Brunnen vor dem Tore
> Da steht ein Lindenbaum:
> Ich träumt in seinem Schatten
> So manchen süßen Traum.
>
> 5 Ich schnitt in seine Rinde
> So manches liebe Wort;
> Es zog in Freud und Leide
> Zu ihm mich immer fort.
>
> Ich mußt auch heute wandern
> 10 Vorbei in tiefer Nacht,
> Da hab ich noch im Dunkel
> Die Augen zugemacht.
>
> Und seine Zweige rauschten,
> Als riefen sie mir zu:
> 15 Komm her zu mir, Geselle,
> Hier findst du deine Ruh!
>
> Die kalten Winde bliesen
> Mir grad ins Angesicht,
> Der Hut flog mir vom Kopfe,
> 20 Ich wendete mich nicht.
>
> Nun bin ich manche Stunde
> Entfernt von jenem Ort,
> Und immer hör ich's rauschen:
> Du fändest Ruhe dort!

Die Wirkungsgeschichte eines Gedichts kann für die Interpretation ergiebig sein, wenn der Text in verschiedenen Kontexten tradiert wurde, etwa zunächst eingebunden in einen Roman, ein Drama oder einen Zyklus und später losgelöst davon (→ KAPITEL 12). Dadurch ergeben sich verschiedene Deutungsebenen – je nachdem, welcher Kontext mit herangezogen wird. Daneben gehören zur Wirkungsgeschichte alle Interpretationen, z. B. wissenschaftlicher, künstlerischer, musikalischer oder politischer Art, die ein Text im Lauf der Zeit erfahren hat. *(Wirkungsgeschichte)*

Wilhelm Müllers Gedicht *Der Lindenbaum* wurde durch seine Vertonungen bekannt und über lange Zeit fast nur durch sie überliefert. Franz Schubert vertonte 1827 (Druck 1828 posthum) Müllers Zyklus *Die Winterreise* (1824), in dem *Der Lindenbaum* die fünfte Stelle einnimmt. Schuberts durchkomponiertes Kunstlied aber – strophisch, jedoch mit freien Strophenvariationen – hätte wohl kaum Eingang in das Repertoire von Gesangvereinen und in viele Liederbücher gefunden (vgl. Uthmann 1979, S. 57). Dies verdankt Müllers Gedicht dem Musikpädagogen und Komponisten Friedrich Silcher, der das Schubertsche Lied 1846 als vierstimmiges Männerchorlied einrichtete und auch der Musik eine rein strophische Form gab (vgl. Brinkmann 2004, S. 87). Die Einbindung in den Zyklus sowie die Klavierbegleitung entfielen. Diese Fassung – Silcher selbst bezeichnete sie als „Volksmelodie" (Silcher 1846, Manuskript des *Lindenbaums*) – wurde so populär, dass sie für verschiedene Liederbücher weiterbearbeitet wurde, von denen einige weder den Autor noch einen Komponisten nennen (vgl. Brinkmann 2004, S. 88). Das ist ein deutliches Zeichen dafür, dass Wilhelm Müllers Gedicht zum Volkslied geworden und in den Besitz der Allgemeinheit übergegangen ist. *(Vertonungen)*

GEDICHTFORMEN

Volksliedton

Die Beziehung des *Lindenbaums* zum Volkslied ist aber komplizierter. Denn bereits der Text Müllers steht in der romantischen Volksliedtradition nach dem Vorbild von Achim von Arnims und Clemens Brentanos Sammlung *Des Knaben Wunderhorn* (1805/06). Der dreihebige Jambus und der unterbrochene Reim mit alternierender Kadenz charakterisieren die regelmäßigen Volksliedstrophen (→ KAPITEL 5.1). Typisch für das romantische Volkslied ist nicht nur die Verwendung bestimmter Formen, sondern auch ein bestimmtes Repertoire an Motiven und Themen, die teilweise an die ‚echte' Volksliedichtung angelehnt sind, teilweise aber auch der romantischen Denkweise und Poetik entstammen.

In Müllers Gedicht spielt wie in vielen Handwerker- und Wanderliedern früherer Jahrhunderte der Gegensatz von Heimat und Fremde eine zentrale Rolle. Die ersten beiden Strophen zeigen den Lindenbaum als einen Ort des Glücks und der Liebe für das lyrische Ich. In seinem Schatten träumte es „so manchen süßen Traum" (V. 4), in seine Rinde schnitzte es Liebesworte. Der Baum bedeutet die sichere Heimat, zu der es sich „in Freud und Leide" (V. 7) zurücksehnt. Das

Das Motiv des Wanderns

Motiv des Wanderns, das in der folgenden Strophe eingeführt wird, steht in der Romantik – wie auch hier – häufig für die Fremde in räumlichem Sinne genauso wie für die Entfernung vom Glück einer vergangenen Zeit. Während jedoch eine Rückkehr an den Ort des Glücks sehr wohl möglich ist – in der dritten Strophe wandert das Ich in der Nacht am Lindenbaum vorüber –, kann die Zeit nicht wieder zurückgedreht werden. Zwar rauschen die Zweige des Baumes wie damals und scheinen „Ruh" (V. 16) zu versprechen, jedoch zeigen die übrigen Naturereignisse an, dass es sich um ein trügerisches Versprechen handelt.

Obwohl das lyrische Ich sich am selben Ort befindet wie zu Anfang des Gedichts, hat sich die Szenerie entscheidend geändert. Das Sonnenlicht, in dem der Lindenbaum angenehmen „Schatten" (V. 3) spendete, ist „tiefer Nacht" (V. 10) gewichen, in der „kalte[ ] Winde" (V. 17) blasen. Natur und lyrisches Ich befinden sich nicht mehr im Einklang wie in den ersten beiden Strophen, in denen der Baum einen Ort zum Träumen und Lieben bot. Nun verhält sich die Natur feindlich, bläst dem Ich den Wind „grad ins Angesicht" (V. 18), sodass ihm der Hut – Zeichen seiner Bürgerlichkeit – vom Kopf fliegt.

Natur als Spiegel der Seele

Die Naturereignisse spiegeln hier, wie in vielen Gedichten der Romantik, den seelischen Zustand des lyrischen Ichs, das ruhelos auf Wanderschaft ist und den Halt, den Heimat und Liebe gaben, verloren hat.

Dass es im Grunde um den Seelenzustand des Ichs geht, die Natur ‚nur' dessen Spiegel ist, zeigt die letzte Strophe. Das Tempus wechselt hier vom Präteritum ins Präsens, die Strophe beginnt mit dem temporalen Adverb „nun" (V. 21). Der Wanderer beschreibt seinen gegenwärtigen Zustand. Er hat sich jetzt auch räumlich von „jenem Ort" (V. 22), dem Lindenbaum, „entfernt" (V. 22), hört aber noch immer dessen Rauschen, das ihm verspricht: „Du fändest Ruhe dort!" (V. 24). Im verinnerlichten Rauschen des Lindenbaums manifestiert sich die Sehnsucht des Ichs nach dem Ende seiner ruhelosen Wanderung. Nun aber, nach der zweiten Begegnung mit dem Lindenbaum (Strophen 3 bis 5), ist ihm bewusst, dass seine Sehnsucht unerfüllbar ist. Im Rahmen des Zyklus *Die Winterreise* (zu Zyklen → KAPITEL 12) wird deutlich, dass es nicht äußere Umstände sind, die den Wanderer an der Rückkehr zum Ort des Glücks hindern. Im ersten Gedicht erfährt man, dass der Wanderer von einer Frau verlassen worden ist, sie hatte einen Reicheren gewählt. Der Lindenbaum bedeutet nur noch schmerzhafte Erinnerung daran.

Wird der Text jedoch aus diesem Zusammenhang gelöst, wie das beim Volkslied nach der Melodie Silchers und seiner Nachfolger geschah, kann das Ziel der Sehnsucht des Wanderers auch schlicht die Heimat selbst sein, in die er aufgrund äußerer Zwänge nicht zurückkehren kann. Zwar kann man aus der zweiten Strophe auf eine Liebesgeschichte schließen, jedoch steht der Lindenbaum genauso auch für die Träume, die in der ersten Strophe angesprochen werden und deren Inhalt nicht weiter deutlich gemacht wird. Das Versprechen der Ruhe bleibt in dieser isolierten Lesart intakt: Du fändest Ruhe dort, wenn du zurückkehren könntest.

Innerlichkeit

Zusammenhang im Zyklus

Rezeption als Volkslied

Aufgaben

Ordnen Sie das folgende Gedicht einer Gedichtform zu. Beschreiben Sie möglichst genau, an welcher Stelle die Merkmale der Gedichtform zu finden sind und wo sie abgewandelt werden.

Übung

Johann Wolfgang Goethe, *Ein gleiches [Wandrers Nachtlied]* (entstanden 1780)

1 Über allen Gipfeln
   Ist Ruh,
   In allen Wipfeln
   Spürest du
5 Kaum einen Hauch;
   Die Vögelein schweigen im Walde.
   Warte nur, balde
   Ruhest du auch.

Interpretation

Interpretieren Sie das folgende Gedicht Barbara Köhlers über die Wendezeit 1989/90. Gehen Sie dabei besonders auf den Bezug zur Gedichtform Rondeau ein. Wie werden deren formale Eigenheiten wieder aufgenommen? Welche Funktion erfüllen sie?

Barbara Köhler, *Rondeau Allemagne* (1991)

1 Ich harre aus im Land und geh, ihm fremd,
    Mit einer Liebe, die mich über Grenzen treibt,
    Zwischen den Himmeln. Sehe jeder, wo er bleibt;
    Ich harre aus im Land und geh ihm fremd.

5 Mit einer Liebe, die mich über Grenzen treibt,
    Will ich die Übereinkünfte verletzen
    Und lachen, reiß ich mir das Herz in Fetzen
    Mit jener Liebe, die mich über Grenzen treibt.

    Zwischen den Himmeln sehe jeder, wo er bleibt:
10 Ein blutig Lappen wird gehißt, das Luftschiff fällt.
    Kein Land in Sicht; vielleicht ein Seil, das hält
    Zwischen den Himmeln. Sehe jeder, wo er bleibt.

Lektüreempfehlungen

- **Handbuch der musikalischen Gattungen**, hg. v. Siegfried Mauser, Bd. 8.2, Musikalische Lyrik. Vom 19. Jahrhundert bis zur Gegenwart – Außereuropäische Perspektiven, Laaber 2004. *Musikwissenschaftliche Einführung und historischer Überblick zum Lied.*

- Detlef Kremer: **Romantische Lyrik**, in: ders., Romantik, Stuttgart 2001, 3. aktualisierte Auflage 2007, S. 268–316. *Gute und verständliche Einführung. Besonders eingegangen wird auf das Sonett und das Lied in der Romantik sowie auf Vertonungen.*

- Walter Schmitz: **Rhetorik des Nihilismus. Zu August von Platens Ghasel** *Es liegt an eines Menschen Schmerz, an eines Menschen Wunde nichts*, in: Günter Häntzschel (Hg.), Gedichte und Interpretationen, Bd. 4, Vom Biedermeier zum Bürgerlichen Realismus, Stuttgart 1983, S. 22–34. *Lesenswerte Interpretation, in der auf die Gedichtform und ihre Verbindung zum Inhalt ausführlich eingegangen wird.*

8 Sonett

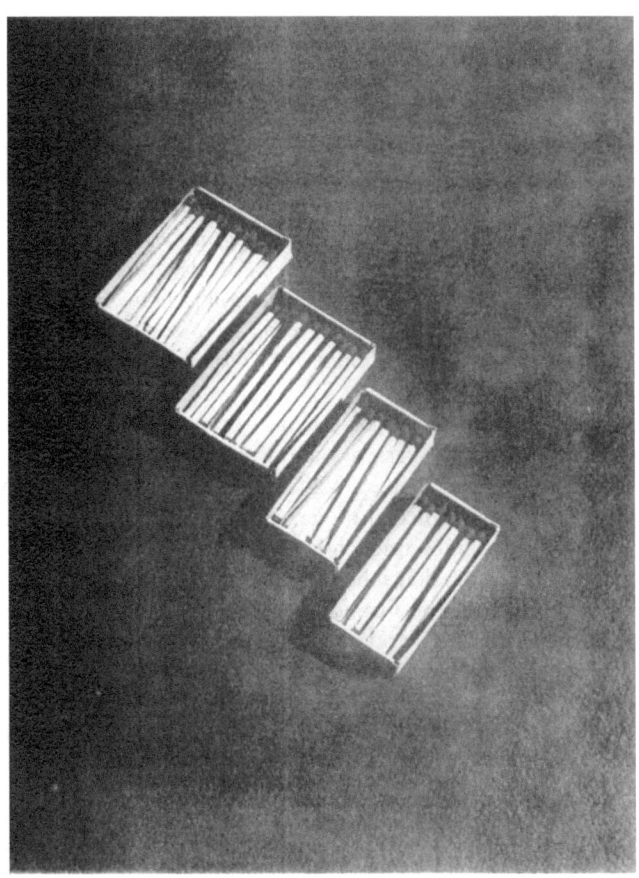

pyromanisches sonett

Abbildung 12: Karl Riha, *pyromanisches sonett* (1988)

Bei der säuberlich geordneten Sammlung von Streichholzschachteln handelt es sich um ein Gedicht – genauer gesagt: um ein Sonett. Die Sonettform gehört zu den erfolgreichsten Gedichtformen überhaupt. Sie wurde in viele Nationalliteraturen übernommen – sogar ins Chinesische. Nicht nur an der Bekanntheit liegt es, dass sie wie hier auch ohne Text wiedererkannt werden kann. Die Form des Sonetts beruht auf Zahlenverhältnissen. Die vier Schachteln stehen für die vier Teile des Sonetts, das in seiner häufigsten Form aus zwei Quartetten zu je vier Versen und zwei Terzetten zu je drei Versen besteht. Das Verhältnis 4:3 wird im Bild durch die verschieden großen Streichholzschachteln ausgedrückt, die auf die Form des Sonetts ebenso anspielen wie auf seine Geschichte. Die strenge Sonettform wurde nämlich oft kritisiert als eine bloße Hülle, in die der Inhalt – wie Streichhölzer in Schachteln – einfach hineingeschüttet werden könne, ohne dass besonders viel Mühe oder Talent erforderlich sei. Zur Sonetttradition gehört auch, dass die Kritik an der Sonettform oft in dieser selbst geäußert wurde. Wie alle diese metapoetischen Sonette schwebt auch das „pyromanische sonett" von Riha zwischen Ablehnung und Affirmation. Zwar implizieren der Titel und die Streichhölzer den Flammentod des Sonetts. Aber bis es so weit ist, zeigt das Bild, dass das Sonett noch immer lebendig ist.

Die in der deutschen Dichtung der Neuzeit dominierende Hauptform des Sonetts besteht aus 14 Versen, die auf verschiedene Weise in Abschnitte gegliedert werden können. Versmaße, Reimschemata und Vorschriften für die Kadenz wurden in verschiedenen Nationalliteraturen unterschiedlich gehandhabt und änderten sich in der Geschichte des Sonetts mehrfach. Für die deutschen Sonette waren vor allem die französische und die italienische Grundform zu unterschiedlichen Zeiten Vorbilder, bevor sich in der Moderne das Sonett von festen metrischen Vorgaben zu lösen begann. Dieses Kapitel erzählt die Geschichte des deutschsprachigen Sonetts. Die genannten Sonettformen werden an der Stelle vorgestellt, an der sie in die deutsche Literatur übernommen wurden.

8.1 **Allgemeine Merkmale**
8.2 **Das Barocksonett**
8.3 **Die Wiederbelebung des Sonetts um 1800**
8.4 **Das Sonett im 20. Jahrhundert**
8.5 **Wie interpretiert man Sonette?**
   Zum Beispiel: Robert Gernhardt, *Materialien zu einer Kritik der bekanntesten Gedichtform...*

8.1 Allgemeine Merkmale

Die im Deutschen am häufigsten verwendete Hauptform des Sonetts besteht aus 14 Versen, die durch das Reimschema und in vielen Fällen auch das Druckbild in zwei asymmetrische Abschnitte geteilt werden können. Der erste Abschnitt umfasst acht Verse und wird Oktett genannt, der zweite, das Sextett, hat sechs Verse. Der erste Abschnitt wird in zwei Quartette zu je vier Versen, der zweite in zwei Terzette zu je drei Versen weiter untergliedert. Eine Ausnahme von diesem Schema bildet die englische Sonettform, deren stärkste formale Zäsur sich nach dem zwölften Vers befindet (vgl. Behrmann 1989, S. 44).

Neben dieser Hauptform des Sonetts werden besonders im Mittelalter vielfach erweiterte Formen mit mehr als 14 Versen verwendet, z. B. das Doppelsonett oder das Schweifsonett.

Oktett, Sextett

Quartette, Terzette

8.2 Das Barocksonett

Das Sonett entstand im 13. Jahrhundert in Italien und wurde vor allem durch Francesco Petrarcas *Canzoniere* (um 1350), eine Sammlung von Liebesgedichten, in ganz Europa bekannt. Der Begriff leitet sich vom lateinischen Substantiv *sonus* (Ton) ab und weist damit auf die besondere Bedeutung des Klangs bei dieser Gedichtform hin. Im 17. Jahrhundert findet man daher als deutschen Übersetzungsversuch auch den Begriff „Klinggedicht".

In die deutschsprachige Literatur kam das Sonett auf dem Weg über Frankreich. Dort hatten Clément Marot und Joachim Du Bellay im 16. Jahrhundert die italienische Form der französischen Lyriktradition angepasst. Sie veränderten das Metrum und verwendeten anstatt des italienischen Endecasillabo den in der französischen Dichtung dominierenden Alexandriner. Daher herrscht dieses Versmaß auch in den deutschen Barocksonetten vor. Daneben finden sich Sonette im vers commun oder sehr selten auch in anderen Versmaßen. Sowohl im Italienischen als auch im Französischen – und deshalb ebenfalls im deutschen Barocksonett – findet sich fast ausschließlich die Einteilung der Verse in zwei Quartette und zwei Terzette. Am häufigsten werden im Französischen und Deutschen der Blockreim *abba abba* in den Quartetten und der Schweifreim *ccd eed* in den Terzetten verwendet. Die stärkste formale Zäsur befindet sich zwischen dem 8. und 9. Vers, also nach den beiden Quartetten. Sie wird häufig genutzt, um eine inhaltliche Wendung im Gedicht zu verdeutlichen. Oft

Entstehung des Sonetts in Italien

Französische Grundform

Inhaltliche Gliederung

wird etwa in den Quartetten ein Gedanke vorgetragen, der dann in den Terzetten bewiesen wird. Eine andere Möglichkeit der inhaltlichen Zweigliederung ist das Aufbauen einer Erwartung und ihre Erfüllung. Daneben gibt es das dialektische Sonett, in dem das erste Quartett die These und das zweite die Antithese enthält, die dann in den Terzetten zur Synthese zusammengeführt werden (vgl. Schlütter 1979, S. 9f.).

Im folgenden Beispiel, Paul Flemings selbstverfasster Grabinschrift, erzählt der Sprecher in den beiden Quartetten rückblickend von seinem Leben und wendet sich in den Terzetten reflektierend seiner nur noch kurzen Zukunft, dem Sterben und dem Tod, zu. Der deutliche Einschnitt nach den Quartetten wird noch unterstützt durch die Apostrophe, die explizite Anrede eines neuen Publikums (→ KAPITEL 10.2), im ersten Terzettvers, die den gedanklichen Übergang in die Gegenwart, das Sprechen auf dem Totenbett, markiert.

Paul Fleming, *Herrn Pauli Flemingi der Med. Doct. Grabschrifft/*
so er ihm selbst gemacht in Hamburg/den xxiix. Tag
deß Mertzens m. dc. xl auff seinem Todtbette
drey Tage vor seinem seel: Absterben. (entstanden 1640)

Ich war an Kunst/und Gut/und Stande groß und reich.	a
Deß Glückes lieber Sohn. Von Eltern guter Ehren.	b
Frey; Meine. Kunte mich aus meinen Mitteln nehren.	b
Mein Schall floh überweit. Kein Landsmann sang mir gleich.	a
Von reisen hochgepreist; für keiner Mühe bleich.	a
Jung/wachsam/unbesorgt. Man wird mich nennen hören/	b
Biß daß die letzte Glut diß alles wird verstören.	b
Diß/Deütsche Klarien/diß gantze danck' ich Euch.	a
Verzeiht mir/bin ichs werth/Gott/Vater/Liebste/Freunde.	c
Ich sag' Euch gute Nacht/und trette willig ab.	d
Sonst alles ist gethan/biß an das schwartze Grab.	d
Was frey dem Tode steht/das thu er seinem Feinde.	c
Was bin ich viel besorgt/den Othem auffzugeben?	e
An mir ist minder nichts/das lebet/als mein Leben.	e

Themen Im Barock war das Sonett die beliebteste Gedichtform in deutscher Sprache. Der barocke Topos (→ KAPITEL 10.1) der Vergänglichkeit des Menschen und der weltlichen Freuden ist daher auch häufig in Sonettform behandelt worden. Zu keiner Zeit hat sich eine thematische Beschränkung des Sonetts herausgebildet, jedoch gibt es mehrere Themen, die besonders mit dem Sonett verbunden sind. In der Tradition Petrarcas, die als „Petrarkismus" bezeichnet wird, ist eine große Anzahl von Liebessonetten in verschiedenen Sprachen entstanden. Die Häufigkeit metapoetischer – also die eigene Gattung, Form, Tradition und ihre Schwierigkeiten reflektierender – Sonette resultiert aus den verschiedenen Debatten um Wert und Unwert der strengen Form.

Gegen Ende des 17. Jahrhunderts geriet das zuvor so beliebte Sonett zunehmend in die Kritik. Drei sich zum Teil widersprechende Argumente wurden in der Diskussion um das deutsche Sonett, die um 1800 erneut aufflammte, immer wieder angeführt: Erstens zwängen die strengen Formvorschriften die Dichter zu inhaltlichen Kompromissen. Zweitens lade das feste Gerüst des Sonetts zum bloßen technischen Erfüllen der Formvorschriften ein, was aber noch kein gutes Gedicht ausmache. Drittens schließlich wird das Sonett als eine fremde, aus den romanischen Sprachen stammende Form angesehen, die den Besonderheiten der deutschen Sprache und Literatur nicht angemessen sei. Christian Weise wies etwa darauf hin, dass die deutsche Sprache weit weniger Reimbildungen zulasse als die romanischen Sprachen, weshalb das Sonett die Vielfalt der Ausdrucksmöglichkeiten einschränke (vgl. Weise 1693, S. 37).

Kritik am Sonett

8.3 Die Wiederbelebung des Sonetts um 1800

Im 18. Jahrhundert wurden europaweit nur wenige Sonette geschrieben. Im deutschsprachigen Raum erfuhr die Gattung erst um 1800 durch Gottfried August Bürger und August Wilhelm Schlegel eine Neubelebung. Bereits Bürger wandte sich mit seinen Sonetten von der französischen Form ab, indem er insbesondere den Alexandriner nicht mehr verwendete und stattdessen fünfhebige Verse bevorzugte. A. W. Schlegel lehnte seine Sonette an die italienische Grundform an, an der sich von nun an die rasch wachsende Sonettproduktion orientierte. Es setzten sich in Anlehnung an die italienischen Endecasillabi fünfhebige Jamben als Versmaß durch. Schlegel begründete die Abwendung vom barocken Versmaß damit, dass der Endecasillabo eine stärkere innere Einheit aufweise als der durch seine Mittelzäsur in zwei Teile zerfallende Alexandriner. Die Zäsur bewirke, dass im Alexandriner nur jede zweite Einheit (jeder zweite Halbvers) reime. Der Reim aber sei das zentrale Kunstmittel des Sonetts. Schlegel plädierte auch für rein weibliche Kadenzen nach italienischem Muster, da die alternierende Kadenz die Aufmerksamkeit des Rezipienten von den Reimen abziehe (vgl. Schlegel 2007, S. 165). Andere Autoren setzten aber sehr bald alternierende Kadenzen ein. Im Reimschema der Terzette wurden nun – wie im Italienischen – Paarreime vermieden: *cde cde* ist eine der häufigsten Anordnungen.

Italienische Grundform

Johann Wolfgang Goethe (1802)

Natur und Kunst sie scheinen sich zu fliehen,	a
Und haben sich, eh' man es denkt, gefunden;	b
Der Widerwille ist auch mir verschwunden,	b
und beide scheinen gleich mich anzuziehen.	a
Es gilt wohl nur ein redliches Bemühen!	a
Und wenn wir erst in abgemess'nen Stunden	b
Mit Geist und Fleiß uns an die Kunst gebunden,	b
Mag frei Natur im Herzen wieder glühen.	a
So ist's mit aller Bildung auch beschaffen:	c
Vergebens werden ungebundne Geister	d
Nach der Vollendung reiner Höhe streben.	e
Wer Großes will muß sich zusammenraffen;	c
In der Beschränkung zeigt sich erst der Meister,	d
und das Gesetz nur kann uns Freiheit geben.	e

Dieses sehr bekannte Sonett Goethes richtet sich nach den Vorgaben der italienischen Form und trifft zugleich, besonders in den letzten beiden Versen, eine Aussage darüber, welchen Zweck die strenge Form des Sonetts erfüllen kann: Meister unter den Dichtern ist der, der sich in das „Gesetz" (V. 14) fügt und innerhalb dessen Grenzen größte Virtuosität entwickelt.

Diskussion um das Sonett

An der auch hier im Gedicht angesprochenen Dichotomie von „Freiheit" (V. 14) und „Beschränkung" (V. 13) entzündete sich um 1800 erneut die Diskussion um das Sonett. A. W. Schlegel verteidigte es in seinen Berliner *Vorlesungen über schöne Litteratur und Kunst* (1803/04) gegen die Vorwürfe seiner Gegner:

„Die Meynung derer, welche behaupten die Sonettform lege dem Dichter einen unglücklichen Zwang auf, [...] verdient keine Widerlegung, denn diese Einwendung paßt eigentlich eben so gut auf alle Versification, und man muß, um sie zu machen, ein Gedicht wie ein Exercitium ansehen, das erst formlos in Prosa entworfen, und nachher schülermäßig in Verse gezwungen wird. Solche Menschen haben freylich keinen Begriff, wie die Form vielmehr Werkzeug, Organ für den Dichter ist, und gleich bey der ersten Empfängniß eines Gedichts, Gehalt und Form wie Seele und Leib unzertrennlich ist." (Schlegel 2007, S. 161)

Ein besonders vehementer Gegner des Sonetts war Johann Heinrich Voß. In seiner Rezension zu den Sonetten Gottfried August Bürgers in der *Jenaischen Allgemeinen Literatur-Zeitung* (1808) plädierte er für die Orientierung nicht an romanischen, sondern an antiken Formen, für deren adäquate Übertragung in die deutsche Dichtung er in seinen Homer-Übersetzungen Lösungen suchte. Gegen die rein weiblichen Kadenzen wandte er sich mit der Begründung, dass sie die rhythmischen Möglichkeiten des Deutschen beschränken. Er war der Meinung, dass im Sonett die Form den Stoff bestimme und nicht – wie es seiner Ansicht nach sein sollte – umgekehrt (vgl. Voß 1808, S. 415).

Das Sonett blieb das 19. Jahrhundert über beliebt. Bereits im Barock wurden häufig Sonette in Sammlungen zusammengestellt. Manchmal haben diese Sammlungen einen thematischen Zusammenhang (z. B. Andreas Gryphius: *Sonn- und Feiertagsonette*, 1639), häufig aber ordneten die Autoren ihre Texte auch nur nach Gattungen, sodass aus formalen Gründen alle Sonette zusammengefasst wurden. Eugen von Vaerst und Friedrich Wilhelm Riemer übernahmen in den 1820er-Jahren erstmals den Sonettenkranz in die deutsche Literatur, eine streng organisierte Form des Zyklus (→ KAPITEL 12) aus 15 Sonetten, die im Italien des 16. und 17. Jahrhunderts entwickelt wurde. Der letzte Vers jedes Sonetts im Zyklus ist dabei identisch mit dem ersten des folgenden. Aus den Anfangsversen der 14 auf diese Weise verketteten Gedichte wird das fünfzehnte, das sogenannte Meistersonett, gebildet. Der Sonettenkranz wird erst im 20. Jahrhundert zahlreicher in der deutschen Sonettproduktion (z. B. Gerhard Rühm: *dokumentarische sonette*, 1969), erreichte jedoch nie eine solche Blüte wie in der italienischen Literatur oder insbesondere in den slawischen Literaturen (vgl. Borgstedt 2003, S. 450–452).

Sammlungen

Sonettenkränze

8.4 Das Sonett im 20. Jahrhundert

Seit Beginn des 20. Jahrhunderts wurde häufig mit der Gedichtform des Sonetts experimentiert. Vierhebige Versformen – so bei Stefan George –, aber auch daktylische und unregelmäßige Metren spielten eine immer größere Rolle, z. B. in Rainer Maria Rilkes *Sonetten an Orpheus* (1923). Die Verslängen innerhalb eines Sonetts konnte nun variieren. Daneben wurden verschiedene Reimschemata ausprobiert, und auch reimlose Sonette entstanden, die durch formale Elemente wie das Druckbild oder rhetorische Figuren (→ KAPITEL 10) in Quartette und Terzette eingeteilt sind.

Daneben wird die englische Grundform des Sonetts im 20. Jahrhundert häufiger gebraucht. Sie entstand im 16. Jahrhundert und wird, weil William Shakespeare sie in seinen *Sonnets* (1609) verwen-

Freierer Umgang mit der Form

Englische Grundform

dete, oft „Shakespeare-Sonett" genannt. Statt zweier hat diese englische Form drei, meist kreuzgereimte Quartette, auf die abschließend ein paargereimtes Verspaar, das *couplet*, folgt (*abab cdcd efef gg*). Der stärkste Einschnitt befindet sich daher nach dem zwölften Vers. Das Metrum ist ein fünfhebiger Jambus. Das *couplet* wird häufig für eine Sentenz oder eine Pointe genutzt. Im folgenden Gedicht hat Stefan George das 18. Sonett von Shakespeare nachgedichtet und dabei auch die englische Form verwendet.

Stefan George, *XVIII* (1909)

Soll ich vergleichen einem sommertage	a
Dich der du lieblicher und milder bist?	b
Des maien teure knospen drehn im schlage	a
Des sturms und allzukurz ist sommers frist.	b
Des himmels aug scheint manchmal bis zum brennen ·	c
Trägt goldne farbe die sich oft verliert ·	d
Jed schön will sich vom schönen manchmal trennen	c
Durch zufall oder wechsels lauf entziert.	d
Doch soll dein ewiger sommer nie ermatten:	e
Dein schönes sei vor dem verlust gefeit.	f
Nie prahle Tod · du gingst in seinem schatten..	e
In ewigen reimen ragst du in die zeit.	f
Solang als menschen atmen · augen sehn	g
Wird dies und du der darin lebt bestehn.	g

Das in → KAPITEL 11.3 interpretierte Gedicht *Nike von Samothrake* (entstanden 1942) von Stephan Hermlin ist ein anderes Beispiel für die Verwendung der englischen Sonettform in der deutschen Literatur.

Nach 1945

Im ersten Jahrzehnt nach dem Zweiten Weltkrieg wurden viele Sonette geschrieben, weil die Form eine Möglichkeit bot, an die literarische Tradition von vor 1933 anzuknüpfen. In der Anthologie *De profundis* (1946), in der Texte von Autoren versammelt sind, die 1933–45 trotz ihrer Gegnerschaft zum nationalsozialistischen Regime in Deutschland geblieben waren, finden sich z. B. sehr viele Sonette. In den 1960er- und 1970er-Jahren jedoch entlarvten die wenigen in der Bundesrepublik entstandenen Sonette die Form oft parodistisch als leer und veraltet (vgl. Böhn 1999, S. 31–48). In der DDR hingegen wurde die Sonettform sehr produktiv von der sogenannten „sächsischen Dichterschule" aufgegriffen, einer Gruppe form- und traditionsbewusster Lyriker im Umfeld des *Literaturinstituts Johannes R. Becher* in Leipzig. Die bekanntesten von ihnen sind Karl Mickel, Volker Braun und Sarah Kirsch. Seit den 1980er-Jahren nähern sich viele deutschsprachige Lyriker, u. a. Durs Grünbein und

Ulla Hahn, dem Sonett in seinen verschiedenen Ausprägungen wieder an. Franz Josef Czernin und Oskar Pastior sind für ihre experimentellen Sonette bekannt geworden. Die Sonettform erlebt erneut eine Blütezeit.

	Gliederung	Versmaß	Häufigstes Reimschema
Französische Form	2 Quartette, 2 Terzette	Alexandriner	abba abba ccd eed
Italienische Form	2 Quartette, 2 Terzette	Endecasillabo (bzw. 5-hebige Jamben)	abba abba cde cde
Englische Form	3 Quartette + couplet	5-hebige Jamben	abab cdcd efef gg
Moderne Sonette	Meist Anlehnung an eine der obigen Formen	Alle Versmaße möglich	Reimschema häufig an eines der obigen angelehnt, aber auch reimlos möglich

Sonettformen im Überblick

Abbildung 13: Sonettformen im Überblick

8.5 Wie interpretiert man Sonette?

Wenn ein Dichter ein Sonett schreibt, stellt er sich in eine lange und verzweigte Tradition (→ KAPITEL 13). In einer Interpretation kann es eine fruchtbare Fragestellung sein, nach den formalen und inhaltlichen Bezügen zu dieser Tradition zu suchen:

Bezug zur Tradition

- Auf welche historische Form oder welche historischen Formen geht das Sonett zurück? Werden eventuell verschiedene Elemente aus verschiedenen Grundformen oder Traditionen entnommen?
- Aus welchem Grund könnte eine bestimmte Form gewählt worden sein? Ist sie z. B. in der entsprechenden Epoche besonders verbreitet oder eher ungewöhnlich? Unterstützt sie bestimmte inhaltliche Aussagen?
- Werden beliebte Themen der Sonettgeschichte aufgerufen? Werden sie konventionell behandelt oder werden sie variiert oder sogar parodiert?

Das Sonett ist in jeder seiner Formen durch eine formale Untergliederung gekennzeichnet – in Quartette und Terzette oder bei der englischen Form in Quartette und das *couplet*. In einer Interpretation

Innere Gliederung

sollte geprüft werden, wie mit diesen formalen Einschnitten umgegangen wird.
- Werden sie auch syntaktisch und inhaltlich betont oder werden sie überspielt?
- Folgt das Sonett einem der etablierten inhaltlichen Gliederungsmodelle (zwei- oder dreiteilige Gliederung)?

Zum Beispiel: Robert Gernhardt, *Materialien zu einer Kritik der bekanntesten Gedichtform italienischen Ursprungs*

Im Folgenden wird gezeigt, wie Robert Gernhardt sich mit seinem Sonett *Materialien zu einer Kritik der bekanntesten Gedichtform italienischen Ursprungs* (1979) zur Tradition des Sonetts stellt und was daraus für die Interpretation abgeleitet werden kann.

> Robert Gernhardt
> *Materialien zu einer Kritik der bekanntesten Gedichtform italienischen Ursprungs*
> (1979)
>
> 1 Sonette find ich so was von beschissen,
>   so eng, rigide, irgendwie nicht gut;
>   es macht mich ehrlich richtig krank zu wissen,
>   daß wer Sonette schreibt. Daß wer den Mut
>
> 5 hat, heute noch so'n dumpfen Scheiß zu bauen;
>   allein der Fakt, daß so ein Typ das tut,
>   kann mir in echt den ganzen Tag versauen.
>   Ich hab da eine Sperre. Und die Wut
>
>   darüber, daß so'n abgefuckter Kacker
> 10 mich mittels seiner Wichserein blockiert,
>   schafft in mir Aggressionen auf den Macker.
>
>   Ich tick nicht, was das Arschloch motiviert.
>   Ich tick es echt nicht. Und will's echt nicht wissen:
>   Ich find Sonette unheimlich beschissen.

Die oben skizzierte Diskussion um Sinn und Unsinn der strengen Sonettform hat dazu geführt, dass sehr häufig metapoetische Sonette geschrieben wurden. Dazu gehört auch Robert Gernhardts Gedicht, das sich parodierend in diese Reihe selbstreflexiver Sonette stellt und vor allem die Sonettkritiker vorführt. Zwei Widersprüche fungieren als Ironiesignale (→ KAPITEL 11.2): Erstens wird eine Beschimpfung des Sonetts in einem äußerst kunstvoll gebauten Text dieser Gattung vorgetragen, und zweitens weckt der überlange pseudo-wissenschaftliche Titel Lesererwartungen, die der Gedichttext absichtsvoll durchkreuzt.

Ironiesignale

Er regt Assoziationen an Schulbücher der 1970er- und 1980er-Jahre an, in denen den Schülern statt beschreibender Lehrbuchtexte häufig „Materialien", zum Beispiel historische Quellen, an die Hand gegeben wurden, mithilfe derer sie einen kritischen Zugang zu den Texten finden sollten. „Materialien" oder Argumente gegen „die bekannteste Gedichtform italienischen Ursprungs" sind in Gernhardts Text allerdings kaum zu finden, allenfalls im zweiten Vers, in dem Sonette sehr allgemein als „eng" und „rigide" kritisiert werden. Aber bereits die zweite Hälfte dieses Verses macht deutlich, dass es hier zumindest auf der inhaltlichen Ebene nicht um differenzierte Kritik geht: Die Sonettform ist nicht aus bestimmten Gründen, sondern nur „irgendwie nicht gut". Nach diesen vagen Argumenten gleitet das Gedicht gänzlich in eine fäkalsprachliche Beschimpfung ab, die sich bereits am Ende des ersten Verses („beschissen") andeutet. Neue Informationen kommen kaum noch hinzu; das Sonett endet mit derselben Aussage, mit der es schon begonnen hatte: Es ist zyklisch gebaut. Insgesamt handelt der Text weniger von der Sonettkritik als von der offenbar außer Kontrolle geratenen „Wut" (V. 8) des Kritikers, der im Zentrum des Textes steht. Viermal wird „Ich" gesagt, davon dreimal besonders betont durch die Anapher (→ KAPITEL 10.2) im letzten Terzett. Gernhardt parodiert hier die „pseudoalternative [...] in die Jahre gekommene Linke" der 1970er-Jahre (Schmidt-Hannisa 2001, S. 103), die sich reflexartig gegen alles formal Strenge und Traditionelle wandte.

Mit der zyklischen Anlage des Textes wird ein Schema aufgegriffen, das Francesco Petrarca im 14. Jahrhundert mit einer Gruppe von Gedichten seines *Canzoniere* in die Sonettdichtung einführte. Während die meisten Sonette die formale Zweigliederung auch inhaltlich befolgen, zeichnet sich diese Unterart durch einen monistischen (einteiligen) Aufbau aus. Das Ende des Textes bestätigt lediglich den Anfang; der Mittelteil dient der Ausführung des Gedankens (vgl. Schlütter 1979, S. 26). Formal wird dieser inhaltliche Aufbau in Gernhardts Gedicht durch die beiden Strophenenjambements unterstützt (→ KAPITEL 3.2), die sich zwischen den Quartetten und vor allem zwischen dem zweiten Quartett und dem ersten Terzett befinden und somit den wichtigsten formalen Einschnitt des Sonetts überspielen. Sie erfüllen damit die Funktion, die Form beim Lesen vergessen zu machen und das Sonett als eine „natürliche Form des Sprechens" zu präsentieren (Schmidt-Hannisa 2001, S. 105). Dazu trägt auch das Anakoluth (→ KAPITEL 10.2), die grammatisch falsche Weiterführung des Satzes in Vers 3 bis 7 bei. Noch stärker als der Rest des Gedichts

Zyklischer Aufbau

Strophenenjambements

ist diese Stelle an der mündlichen Ausdrucksweise orientiert. Der hohe Ton, den man gemeinhin in Gedichten erwartet, wird gezielt gebrochen. Der zyklische Aufbau ist parodistisch eingesetzt, denn die anfängliche These wird weder begründet noch ausgeführt. Stattdessen werden die vermeintlichen Gegner, die zeitgenössischen Sonettdichter, mit Schimpfwörtern angegriffen.

Natürlich gehört der Dichter selbst zu den Angegriffenen und zeigt durch virtuosen Umgang mit der Form, dass diese keineswegs „eng" und „rigide" ist. Zwei verschiedene Grundformen des Sonetts werden verbunden. Während der Satz des Textes eine italienische Vorlage vermuten lässt – zwei Quartette und zwei Terzette sind zu sehen –, ist das Reimschema das der englischen Grundform: dreimal vier kreuzgereimte Verse und ein abschließender Paarreim (*abab cbcb ded eaa*). Dabei greift das *couplet* den Anfangsreim mit den identischen Reimwörtern wieder auf und verstärkt so noch den Eindruck des zyklischen Auf-der-Stelle-Tretens. Das Metrum, ein fünfhebiger Jambus mit alternierenden Kadenzen, wird streng durchgehalten.

Es gehört „Mut" (V. 4) – das Wort wird im Gedicht durch die Strophenendstellung sehr stark betont – dazu, sich in einer Gattung zu versuchen, in der in der europäischen Literatur so viele große Namen brillierten. Noch mehr Mut muss man aufbringen, um dieses Experiment in einer Zeit zu starten, die der strengen Form nicht nur kritisch gegenübersteht, sondern sie auch noch pauschal verurteilt und gar nicht wissen will (vgl. V. 13), was den Dichter zu dieser Form motiviert hat.

Aufgaben

Erklären Sie, weshalb das folgende Gedicht ein Sonett ist.
- Welche formalen Prinzipien des Sonetts werden beachtet, mit welchen wird gebrochen?
- Worin unterscheidet sich dieses Sonett von den meisten anderen Barocksonetten?
- Welche inhaltlichen Gründe lassen sich für die besondere Form anführen?

Andreas Gryphius, *Die Hölle* (1650)

ACh! vnd weh!

Mord! Zetter! Jammer / Angst / Creutz! Marter! Würme! Plagen.
Pech! Folter! Hencker! Flam! Stanck! Geister! Kälte! Zagen!

Ach vergeh!
Tiff' vnd Höh'!

Meer! Hügel! Berge! Felß! wer kan die Pein ertragen?
Schluck Abgrund! ach schluck' ein! die nichts denn ewig klagen.

Je vnd Eh!

Schreckliche Geister der tunckelen Hölen / ihr die ihr martert und Marter erduldet
Kan denn der ewigen Ewikeit Fewer / nimmermehr büssen diß was ihr verschuldet?

O grausamm' Angst stets sterben / sonder sterben!

Diß ist die Flamme der grimmigen Rache / die der erhitzete Zorn angeblasen:
Hir ist der Fluch der unendlichen Straffen / hir ist das immerdar wachsende Rasen:

O Mensch! Verdirb / umb hir nicht zu verderben.

Schreiben Sie eine vergleichende Interpretation der beiden Gedichte von Gryphius und Heym. Orientieren Sie sich zur Gliederung an folgenden Schritten: *Interpretation*

- Welche inhaltlichen Parallelen weisen die Gedichte auf?
- Beschreiben und erläutern Sie den unterschiedlichen Umgang mit dem Thema.
- Welche formalen Eigenschaften des Sonetts nutzt Georg Heym in seinem Gedicht? Und welche im Vergleich Gryphius?
- Betrachten Sie die Entscheidung der beiden Autoren für die Sonettform vor dem jeweiligen literaturgeschichtlichen Hintergrund.

Georg Heym, *Die Hölle: II Der Teufel* (entstanden 1911)

1 Er wohnte damals unter Rummelsburch
In einem Gulli, als die Hitze hing
Vom Nordkap weiß bis an den Semmering,
Und war schon ganz erheblich unten durch.

5 Er war rheumatisch, und den Alten fror.
Er drehte langsam seinen Rosenkranz.
Und um das große Horn der Höllenglanz,
Er kam uns merklich ausgeblichen vor.

„Ja, meine Herren", er gab uns seine Hand,
10 „‚Non serviam‘, das war. Und Seinen Thron,
Bei Gott, ja damals hätt ich ihn verbrannt.

Doch, eben, ich war viel zu tolerant.
Jetzt bin ich nur noch eine Fiktion."
Er bot uns noch Zigarren, und verschwand.

(Worterklärung: lateinisch *non serviam* = ich will nicht dienen)

Lektüreempfehlungen

- **Andreas Böhn: Das zeitgenössische deutschsprachige Sonett. Vielfalt und Aktualität einer literarischen Form**, Stuttgart 1999. *Die deutschsprachige Sonettentwicklung nach 1945 bis zum Ende des 20. Jahrhunderts wird übersichtlich dargestellt mit vielen Beispielen.*
- **Friedhelm Kemp: Das europäische Sonett**, Bd. 2, Göttingen 2002. *Sehr viele, zum Teil interpretierte, Beispiele aus verschiedenen Nationalliteraturen. Kein systematischer Zugang.*
- **Hans Jürgen Schlütter: Das Sonett**, Stuttgart 1979. *Knappe und klare Darstellung der verschiedenen Formen und der Geschichte des Sonetts. Der Schwerpunkt liegt auf der deutschen Literatur, aber wichtige europäische Entwicklungen werden ebenfalls behandelt.*

9 Ballade

Abbildung 14: Mickey Mouse als „*Der Zauberlehrling*". Szenenfoto aus Walt Disney's *Fantasia* (1940/2000)

Das Bild stammt aus einem Klassiker der Comic- und Filmgeschichte, aus Walt Disneys „Fantasia" (1940/2000). Die Keimzelle des Films war eine kurze Sequenz zu einer Komposition von Paul Dukas: „L'Apprenti sorcier" (1897; Der Zauberlehrling). Ihr Untertitel zeigt an, woran sich jeder deutsche Betrachter des Bildes unvermeidlich erinnert: „Scherzo pour orchestre d'apres une ballade de Goethe" (Scherzo für Orchester nach einer Ballade von Goethe).

Das Stichwort „Zauberlehrling" eignet sich für grundlegende Beobachtungen zur Ballade ebenso wie für eine Betrachtung kultureller Unterschiede. Tatsächlich dürften die Amerikaner dabei an Mickey Mouse denken, die Franzosen vielleicht noch an Dukas, die Deutschen ganz bestimmt an Goethe. Die wenigsten denken dabei an Lukian (Lukianos von Samosata, etwa 120–180), einen griechischen Satiriker. Dabei geht die Geschichte von dem etwas faulen Lehrling, der sich selbst überschätzt und die Macht des Meisters anmaßt, auf ihn zurück. Sie beruht auf einer Episode, die sich in Lukians Schrift „Der Lügenfreund oder der Ungläubige" findet, und hier hat Goethe sie auch entdeckt. – Die Änderungen, die Goethe vornahm, sind auf den ersten Blick gering. Er tauschte die antiken Freunde gegen Meister und Gesellen und die Mörserkeule gegen einen Besen aus. Auf den zweiten Blick allerdings sind die Veränderungen gewaltig. Goethe machte aus einer Prosavorlage eine Ballade. Wie das Beispiel zeigt, ist es eine der kultur- und mediengeschichtlich interessantesten Gedichtformen.

Im Folgenden wird zuerst genauer bestimmt, zu welcher Zeit was mit dem Begriff Ballade gemeint war und anschließend ein Überblick über die historische Entwicklung der Gattung gegeben. Sodann werden verschiedene systematische Unterteilungen der Gattung vorgestellt, ehe abschließend auf die Besonderheiten eingegangen wird, die bei der Interpretation zu berücksichtigen sind.

9.1 **Begriffsgeschichte und Definition**
9.2 **Geschichte der Gattung**
9.3 **Typologie**
9.4 **Wie interpretiert man Balladen?**
    Zum Beispiel: Johann Wolfgang Goethe, *Der Zauberlehrling*

9.1 Begriffsgeschichte und Definition

Das Wort „Ballade" kommt von griechisch *ballízein*, tanzen, von dem im Italienischen *ballata* und im Französischen *ballade* abgeleitet sind, die beide „Tanzlied" bedeuten. Als um 1770 der Begriff „Ballade" im Deutschen aufkam, bezeichnete man damit im Volk verbreitete Lieder, in denen Geschichten erzählt wurden. Das englische *ballade* dagegen war und ist für eine feste dreistrophige Form des *Rondeau* (→ KAPITEL 7.2) reserviert und meinte nicht das, was unter dem weiteren Begriff *ballad* (ohne „e" am Ende) zusammengefasst wird und der deutschen Ballade am ehesten vergleichbar ist.

 Zu Goethes Zeiten wurde die Bezeichnung Ballade noch synonym zu Romanze verwendet. Heute versteht man unter einer Romanze entweder einen speziellen Typ der Ballade, wie er um 1800 auftrat, oder ein in Trochäen verfasstes, assonierendes Gedicht, die sogenannte Spanische Romanze. – In Goethes Tagebuch ist mal von Balladen, mal von Romanzen die Rede, auch wenn es um den *Zauberlehrling* (1798) geht. Die Bearbeitung des Stoffes von Lukian zeigt bereits, worin das zentrale Merkmal einer Ballade besteht: Es wird in Versen erzählt.

 Die Wissenschaft tut sich schwer mit der genaueren Definition der Gattung. Von allen Äußerungen über die Ballade hat Goethes Charakterisierung als „Ur-Ei" am stärksten gewirkt. In einer nachträglichen Erläuterung zu einem seiner Gedichte – das *Ballade* heißt, die Gattungsbezeichnung also als Titel trägt – erklärte er 1821 Grundzüge dieser Gedichtform. „Der Sänger", so Goethe, bediene sich „aller drei Grundarten der Poesie, um zunächst auszudrücken, was die Einbildungskraft erregen, den Geist beschäftigen soll; er kann lyrisch, episch, dramatisch beginnen und, nach Belieben die Formen wechselnd, fortfahren [...]. Der Refrain, das Wiederkehren ebendesselben Schlußklanges, gibt dieser Dichtart den entschiedenen lyrischen Charakter" (Goethe 1902, S. 223). Die Ballade ist bei Goethe auf unmittelbare Wirkung hin konzipiert: Die Geschichte wird laut vorgetragen und beim Hören soll der Geist sofort angeregt werden. Durch welche Mittel diese Anregung verursacht wird, bleibt offen. Die Modi des Sprechens – lyrisch, erzählend, dramatisch – können innerhalb eines Textes abwechseln. Dramatisch bezeichnet die tendenziell szenische Gestaltung der Texte, das Ausschnitthafte, das der Geschichte eine hohe Unmittelbarkeit verleiht. Nicht zuletzt diese Eigenschaft begründet die häufige Bebilderung, vom Bänkelsang an (→ KAPITEL 9.2). Die Erwähnung des Refrains zeigt, dass Goethe die Ballade in der Nähe des Liedes einordnet, der lyrische Charakter steht für ihn außer Zweifel. Das wiederum hängt zusammen mit seinem historischen Verständnis der Gattung:

„Übrigens ließe sich an einer Auswahl solcher Gedichte die ganze Poetik gar wohl vortragen, weil hier die Elemente noch nicht getrennt, sondern wie in einem lebendigen Ur-Ei zusammen sind [...]." (Goethe 1902, S. 224)

Hinter diesem eigenwilligen Bild steckt die von Johann Gottfried Herder beeinflusste Vorstellung, Epik, Lyrik und Dramatik hätten sich aus einer frühen, volkstümlichen Poesie entwickelt.

Goethes Begriffsbestimmung war so erfolgreich, weil in ihr die Stellung der Ballade zwischen den „Grundarten der Poesie" als definitorisches Moment vereinnahmt ist. Bis heute sind die verschiedenen Definitionen der Ballade von dem Versuch bestimmt, das Verhältnis von epischen und lyrischen Eigenheiten genauer zu fassen. Mit guten Gründen argumentierte Georg Wilhelm Friedrich Hegel in seinen *Vorlesungen über die Ästhetik* (1835), dass „der Inhalt zwar episch, die Behandlung aber lyrisch" sei (Hegel 1970, S. 423). Scharfsinnig wandte die Literaturwissenschaftlerin Käte Hamburger gut 130 Jahre später dagegen ein, dass man „den Inhalt des Balladengedichts nicht mehr als Aussage eines lyrischen Ichs, sondern als fiktive Existenz fiktiver Subjekte" auffassen müsse. Sie folgerte: „Wo eine Erzählfunktion am Werke ist, stehen wir nicht mehr vor einem lyrischen Phänomen" (Hamburger 1968, S. 243). Dieser Auffassung entspricht der letzte größere Definitionsversuch des Literaturwissenschaftlers Hartmut Laufhütte, der die Ballade zuerst der erzählenden Gattung zuschlägt und dann alle weiteren Merkmale unterordnet.

Erzählender Inhalt und lyrische Form

„Die Ballade ist eine episch-fiktionale Gattung. Sie ist immer in Versen, meist gereimt und strophisch, manchmal mit Benutzung refrainartiger Bestandteile und oft mit großer metrisch-rhythmischer Artistik gestaltet." (Laufhütte 1979, S. 383)

Die denkbar knappste Formel dafür hat Christian Wagenknecht im *Reallexikon der deutschen Literaturwissenschaft* gefunden: Die Ballade ist eine „gedicht-, meist liedförmige Erzählung einer merkwürdigen Begebenheit" (Wagenknecht 1997, S. 192).

Zusammenfassung

Mit anderen Worten: Unter den erzählenden Texten besteht die Besonderheit der Ballade darin, in Verse gefasst zu sein; unter den Gedichten besteht die Besonderheit der Ballade darin, eine Geschichte zu erzählen. Diese Spannung zwischen lyrischer Form und epischem Inhalt ist das zentrale definitorische Merkmal der Ballade. Man kann diesen Vergleich zwischen Lyrik und Epik auf den Umfang und die

Darstellungsweise ausweiten: Balladen sind in der Regel lange Gedichte, die Geschichten werden allerdings kurz, das heißt auf das wesentliche Geschehen konzentriert, erzählt. Es gibt darüber hinaus weder formale Besonderheiten noch thematische Spezifika, die sich so verallgemeinern ließen, dass dadurch alle Balladen erfasst würden. In der historischen Abfolge lassen sich dagegen sehr wohl stoffliche und metrische Phänomene ausmachen, die zu bestimmten Zeiten gehäuft oder dominant auftraten. Aus dieser Beobachtung heraus ist eine Typologie der Ballade entwickelt worden (→ KAPITEL 9.3).

9.2 Geschichte der Gattung

Zur Vorgeschichte

Zweifellos gab es Balladen ehe es den Begriff „Ballade" dafür gab, nämlich Erzählungen von merkwürdigen Begebenheiten in Form von gereimten Liedern. Für die deutsche Literatur ist das *Hildebrandslied* (ca. 800) das erste Beispiel, ein stabgereimtes Heldenlied – und das älteste schriftliche Zeugnis der Heldendichtung. Lieder wie dieses, z. B. auch das *Nibelungenlied,* wurden vor allem mündlich tradiert. Es dürfte üblich gewesen sein, die Details der Geschichte der jeweiligen Vortragssituation und dem Publikum anzupassen. Diese Texte weisen Merkmale der Ballade auf; ihr oft großer Umfang und das Erzählen von Episoden, die eine größere Geschichte ergeben, sprechen gegen die Zuordnung.

Anders verhält sich das bei den Texten, die unter der Bezeichnung Volksballade zusammengefasst werden. Der nachträglich geprägte Begriff bezeichnet die kurzen strophischen und reimenden Verserzählungen, die sich ab etwa 1500 nachweisen lassen und mündlich, zumeist gesungen, weitergegeben wurden. Aus diesem Umstand bezieht der Begriff seine Berechtigung: Die Tradierung erfolgt unabhängig von der gelehrten Regelpoetik, im Volk. In dieser Tradition lässt sich bis 1800 ein thematischer Wandel ausmachen. Es werden nicht mehr nur Begebenheiten unter adligen Helden berichtet, sondern auch Geschichten von Bürgern und Bauern, die sich im Wirtshaus und im dunklen Wald ereignen. Handwerksburschen und fahrendes Volk sorgen für die Verbreitung. Dabei wurden die Texte inhaltlich und sprachlich den regionalen Gegebenheiten entsprechend verändert: Orte und Helden wurden ausgetauscht. Zudem kam es zu Hörfehlern, Streichungen, Ergänzungen – sodass um 1800 oft mehrere Varianten

Zersingen ein und derselben Ballade überliefert waren. Dieses als Zersingen bezeichnete Phänomen belegt, dass es so etwas wie einen gemeinschaftlichen, volkstümlichen Stil der Ballade gegeben hat. Zu seinen Eigenheiten gehören vierzeilige Strophen, vierhebige, füllungsfreie Verse und die Verwendung von Paar- und Kreuzreim. Über Vers- und Strophenformen sowie die Reimschemata hinaus lassen sich auch Kriterien wie Sprachverwendung, Sangbarkeit, Bildwahl und wiederkehrende Muster der Geschichten für die Einordnung als Volksballade heranziehen. Diese Einordnung wiederum ist nicht nur auf den deutschen Sprachraum beschränkt, die Volksballade ist ein europäisches Phänomen.

Bänkelsang Dasselbe lässt sich vom Bänkelsang sagen. Er entwickelt sich im 17. Jahrhundert aus dem frühneuzeitlichen Zeitungslied. Zeitungslieder waren kurze gereimte Texte, in denen aktuelle Sensationsnachrichten (wie etwa Wunder, Verbrechen, Hinrichtungen, Katastrophen) verarbeitet wurden (vgl. Riha 1979, S. 13–16). Sie wurden auf Flugblättern oder in Flugschriften verbreitet und zu bekannten Melodien vorgesungen. (Es handelt sich also um Kontrafakturen, → KAPITEL 13.2). Während man dafür anfangs vor allem auf geistliche Lieder zurückgriff, überwogen ab dem 16. Jahrhundert die Melodien der Volkslieder. Daraus entwickelte sich der Vortrag von längeren gereimten Geschichten zu Musik (meist der Drehorgel), dessen Wirkung durch Bildertafeln gesteigert wurde. Um gut sichtbar zu sein, stand der Sänger auf einer Bank – daher der Name „Bänkelsänger" – und zeigte mit einem Stock auf die Illustrationen, grelle Bilder der wichtigsten Szenen. Die Hörer bekamen unterdessen fliegende Blätter angeboten, sogenannte Moritatenzettel, auf denen das Lied abgedruckt war. – In dieser Konstellation von Musik, Bild und Text als Massenware ist angelegt, was Walt Disney Jahrhunderte später einlöste. Bis es dazu kam, durchliefen Drucktechnik, Leseverhalten und Ästhetik allerdings noch einige Stationen. Begleitet wurde diese Entwicklung von immer wieder neuen Diskussionen um das Phänomen der Popularität, die auch für die Entwicklung der Kunstballade eine erhebliche Rolle spielten.

Entwicklung der Ballade (im engeren Sinne)

Kunstballade Der ‚Gegenbegriff' zu Volksballade ist Kunstballade. Zu dieser Kategorie gehören alle Balladen, die von einem namentlich bekannten Autor stammen. Gewöhnlich meint man damit alle Balladen ab der zweiten Hälfte des 18. Jahrhunderts.

Johann Wilhelm Ludwig Gleim (1719–1803) und Ludwig Christoph Heinrich Hölty (1748–76) griffen jeweils verschiedene volkstümliche Traditionen auf. Gleim knüpfte an den Bänkelsang an, dessen Formen und Themen er nutzte, oft mit einer Wendung ins Komische. Er gilt als Begründer der Komischen Romanze, einer Spielart der Ballade, die in Singspielen große Verbreitung erfuhr. Hölty griff die Anregungen auf, die von einer Sammlung englischer Balladen, Lieder und Verserzählungen ausgingen. Thomas Percy hatte sie 1765 unter dem Titel *Reliques of Ancient English Poetry* herausgegeben. Diese Sammlung regte auch Herder an; sie war das Vorbild für die deutschen Anthologien des 18. Jahrhunderts.

_{Komische Romanze}

Herder gab mit seinen Schriften über die Volkspoesie – besonders wirksam wurde *Auszug aus einem Briefwechsel über Ossian und die Lieder alter Völker* (1773) – der Beschäftigung mit der volkstümlichen Überlieferung im deutschsprachigen Raum einen entscheidenden Impuls. Eingebettet in eine anthropologisch argumentierende Theorie über die Entwicklung der Menschheit (→ ASB KOŠENINA) verstand er das Volkslied als naturgemäße Äußerung in ‚frühen' kulturellen Stadien: Denken und Fühlen bilden eine Einheit. In diesem Sinne lobte Herder das Volkslied als ursprünglich und natürlich. Die Popularität einzelner Lieder ist Ausdruck der Hochschätzung im Volke, da es nur überliefert, was ihm auch entspricht. So wird das Volk zum Autor und Volkstümlichkeit zu einem enorm positiven Kriterium. Folgerichtig nahm Herder an, die Volkslieder gäben Auskunft über den Charakter einer Nation. Programmatisch benannte er seine 1777/78 erstmals erschienene und danach mehrfach ergänzte Volksliedersammlung 1807 in *Stimmen der Völker in Liedern* um. Herders Zeitgenossen bemühten sich um die deutsche „Stimme". Zum einen, indem sie die Überlieferung sicherten, also Lieder sammelten und aufschrieben, zum anderen, indem sie sich die Tradition aneigneten und fortführten, also Balladen schrieben und sich mit der Gattung auch theoretisch beschäftigten. Auf diese Weise wurden volkstümliche Formen und Themen in die Hochkultur überführt. Das zwang zur Auseinandersetzung mit grundlegenden kulturellen Problemen, in denen heutige Diskussionen unschwer wiederzuerkennen sind: Sollen Balladen Kunst für die Masse sein?

Herders Theorie der Volkspoesie

Friedrich Schiller hat 1791 das Erreichen von Popularität zu einer so schweren Aufgabe erklärt,

Schiller: Popularität als Kriterium der Hochkultur

> „daß ihre glückliche Auflösung der höchste Triumph des Genies genannt werden kann. Welch Unternehmen, dem ekeln Geschmack des Kenners Genüge zu leisten, ohne dadurch dem großen Haufen

ungenießbar zu sein – ohne der Kunst etwas von ihrer Würde zu vergeben, sich an den Kinderverstand des Volks anzuschmiegen. Groß, doch nicht unüberwindlich, ist diese Schwierigkeit, das ganze Geheimnis, sie aufzulösen – glückliche Wahl des Stoffs und höchste Simplizität in Behandlung desselben." (Schiller 1992, S. 976)

Bürger: Lenore

Schiller schreibt dies in einer Rezension der Gedichte Gottfried August Bürgers. Dessen *Lenore* (1773), die erste deutsche Kunstballade von Rang, ist eines der populärsten deutschen Gedichte überhaupt. Bürger berief sich auf Herder und dachte an Literatur, die „den rohen Bewohner des Waldes" ebenso ‚entzückt', wie „die Dame am Putztisch" (Bürger 1987, S. 689).

Goethe und Schiller: Balladenjahr

Auch Goethe und Schiller diskutierten Überlegungen dieser Art. Ihre 1797/98, im sogenannten „Balladenjahr", geschriebenen erzählenden Gedichte gelten als „der volkstümlichste Ausdruck ihrer gemeinsam entwickelten Kunstanschauung" (Weißert 1993, S. 74). Die thematische und formale Spannweite ihrer Balladen erklärt sich aus genau diesem Entstehungszusammenhang: Es sind Probestücke, ja Experimente, anhand derer sie ihre Vorstellungen in der Praxis überprüfen. Goethe und Schiller nutzten schlichte, im Volk überlieferte Muster und führten sie mit Stoffen und Formen etwa der klassischen (griechischen) Tradition zusammen. Insbesondere Schiller stellte immer wieder extreme Bewährungssituationen dar, in denen der Einzelne moralische Entscheidungen zu treffen hat. Aufgrund der auf

Ideenballade

diese Weise propagierten Ideale spricht man auch von Ideenballaden. Das Erbe der Aufklärung ist in Schillers Formulierung, eine populäre Volksdichtung ließe sich „für die Reinigung der Leidenschaft nutzen" (Schiller 1992, S. 976), deutlich zu erkennen.

Autor und Werk: die Kunstballade als Volksdichtung

Dieses Verständnis von Volksdichtung beruht nicht mehr auf der Vorstellung vom Volk als Autor, sondern auf den ‚klassischen' Annahmen über Künstler und Werk. Nicht die Tradierung steht im Mittelpunkt der Betrachtung, sondern der Schaffensprozess. Dabei wird das Volkstümliche als das vorbildliche Natürliche verstanden, das es nun auf einer neuen historischen und ästhetischen Stufe nachzuschaffen gilt. Balladen nehmen bei diesen Überlegungen einen besonderen Platz ein. Über Epos, Lyrik und Drama, die „Naturformen der Poesie", merkt Goethe an:

„In dem kleinsten Gedicht findet man sie oft beisammen, und sie bringen eben durch diese Vereinigung im engsten Raume das herrlichste Gebild hervor, wie wir an den schätzenswertesten Balladen aller Völker deutlich gewahr werden." (Goethe 1888, S. 118)

Goethes Formulierung verweist auf die in Herders Nachfolge entstandenen Sammlungen. Die berühmteste von ihnen ist *Des Knaben Wunderhorn* (1805/06) von Achim von Arnim und Clemens Brentano (→ KAPITEL 7.1).

Des Knaben Wunderhorn

Zeitgleich orientierten sich vor allem die Frühromantiker an der streng assonierenden Romanze spanischer Herkunft, deren trochäisches Versmaß sie für die deutsche Ballade übernahmen. Was wie schlichter Stil erscheint – einfach gereimte und mit Refrain versehene liedhafte Strophen, Motive aus Märchen und Sagen, konventionelle Symbolik –, geht auf ästhetisches Kalkül zurück. Man stellte einen vermeintlich naiven Stoff mit großer Einfachheit dar. Schillers aufklärerischer Impetus wurde von religiösen, mythisch und naturphilosophisch eingefärbten Vorstellungen abgelöst. Die Ausmaße dieses Wandels lassen sich anhand eines Vergleichs von Schillers *Die Kraniche des Ibykus* (1798) und Adalbert von Chamissos nicht weniger berühmtem *Die Sonne bringt es an den Tag* (1827) gut studieren. Dieser Tendenz entspricht auch das Zurücktreten der Handlung zugunsten der Betonung von Stimmung, wie es beispielsweise an Eichendorffs *Die Zauberin im Walde* (1808) zu beobachten ist.

Ballade in der Romantik

Hier knüpfen die auf Rühr- oder Schauer-Effekte hin ausgerichteten Balladen des Biedermeier an, doch ist dies nur ein Phänomen unter vielen. In der ersten Hälfte des 19. Jahrhunderts wird die Ballade zu einer der beliebtesten Gattungen. Sie ist im Formenkanon etabliert und fester Bestandteil der bürgerlichen Geselligkeit. Man liest Balladen vor. Dementsprechend viele werden nun geschrieben. Wo möglich wird das Themenspektrum erweitert und aktualisiert. Im Falle der historischen Ballade etwa hin zur Zeitgeschichte, wie bei Friedrich Hebbels *Invalide* (1838) oder Anastasius Grüns *Der Deserteur* (vor 1876). Spätestens an der Vielfalt von Heinrich Heines (1797–1856) Balladen ist zu erkennen, dass verschiedenste Formen gleichzeitig und gleichberechtigt auftreten. Annette von Droste-Hülshoff (1797–1848) nutzt detaillierte Naturschilderungen zur Ausgestaltung dramatischer Schauergeschichten, Ferdinand Freiligrath (1810–76) und Georg Herwegh (1817–75) verarbeiten mit erkennbarem Engagement politische und nationale Stoffe von höchster Aktualität, Conrad Ferdinand Meyer (1825–98) variiert enorm formenreich das Bildungsgut der Klassik, insbesondere Themen aus der Kunstgeschichte – und immer handelt es sich um Balladen. Bezüglich der Entwicklung der Gattung kann man also allenfalls von bestimmten Tendenzen und Strömungen sprechen. Immer wieder wurde die Ballade Gegenstand poetologischer Auseinandersetzungen und literarischer Diskussionen, auch die

Ballade als Bestandteil bürgerlicher Geselligkeit

Debatte um die historische Angemessenheit der Ballade wiederholte sich. Strittig waren nicht nur die Themen und Stoffe, sondern auch die angemessene Art der Darstellung. Favorisiert wurde die Konzentration auf entscheidende Momente der Handlung und eine dramatisch gesteigerte Darstellung. Dem entspricht die häufige Nutzung der Chevy-Chase-Strophe (→ KAPITEL 5.1), die sich wegen der Möglichkeit, effektvoll zu akzentuieren, anbietet. An Fontanes ausgewogener Position ist zu erkennen, weshalb die Diskussion um die Ballade nicht abriss: „wir müssen dem alten Balladenton eine neue Stoffwelt, oder der alten Stoffwelt einen neuen [...] Balladenton zuführen. Am besten ist es, wenn wir *Beides* auffrischen" (Fontane 1980, S. 538).

Chevy-Chase-Strophe

Unzufrieden mit den Modernisierungsbemühungen widmete sich der sogenannte *Göttinger Kreis* um Börries von Münchhausen um und nach 1900 dezidiert der Pflege der Ballade. Diese Autoren grenzten sich von der naturalistischen oder expressionistischen Sprechweise klar ab, ihre Balladen waren bei aller formalen Vielfalt betont traditionell angelegt. Nicht zuletzt wegen des Rückgriffs auf nationale und mythische Stoffe gelten sie als konservativ. Ihre große und bis in die 1950er-Jahre anhaltende Popularität erklärt sich gerade aus der erkennbaren Bewahrung der Tradition.

Börries von Münchhausen und der Göttinger Kreis

In der zweiten, nicht weniger einfluss- und erfolgreichen Traditionslinie der Moderne verschwimmt zunehmend das Verständnis dessen, was eine Ballade sei. Auch hier wird auf bewährte Muster zurückgegriffen, doch in parodistischer (→ KAPITEL 13.2) oder die Gattungsgrenzen überschreitender Weise. Autoren wie Frank Wedekind, Kurt Tucholsky und Joachim Ringelnatz entwickelten die Ballade in den 1920er-Jahren zur Zweckform weiter, sie passten sie dem Kontext des Kabaretts und der Kleinkunstbühne an. Die Geschichten werden auf effektvolle Weise zu kürzeren Liedern reduziert, die sich zur Gitarre oder dem Klavier vortragen lassen. Die Gattung rückt in die Nähe von Song und Chanson, nicht zufällig wurde auf Requisiten und Rhetorik des Bänkelsangs zurückgegriffen. An Erich Kästners *Sachliche Romanze* (1928) lässt sich schon am Titel das Traditionsbewusstsein ablesen. Am Text wird dann auch die thematische Hinwendung zum bürgerlichen Alltag, zur Erfahrungswelt des Publikums gut erkennbar. Bertolt Brecht führte diese Tendenz bis hin zum Vokabular. Er nutzte die Ballade auf konsequente Weise für verschiedenste Zwecke, überarbeitete auch seine früheren Texte, um sie seinen veränderten An- und Absichten anzupassen. Dieser propagandistische Umgang mit der Tradition blieb prägend bis weit in die zweite Hälfte des 20. Jahrhunderts, bis hin zu Franz Josef Degenhardt und

Zweckform neben Song und Chanson

Brechts Umgang mit der Ballade

Wolf Biermann, bei denen die Ballade im Protestsong aufgeht. Etliche Beispiele aus der zweiten Hälfte des 20. Jahrhunderts belegen, dass die Gattung geeignet ist, die Gegenwart zu erfassen und darzustellen, etwa Johannes Bobrowskis *Bericht* (1961) oder Günter Bruno Fuchs' *Müllerballade* (1967). Zudem wurden bemerkenswerte Versuche der Fortschreibung unternommen: Hans Magnus Enzensbergers 1975 erschienenes *Mausoleum* trägt den Untertitel *Siebenunddreißig Balladen aus der Geschichte des Fortschritts*.

<small>Ballade seit den 1960er-Jahren</small>

9.3 Typologie

Eine Definition der Ballade kann weder anhand stofflicher Eigenheiten noch aufgrund metrischer Merkmale entwickelt werden. Allerdings lassen sich, mit etwas Mut zur Verallgemeinerung, durchaus Tendenzen feststellen: wann welche Geschichten (von Rittern, Gespenstern oder vom Alltag) bevorzugt in welcher metrischen Form als längeres Gedicht erzählt wurden. Aus solchen Beobachtungen heraus entstanden in der Forschung verschiedene Typologien der Ballade. Dabei erfassen die Einteilungen jeweils nur bestimmte Eigenschaften, die zuungunsten anderer betont werden. Bei den Kategorien handelt es sich um Idealtypen, tatsächlich kommen häufig Mischformen vor. Die Bezeichnungen der einzelnen Typologien überlappen zum Teil und werden zudem in der Forschungsliteratur nicht einheitlich gebraucht. Es empfiehlt sich bei ihrer Verwendung zu kennzeichnen, in welchem Sinne sie gemeint sind.

Die gattungsgeschichtlichen Implikationen der Unterscheidung zwischen Volks- und Kunstballade wurden bereits angesprochen. Für alle anderen Typen gilt, dass sie nicht primär historisch, sondern vor allem stofflich oder thematisch bestimmt sind. Die wichtigsten von ihnen werden im Folgenden kurz vorgestellt.

<small>Volks- und Kunstballade</small>

Der Begriff „nordische Ballade" verweist, in Abgrenzung von der Spanischen Romanze, zuerst einmal auf die Herkunft der stofflichen Tradition. Davon abgeleitet bezeichnet „nordisch" auch Geschichten von Helden oder übernatürlichen Wesen, die man diesem Kulturkreis zuordnet. Nicht klar unterschieden von dieser Bezeichnung wird auch in Heldenballade und numinose oder naturmagische Ballade eingeteilt. Während sich der erste Begriff von selbst erklärt, kann der zweite recht verschiedene Phänomene bezeichnen: Betont man die inhaltlichen vorchristlichen Vorstellungen, erfasst er vor allem die An-

<small>Nordische Ballade</small>

<small>Numinose oder naturmagische Ballade</small>

fänge der Kunstballade und ähnelt dem Begriff des Nordischen. Goethes *Erlkönig* (1782) ist ein Beispiel dafür. Legt man den definitorischen Schwerpunkt eher auf das (magische) Verhältnis zur Natur, so reicht der Begriff historisch viel weiter. Ihm sind dann die romantische Vorstellung der Einheit von Natur und Mensch – wie in Eichendorffs *Waldgespräch* (1815) –, aber auch deutlich spätere Strömungen zuzurechnen, innerhalb derer die Natur symbolisch verstanden und gedeutet wird, etwa in Peter Huchels *Letzte Fahrt* (1995). Insbesondere in der Romantik verbreitet sind bei diesem Typ Wiedergänger-, Geister- und Gespenstermotive, aus denen heraus ebenfalls typisierende Unterscheidungen gewonnen wurden. In jedem Fall steht der übermächtigen, undurchschaubaren Natur ein relativ passiver Held gegenüber.

<small>Motive als typologische Kriterien</small>

Dagegen ist der aktive, die Hindernisse um jeden Preis überwindende Protagonist ist das zentrale Merkmal der Heldenballade. Auch zur Präzisierung dieses Terminus gibt es Unterscheidungen. Wenn der Protagonist dem Wirken höherer Kräfte ausgesetzt ist, spricht man auch von einer Schicksalsballade. Schillers *Taucher* (1797) ist ein Beispiel dafür und repräsentiert schon den Übergang zu einer anderen Kategorie: Hier fordert der Held das Schicksal heraus. Unvermeidlich überschneidet sich die Kategorie Heldenballade mit der der Geschichts- oder historischen Ballade, nämlich in all jenen Fällen, in denen von den Taten (halbwegs) verbürgter Helden berichtet wird. Barbarossa etwa ist der Held einer großen Zahl deutscher Balladen. In Ludwig Uhlands *Schwäbische Kunde* (1815) dient der Rotbart nur zur Beglaubigung des legendären Geschehens. Gerade ein solcher Fall gestattet, die Vor- und Nachteile der Kategorien zu studieren. Auch im schon erwähnten Typus der Ideenballade kann, aber muss nicht, historisches Geschehen aufgegriffen werden. Dasselbe gilt für die soziale Ballade. Diesem Typus sind all jene Texte zuzurechnen, in denen soziale und gesellschaftliche Verhältnisse ausgestellt und kritisiert werden. Das damit verbundene Engagement kann sich auf sehr verschiedene Weise äußern. Es reicht von der Schilderung der Zustände über Appelle an das Mitgefühl bis hin zu offener Anklage. Wie sich etwa am Motiv der Kindsmörderin oder dem des Bettlers zeigen lässt, existiert dieser Typus von den Anfängen der Ballade an.

<small>Heldenballade</small>

<small>Schicksalsballade</small>

<small>Historische Ballade</small>

<small>Soziale Ballade</small>

<small>Nutzen der Typologie</small>

Die angezeigten terminologischen Überschneidungen illustrieren, dass all diese Begriffe notwendig unscharf sind. Man versucht dem gelegentlich durch Kombinationen von Merkmalen zu begegnen, etwa indem man von einer „historischen Schicksalsballade" spricht. Solche Bezeichnungen lohnen nur in speziellen Kontexten. Der Wert der Kategorien liegt in der ersten Orientierung, die sie gewähren. Sie dienen der genaueren Unterscheidung bei historischen oder systematischen Betrachtungen und erleichtern die Einordnung einzelner Texte. An der Zuordnung ist zu erkennen, welche thematischen Eigenheiten es näher zu betrachten lohnt.

9.4 Wie interpretiert man Balladen?

Dass man ein und dieselbe Geschichte in Prosa, Versen, Bildern oder mithilfe der Musik erzählen kann, überrascht niemanden, der halbwegs mit Walt Disney oder MTV vertraut ist. Es kommt für die Analyse darauf an zu klären, auf welche Weise die darstellerischen Mittel zur Präsentation welcher Geschichte eingesetzt werden. Dazu lassen sich erst einmal alle einschlägigen Mittel der Erzählanalyse heranziehen. Die grundlegenden Elemente der Geschichte sind zu bestimmen – sie machen das ‚Was der Handlung' aus – und ebenso die einschlägigen Fragen nach dem ‚Wie der Darstellung' zu beantworten.

Analyse erzählerischer Merkmale

- Wovon wird erzählt? Welche Einzelheiten der Ereignisse werden besonders betont? Welche Konstellationen und/oder Motive sind für die Handlung entscheidend?
- Wie verhält sich die Ausgangssituation zum Schluss der Handlung?
- Wer erzählt? Aus welcher Perspektive wird auf das Geschehen geblickt? Ist diese Perspektive im Gedicht einheitlich?
- Welchen Zeitraum umfasst die Handlung, wie raffend oder ausbreitend wird davon erzählt – und warum?

Für eine Gattung, die als Erzählung in Gedichtform verstanden wird, sind all jene Merkmale zu ergänzen, die den Text als Gedicht ausweisen. Wie bei allen anderen erzählenden Gattungen auch enthält die Form einer Ballade relevante inhaltliche Informationen. Das bedeutet konkret: Die metrischen Mittel müssen auf ihre erzählerische Leistung hin untersucht werden.

Analyse lyrischer Merkmale

- Was tragen Versmaß, Strophe und Reim zur Präsentation der Geschichte bei? Wie gliedern sie das Geschehen, was betonen sie?
- Welcher Zusammenhang besteht zwischen den Abschnitten der Handlung und denen des Gedichts?
- Welche Eigenschaften von Personen, Ereignissen, Stimmungen werden durch metrische Mittel hervorgehoben, welche Zusammenhänge gestiftet?

Gewöhnlich lassen sich die Befunde von Erzähl- und Gedichtanalyse in Betrachtungen über die historische oder typologische Stellung des jeweiligen Textes zusammenführen. Dies wird im Folgenden exemplarisch an Goethes *Zauberlehrling* (1798) gezeigt.

Zum Beispiel: Johann Wolfgang Goethe, *Der Zauberlehrling*

Titel und Stimme

Die Ballade beginnt mit Text, den man nur als inneren oder szenischen Monolog verstehen kann. Der Titel informiert also zugleich über den Helden und den Erzähler der Ballade; der Lehrling spricht aus der Situation heraus zu sich selbst. Er hat keine Distanz zum Geschehen, das mit der Erzählung zeitlich zusammenfällt. Von der ersten Strophe an herrscht höchste erzählerische Ökonomie: vier Verse für die Schilderung der konkreten Situation, vier Verse für deren Einordnung in die Biografie des Helden. Der Lehrling hat sich die Zaubersprüche des Meisters gemerkt und will nun auch Wunder tun. Mit den nächsten sechs Versen beweist er sich, dass er dazu in der Lage ist.

Erzählerische Funktion der Verse

Dass man diese Verkettung beim Sprechen der Verse hören kann, liegt am metrischen Aufbau. Die ersten acht Verse bestehen aus Trochäen, vier vierhebige und vier dreihebige Verse, jeweils kreuzgereimt. Der betonte Beginn vermittelt freudige Entschlossenheit, die weiblichen Kadenzen haben nach vier Versen ein erzählerisches Moment etabliert. Es entsteht aufgrund des synaphischen Verschlusses (→ KAPITEL 4.2), den Senkungen am Ende des Verses folgt eine Hebung am Anfang des nächsten. Mit der Verkürzung der Hebungen und der ersten männlichen Kadenz im sechsten Vers gewinnt das Geschehen an Tempo. Dann folgt ein verstechnisches Kunststück, an dem sich studieren lässt, wie man mit Versen erzählen kann: In der zweiten Strophe sind vier Verse lang die Hebungen noch einmal verringert, ehe wieder vierhebige Trochäen mit weiblichem Ausgang verwendet werden. Die strophische Gestalt wird durch den komplexen Reim (*effgeg*) bestimmt. Metrisch wird die Verkürzung also weitergeführt, was dem Umstand entspricht, dass der Lehrling nun handelt, mit dem Zaubern beginnt. Zu hören ist diese Beschleunigung nicht. Die beschwörende Alliteration (V. 9), die in Vers 10 fortgeführte dunkle a-Assonanz, die syntaktische Inversion in Vers 11 und der übrige Klang- und Reimreichtum der zweiten Strophe verlangen ein langsames Sprechen. Man weiß nach der ersten Strophe, wer was spricht – ein Zauberlehrling eine Zauberformel –, und dieses Wissen wird in der zweiten Strophe hörbar gemacht. Sie beginnt beschwörend

Johann Wolfgang Goethe, *Der Zauberlehrling* (1798)

1	Hat der alte Hexenmeister	a
	Sich doch einmal wegbegeben!	b
	Und nun sollen seine Geister	a
	Auch nach meinem Willen leben.	b
5	Seine Wort' und Werke	c
	Merkt' ich, und den Brauch,	d
	Und mit Geistesstärke	c
	Thu' ich Wunder auch.	d
	Walle! walle	e
10	Manche Strecke,	f
	Daß, zum Zwecke,	f
	Wasser fließe,	g
	Und mit reichem vollem Schwalle	e
	Zu dem Bade sich ergieße.	g

15 Und nun komm, du alter Besen!
Nimm die schlechten Lumpenhüllen;
Bist schon lange Knecht gewesen;
Nun erfülle meinen Willen!
Auf zwei Beinen stehe,
20 Oben sei ein Kopf,
Eile nun und gehe
Mit dem Wassertopf!

Walle! walle
Manche Strecke,
25 Daß, zum Zwecke,
Wasser fließe,
Und mit reichem vollem Schwalle
Zu dem Bade sich ergieße.

Seht, er läuft zum Ufer nieder;
30 Wahrlich! ist schon an dem Flusse,
Und mit Blitzesschnelle wieder
Ist er hier mit raschem Gusse.
Schon zum zweitenmale!
Wie das Becken schwillt!
35 Wie sich jede Schale
Voll mit Wasser füllt!

Stehe! stehe!
Denn wir haben
Deiner Gaben
40 Vollgemessen! ---
Ach, ich merk' es! Wehe! wehe!
Hab' ich doch das Wort vergessen!

Ach das Wort, worauf am Ende
Er das wird, was er gewesen.
45 Ach, er läuft und bringt behende!
Wärst du doch der alte Besen!
Immer neue Güsse
Bringt er schnell herein,
Ach! und hundert Flüsse
50 Stürzen auf mich ein.

Nein, nicht länger
Kann ich's lassen;
Will ihn fassen.
Das ist Tücke!
55 Ach! nun wird mir immer bänger!
Welche Miene! welche Blicke!

O, du Ausgeburt der Hölle!
Soll das ganze Haus ersaufen?
Seh' ich über jede Schwelle
60 Doch schon Wasserströme laufen.
Ein verruchter Besen,
Der nicht hören will!
Stock, der du gewesen,
Steh doch wieder still!

65 Willst's am Ende
Gar nicht lassen?
Will dich fassen,
Will dich halten,
Und das alte Holz behende
70 Mit dem scharfen Beile spalten.

Seht, da kommt er schleppend wieder!
Wie ich mich nur auf dich werfe,
Gleich, o Kobold, liegst du nieder;
Krachend trifft die glatte Schärfe.
75 Wahrlich! brav getroffen!
Seht, er ist entzwei!
Und nun kann ich hoffen,
Und ich athme frei!

Wehe! wehe!
80 Beide Theile
Stehn in Eile
Schon als Knechte
Völlig fertig in die Höhe!
Helft mir, ach! ihr hohen Mächte!

85 Und sie laufen! Naß und nässer
Wird's im Saal und auf den Stufen.
Welch entsetzliches Gewässer!
Herr und Meister! hör' mich rufen! ---
Ach, da kommt der Meister!
90 Herr, die Noth ist groß!
Die ich rief, die Geister,
Werd' ich nun nicht los.

„In die Ecke,
Besen! Besen!
95 Seid's gewesen.
Denn als Geister
Ruft euch nur, zu seinem Zwecke,
Erst hervor der alte Meister."

eingedunkelt und endet vokalreich optimistisch, das Gelingen der Beschwörung vorwegnehmend. Betont wird auf diese Weise die Qualität der Handlung: Indem der Lehrling auf besonders eindrucksvolle Weise spricht, tut er etwas Besonderes. Er zaubert. Mit Vers 23 wird klar, dass der Lehrling hier nur zur Probe spricht, aber das mindert den ersten Eindruck nicht. – Bis hierher reicht der erste erzählerische Bogen. Dieser am Erzählen orientierten Deutung entsprechend ließe sich auch sagen, die zweite Strophe bestehe eigentlich aus vier vierhebigen Trochäen mit weiblichem Ausgang, extrem reimreichen Versen, von denen die ersten beiden zur Betonung dieses Umstands im Schriftbild anders gesetzt sind. Dass beide Deutungen möglich sind, verweist auf den engen Zusammenhang zwischen metrischer und erzählerischer Struktur der Ballade.

Das lässt sich auch am Einsatz der Zäsur im jeweils ersten Vers der achtzeiligen Strophen studieren. Es handelt sich in jedem Fall um vierhebige Trochäen, doch ihre Wirkung ist hörbar verschieden. Sie entspricht dem jeweiligen Kolorit der Szene. Ein schwungvoller Aufbruch in der dritten Strophe; ein präsentierendes Staunen in der fünften; ein Erschrecken, dem das Suchen nach der erlösenden Formel schon anzuhören ist, in der siebten; die empörte Wut in der neunten; das berechnende Auflauern in der elften und zuletzt das hilflose Zusehen in der dreizehnten Strophe. Die durch die Verschiebung der Zäsur deutlich markierte Variation wird durch die Vokalverteilung unterstützt. Der (relative) Wandel in der Versstruktur entspricht dem Verlauf der Geschichte. Nur zwei der betreffenden Verse gleichen sich auch in der Feingliederung, der erste der fünften (V. 29) und der erste der elften Strophe (V. 71). Diese Entsprechung ist kein Zufall: Einmal läuft der Besen zum Fluss hinunter, das andere Mal läuft er von dort herauf. Die metrische Konstruktion ist auf den erzählerischen Effekt hin angelegt. Die Signale dafür sind nicht zu übersehen. Die 41 Verse auseinander liegenden Zeilen beginnen mit demselben Wort, „Seht", und sie reimen sich: „nieder" reimt auf „wieder".

Gliederung der Ballade

Der Bezug dieser beiden Verse ist eines der vielen Phänomene, die zur Binnengliederung der Ballade gehören. Das zentrale gliedernde Mittel ist der Wechsel der Strophenformen. Die wörtliche Wiederholung von Vers 9 in Vers 23 ist ein Indiz dafür, dass mit dem refrainartigen Charakter der sechszeiligen Strophen gespielt wird. Sie sind rhythmisch ähnlich aufgebaut, führen die Erzählung aber in deutlich höherem Maße weiter, als ein Refrain dies leisten könnte. (Daher werden sie hier als eigenständige Strophen betrachtet.) Der Verzicht auf einen ‚strengen' Refrain gestattet es, den Verlauf der

Zeit: Ordnung und Dauer

Handlung ohne verzögernde Wiederholungen darzustellen und trotzdem szenische Ruhepunkte zu integrieren: Für den Moment des Sprechens (Zauberns) wird zeitdeckend erzählt. Die übrigen Geschehnisse sind zeitraffend dargestellt. Die Handhabung der Versmaße betont die Geschwindigkeit der Ereignisse.

Nachdem sich der Lehrling seines Zauberspruchs probehalber versichert hat (Strophe 2), spricht er den Gegenstand an, den er verzaubern will. Der Besen erhält einen Auftrag und wird verwandelt, ihn auszuführen (Strophe 3). Darin besteht der konkrete Zauber, der mit der Wiederholung des Spruchs (Strophe 4) durchgeführt wird. Wie gewünscht, trägt der Besen das Wasser vom Fluss ins Haus und füllt ein Becken. Der Lehrling ist vom Funktionieren des Zaubers nicht weniger als von sich selbst begeistert (Strophe 5). Der Rausch des Erfolges ist schnell verflogen (Strophe 6). Der zweite Zauberspruch, formal dem ersten entsprechend, bleibt wirkungslos. Der Lehrling hat „das Wort vergessen" (V. 42), der Besen lässt sich nicht mehr anhalten. Also läuft das Becken über, das Wasser ins Haus (Strophe 7). Der Zauberlehrling greift in seiner Verzweiflung (Strophe 8, 9) auf bodenständige Logik und handfeste Hausmittel zurück. Der Besen ist aus Holz, er sollte sich mit einer Axt aufhalten lassen (Strophe 10). Der Anschlag gelingt, es keimt für einen sehr kurzen Moment Hoffnung auf (Strophe 11). Aber die beiden Besenteile regenerieren sich und tragen nun gemeinsam Wasser ins Haus, der Lehrling ruft ‚höhere Mächte' an (Strophe 12). Der Ruf bleibt ungehört, die Überschwemmung ist vorhersehbar. Nun ruft der Jüngling nach dem Meister (Strophe 13). Der erscheint gerade noch rechtzeitig, um dem Spuk ein Ende zu bereiten.

Geschildert wird all dies nahezu vollständig – nämlich mit Ausnahme der letzten Strophe – aus der Perspektive des Helden. Während er anfangs eher über sich spricht, berichtet er ab der dritten Strophe eher über das Treiben des Besens und die Versuche, ihn zu stoppen. Diese erzählerische Konstruktion hat einen doppelten Effekt. Zum einen wird eine enorme Unmittelbarkeit erreicht: Die Hörer und Leser werden direkt ins Geschehen versetzt. Zum anderen wird der Held durch sein Sprechen charakterisiert. Aus beidem ergibt sich das dramatische Moment der Ballade. Der Wechsel der erzählerischen Modi ließe sich auch mit Begriffen der Dramatik, etwa Monolog und Mauerschau (der Bericht über Ereignisse außerhalb des Schauplatzes), beschreiben. Dieses dramatische Moment hat sich auch im Wortlaut der Ballade niedergeschlagen. Die schon erwähnte Wiederholung des „Seht" versetzt Hörer und Leser in die Rolle der

> Zusammenfassung der Handlung

> Modus des Erzählens

Zuschauer. Der wechselnde Sprechgestus des Lehrlings entspricht seiner sich wandelnden Rolle: vom Akteur zum letztlich hilflosen Beobachter. Es bedarf keines Erzählers, dies festzustellen, es wird mit Mitteln des theatralen Sprechens ausgestellt.

Letzte Strophe: didaktischer Schluss

Das Auftreten des Meisters verweist auf die didaktischen Implikationen der Geschichte. Das liegt bei diesem Stoff nahe, es geht vom ersten Vers an um das Verhältnis von Lehrling und Meister. Die ersten drei Verse der letzten Strophe gelten dem Besen, die anderen drei können aus der Situation heraus nur an den Lehrling gerichtet sein. Ihm wird eine Lehre erteilt. Die letzte Strophe ist auch durch die Kennzeichnung der wörtlichen Rede von den anderen abgesetzt. Der Kontrast betont die Entfernung zwischen Meister und Schüler. Zugleich wird dadurch angezeigt, wie lang der Weg der Selbsterkenntnis des Lehrlings ist. Er führt von der Selbstüberschätzung zum unberatenen Experimentieren, das leicht als Drückebergerei zu erkennen ist, über Ratlosigkeit und Hilferuf hin zur Einsicht in die eigenen Grenzen: „Die ich rief, die Geister, / Werd ich nun nicht los" (V. 91f.). In diesen als geflügeltes Wort und im Volksmund oft in Abwandlung tradierten Versen wird die Einsicht ausgesprochen, sich überschätzt zu haben. Der Kontext der Ballade zeigt, dass die Selbstüberschätzung aus mangelndem fachlichen Wissen resultiert.

Wertung im historischen Zusammenhang

Der *Zauberlehrling* ist zweifelsohne auch ein Lehrstück über die wirkungsvolle Anwendung von Sprache: Der Lehrling hat „das Wort" vergessen. In dieser Hinsicht ist die Ballade Beweis hoher künstlerischer Meisterschaft, und so war sie wohl auch gedacht. Sie entstand im sogenannten Balladenjahr 1797. Goethe demonstrierte sein Können nicht nur im Umgang mit einer antiken Vorlage, Lukians *Lügenfreund*. Er schuf sich auch ein Beispiel für die Diskussion der Gattungstheorie. Dass hier alle „drei Grundarten der Poesie" (Goethe 1902, S. 223) miteinander verbunden sind, ist leicht zu erkennen. Aber auch die umstrittene Frage nach der Vereinbarkeit von Volkstümlichkeit und Kennerschaft hat Spuren im Gedicht hinterlassen. Die vier- und dreihebigen Trochäen der achtzeiligen Strophen waren oft genutzte Versmaße, ein dreihebiger Trochäus mit abwechselnd männlichem und weiblichem Reim gehört zum Versbestand der Volksliedtradition. Die sechszeilige, kunstvoll gereimte Strophe dagegen ist ein Novum: Sie ist Goethes Erfindung. Im *Zauberlehrling* wird vorgeführt, wie volkstümliche Tradition und kunstvolle Neuschöpfung eine Einheit bilden, in der die vermeintlichen Gegensätze harmonisch aufgehoben sind. Das ist zweifellos meisterlich.

Aufgaben

Der Titel von Eichendorffs Ballade gibt die Art des Geschehens – ein Gespräch – und den Ort, an dem es sich ereignet, vor.

Interpretation

- Verfolgen Sie den Verlauf des Gesprächs und klären Sie, wer spricht. Beschreiben Sie dabei die Gliederung des Gedichts und die Darstellung der Sprechenden über die Art und Weise, wie sie sprechen.
- Überlegen Sie, welches Wissen vorhanden sein muss, um die Sprechenden charakterisieren zu können.
- Ein Vers wird wörtlich wiederholt. Deuten Sie diesen Umstand und arbeiten Sie Ihre Deutung schriftlich aus.
- Ordnen Sie das Gedicht möglichst genau in seinen Traditionszusammenhang ein. Sammeln Sie metrische und thematische (inhaltliche) Belege für die Einordnung.

Joseph von Eichendorff, *Waldgespräch* (1815)

1 Es ist schon spät, es wird schon kalt,
  Was reit'st du einsam durch den Wald?
  Der Wald ist lang, du bist allein,
  Du schöne Braut! Ich führ' dich heim!

5 „Groß ist der Männer Trug und List,
  Vor Schmerz mein Herz gebrochen ist,
  Wohl irrt das Waldhorn her und hin,
  O flieh! Du weißt nicht, wer ich bin."

  So reich geschmückt ist Roß und Weib,
10 So wunderschön der junge Leib,
  Jetzt kenn' ich dich – Gott steh' mir bei!
  Du bist die Hexe Loreley.

  „Du kennst mich wohl – von hohem Stein
  Schaut still mein Schloß tief in den Rhein.
15 Es ist schon spät, es wird schon kalt,
  Kommst nimmermehr aus diesem Wald!"

- Fassen Sie die Geschichte zusammen, die in Trakl's *Ballade* erzählt wird.
- Welche Aspekte der Geschichte werden durch Wortwahl und metrischen Aufbau hervorgehoben?
- Überlegen Sie, was der Titel des Gedichts über den Zusammenhang von Geschichte und Darstellung in Versen aussagt. Welche Anregung zur Interpretation wird dadurch gegeben?

Georg Trakl, *Ballade* (entstanden vor 1914)

1 Ein Narre schrieb drei Zeichen in Sand,
Eine bleiche Magd da vor ihm stand.
Laut sang, o sang das Meer.

Sie hielt einen Becher in der Hand,
5 Der schimmerte bis auf zum Rand,
Wie Blut so rot und schwer.

Kein Wort ward gesprochen – die Sonne schwand,
Da nahm der Narre aus ihrer Hand
Den Becher und trank ihn leer.

10 Da löschte sein Licht in ihrer Hand,
Der Wind verwehte drei Zeichen im Sand –
Laut sang, o sang das Meer.

Lektüreempfehlungen

Zur Ballade

- **Hartmut Laufhütte (Hg.): Deutsche Balladen,** Stuttgart 2000. *Umfangreiche und gut ausgewählte Anthologie; das Nachwort ist nicht für Anfänger bestimmt.*

- **Gottfried Weißert: Ballade,** Stuttgart 1980, 2., überarb. Aufl. 1993. *Gut gegliederter und verlässlicher Überblick, wenig Beispiele. An dieser Darstellung sind die Abschnitte 9.2 und 9.3 orientiert.*

Interpretationen zum *Zauberlehrling*

- **Hartmut Laufhütte: Die deutsche Kunstballade. Grundlegung einer Gattungsgeschichte,** Heidelberg 1979, S. 59–63.

- **Reiner Wild: Der Zauberlehrling,** in: Goethe-Handbuch, Bd. 3, S. 295f.

Gute Beispiele für Interpretationen in verschiedenen Kontexten.

10 Rhetorische Figuren

Abbildung 15: Martin Luther King bei seiner Rede *I have a dream* (1963)

Abbildung 16: Oskar Pastior, 26. Erlanger Poetenfest (2006)

Das obere Bild zeigt den Bürgerrechtler Martin Luther King bei seiner berühmten Rede „I have a dream" 1963 in Washington, das untere den Dichter Oskar Pastior beim Vortragen eines Gedichts auf dem Erlanger Poetenfest 2006. Den Gesten beider ist abzulesen, dass sie mit dem, was sie sagen, Wirkung bei ihrem Publikum erzielen wollten. Natürlich war ihnen an ganz unterschiedlichen Wirkungen gelegen: King rief zu politischem Handeln auf. Pastior sorgte für das ästhetische Vergnügen eines gebildeten Publikums, das Geld dafür bezahlt hatte, ihn sehen zu dürfen. Die sprachlichen Mittel, die beide einsetzten, um ihr Ziel zu erreichen, sind jedoch die gleichen. Sie arbeiten mit einprägsamen, auffälligen Formulierungen und mit Wiederholungen – Kings Rede bekam ihren Titel, weil der Satz „I have a dream" darin immer wieder kehrt. Sie benutzten anschauliche oder ungewöhnliche Metaphern und gaben ihren Texten durch Reime oder Spiele mit Vokalen einen besonderen Klang.

Dichter und Redner bedienen sich gleichermaßen der Rhetorik, der Kunst der Rede. Dieses und das folgende Kapitel geben einen Überblick über die rhetorischen Mittel, die in Gedichten häufig eingesetzt werden, und ihre möglichen Funktionen. Während Redner und Dichter diese Mittel erlernen, um Texte zu produzieren, benutzen Literaturwissenschaftler die Rhetorik, wie die Metrik auch, als analytisches Instrumentarium. Mit ihren Begriffen können sprachliche Auffälligkeiten (rhetorische Figuren) und bildliche Ausdrücke (Tropen) in literarischen Texten genau beschrieben werden.

Da die Rhetorik ursprünglich zur Produktion von Reden anleitete, geht es in diesem Kapitel zunächst um die Rede, dann erst um Gedichte.

10.1 **Rhetorik und Dichtung**
10.2 **Rhetorische Figuren im Überblick**
10.3 **Rhetorische Figuren in der Interpretation**
   Zum Beispiel: Christian Hoffmann von Hoffmannswaldau,
   Die Welt

10.1 Rhetorik und Dichtung

Rhetorik im Überblick

Im antiken Griechenland gab es bereits im 5. Jahrhundert v. Chr. Regeln für die Produktion von wirkungsvollen Reden. Es war notwendig, gut reden zu können, um bei Gericht oder in politischen Versammlungen die Richter oder Entscheidungsträger von der eigenen Position zu überzeugen. Die Rhetorik wird daher auch als *ars persuadendi* (lateinisch: Kunst zu überzeugen) bezeichnet. Sie ist darauf ausgerichtet, bestimmte Wirkungen beim Publikum hervorzurufen. In der lateinischen Rhetorik, die im 2. und 1. Jahrhundert v. Chr. ihre Blütezeit hatte, unterschied man zwischen drei Wirkungen, die beabsichtigt sein können. Jeder Wirkung ist in der Dreistilelehre ein bestimmter Redestil zugeordnet, durch den man sie besonders gut hervorrufen kann. Das *genus humile*, der niedere Stil, dient der sachlichen Mitteilung und Belehrung (*docere*); das *genus medium/mediocre*, der mittlere Stil, wird eingesetzt um zu unterhalten (*delectare*) oder das Publikum nach einer schwierigen oder aufregenden Passage zu entspannen. Im *genus sublime/grande* (erhabener/hoher Stil) schließlich spricht, wer die Leidenschaften der Zuhörer bewegen (*movere*), sie rühren oder auch wütend machen will.

Dreistilelehre

Um das Erlernen der Redekunst zu erleichtern, wurde ein Regelwerk aus fünf Schritten entwickelt, mit dessen Hilfe man eine Rede erarbeiten kann. Die Schritte heißen *inventio*, *dispositio*, *elocutio*, *memoria* und *actio* (auch *pronuntiatio*).

Fünf Schritte zur Erarbeitung einer Rede

Im ersten Schritt, der *inventio* (Erfindung), sucht der Redner Gedanken und Gesichtspunkte für sein Thema. Er kann sich dabei fester Topoi oder Loci (griechisch: *topos*/lateinisch: *locus* = Ort, Gemeinplatz) bedienen (→ KAPITEL 2.1). Darunter versteht man einen Kanon an Fragen, die für jedes Thema beantwortet werden müssen, z. B. Wann? Wo? Warum? Mit welchen Mitteln? Nicht umsonst erinnern diese Fragen ein wenig an die Spurensuche in Krimis: Viele Reden in der Antike waren Gerichtsreden, also Reden von Anklägern und Verteidigern. Um kein Detail des Verbrechens in der Argumentation zu übersehen, waren die Fragen sehr nützlich. Je nach Gattung der Rede kann ihr Aufbau variieren. Alle Reden aber können grob in vier Teile gegliedert werden: Sie beginnen mit einem *exordium*, der Einleitung. Es folgt die *narratio*, die Darlegung des Gegenstands oder der These, dann die *argumentatio*, die Abwägung der Argumente für und gegen die These, und als letztes die *peroratio*, der Schluss,

Inventio

Topos

Redeteile

zu dem eine Schlussfolgerung oder Zusammenfassung gehört, manchmal auch eine letzte emotionale Erregung der Hörer.

Dispositio — Hat der Redner alle Aspekte für seine Rede gesammelt, dann gewichtet und ordnet er sie. Dieser Schritt heißt daher *dispositio* (Ordnung).

Elocutio — Nach der Gliederung in der *dispositio* wird die Rede im nächsten Schritt, der *elocutio* (sprachlicher Ausdruck), formuliert. Der Redner sucht die passenden Ausdrücke, um die Wirkung zu erzeugen, die er erreichen möchte. Bei dieser Einkleidung der Gedanken oder Begriffe *Virtutes elocutionis* (*res*) in Worte (*verba*) müssen vier Tugenden des sprachlichen Ausdrucks (*virtutes elocutionis*) beachtet werden. Fast selbstverständlich erscheinen Sprachrichtigkeit (*latinitas*) sowie Verständlichkeit und Klarheit im Ausdruck (*perspicuitas*). Sie sind die Voraussetzung für die wichtigste Tugend, die Angemessenheit (*aptum*) des Stils an den Gegenstand des Textes. Hier können die größten Fehler entstehen – etwa wenn eine Begräbnisrede in einem niederen, belehrenden Stil anstatt im angemessenen hohen und bewegenden gehalten wird. Die *Ornatus* verschiedenen Stile unterscheiden sich durch die Menge und Art des Redeschmucks (*ornatus*). Er ist die vierte der Tugenden und nimmt vom niederen, sachlichen zum hohen, leidenschaftlichen Stil zu. Man versteht unter dem *ornatus* insbesondere das große Repertoire an rhetorischen Figuren und Tropen, die der emotionalen Wirkung und Abwechslung sowie der Ausschmückung dienen.

Memoria und *actio* — Ist der Redetext formuliert, muss die Rede im vierten Schritt, der *memoria* (Gedächtnis), auswendig gelernt werden. Der letzte Schritt schließlich ist die *actio*, der eigentliche Vortrag (vgl. Göttert 1998, S. 25–74).

Rhetorik in der Dichtung

Die *elocutio* und hier speziell der *ornatus* ist der Teil der Rhetorik, der für die Dichtung und insbesondere die Lyrik die größte Rolle spielt. In allen Epochen werden rhetorische Figuren und Tropen in *Frühe Neuzeit* der Dichtung eingesetzt. Insbesondere in der Frühen Neuzeit sind Rhetorik und Dichtung eng verbunden (→ KAPITEL 2.1, → ASB KELLER). Als ein guter Dichter gilt, wer begabt ist und die Regeln der Rede- und Dichtkunst beherrscht. Viele Poetiken – etwa Martin Opitz' *Buch von der Deutschen Poeterey* (1624) – sind wie die Rhetoriklehrbücher in *inventio, dispositio* usw. gegliedert und empfehlen, beim Schreiben guter literarischer Texte nach derselben Methode vorzugehen wie beim Schreiben guter Reden (vgl. Ueding/Steinbrink 1986, S. 84–86). Bei der literaturwissenschaftlichen Interpretation solcher Texte finden daher auch die Begriffe für die Redeteile oder die fünf Schritte zur Erarbeitung einer Rede Anwendung. Wichtig ist, dass dies historisch korrekt, unter Berücksichtigung der Ausbildung des Autors und des Stellenwerts der Rhetorik in seiner Zeit geschieht.

Die Terminologie der rhetorischen Figuren und Tropen hingegen wird generell zur Beschreibung von Texten eingesetzt. Die einzelnen Figuren und ihre Namen haben sich seit der Antike fast unverändert erhalten. Viele Figuren können aufgrund ihrer Geschichte wahlweise mit griechischen oder lateinischen Namen bezeichnet werden. (Im Folgenden wird der griechische Name benutzt, der lateinische in Klammern angegeben). Der Begriff „rhetorische Figur" wird bis heute in einem weiteren und einem engeren Sinn verwendet. Im weiteren Sinn bezeichnet er die Gesamtheit aller Stilmittel des *ornatus*; im engeren Sinn bezeichnet er die Mittel, die nicht zu den Tropen gehören. Ein Tropus kommt, im Gegensatz zu einer Figur, durch den Gebrauch uneigentlicher Rede zustande. Das heißt, dass der jeweilige Ausdruck eine wörtliche und eine übertragene Bedeutung hat (→ KAPITEL 11).

<small>Terminologie</small>

<small>Unterscheidung von den Tropen</small>

Über die Unterscheidung zwischen Tropen und Figuren herrscht relative Einigkeit, für die Gruppierung der rhetorischen Figuren allerdings gibt es seit der Antike mehrere Modelle – etwa in der anonymen *Rhetorica ad Herennium* (ca. 86–82 v. Chr.) oder in Quintilians *Institutio oratoria* (um 90 n. Chr.). Auch die Oberbegriffe der gebildeten Gruppen, z. B. „Wiederholungsfiguren", werden in der Forschung nicht einheitlich verwendet. Ein einziges gültiges Ordnungssystem aufzustellen, hat sich als problematisch erwiesen, da man die Figuren nach verschiedenen Kriterien sinnvoll sortieren kann. Der Literaturwissenschaftler Heinrich Lausberg fragt in seinem Buch *Elemente der literarischen Rhetorik* (1949) etwa, welche Änderungsoperation (z. B. Wiederholen) gegenüber dem üblichen Sprachgebrauch durchgeführt wird (vgl. Lausberg 1990a, 1990b). Heinrich Plett hingegen teilt in seiner *Einführung in die rhetorische Textanalyse* (1971) die Figuren zunächst danach ein, auf welcher sprachlichen Ebene, z. B. Morphologie oder Syntax, eine Figur angesiedelt ist (vgl. Plett 2001).

<small>Gruppierung der rhetorischen Figuren</small>

Auch die Ordnung der rhetorischen Figuren in diesem Kapitel ist nicht als allgemein gültiges System zu betrachten. Sie ist nach didaktischen Gesichtspunkten aufgebaut und soll durch möglichst kleine Einheiten das Lernen erleichtern. Die Auswahl beschränkt sich auf die für die Lyrik besonders gängigen Figuren. Wichtig für die Gedichtanalyse ist das Erkennen der Figuren und ihrer Funktionen im

Text, nicht ihre Ordnung untereinander. Beachtet werden sollte außerdem, dass die Figuren vielfach miteinander verflochten sind. Eine Antithese kann beispielsweise die Form eines Parallelismus haben, das Paradox kann die Funktion der Emphase (→ KAPITEL 11.2) erfüllen (vgl. Meyer 2007, S. 89–96).

10.2 Rhetorische Figuren im Überblick

Wörtliche Wiederholung

Viele Effekte in Gedichten beruhen auf der Wiederholung von Wörtern oder längeren Einheiten. Die folgenden Figuren unterscheiden sich darin, welche Position die wiederholten Wörter im Text einnehmen.

Anapher

Redeeinheit

Als Anapher wird die Wiederholung eines Wortes oder einer Wortgruppe am Anfang aufeinander folgender Redeeinheiten bezeichnet. Eine Redeeinheit kann eine Strophe, ein Vers, ein Satz oder Teilsatz sein.

> Duldet mutig, Millionen!
> Duldet für die beßre Welt!
> (aus: Friedrich Schiller, *An die Freude*, 1. Fassung, 1786)

Epipher

Eine Epipher ist die Wiederholung eines Wortes oder einer Wortgruppe am Ende aufeinander folgender Redeeinheiten. Sie kann auch als identischer Reim bezeichnet werden (→ KAPITEL 4.1).

> Wer sind die tausendmal tausend,
> Die myriadenmal hundert tausend,
> (aus: Friedrich Gottlieb Klopstock, *Die Frühlingsfeier*, 1. Fassung, 1759)

Symploke (Complexio)

Die Kombination aus Anapher und Epipher nennt man Symploke (Complexio). Ein Wort oder eine Wortgruppe wird zu Beginn, eine andere am Ende derselben Redeeinheit wiederholt.

> Alles geben die Götter, die unendlichen,
> Ihren Lieblingen ganz,
> Alle Freuden, die unendlichen,
> Alle Schmerzen, die unendlichen, ganz
> (aus: Johann Wolfgang Goethe, *[Alles geben die Götter ...]*, entstanden 1777)

Kyklos

Ein Kyklos ist die Wiederholung eines Wortes oder einer Wortgruppe vom Anfang einer Redeeinheit an deren Ende. Die Wörtlichkeit der Wiederholung wird beim Kyklos nicht so streng gehandhabt wie bei den drei oben beschriebenen Figuren. Leichte Variationen in den wiederholten Elementen sind möglich. Der Kyklos kann auch einen ganzen Text umschließen (→ KAPITEL 13.3, Beispielinterpretation).

> Da aus der Hand des Allmächtigen
> Die grössern Erden quollen,
> Da die Ströme des Lichts
> Rauschten, und Orionen wurden;
> Da rann der Tropfen
> Aus der Hand des Allmächtigen!
> (aus: Friedrich Gottlieb Klopstock, *Die Frühlingsfeier*, 1. Fassung, 1759)

Die unmittelbare Wiederholung eines Wortes oder einer Wortgruppe insbesondere am Beginn einer Redeeinheit nennt man Epanalepse (Geminatio). Zwischen den Elementen kann sich ein Einschub befinden.   *Epanalepse (Geminatio)*

> Frühling, Frühling soll es sein!
> (aus: Joseph von Eichendorff, *Frische Fahrt*, 1815)

Als Anadiplose (Reduplicatio) bezeichnet man die Wiederholung des letzten Wortes oder der letzten Wortgruppe einer Redeeinheit zu Beginn der nächsten. Sie tritt häufig in Verbindung mit der Gradatio (siehe unten) auf.   *Anadiplose (Reduplicatio)*

> O Mutter, Mutter! was mich brennt,
> Das lindert mir kein Sakrament!
> Kein Sakrament mag Leben
> Den Toten wiedergeben.
> (aus: Gottfried August Bürger, *Lenore*, 1773)

Wiederholung mit Variation

Auch die folgenden Figuren zeichnen sich durch Wiederholungen aus, jedoch wird nicht wörtlich, sondern in variierter Form wiederholt. Die Figuren unterscheiden sich darin, wie und was variiert wird.

Als Polyptoton bezeichnet man die Kombination aus einem Wort und einer seiner flektierten Formen in engem Zusammenhang.   *Polyptoton*

> Wem der große Wurf gelungen,
>   eines Freundes Freund zu sein;
> (aus: Friedrich Schiller, *An die Freude*, 1. Fassung, 1786)

Dem Polyptoton ähnlich ist die Figura etymologica. Sie besteht aus zwei Wörtern mit demselben Wortstamm, die in einen engen syntaktischen Zusammenhang gebracht werden. Die beiden Wörter müssen jedoch unterschiedlichen Wortarten angehören, z. B. Substantiv und Verb.   *Figura etymologica*

> An mir ist minder nichts / das lebet / als mein Leben.
> (aus: Paul Fleming, *Herrn Pauli Flemingi der Med. Doct. Grabschrifft ...*, entstanden 1640)

Paronomasie

In einer Paronomasie werden lautlich ähnliche Wörter kombiniert, die aber eine große inhaltliche Distanz zueinander aufweisen. Der Kontrast wird auf diese Weise besonders hervorgehoben.

> Halt ihre Lust vor eine schwere Last.
> (aus: Christian Hoffmann von Hoffmannswaldau, *Die Welt*, 1679)

Pleonasmus

Tautologie

Als Pleonasmus bezeichnet man in der Regel die Kombination aus einem Substantiv und einem Attribut, wenn das Attribut keine zusätzliche Information zum Substantiv liefert (ein großer Riese). Die Tautologie funktioniert genauso wie der Pleonasmus, nur dass die beiden Elemente in verschiedenen Satzteilen stehen (Der Schimmel ist weiß).

Epitheton

Epitheton ornans

Bezogen auf antike Epen ist ein Epitheton ein in stehender Verbindung mit einem Substantiv, häufig einem Personennamen, verwendetes Attribut, z. B. „der listige Odysseus" in Homers *Odyssee* (Ende 8. Jh. v. Chr.). Als Epitheton ornans wird in der Neuzeit ein Adjektiv bezeichnet, das im gegebenen Kontext zum zugehörigen Substantiv keine neue oder gar originelle Aussage hinzufügt, sondern konventionell wirkt.

> Die goldnen Sternlein
> (aus: Matthias Claudius, *Abendlied*, 1783)

Aufzählung

Figuren der Aufzählung werden eingesetzt, um ein Thema besonders zu betonen oder besondere Ausmaße anzuzeigen. Eine Reihung von Wörtern, Satzteilen oder Sätzen, die aus mindestens drei Gliedern besteht, nennt man Enumeratio (Aufzählung). Sie kann als Asyndeton, d. h. ohne Konjunktionen zwischen den Elementen, oder als Polysyndeton, d. h. mit Konjunktionen, realisiert werden.

Enumeratio

Asyndeton

> diser grosse Krieg mit hunger, schwert, pest, brand
> (aus: Georg Rudolf Weckherlin,
> *An H. Martin Opitzen Fürtrefflichen Teutschen Poeten*, 1641)

Polysyndeton

> In Berg und Wald und Strom und Feld.
> (aus: Joseph von Eichendorff, *Der frohe Wandersmann*, 1823)

Gradatio, Klimax, Antiklimax

Die Aufzählungen lassen sich außerdem danach unterscheiden, ob ihre Elemente steigend oder fallend angeordnet werden. Eine Gradatio besteht aus mindestens drei kategorial gleichen oder vergleichbaren Elementen, die entweder aufsteigend (Klimax) oder absteigend (Antiklimax) hintereinander geordnet werden. Das kann als fortlaufende Anadiplose geschehen oder als einfache Reihe.

Ein Fluch dem König, dem König der Reichen,
Den unser Elend nicht konnte erweichen,
Der den letzten Groschen von uns erpreßt,
Und uns wie Hunde erschießen läßt –
(aus: Heinrich Heine, *Die schlesischen Weber*, 1844)

Auslassung

Etwas nicht auszusprechen, kann ein sehr wirkungsvolles Mittel sein, es zu betonen. Es gibt verschiedene Möglichkeiten etwas auszulassen.
Als Aposiopese wird ein abgebrochener oder abgerissener Satz bezeichnet.

    Aposiopese

> also, wollte fragen, ob man sich …
> (aus: Peter Rühmkorf, *Wollte nur mal fragen …*, 1999)

Ein Anakoluth ist eine grammatisch falsche Weiterführung eines zuvor abgebrochenen Satzes. (→ KAPITEL 8.4, Beispielgedicht, V. 3–7).

    Anakoluth

Die Auslassung von einem oder mehreren grammatisch notwendigen Wörtern oder Satzgliedern, die aber aus dem Kontext ergänzbar sind, nennt man Ellipse.

    Ellipse

> Von reisen hochgepreist; für keiner Mühe bleich.
> Jung/wachsam/unbesorgt. Man wird mich nennen hören.
> (aus: Paul Fleming, *Herrn Pauli Flemingi der Med. Doct. Grabschrifft …*, entstanden 1640)

Das Zeugma ist eine Verbindung mehrerer syntaktischer Einheiten mit einer übergeordneten Einheit. Auffällig ist besonders das inkongruente Zeugma, das eine Verbindung syntaktisch oder semantisch nicht zusammenpassender Einzelelemente darstellt. Das folgende Beispiel ist ein syntaktisch kongruentes Zeugma – es ist grammatisch korrekt; die Inkongruenz wird durch die Konjunktion „und" erzeugt. Sie bewirkt die semantisch falsche Nebenordnung zweier Satzglieder (Lokaladverbiale und Instrumentaladverbiale).

    Zeugma

> Palmström, etwas schon an Jahren,
> wird an einer Straßenbeuge
> und von einem Kraftfahrzeuge
> überfahren.
> (aus: Hans Christian Morgenstern, *Die unmögliche Tatsache*, 1910)

Eine Sonderform des Zeugmas ist das Apokoinu, bei dem ein Satzglied aufgrund seiner Stellung in der Mitte zwei syntaktische Funktionen gleichzeitig erfüllt. Im folgenden Beispiel ist „gern" gleichzeitig Adverb zu zwei verschiedenen Prädikaten („bist" und „stemm") und verbindet damit auch Aussagen über zwei verschiedene Subjekte („Richard" und „ich").

    Apokoinu

> Maulfaul, schreibfaul bist du, Richard, gern
> Stemm ich aufn Tisch zwei Ellenbogen
> (aus: Karl Mickel, *Bier*, 1975)

Besondere Anordnung

Die auffällige Ordnung oder Gliederung von Sätzen oder Versen bietet viele Möglichkeiten für Effekte. Zunächst kann grundsätzlich untersucht werden, ob ein Gedicht vor allem aus aneinander gereihten Hauptsätzen besteht – man spricht von parataktischem Satzbau – oder ob ein Geflecht hierarchisch geordneter Haupt- und Nebensätze vorliegt. Dieser hypotaktische Satzbau ist in der Regel komplexer und typisch für einen argumentierenden Stil. Die Parataxe hingegen wirkt eher behauptend. Beide Stile können aber auch andere Funktionen erfüllen.

Parataxe und Hypotaxe

Verschiedene Besonderheiten des Satzbaus haben eigene Namen in der Rhetorik erhalten. Die Gleichordnung von zwei oder mehr syntaktischen Einheiten (Sätzen, Satzteilen, Nominal- oder Verbalphrasen) mit demselben grammatischen Aufbau nennt man Parallelismus. Die Einheiten können mit oder ohne Konjunktion nebeneinander geordnet werden. Parallelismen finden sich häufig in Gebeten und Texten, die etwas suggerieren sollen. Sie können eine mnemotechnische (gedächtnisunterstützende) Funktion haben. Insgesamt gehören sie zu den häufigsten rhetorischen Figuren.

Parallelismus

> Ein schnöder Schein in kurtzgefasten Gräntzen /
> Ein schneller Blitz bey schwartzgewölckter Nacht.
> (aus: Christian Hoffmann von Hoffmannswaldau, *Die Welt*, 1679)

Chiasmus

Werden die analog gebauten Teile eines Satzes oder Verses nicht parallel, sondern über Kreuz angeordnet, spricht man von einem Chiasmus.

> Ich weiß nicht, was ich bin; ich bin nicht, was ich weiß
> (aus: Angelus Silesius, *Cherubinischer Wandersmann*, 1657)

Parenthese

Als Parenthese bezeichnet man den Einschub einer selbstständigen syntaktischen Einheit in eine geschlossene Satzkonstruktion. Das Thema der Parenthese unterscheidet sich dabei deutlich von dem des umschließenden Satzes. Beispielsweise stellt der Sprecher sich selbst oder seine Meinung vor oder er wendet sich in einer Apostrophe (siehe unten) an die Rezipienten.

> 1. IN einer dunkler nächte,
> Als Libesangst beflammend mich durchwerkt,
> (O fall vom Glükksgeschlechte!)
> Entkam ich, allen unbemerkt,
> Da schon mein Haus di still und ruh verstärkt.
> (aus: Quirinus Kuhlmann, *Der 2. (62.) Kühlpsalm*, 1685)

Die Trennung zweier syntaktisch eng zusammengehöriger Worte, z. B. Substantiv und Attribut, oder Verb und Adverb, durch Einschub anderer Satzteile bezeichnet man als Hyperbaton. — Hyperbaton

> Müßig sieht er seine Werke
> Und bewundernd untergehen.
> (aus: Friedrich Schiller, *Das Lied von der Glocke*, 1799)

Beliebt ist es vor allem zusammen mit der Epiphrase, dem erweiternden Nachtrag. — Epiphrase

> Küsse gab sie uns und Reben,
> einen Freund, geprüft im Tod.
> (aus: Friedrich Schiller, *An die Freude*, 1. Fassung, 1786)

Eine Verkehrung der in einer Sprache üblichen syntaktischen Wortstellung nennt man Anastrophe (Inversion). — Anastrophe (Inversion)

> Nicht in den Ozean
> Der Welten alle
> Will ich mich stürzen!
> (aus: Friedrich Gottlieb Klopstock, *Die Frühlingsfeier*, 1. Fassung, 1759)

In einer Hypallage (Enallage) wird die syntaktische Position eines Wortes, meist eines Attributes, so verändert, dass es nun beim semantisch ‚falschen' Bezugswort steht. — Hypallage (Enallage)

> Faßt bald des Knaben
> Lockige Unschuld
> (aus: Johann Wolfgang Goethe, *Das Göttliche*, 1785)

Alle diese Figuren, die die übliche Wortstellung im Satz verändern, dienen häufig der Emphase, also der Betonung. Gelegentlich werden Umstellungen auch durch Erfordernisse des Metrums hervorgerufen.

In manchen Gedichten bietet es sich an, neben dem Satzbau auch die Interpunktion genauer zu untersuchen. In vielen modernen Gedichten wird durch das Fehlen von Interpunktion oder ihren nicht regelgerechten Einsatz der Lesefluss gesteuert. — Interpunktion

Verschiedene grammatische Kategorien lohnen ebenfalls in vielen Gedichten eine Untersuchung. So kann der Modus genauere Auskunft über die Haltung des Sprechers geben. Wird der Indikativ, der Konjunktiv oder der Imperativ verwendet? In der Gedichtinterpretation in → KAPITEL 10.3 wird der Gebrauch des Imperativs näher beleuchtet. — Grammatische Kategorien

Frage und Antwort

Rhetorische Frage (Interrogatio)   Eine rhetorische Frage (Interrogatio) ist eine Frage, auf die keine Antwort erwartet wird. In der Regel wird sie vom Rezipienten als Aussage verstanden.

> Wer half mir
> Wider der Titanen Übermuth?
> Wer rettete vom Tode mich,
> von Sklaverei?
> (aus: Johann Wolfgang Goethe, *Prometheus*, wohl 1774)

Subiectio   Ein in einen monologischen Text (Rede, Gedicht) eingebauter Frage-Antwort-Dialog wird als Subiectio bezeichnet.

> Nun laß mich nur mal eben überlegen,
> weswegen
> hatten wir überhaupt den Strom durchschwommen
> mit mehr als Menschmut?
> Vielleicht, um in Utopia anzukommen,
> wo graue Spatzen goldne Eier legen,
> so weit – so gut.
> (aus: Peter Rühmkorf, *Letzte Ausfahrt Ithaka*, 1999)

Dialog   Die Subiectio muss von einem dramatischen Dialog zwischen verschiedenen auftretenden Personen unterschieden werden (z. B. in Joseph von Eichendorffs Ballade *Waldgespräch*, 1815 → KAPITEL 9.4, Aufgaben).

Gegensatz

Die bisher benannten Figuren waren hauptsächlich formal bestimmt, durch die Anordnung von Wörtern. Die folgenden sind semantisch, also inhaltlich definiert und arbeiten mit einem Gegensatz.

Antithese   Wenn gegensätzliche Wörter oder Sätze einander gegenübergestellt werden, so bezeichnet man dies als Antithese. Sie tritt häufig in Form des Parallelismus oder Chiasmus auf.

> Was diser heute baut / reist jener morgen ein.
> (aus: Andreas Gryphius, *Es ist alles Eitel*, 1637).

Oxymoron   In einem Oxymoron werden einander ausschließende Begriffe syntaktisch eng verbunden.

> Drinnen saßen stehend Leute,
> schweigend ins Gespräch vertieft
> (aus: Anonym, *[Finster wars der Mond schien helle]*)

Die Contradictio in adiecto ist ein Spezialfall des Oxymorons, bei dem ein Widerspruch zwischen einem Substantiv und einem Attribut besteht. *Contradictio in adiecto*

> Schwarze Milch der Frühe (aus: Paul Celan, *Todesfuge*, 1947)

Ein literarisches Paradox – das vom philosophischen unterschieden werden muss – ist eine widersprüchliche Behauptung, die durch Interpretation aber sinnvoll gedeutet werden kann und oft eine überraschende Einsicht gewährt. Das Paradox kann verschiedene Formen, z. B. eine Contradictio in adiecto, annehmen und auch mit verschiedenen Tropen kombiniert werden, häufig z. B. mit der Ironie (→ KAPITEL 11.2). Ein klassischer Ort für Paradoxien ist die Mariendichtung. *Paradox*

> der Jungfraun Sohn
> (aus: Angelus Silesius, *Heilige Seelenlust oder geistliche Hirtenlieder*, Drittes Buch, XCVI, 1657).

Ausruf, Anrufung

Als Exclamatio bezeichnet man einen Ausruf in Form eines Aussage- oder Fragesatzes oder auch eines unvollständigen Satzes. Meist ist sie durch ein Ausrufezeichen markiert. *Exclamatio*

> O Weh, O grosse Noht!
> (aus: Simon Dach, *Ein hertzlich-darauff folgendes Klag- und Trawer-Lied ...*, entstanden 1649)

Eine Apostrophe ist die Abwendung des Sprechers vom primären Publikum hin zu einem zweiten Publikum, das meist mit besonderem Pathos angesprochen wird. Beispiele finden sich etwa in V. 11 des Gedichts *Die Welt* von Christian Hoffmann von Hoffmannswaldau (→ KAPITEL 10.3) und am Beginn der dritten Strophe von Klopstocks Ode *Die frühen Gräber* (1771) (→ KAPITEL 13.3). *Apostrophe*

Eine Sonderform der Apostrophe ist die Invocatio, bei der Götter oder Musen angerufen werden. Häufig bittet der Dichter dabei um Inspiration oder Autorisierung seines Werkes. *Invocatio*

> Nur einen Sommer gönnt, ihr Gewaltigen!
> Und einen Herbst zu reifem Gesange mir,
> (aus: Friedrich Hölderlin, *An die Parzen*, 1799)

Austausch und Umschreibung

Euphemismus

Im Grenzgebiet zur uneigentlichen Rede bewegen sich die Figuren Euphemismus und Pejorativ. Als Euphemismus bezeichnet man einen Ausdruck, der einen – oft tabuisierten oder schlecht angesehenen – Sachverhalt positiv verhüllt, ihn beschönigt oder abmildert.

> sie wohnt im Schattenlande [für: sie ist tot]
> (aus: Friedrich Schiller, *Das Lied von der Glocke*, 1799)

Pejorativ

Ein Pejorativ hat die entgegengesetzte Funktion. Es wertet einen Gegenstand ab und zeigt ihn bewusst von seinen hässlichen oder schrecklichen Seiten (z. B. „verrecken" für „sterben"). Euphemismen und Pejorative sind häufig auf ein Wort beschränkt, können aber auch längere Ausdrücke umfassen.

Neologismus

Der Neologismus und der Archaismus hingegen bewegen sich in der Regel nur auf der Wortebene. Ein Neologismus ist ein neues Wort in einer bestimmten Sprache. Der sprachwissenschaftliche Terminus umfasst alle Neubildungen, z. B. neue hybride Wortbildungen aus verschiedenen Sprachen („skypen", „googeln") oder spontane Wortneubildungen von Kindern. In der Literatur werden Neologismen je nach Epoche unterschiedlich bewertet. Beliebt waren sie insbesondere im Sturm und Drang und im Expressionismus. Ein Beispiel für einen literarischen Neologismus ist „Krumenhände" (Richard Pietraß, *Die frühen Gräber*, 2000, → KAPITEL 13.3). Im Gegensatz zum Neologismus bezeichnet der Archaismus die Verwendung eines nicht mehr gebräuchlichen, veralteten Ausdrucks („Oh wollet doch bedenken", aus: Karl Mickel: *Kindermund*, 1976).

Archaismus

Periphrase

Unter einer Periphrase versteht man eine längere Umschreibung einer Person oder eines Sachverhalts, die oder der sonst mit einem einfacheren oder kürzeren Begriff bezeichnet wird. Durch die Umschreibung wird in der Regel ein bestimmter Aspekt hervorgehoben, andere werden abgewertet oder verschleiert.

> Den der Sterne Wirbel loben,
> den des Seraphs Hymne preist [für: Gott]
> (aus: Friedrich Schiller, *An die Freude*, 1. Fassung, 1786)

Vergleich

Unter einem Vergleich versteht man die syntaktische Verbindung eines eigentlichen, also wörtlich gemeinten Ausdrucks mit einem zweiten aus einem anderen thematischen Gebiet. Beide Ausdrücke verbindet ein *tertium comparationis* (lateinisch: das Dritte des Vergleichs), ein gemeinsamer Nenner. Oft sind Vergleiche nach dem Muster „x ist wie y" konstruiert, oder es werden Verben des Scheinens oder Gleichens verwendet: „x gleicht y". Ein Vergleich kann in der Länge variieren. Er kann nur ein einziges Wort umfassen, aber auch längere Textteile oder einen ganzen Text. In diesem Fall spricht man von einem Gleichnis. Wird die Deutung bzw. der eigentliche Ausdruck weggelassen, so entsteht eine Metapher; aus einem Gleichnis wird durch dasselbe Verfahren eine Allegorie (→ KAPITEL 11.2). Ein Vergleich kann die Funktion der Erweiterung (*amplificatio*) haben; er kann erklären oder ausschmücken

> Und Heere tobten, wie die kochende See.
> (aus: Friedrich Hölderlin, *Die Völker schwiegen*, entstanden 1797)

10.3 Rhetorische Figuren in der Interpretation

Zum Beispiel: Christian Hoffmann von Hoffmannswaldau, *Die Welt*

Die Schönheit der Welt ist vergänglich; ihr Schein verbirgt nur ihren eigentlich beklagenswerten Charakter. Die Menschen sollten sich daher am christlichen Versprechen eines Lebens nach dem Tod orientieren und nicht an weltlichen Gütern hängen. – Das ist ein Topos, der in Kunst und Literatur des Barock häufig behandelt wird. Christian Hoffmann von Hoffmannswaldau hat sich kein originelles Thema für sein Gedicht *Die Welt* (1679) einfallen lassen. Aber das entspräche auch nicht der barocken Vorstellung vom Dichten (→ KAPITEL 2.1), die auf die rhetorisch kunstvolle Bearbeitung eines feststehenden Themas abzielt. Wie diese im vorliegenden Fall ausgeführt ist, zeigt die folgende Interpretation.

Hoffmannswaldaus Gedicht trägt sein Thema im Titel „Die Welt". Die beiden ersten Verse präzisieren ihn mit zwei redundanten Fragen. Es sind rhetorische Fragen, denn die Antwort war den zeitgenössischen Rezipienten bereits bekannt. Die Fragen erzeugen Eindringlichkeit, die durch zwei Wiederholungsfiguren noch verstärkt wird: Erster und zweiter Vers zusammen bilden einen Parallelismus, der durch eine Anapher betont wird. Diese beiden rhetorischen Figuren werden im Gedicht außerdem als gliederndes Instrument eingesetzt. Die Verse 3 bis 8 geben sechs verschiedene metaphorische Antworten auf die gestellten Fragen. Durch die Anapher „Ein" werden die sechs Verse formal zusammen gehalten – entgegen dem Reimschema, das durch

Rhetorische Fragen

Parallelismus, Anapher

Kreuzreim

Christian Hoffmann von Hoffmannswaldau, *Die Welt* (1679)

1 WAs ist die Welt / und ihr berühmtes gläntzen?
Was ist die Welt und ihre gantze Pracht?
Ein schnöder Schein in kurtzgefasten Gräntzen /
Ein schneller Blitz bey schwartzgewölckter Nacht.
5 Ein bundtes Feld / da Kummerdisteln grünen;
Ein schön Spital / so voller Kranckheit steckt.
Ein Sclavenhauß / da alle Menschen dienen /
Ein faules Grab / so Alabaster deckt.
Das ist der Grund / darauff wir Menschen bauen /
10 Und was das Fleisch für einen Abgott hält.
Komm Seele / komm / und lerne weiter schauen /
Als sich erstreckt der Zirckel dieser Welt.
Streich ab von dir derselben kurtzes Prangen /
Halt ihre Lust vor eine schwere Last.
15 So wirstu leicht in diesen Port gelangen /
Da Ewigkeit und Schönheit sich umbfasst.

den Kreuzreim immer vier Verse zu einer Einheit zusammenfasst. Zu der Gliederung durch den Reim kommt die durch den Parallelismus hinzu, erkennbar in den Versen 3 und 4 und wiederum in Vers 5–8. Während die ersteren jeweils nur aus einem elliptischen Hauptsatz bestehen, haben letztere zusätzlich einen attributiven Nebensatz. Sogar die Kreuzstruktur des Reims wird in den Versen 5 bis 8 durch den abwechselnden Gebrauch der Konjunktion „da" (V. 5, 7) und des Relativpronomens „so" (V. 6, 8) nachgebildet.

Metaphern

Die kunstvolle formale Gliederung trennt die ersten beiden Metaphern (→ KAPITEL 11) (V. 3, 4), die das Bildmaterial der rhetorischen Fragen wiederaufnehmen, von den folgenden ab. Die erste Metapher beantwortet die erste Frage: Das „berühmte gläntzen" (V. 1) der Welt ist nur ein „schnöder Schein" (V. 3), der nicht weit reicht; die „ganze Pracht" (V.2) der Welt geht so schnell vorüber wie ein „Blitz" (V. 4). Die Verse 5–8 sind ebenfalls Antworten auf die Fragen, jedoch kommen die verwendeten Metaphern nun aus anderen Bereichen. Es werden entweder negative Bilder von der Welt entworfen („Ein Sclavenhauß") oder solche, die den illusionären Charakter der Sinnenwelt

Antithesen

durch Antithesen verdeutlichen: In Vers 8 wird ein faulendes Grab beschrieben, das von Alabaster, einem schönen, hellen Stein, bedeckt

vers commun, Zäsuren

ist. Die antithetische Zweiteilung dieses Verses wird durch die Zäsur betont, die hier, wie insgesamt in den Versen 1–9, nach der zweiten Hebung realisiert ist. Das Gedicht ist im Versmaß des vers commun geschrieben, für den eine Zäsur an dieser Stelle charakteristisch ist (→ KAPITEL 3.2).

Die Verse 9 und 10 bilden einen zusammenfassenden Abschluss des ersten Teils des Gedichts: Die Menschen verlassen sich auf diese als so illusionär und vergänglich beschriebene Welt. Auf die Beschreibung im ersten Teil folgt im zweiten Teil des Gedichts eine Aufforderung an die Leser, die unter anderem den vielen Imperativen abzulesen ist. Es ist nämlich nur „das Fleisch" (V. 10), der körperliche Teil des Menschen, der die Welt als „Abgott", also als falschen Gott, verehrt. Die „Seele" (V. 11) dagegen, die im zweiten Teil direkt angesprochen wird, kann „weiter schauen" (V. 11). Die Apostrophe markiert deutlich den Einschnitt im Text. Während im ersten Teil des Gedichts die Welt beschrieben wird, wird im zweiten versucht, die Seele zur Abkehr von dieser zu bewegen. Die Epanalepse gleich zu Beginn („Komm Seele / komm" V. 11), mit der ein Imperativ wiederholt wird, macht den auffordernden Charakter besonders augenfällig. Eine metrische Unregelmäßigkeit an derselben Stelle unterstützt den Effekt: Zu Beginn von Vers 11 wertet der einsilbige Imperativ die zu erwartende Senkung zu einer Nebenhebung auf („Kòmm Séele"), während sonst im ganzen Gedicht das Versmaß streng eingehalten wird.

An der Zweiteilung des Gedichts kann man sehen, wie kunstvoll Hoffmannswaldau verschiedene Ordnungssysteme übereinander legt. Während Metrik und rhetorische Figuren den Einschnitt nach Vers 10 betonen, fasst der Reim die Verse 9–12 zusammen und bindet die beiden Teile aneinander. Auch die Syntax und ihr Verhältnis zur Metrik verändern sich vom ersten zum zweiten Teil bereits in Vers 9. Der erste Teil des Gedichts bis Vers 8 ist durch Zeilenstil, Einhaltung der Zäsur nach der zweiten Hebung und kurze, zum Teil elliptische Sätze gekennzeichnet; der zweite hingegen enthält längere, komplexere Sätze, die über das Versende hinausreichen. Die Zäsur wird fast immer überspielt. Es dominieren Imperative. Durch die formale Einbindung der Verse 9–10 in beide Teile des Gedichts wird ihr zusammenfassender Charakter betont.

Die Verse 12 und 13 beziehen sich zurück auf 3 und 4. Die Seele wird aufgefordert, die „kurtzgefasten Gräntzen" (V. 3) des Weltlichen zu überschreiten, indem sie über den „Zirckel der Welt" (V. 12) hinaussieht. Genauso soll sie das „kurtze Prangen" (V. 13), das der „schnelle Blitz" (V. 4) der Welt erzeugt, von sich abstreichen, es hinter sich lassen (vgl. Herzog 1982, S. 358). In Vers 14 wird mit einer Paronomasie noch einmal der Scheincharakter der Welt hervorgehoben: Was als „Lust" erscheint, ist bloße „Last" für die Seele.

Die letzten beiden Verse schließlich verheißen die Belohnung für das Abwenden vom Diesseits. Nur im Jenseits, das metaphorisch als

Hafen („Port", V. 15) der Seele bezeichnet wird, ist die Schönheit nicht vergänglich, sondern ewig (vgl. Hinck 2000, S. 47). Dorthin gelangt „leicht" (V. 15), wer die „Last" der Welt erkannt hat. Die beiden Begriffe „Last" und „leicht" sind in einer Antithese, verstärkt durch eine Alliteration, gegeneinander gestellt.

Antithese, Alliteration

Urs Herzog hat die These aufgestellt, dass Hoffmannswaldau in seinem Gedicht „Die Welt" das Publikum – die Seele – mithilfe rhetorischer Mittel zu überzeugen versucht, sich von der Welt ab und dem ewigen Leben zuzuwenden (vgl. Herzog 1982, S. 358f.). Die rhetorischen Mittel dienen nicht nur dem Schmuck, sondern sie sollen, wie in einer Rede, die innere Haltung des Publikums verändern.

Überreden

Aufgaben

Übungen

Bestimmen Sie in den folgenden Gedichtauszügen die rhetorischen Figuren. In einem Auszug können mehrere Figuren enthalten sein.

1. Und was nie empfinden wird, empfand.
   (aus: Friedrich Schiller, *Die Götter Griechenlands*, 1788)

2. Was ist die Welt? Ein ewiges Gedicht,
   Daraus der Geist der Gottheit strahlt und glüht,
   Daraus der Wein der Weisheit schäumt und sprüht,
   Daraus der Laut der Liebe zu uns spricht,
   (aus: Hugo von Hofmannsthal, *Was ist die Welt?*, 1890)

3. Ich bin der eine und bin Beide
   Ich bin der zeuger bin der schooss
   (aus: Stefan George, *[Ich bin der Eine und bin Beide]*, 1914)

4. Ach liebe Engel öffnet mir
   – Ich ass vom bitteren Brote –
   Mir lebend schon die Himmelstür –
   Auch wider dem Verbote.
   (aus: Else Lasker-Schüler, *Mein blaues Klavier*, 1943)

5. [...] ich liege nackt
   Und überströmt, ein alter Mann
   Von Erinnerungen und Formularen
   (aus: Volker Braun, *Der Mittag*, 1979)

6. Ich schwebe graziös in Lebensgefahr
   grad zwischen Freund Hein und Freund Heine.
   (aus: Peter Rühmkorf, *Hochseil*, 1979)

7. wo Helden Narren sind,
   sind Narren Helden.
   (aus: Thomas Brasch, *Eulenspiegel*, 2002)

AUFGABEN UND LEKTÜREEMPFEHLUNGEN

Das Gedicht *Kindermund* (1976) von Karl Mickel entstand in der DDR und enthält viele Anspielungen auf diesen Staat und das Leben in ihm. Der Staat nahm gegenüber seinen Bürgern oft eine erziehende Haltung ein, so wie sie Eltern gegenüber ihren Kindern haben. Frauen in der DDR waren viel häufiger berufstätig als in der Bundesrepublik. Schlagworte der Propaganda – wie z. B. die „Erhöhung der Arbeitsproduktivität" waren allgegenwärtig. – In Karl Mickels Gedicht hält ein Kind eine Rede an seine streitenden Eltern. Sie kann auch als eine Parodie darauf gelesen werden, wie die DDR ihre Bürger behandelte.

Interpretation

- Gliedern Sie die Rede in Redeteile und begründen Sie Ihre Gliederung.
- An einigen Stellen werden Allgemeinplätze und Redewendungen (z. B. aus Eltern-Kinder-Dialogen) genannt und abgewandelt. Suchen Sie diese Stellen und beschreiben Sie ihre Wirkung.
- Welche rhetorischen Figuren werden eingesetzt und wozu dienen sie?
- Wie wird das Versmaß eingesetzt?

Karl Mickel, *Kindermund* (1976)

1 Was ist das für ein Krach! Was muß ich, leider, hören!
  Die Eltern sind entzweit und wollen sich zerstören
  Und mich mit ihnen mit! Oh wollet doch bedenken
  Von Schuld ist keine Spur, die Sach ist einzurenken!
5 Daß du, Papa studierst sollst du, Mama, nur loben
  Wenn du, Mama, bist müd sollst du, Papa, nicht toben.
  Wer heut nicht weiter lernt, ist morgen nicht zu brauchen
  Die Wissenschaft geht fort: da müssen Köpfe rauchen.
  Was soll die Frau im Haus? wo Menschen sind, ist Leben
10 Im Leben wird sie klug und wird sie müde eben.
  Der Staat, der seid ihr selbst, will Arbeitszeit verkürzen
  Das Angebot erhöhn, die freie Zeit euch würzen
  Mit Liebe, Kunst und Sport: was ist zuvor zu leisten?
  Mehr Produktivität! das wissen doch die Meisten.
15 Was heute kostet Kraft, ist morgen unsre Freude
  Daß ihr die Kraft besitzt: erfreut euch das nicht heute?
  Warst du, Mama, nicht froh als sie Papa genommen
  Zum Fernstudenten an? Wie bist du heimgekommen
  Papa, mit Blumen! als Mama der Orden schmückte.
20 Jetzt schreit ihr Ach und Weh als ob euch all nichts glückte!

Lektüreempfehlungen

- Karl-Heinz Göttert: Einführung in die Rhetorik. Grundbegriffe – Geschichte – Rezeption, München 1991, 3. Auflage 1998. *Das Buch führt verständlich und knapp in das System der Rhetorik ein. Der Schwerpunkt liegt auf der Rede, nicht auf der Dichtung.*

- Heinrich Lausberg: Elemente der literarischen Rhetorik. Eine Einführung für Studierende der klassischen, romanischen, englischen und deutschen Philologie, Ismaning 1949, 10. Auflage 1990. *Der Klassiker unter den Rhetoriklehrbüchern – dessen Lektüre etwas erschwert wird durch eine sehr kleinteilige Systematisierung der rhetorischen Figuren und Tropen. Die Beispiele entstammen, wie der Untertitel bereits andeutet, meist nicht der deutschen Literatur.*

- Heinrich F. Plett: Einführung in die rhetorische Textanalyse, Hamburg 1971, 9. Auflage 2001. *Plett entwirft eine andere Ordnung der Figuren und Tropen als Lausberg. Das Buch eignet sich gut zum ersten Aneignen der Begriffe, die verständlich erklärt und mit Beispielen aus verschiedenen Gattungen der englischen, französischen und deutschen Literatur illustriert werden. Mit Übungsaufgaben.*

- Gert Ueding / Bernd Steinbrink: Grundriss der Rhetorik. Geschichte, Methode, Technik, Stuttgart 1986. *Empfehlenswert ist besonders der erste Teil des Buches, der eine ausführliche Geschichte der Rhetorik seit der Antike enthält.*

- Gert Ueding (Hg.): Historisches Wörterbuch der Rhetorik, Tübingen 1992ff. *Sehr gutes mehrbändiges Lexikon zu rhetorischen Begriffen mit umfangreichen Artikeln und ausführlichen Literaturhinweisen. Es sind noch nicht alle Bände erschienen.*

11 Tropen, Bild und Text

Abbildung 17: Blick auf die Skulptur der *Nike von Samothrake* (um 190 v. Chr.), Paris, Musée du Louvre (Foto 1992)

> Stephan Hermlin, Nike von Samothrake
>
> Vor uns sind Stufen endlos zu beschreiten.
> Wie dieser Marmor unsern Fuß verbraucht!
> Wir fühlen Stein uns. Wir vergaßen Weiten
> Und Licht in jene weiße Nacht getaucht.
>
> Was stößt uns höher? Unsre Knechtschaft lastet,
> Und unser Auge folgt nur diesem Fuß,
> Der blutend Marmor tritt. Der niemals rastet,
> Der uns erniedrigt, weil er steigen muß.
>
> Nur einmal hebt sich unser Blick: Bereitet
> Sich Ungeheures uns? Ist das der Sinn?
> Dies also ist es! ... Unser Tiefstes spreitet
> In einem Flügelpaar sich maßlos hin.
>
> Der Treppe großer Schwung bricht in uns ein.
> Die Göttin stürmt: Der Sieg wird unser sein!
>
> (Louvre, Paris 1942)

Wem in antiken Mythen die Siegesgöttin Nike erscheint, dem ist der Sieg gewiss. In ihrer Gestalt wird in Geschichten, Dramen und in der bildenden Kunst ein abstrakter Begriff, der Sieg, zum Bild einer menschlichen Figur gemacht. Es handelt sich um eine Personifikation. Stephan Hermlins Sonett beschreibt jedoch nicht die Begegnung mit einer Göttin, sondern die mit einer Skulptur. Es ist ein Bildgedicht, das ohne Kenntnis des beschriebenen Kunstwerks und seiner Umgebung nicht zu verstehen ist. In → KAPITEL 11.4 wird es interpretiert.

In diesem Kapitel werden zwei verschiedene Bild-Text-Beziehungen vorgestellt. Zum einen ‚Sprach-Bilder', nämlich die zur Rhetorik gehörenden Tropen, zum anderen Gedichte, die gleichzeitig ein Bild sind oder zu einem solchen in enger Beziehung stehen.

11.1 **Bild-Text-Beziehungen**
11.2 **Tropen**
11.3 **Bild-Text-Formen**
11.4 **Bild-Text-Formen und Tropen in der Interpretation**
    Zum Beispiel: Stephan Hermlin, *Nike von Samothrake*

11.1 Bild-Text-Beziehungen

Im Bereich der Lyrik gibt es im Wesentlichen drei Arten von Beziehungen zwischen Text und Bild.

- Es können Tropen verwendet werden, d. h. es wird uneigentlich, nämlich in Bildern, gesprochen. Dazu gehört unter anderem die Personifikation, die oben erwähnt wurde.
- Es können Themen und Motive zwischen Literatur und bildender Kunst ausgetauscht werden. Das ist z. B. bei einem Bildgedicht wie dem von Hermlin der Fall.
- Schließlich können Text und Bild in einem einzelnen Werk zu einer Bild-Text-Form kombiniert werden, z. B. in einem Figurengedicht oder einem Emblem (vgl. Willems 1990, S. 414f.).

Alle drei Formen haben ihre Wurzeln in den antiken Künsten und Literaturen. Seit der Antike werden die Beziehungen zwischen Text und Bild auch theoretisch diskutiert. Simonides von Keos (6./5. Jh. v. Chr.) wird die Aussage zugeschrieben, „Malerei sei stumme Dichtung und die Dichtung ein redendes Bild" (Weisstein 1992, S. 12). Sie beruht auf der Annahme, dass beide Künste ein gemeinsames Ziel haben, nämlich die Nachahmung (griechisch: *mimesis*) der Natur und dieses Ziel nur auf unterschiedliche Weise verfolgen. Wirkungsmächtiger in der theoretischen Diskussion um Text-Bild-Beziehungen ist ein Zitat des römischen Dichters Horaz geworden. In seiner *Ars poetica* (lateinisch: Die Dichtkunst, um 13 v. Chr.) schreibt er, die Dichtung sei wie ein Gemälde (lateinisch: *ut pictura poesis*). Vor allem seit der Frühen Neuzeit ist dieses Diktum zum Leitmotiv in der Diskussion um die Anschaulichkeit der Literatur geworden, der sowohl die zur Rhetorik gehörigen Tropen dienen können als auch die Beschreibungskunst und verschiedene Bild-Text-Formen.

11.2 Tropen

Der Begriff „Tropus" oder „Trope" ist, über das Lateinische, von dem griechischen Wort *trópos* abgeleitet, das „Wendung" bedeutet. Ein Tropus kommt durch den Gebrauch uneigentlicher Rede zustande. Das heißt, dass der jeweilige Ausdruck nicht wörtlich gemeint ist, sondern interpretiert werden muss, um den übertragenen Sinn zu finden. Als Oberbegriff für die Tropen wird außerdem häufig „Bildlichkeit" verwendet. Bei der Interpretation von Texten sollte man aber eher sparsam mit Begriffen wie „Bild" oder „bildliche Rede" umgehen und wo immer möglich die präziseren Termini wie „Metapher" oder „Allegorie" verwenden.

Während sich das Verständnis von den rhetorischen Figuren (→ KAPITEL 10) im Laufe ihrer Geschichte kaum veränderte, sind zur Metapher, zur Metonymie, zur Allegorie und zum Symbol immer wieder neue Theorien entstanden. Sie beschäftigen sich insbesondere damit, wie diese Tropen sich voneinander unterscheiden, wie sie konstruiert werden und wie mit ihnen Bedeutung erzeugt wird. Der folgende Überblick gibt die Debatte nicht wieder, sondern stellt die für die Arbeit mit den Begriffen wesentlichen Momente dar.

Metapher Die häufigste Form der uneigentlichen Rede ist die Metapher. Man versteht darunter einen im übertragenen Sinne gebrauchten Ausdruck. Oft steht er mit dem eigentlich Gemeinten in einer Ähnlichkeitsbeziehung: Der „Kopf einer Bande" leitet diese so wie der Kopf den menschlichen Körper leitet. Das „leiten" ist in diesem Fall das *tertium comparationis* (lateinisch: das Dritte des Vergleichs), der gemeinsame Nenner von eigentlichem und uneigentlichem Ausdruck. In diesem Beispiel kann der uneigentliche Ausdruck einfach durch einen eigentlichen ersetzt werden: Man könnte auch vom „Anführer einer Bande" sprechen. Aristoteles, der die für die Antike und das Mittelalter maßgebliche Metapherntheorie aufstellte, war der Meinung, dass alle Metaphern durch solche Substitutionen (Ersetzungen) zustande kommen. Man bezeichnet diese Metapherntheorie daher als **Substitutionstheorie** „Substitutionstheorie".

Interaktionstheorie Im Gegensatz dazu gehen die Vertreter der Interaktionstheorie von einer prinzipiellen Vieldeutigkeit von Metaphern aus. Wichtig für die Deutung der Metapher ist nicht die Ähnlichkeit zwischen eigentlichem und uneigentlichem Ausdruck, sondern die semantische Inkongruenz (das Nicht-Zusammenpassen) von uneigentlichem Ausdruck und jeweiligem Kontext. Der Rezipient überbrückt diese Inkongruenz dadurch, dass er interpretierend einen sinnvollen Zusammenhang von Metapher und Kontext herstellt. Es sind dabei immer mehrere ‚richtige' Deutungen möglich (vgl. Kurz 2004, S. 7–21). Zum folgenden Beispiel etwa kann man sich überlegen, was es bedeutet, wenn „Worte wach" werden: Werden sie gerade neu erfunden? Fallen sie dem Dichter eben wieder ein? Beschreibt der Ausdruck die Inspiration?

Auf dem Omnibus, im Dach
Rütteln meine Knochen,
Werden gute Worte wach,
Bleiben ungesprochen. – –
(aus: Joachim Ringelnatz, *Berlin*, 1927)

Der metaphorische Ausdruck wird als „Bildspender" bezeichnet; der Bildempfänger ist der Bereich, auf den der Bildspender übertragen wird (vgl. Weinrich 1976, S. 284). Während der Bildspender meist ohne Schwierigkeiten bezeichnet werden kann, gibt es viele Metaphern, wie die soeben zitierte von Ringelnatz, bei denen der Bildempfänger nicht ohne Bedeutungsverlust benannt werden kann.

Bildspender und Bildempfänger

Metaphern können danach unterschieden werden, wie deutlich die Entsprechung zwischen Bildspender und Bildempfänger ist. In der Alltagssprache gibt es viele lexikalisierte Metaphern, die gar nicht mehr als uneigentliche Ausdrücke wahrgenommen werden, weil sie bereits zu festen Verbindungen geworden sind, z. B. „am Fuß des Berges". In manchen Zusammenhängen kann ein sehr nahe liegender und rasch verständlicher übertragener Ausdruck, eine sogenannte Katachrese, hilfreich sein, um lange Umschreibungen zu vermeiden („Flaschenhals"). Der Begriff Katachrese wird daneben auch für einen Bildbruch verwendet („Auch ein blindes Huhn legt mal ein Ei."). Das andere Ende der Skala bildet die kühne Metapher (vgl. Weinrich 1976, S. 295–316), bei der Bildspender und Bildempfänger eine besonders ungewöhnliche Verbindung eingegangen sind („schwarze Milch der Frühe", aus: Paul Celan, *Todesfuge*, 1947).

Lexikalisierte Metapher

Katachrese

Kühne Metapher

Metaphern können auch nach ihrer grammatischen oder morphologischen Bauweise unterschieden werden. Man spricht z. B. von attributiven Metaphern („rosenfarbnes Frühlingswetter", aus: Johann Wolfgang Goethe, *Willkommen und Abschied*, 1775), Appositionsmetaphern („ihr Herz, ein Hagelkorn", aus: Johannes Bobrowski, *Litauische Lieder*, 1960), Genitivmetaphern („Schlafes Arm"), Verbalmetaphern („daß sie ewig grünen bliebe, / Die schöne Zeit der jungen Liebe!") oder Kompositionsmetaphern („Zeitenschoße", alle drei Beispiele aus: Friedrich Schiller, *Das Lied von der Glocke*, 1799).

Sonderformen der Metapher sind die Synästhesie, die entsteht, wenn Wahrnehmungen eines Sinnesbereichs einem anderen zugeschrieben werden („Laue Luft kommt blau geflossen", aus: Joseph von Eichendorff, *Frische Fahrt*, 1815), und die anthropomorphe Metapher, bei der Abstrakta, Naturerscheinungen oder Gegenstände sich wie Menschen verhalten oder behandelt werden („die Nacht schwingt ihre Fahn / Vnd führt die Sternen auff", aus: Andreas Gryphius, *Abend*, 1650).

Synästhesie

Anthropomorphe Metapher

Wird die anthropomorphe Metapher ausgebaut, sodass ein abstrakter Begriff tatsächlich als menschliche Figur erscheint und sich nicht nur vorübergehend wie eine verhält, spricht man von Personifikation (angewendet in → KAPITEL 14.3). Viele Personifikationen können an ihren Namen oder Attributen sofort wiedererkannt werden, weil

Personifikation

sie bereits eine lange Tradition in der Literatur und bildenden Kunst haben: „der schwarze Fürst der Schatten" verkörpert nicht nur in Schillers *Lied von der Glocke* (1799) den Tod. Auch mythologische Figuren oder antike Götter können zu Personifikationen von Abstrakta werden: so verkörpert Venus die Liebe oder Minerva die Weisheit.

Allegorie

Die Personifikation ist eine Form der Allegorie (griechisch etwa: „Anders-Rede"). Die Allegorie wird als fortgesetzte oder mehrteilige Metapher definiert. Alle Attribute einer Personifikation sind einzeln deutbar und bilden gemeinsam die Allegorie. Im Fall der mittelalterlichen Allegorie der Frau Welt etwa steht die schöne Vorderseite für die oberflächliche Schönheit der Welt und die von Würmern zerfressene Rückseite für ihr vergängliches und schreckliches Wesen.

Während die Metapher nur aus einem uneigentlichen Ausdruck besteht, nur punktuell in einem Text vorkommt, umfasst die Allegorie – wenn sie nicht in Form der Personifikation auftritt – einen längeren Textabschnitt oder einen ganzen Text. Dieser hat eine wörtliche und eine allegorische (also übertragene) Bedeutung. Wenn im Text explizite Deutungen gegeben werden, etwa eine Moral oder Sentenz am Ende, spricht man von einer *permixta allegoria* (lateinisch: gemischte Allegorie). Die Deutungsrichtung kann aber auch offen bleiben. Es handelt sich dann um eine *tota allegoria* (lateinisch: reine Allegorie), bei der es jedoch ebenfalls Signale gibt, die darauf hinweisen, dass der Text gedeutet werden muss, um verstanden zu werden. Im folgenden Beispiel weisen die anthropomorphen Metaphern darauf hin, dass mit den zwei Segeln etwas anderes gemeint ist als Schiffe. Die Segel haben ein „Empfinden" (V. 7), das „erregt" (V. 8) werden kann; sie können etwas begehren oder verlangen (vgl. V. 9, 11) und schließlich wird eines als der „Gesell" (V. 12) des anderen bezeichnet.

Conrad Ferdinand Meyer, *Zwei Segel* (1882)

1 Zwei Segel erhellend
Die tiefblaue Bucht!
Zwei Segel sich schwellend
Zu ruhiger Flucht!

5 Wie eins in den Winden
Sich wölbt und bewegt,
Wird auch das Empfinden
Des andern erregt.

Begehrt eins zu hasten,
10 Das andre geht schnell,
Verlangt eins zu rasten,
Ruht auch sein Gesell.

Das Gedicht kann allegorisch als Liebesgedicht gelesen werden: Die idealen Liebenden, für die die beiden Segel stehen, reagieren stets auf das Verlangen des jeweils anderen und bewegen sich untrennbar nebeneinander durch das Leben, für das das Meer steht.

Allegorisch ausgelegt werden können aber nicht nur Texte die als Allegorie konstruiert wurden, wie das Gedicht von C. F. Meyer, sondern auch alle anderen Texte sowie Werke der bildenden Kunst oder der Architektur, belebte oder leblose Gegenstände oder Naturvorgänge. Solche Auslegungen werden Allegorese genannt und sind z. B. in den Subscriptiones (seltener auch in den beiden anderen Teilen) von Emblemen zu finden (→ KAPITEL 11.3).

Allegorese

Das Symbol (von griechisch *symbolon*: Merkmal, Wahrzeichen) lässt sich am besten im Kontrast zur Allegorie verstehen. Im Unterschied zur Allegorie sind beim Symbol die wörtliche und die übertragene Bedeutung nicht vollständig getrennt. Ein Symbol enthält einen Teil, der – in den meisten Fällen durch kulturelle Prägungen – auf die übertragene Bedeutung hinweist. Bei der Allegorie hingegen muss die Deutungsrichtung durch den Kontext vorgegeben werden. Dass die beiden Segel in Meyers Gedicht eine Allegorie für zwei Liebende sind, muss aus den Hinweisen des Gedichts geschlossen werden: Segel sind, in unserer Kultur zumindest, keine bekannten Symbole für Liebespaare. Der Palmbaum hingegen, der im Figurengedicht von Philipp von Zesen (→ ABBILDUNG 19) die „Fruchtbringende Gesellschaft" symbolisiert, ist als fruchtbarer Baum semantisch mit dem Namen der Gesellschaft verbunden.

Symbol

Wie die Allegorie wird auch die Metonymie häufig in Abgrenzung zur Metapher definiert. Während bei der Metapher der uneigentliche Ausdruck zum eigentlichen Ausdruck in einer (durch den Autor intendierten und/oder vom Leser hergestellten) Ähnlichkeitsbeziehung steht, wird bei der Metonymie ein uneigentlicher Ausdruck verwendet, der zu dem eigentlich Gemeinten in einer realen, das heißt zeitlichen, räumlichen oder kausalen Beziehung steht. Anders als bei vielen Metaphern, deren eigentlich Gemeintes nur schwer anzugeben ist, findet bei der Metonymie immer eine einfache Substitution statt. Gängige Ersetzungen dieser Art sind z. B.: das Werk durch den Autor („Klopstock lesen"), die Bewohner durch den Ort („Die zeugete kein sterblich Haus!", aus: Friedrich Schiller, *Die Kraniche des Ibykus*, 1797), die Eigenschaft durch ein Körperteil („Ach, so viele tausend Menschen kennen, [...] kaum ihr eigen Herz", aus: Johann Wolfgang Goethe, *[Warum gabst du uns die tiefen Blicke]*, 1848) oder ein Abstraktum durch ein Konkretum („Sphären rollt sie in den Räu-

Metonymie

men, die des Sehers Rohr nicht kennt!", aus: Friedrich Schiller, *An die Freude*, 1. Fassung, 1786).

Synekdoche Eine Sonderform der Metonymie ist die Synekdoche, die wiederum in zwei verschiedenen Formen auftritt. Entweder wird die Bezeichnung eines Ganzen durch die eines Teils (lateinisch: *pars pro toto*) ersetzt („wir [...] flehen um ein wirtlich Dach", aus: Friedrich Schiller, *Die Kraniche des Ibykus*, 1797), oder es steht umgekehrt das Ganze für einen Teil (lateinisch: *totum pro parte*) („Wir sind Papst.", Schlagzeile der *Bild* vom 20.4.2005).

Antonomasie Ebenfalls auf metonymische Art und Weise funktioniert die Antonomasie. Dabei wird entweder der Name einer dem Publikum bekannten mythologischen oder historischen Figur durch eines ihrer Attribute, z. B. die Volkszugehörigkeit, den Geschlechter- oder Vaternamen oder eine Eigenschaft ersetzt („Erdensohn" für den Menschen, „der Pelide" für Achill, den Sohn des Peleus); oder es wird zur Bezeichnung einer Person statt deren Namen der einer Figur genannt, die eine Eigenschaft der Person repräsentiert („ein zweiter Herkules" für einen starken Mann, „ein Adonis" für einen schönen Mann). Antonomasien haben häufig die Form von Periphrasen (→ **KAPITEL 10.2**).

Emphase Mit der Synekdoche verwandt ist die Emphase, die ebenfalls eine Generalisierung oder Verengung eines Begriffs vornimmt. Sie ist ein Ausdruck, der in einem bestimmten Kontext eine ‚tiefere' und damit veränderte Bedeutung hat, als dies normalerweise der Fall ist. Emphasen werden häufig durch verschiedene rhetorische, oftmals tautologische Figuren oder Wiederholungsfiguren konstruiert, die den entsprechenden Begriff hervorheben. Im Beispiel laden der Kyklos und der Chiasmus die Zahl vier mit tieferer Bedeutung auf.

> Vier Freunde waren wir, wir waren Freunde, vier,
> (aus: Adolf Endler, *Ballade vom Zionskirchplatz*, 1981)

Ironie Auch bei der Ironie spielt der Kontext eine entscheidende Rolle. Ein ironischer Ausdruck meint genau das Gegenteil des Gesagten. Damit die Ironie als solche erkannt werden kann, müssen im Kontext Ironiesignale vorhanden sein. Es kann z. B. ein Widerspruch zwischen einem Ausspruch und der bekannten gegenteiligen Meinung des Sprechers bestehen – etwa wenn ein bekannter Umweltschützer ein Kohlekraftwerk lobt. Andere Möglichkeiten sind logische oder inhaltliche Widersprüche in einem Text.

> Ja, das möchste:
> Eine Villa im Grünen mit großer Terrasse,
> vorn die Ostsee, hinten die Friedrichstraße;
> mit schöner Aussicht, ländlich-mondän,
> vom Badezimmer ist die Zugspitze zu sehn –
> aber abends zum Kino hast dus nicht weit.
>
> Das Ganze schlicht, voller Bescheidenheit:
>
> Neun Zimmer, – nein, doch lieber zehn!
> (aus: Kurt Tucholsky, *Das Ideal*, 1927)

Im Unterschied zur Ironie wird bei einer Litotes das Gemeinte nicht durch sein Gegenteil, sondern durch die Verneinung seines Gegenteils ausgedrückt. In den meisten Fällen entsteht dadurch eine auffällige Untertreibung des Gesagten. *Litotes*

> Aber es ist immerhin nicht das erste Mal, dass du seufzt
> Und hoffentlich nicht das letzte,
> (aus: Peter Rühmkorf, *[Früher als wir die großen Ströme noch ...]*, 1999)

Wird hingegen eine angemessene oder gebräuchliche Bezeichnung eines Sachverhalts oder einer Person durch einen übertreibenden Ausdruck ersetzt, so bezeichnet man dies als Hyperbel. *Hyperbel*

> Vor uns sind Stufen endlos zu beschreiten
> (aus: Stephan Hermlin, *Nike von Samothrake*, entstanden 1942).

11.3 Bild-Text-Formen

Nicht erst seit der Erfindung von Film und Fernsehen gibt es Kunstformen, die mehrere Zeichensysteme verwenden. Bilder und Texte werden in Emblemen kombiniert, Lieder verbinden Texte mit Melodien (→ KAPITEL 7.1). Seit den 1990er-Jahren werden solche Formen in der Forschung mit dem Begriff „Intermedialität" erfasst. Mit ihm werden neben Medienkombinationen (Emblem, Lied) auch Phänomene des intermedialen Bezugs, wie die Beschreibung von Bildern in einem Text, und des Medienwechsels, wie die Verfilmung von Romanen, bezeichnet (vgl. Rajewsky 2002, S. 15–18). Bei der folgenden Vorstellung einiger Bild-Text-Formen spielen insbesondere die ersten beiden Fälle eine Rolle. *Intermedialität*

Viele Formen der literarischen Beschreibung haben ihren Ursprung in der Beschreibungskunst der antiken Dichtung, der Ekphrasis (oder lateinisch *descriptio* = Beschreibung). Dabei werden Personen, Orte oder auch Kunstwerke nach festen Regeln beschrieben. Häufig wird eine bestimmte Beschreibungsreihenfolge eingehalten. Der Dichter kann sich an verschiedenen Gemeinplätzen (Topoi, → KAPITEL 10.1) ori- *Ekphrasis* entieren. Die antike Kunst der Descriptio wurde in die volkssprachliche Dichtung des Mittelalters übernommen. Die Naturbeschreibungen in vielen Minneliedern sind beispielsweise nach dem Topos des *locus amoenus*, des idyllisch schönen Ortes, gestaltet, zu dem ein bestimmtes Inventar – Gesang der Vögel, Blumen, Bach oder Quelle – gehört. Das Mittelalter kannte außerdem verschiedene Formen, die Bild und Text kombinieren, wie zum Beispiel die Totentanz-Bilderzyklen des 14. und 15. Jahrhunderts, welche häufig von Monologen oder Dialogen in Versen begleitet werden, oder die spätmittelalterlichen Einblattdrucke.

Bildgedicht

Im Humanismus erlebte das Bildgedicht eine erste Blütezeit. Man versteht darunter einen lyrischen Text, der sich auf ein Werk der Bildenden Kunst bezieht. Der Bezug kann hergestellt werden durch eine Nennung des entsprechenden Werkes oder eine Anspielung darauf in Titel, Untertitel oder im Text des Gedichts, aber auch, indem Text und Bild in einer Inschrift, Handschrift oder einem Druck gemeinsam vorkommen. Das – fiktive oder reale – Kunstwerk kann beschrieben oder interpretiert werden. Daneben finden sich häufig Bildgedichte, die den Inhalt eines Bildes erweitern, z. B. indem das im Bild Dargestellte um eine Handlung ergänzt wird oder die Vor- oder Folgegeschichte der dargestellten Szene erzählt wird. Vom Kunstwerk ausgehend können allgemeine ästhetische, religiöse oder philosophische Betrachtungen angestellt werden. Auch die Wirkung eines Werkes auf den Betrachter ist häufig Gegenstand von Bildgedichten (vgl. Kranz 1992, S. 155–157).

Theoretische Überlegungen um 1800

Mit der Portraitkunst in der Malerei entwickelte sich in der Renaissance das Portraitgedicht als eine Sonderform des Bildgedichts – berühmte Beispiele sind die Sonette Francesco Petrarcas auf ein Bild der Laura. Um 1800 wurde das Bildgedicht Gegenstand theoretischer Überlegungen, insbesondere im Hinblick auf seine Möglichkeiten, ein Kunstwerk zu beschreiben. Karl Philipp Moritz propagiert in seinem Aufsatz *In wie fern Kunstwerke beschrieben werden können?* (1788), dass nur die Dichtung ein Kunstwerk als Ganzes erfassen könne und eben nicht die wissenschaftliche Beschreibung der einzelnen Teile, wie sie Johann Jakob Winckelmann schulemachend vom Apollo von Belvedere vorgelegt hatte. Auch Johann Heinrich Wackenroder wandte sich in seinen, gemeinsam mit Ludwig Tieck verfassten, *Herzensergießungen eines kunstliebenden Klosterbruders* (1797) gegen die „kalten, kritisierenden Blicke" (Wackenroder 1991, S. 53). Die Kunst, insbesondere die christliche Kunst, ist bei ihm Gegenstand religiöser Verehrung und ihre Wirkung übersteigt menschliches Begreifen. Im Kapitel „Zwei Gemähldeschilderungen" wird behauptet: „Ein schönes Bild oder Gemählde ist, meinem Sinne nach, eigentlich gar nicht zu beschreiben" (Wackenroder 1991, S. 82). Jedoch wird den Bildgedichten im selben Kapitel diese Fähigkeit – da sie selbst Kunst sind – wohl doch zugeschrieben. Während Wackenroder noch an eine unmittelbare Zugänglichkeit der christlichen Kunst für seine Zeitgenossen glaubte, propagiert August Wilhelm Schlegel in dem fingierten Dialog *Die Gemälde* (1798) die Poesie als „Dolmetscherin" (Schlegel 1846, S. 91) zwischen dem modernen Betrachter und den Gegenständen der christlichen Kunst, die ihm fremd geworden sind. Das romantische Bildgedicht soll nicht nur beschreiben, sondern den Zeitgenossen historische Gegenstände und Kunst nahe bringen, sie aktualisieren (vgl. Pestalozzi 1995, S. 570–574). Auch im 20. Jahrhundert spielten Bildgedichte immer wieder eine Rolle. Ein Beispiel wird in → **KAPITEL 11.4** interpretiert. Wie zu sehen sein wird, ist eine zentrale Frage dabei, wie das Kunstwerk auf einen bestimmten Betrachter wirkt.

Nah verwandt mit dem Bildgedicht ist das Dinggedicht. In ihm stehen aber weniger Kunstwerke im Zentrum als vielmehr Gegenstände des täglichen Lebens (Eduard Mörike, *Auf eine Lampe,* 1846) oder auch Tiere (Rainer Maria Rilke, *Der Panther,* 1907).

Dinggedicht

Neben der Ekphrasis entwickelten sich in der Antike auch Kunstformen, in denen Bild und Text unmittelbar kombiniert wurden. Sie werden unter den Begriffen „visuelle" oder „optische" Dichtung zusammengefasst. Texte, die so angeordnet werden, dass ihre Umrisse die Form von Lebewesen oder Gegenständen, z. B. einem Ei, annehmen, wurden in der Antike „Technopägnion" (von griechisch *téchne* = Kunstfertigkeit, *paígnion* = Scherz, Spielzeug) oder *carmen figuratum* (lateinisch: Figurengedicht) genannt. Sie sind Vor-

Visuelle / optische Dichtung

Abbildung 18: Hrabanus Maurus: *Liber de laudibus sanctae crucis* (entstanden zwischen 806 und 814), Illustration

Gittergedicht

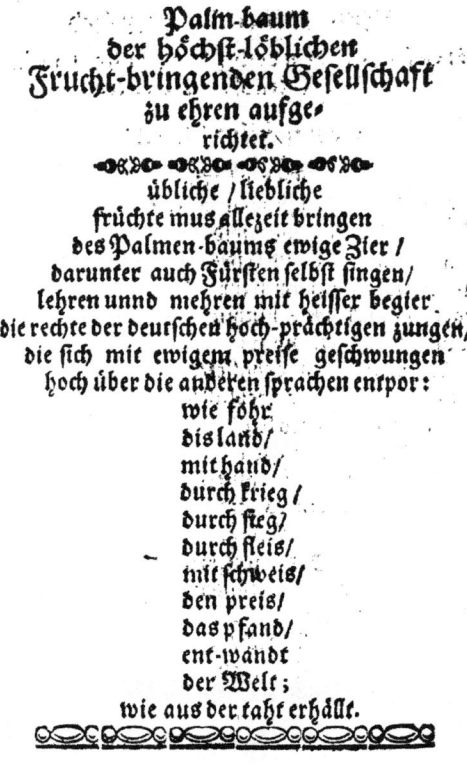

Figurengedicht

Abbildung 19: Philipp von Zesen: *Palm-baum* (1649)

läufer der mittelalterlichen Gittergedichte (*carmina cancellata*), in denen durch farbige Markierung eine Figur, häufig ein Kreuz, als Intext hervorgehoben wird (→ ABBILDUNG 18).

Zu Beginn der Neuzeit kamen neue Motive für die visuelle Poesie hinzu. Oftmals handelt es sich dabei um Symbole (→ KAPITEL 11.2) wie Sanduhren, Kerzen oder bestimmte Pflanzen, auch architektonische Elemente waren beliebt. Insbesondere die Dichter des Nürnberger Dichterkreises der Pegnitz-Schäfer verfassten ganze Zyklen von solchen Figurengedichten. Das Gedicht von Philipp von Zesen (→ ABBILDUNG 19) ist einem anderen barocken Zirkel gewidmet, der „Fruchtbringenden Gesellschaft", die sich die Palme als ihr Sinnbild ausgesucht hatte. Sie soll daran erinnern, dass alle Mitglieder dazu angehalten sind, tatsächlich ‚Früchte zu bringen' im Sinne des Ziels dieser Gesellschaft, der Förderung der deutschen Sprache (vgl. Adler/Ernst 1987, S. 83f.). In der Krone der Palme geht es um die Gesellschaft selbst, ihre adligen Mitglieder werden erwähnt und die Stellung der deutschen Sprache über allen anderen wird behauptet; der Weg hin zu dieser Stellung ist im Stamm angedeutet.

Die Tradition des Figurengedichts reißt auch in der Aufklärung nicht ab, obwohl in dieser Zeit ausgelöst durch Gotthold Ephraim Lessings Traktat *Laokoon: oder über die Grenzen der Malerei und Poesie* (1766) eine deutliche Skepsis gegenüber der engen Verbindung von bildender Kunst und Dichtung bestand. Gegen Ende des 19. und zu Beginn des 20. Jahrhunderts wurden Bild-Text-Formen von den Dichtern der konkreten Poesie, zu der auch die Lautpoesie gehört (→ KAPITEL 4.3), wiederentdeckt. Ihre Texte bilden nur noch selten reale Figuren ab, sondern zeichnen sich durch eine besondere Anordnung und Typografie der Wörter aus. Manche Gedichte bestehen überhaupt nur noch aus arrangierten Bildern und nicht mehr aus Wörtern (vgl. Ernst 1992).

Daneben gibt es Dichter wie z. B. Arno Holz oder Stefan George oder in der Gegenwartslyrik Raoul Schrott, die zwar ‚konventionelle' Gedichte schreiben, sie aber in einer bestimmten Schrift oder unter Verwendung besonderer Satzzeichen gesetzt wissen möchten.

Vom 16. bis 18. Jahrhundert war das Emblem, eine Art der Lehrdichtung (→ KAPITEL 2.2), die mit Abstand erfolgreichste Bild-Text-Gattung. Das griechische Wort *émblema*, das auch ins Lateinische übernommen wurde, bedeutet Einlege- oder Intarsienarbeit oder Mosaik. Andrea Alciato verwendete es im Titel seiner Epigrammsammlung *Emblematum liber*, die 1531 in Augsburg erschien. Den nach dem Vorbild der antiken *Anthologia graeca* gestalteten ekphrastischen Epigrammen auf Latein sind Holzschnitte beigefügt, die in engem Bezug zu den kurzen Texten stehen (vgl. Scholz 1992, S. 117). Alciatos Buch erfuhr über 150 Auflagen. Es wurde in zahlreiche Volkssprachen übersetzt und bald in ganz Europa zum Vorbild einer neuen Gattung, die nach Alciatos Buchtitel „Emblem" genannt wurde. Die Nachahmer entwickelten nicht nur das Emblem weiter, sondern stellten auch in den Vorworten ihrer Emblembücher theoretische Überlegungen darüber an, wie ein Emblem auszusehen habe, welche Funktion seine einzelnen Elemente erfüllen und welcher Teil die anderen dominieren sollte (vgl. Höpel 1987, S. 16f.).

Ein Emblem besteht in der Regel aus drei Teilen:

- Die Inscriptio (Motto, Lemma) bildet die meist kurze, lateinische oder griechische, seltener auch volkssprachige Überschrift.
- Darunter oder dabei befindet sich ein Bild, die Pictura (Icon, Symbolon), das einen meist abstrakten Sachverhalt, z. B. eine Emotion oder eine Tugend oder Sünde, sinnbildlich darstellt.
- Die Subscriptio, die Bildunterschrift, hat oft die Form eines Epigramms, aber auch andere lyrische Kurzformen sind möglich, z. B. Sonette. Sie bezieht sich auf denselben Sachverhalt wie die Pictura. Schließlich ist in manchen Fällen ein Prosakommentar als letzter Teil angegliedert, welcher relevante Textstellen aus den Werken bedeutender Autoren der Vergangenheit (lateinisch: *auctoritates*) zitiert.

Abbildung 20: Emblem Nr. 397 aus: Johann Andreas Pfeffel, *Güldene Aepfel in silbernen Schalen* (1746)

Funktion der Teile des Emblems

Über die Funktion der einzelnen Teile eines Emblems und die Art ihrer Beziehung untereinander herrschte vom 16. bis 18. Jahrhundert genauso wenig Konsens wie heute in der Emblemforschung (vgl. Scholz 1992, S. 119–124). Albrecht Schöne beispielsweise geht von einer Doppelfunktion aller Teile aus: Sie können sowohl etwas darstellen oder abbilden als auch einen anderen Teil auslegen (vgl. Schöne 1993, S. 21). In → ABBILDUNG 20 lässt sich die Inscriptio „Natura rapax" (lateinisch: räuberische Natur) als Beschreibung des Bildes verstehen. Der Wolf verhält sich seiner räuberischen Natur gemäß und stiehlt ein Schaf. Erst die Subscriptio macht deutlich, dass das Bild mehr ist als eine Illustration tierischer Verhaltensweisen. Es handelt sich um eine Allegorie (→ KAPITEL 11.2): Die unabänderlich räuberische Natur des Wolfes steht für die Unabwendbarkeit des Todes, der im Text personifiziert wird, indem ihm ebenfalls eine „Natur" zugeschrieben wird. Man könnte die Verhältnisse so beschreiben: Die Subscriptio legt die Pictura aus; dadurch wird die Überschrift doppeldeutig. Sie benennt die Natur des Wolfes und die des Todes.

Einer Auslegung (Allegorese → KAPITEL 11.2) der Natur, wie sie in diesem Emblem vorgenommen wird, aber auch der Deutung von menschlichen Artefakten in anderen Emblemen liegt der Gedanke einer geordneten Welt zugrunde, deren einzelne Teile in vielfacher, sinnvoller Beziehung zueinander stehen. Als sich gegen Ende des 18. Jahrhunderts dieses Weltbild auflöste – u. a. aufgrund des Aufstiegs der Naturwissenschaften, die die Natur nicht mehr deuten, sondern ihre

Prinzipien verstehen wollen –, verschwand auch die Gattung des Emblems.

Durch die starke Verbreitung der Emblembücher und der aus ihnen entwickelten Bild-Enzyklopädien (z. B. Cesare Ripa, *Iconologia*, 1593) entstand eine Interpretationsgemeinschaft. Die Bilder und ihre Bedeutung konnten in anderen Gattungen abgerufen, ihre Bedeutung als bekannt vorausgesetzt werden. Im Unterschied zu Allegorien, die immer neu konstruiert werden können, beruhen Embleme auf der Bekanntheit der verwendeten Bilder.

11.4 Bild-Text-Formen und Tropen in der Interpretation

Für die Analyse der Bildlichkeit in einem Gedicht empfiehlt es sich, zunächst einmal die einzelnen Tropen nach verschiedenen Gesichtspunkten zu sortieren:
- Aus welchen Bildbereichen kommen die Tropen des Gedichts (z. B. aus dem Tier- oder Pflanzenreich, aus dem Bereich der Technik, dem des Schreibens und der Sprache, dem der Mythologie, der Politik, der Religion, der Architektur)? Handelt es sich um anthropomorphe Metaphern?
- Stammen die Tropen aus verschiedenen Bildbereichen? Wie verhalten sich diese zueinander? Handelt es sich z. B. um gegensätzliche Bereiche (Gesundheit – Krankheit, belebte Natur – unbelebte Natur, Natur – Technik)?
- Auf welchen Bereich werden die uneigentlichen Ausdrücke übertragen? Sind sie gängig für das behandelte Thema? (Wird z. B. die Liebe durch Metaphern aus dem Bereich der Krankheit geschildert?) Oder handelt es sich um besonders originelle Tropen?
- Dominiert ein bestimmter Tropus, z. B. die Ironie?
- Dominiert ein bestimmter Konstruktionstyp der Tropen, z. B. Genitivmetaphern, oder Metonymien in Form von Periphrasen?

In einem zweiten Schritt sollten die Tropen auf ihre Funktion hin befragt werden:
- Sind sie reiner ‚Schmuck'? Dienen sie dazu, etwas zu beschreiben oder zu erklären oder im Gegenteil, etwas zu verschlüsseln?
- Welche Auswirkungen hat das gehäufte Auftreten eines Tropus auf den Text und das behandelte Thema? (Wird z. B. durch die Ironie Komik erzeugt oder eher Bitterkeit?)

- Welche Aspekte des Themas betonen die Tropen? In Ulla Hahns *Ars poetica* (1981) wird das Dichten z. B. als schweißtreibendes Handwerk beschrieben (→ KAPITEL 4.4), in Johannes Bobrowskis *Sprache* (1966) als ein Versuch, mit einem Nachbarn zu sprechen (→ KAPITEL 14.3).

Zum Beispiel: Stephan Hermlin, *Nike von Samothrake*

Der Standort der Nike von Samothrake im Pariser Louvre ist zwischen 1942 und heute nicht verändert worden. Sie steht am oberen Ende einer langen Marmortreppe. Der Besucher kann sie bereits vom unteren Ende sehen und hat dann noch einen langen Aufstieg bis zu ihr vor sich.

Paratexte — Stephan Hermlin gibt durch die Paratexte (→ KAPITEL 12.1), nämlich den Titel und die Angabe „Louvre, Paris 1942" unter dem Sonett, nicht nur Hinweise auf den Schauplatz des Gedichts, sondern auch auf seine Deutung. Es ist während des Zweiten Weltkriegs in Paris verfasst worden (oder zumindest soll dies die Unterschrift glauben machen). 1942 war Frankreich unter deutscher Besatzung. Hermlin war Mitglied der Résistance, des französischen Widerstands gegen die Nationalsozialisten (vgl. Tate 1999, S. 55–57). Durch den Ort und die Zeit erhält die Begegnung mit dem Kunstwerk ihre besondere Bedeutung. Der Leser bekommt durch die Angabe den Hinweis auf die allegorische Lesart des Textes. Auf der wörtlichen Ebene wird der Aufstieg über die Marmortreppe im Louvre und die Begegnung mit einem Kunstwerk geschildert; auf der allegorischen Ebene geht

Allegorische Lesart

Abbildung 21: Skulptur der *Nike von Samothrake* aus der Nähe (um 190 v. Chr.), Paris, Musée du Louvre

es um den Widerstandskampf gegen die Faschisten – das lyrische Ich spricht im ganzen Gedicht im Namen einer Gruppe („wir", „uns") – und die Erkenntnis, wozu die gegenwärtigen Qualen dienen: dem sicheren Sieg.

Das Sonett beginnt mit einer Hyperbel: Die Stufen sind „endlos" (V. 1). Die Verbalmetapher im zweiten Vers hebt die Dauerhaftigkeit des Marmors hervor, der den menschlichen Fuß „verbraucht". Der Vergleich im dritten Vers impliziert, dass sich die Besucher kaum in der Lage fühlen, den Aufstieg zu beginnen: Sie fühlen sich wie Stein. Die Außenwelt, „Weiten" (V. 3) und „Licht" (V. 4) sind vergessen. Das Museum wird als ein Ort, der die Zeit überdauert, beschrieben. Die Verhältnisse darin werden mit einer als Contradictio in adiecto gebildeten Metapher als „weiße Nacht" (V. 4) beschrieben. Hier ist an einem Ort zu sehen, was eigentlich verborgen ist.

<small>Hyperbel
Verbalmetapher

Vergleich

Contradictio in adiecto und Metapher</small>

Das zweite Quartett beginnt mit der Frage, warum dann überhaupt weitergegangen wird. Denn das schiere Ausmaß des Raumes, die endlose Treppe, die physischen Anstrengungen sind quälend. Auf der allegorischen Ebene geht es hier um das Durchhalten im Kampf gegen die „Knechtschaft" (V. 5) der Besatzung. Man ist nur auf den eigenen „Fuß" (V. 6) konzentriert, sieht immer nur den nächsten schmerzhaften Schritt vor sich („blutend", V. 7). Trotzdem gibt es keine andere Möglichkeit sich zu verhalten. Das Unverständnis der Situation wird in Vers 8 durch die Antithese von „erniedrigt" und „steigen" zum Paradox gesteigert: Obwohl es erniedrigend ist, geht man weiter.

Der Umschwung kommt im dritten Quartett, eingeleitet durch „Nur einmal" (V. 9), das den Erzählfluss unterbricht: Nun geht es um ein punktuelles Ereignis. Die Aufsteigenden sehen beim Blick nach oben die Skulptur der Nike. In einer Art innerem Monolog werden die Gedanken des lyrischen Ichs wiedergegeben. Die Bedeutung des Anblicks ist ihm nicht gleich klar. Es könnte sich auch um etwas „Ungeheures" (V. 10) handeln. Dann aber folgt die Erkenntnis, die Antwort auf die Frage „Was stößt uns höher?" (V. 5): „Dies also ist es!" (V. 11). Der Satz weist durch die Nebenbetonung auf „Dies" und durch das Enjambement zwischen Vers 9 und 10 darauf hin, dass etwas Neues in die Ordnung der Gedanken eingebrochen ist. Die drei Punkte in Vers 11 verursachen eine Lesepause – den Moment des Erkennens auf der Seite des lyrischen Ichs, aber nicht auf der des Lesers, der noch nicht weiß, worin die Erkenntnis besteht.

<small>Nebenbetonung, Enjambement</small>

Nach der Erkenntnis findet eine Versöhnung mit der zuvor so feindlichen Umgebung statt. Die Metapher „Unser Tiefstes spreitet / in einem Flügelpaar sich maßlos hin" (V. 11–12) impliziert, dass sich die

<small>Metapher</small>

Aufsteigenden gedanklich mit den Flügeln der Nike von Samothrake vereinigen, sich genauso verhalten wie jene. Auch die Treppe, die zuvor noch den Fuß verbrauchte (V. 2), wird nun positiv konnotiert. Eine zweite Metapher impliziert die Vereinigung auch mit ihr: Ihr Schwung überträgt sich auf die Betrachter. Nun hat der Aufstieg einen Sinn.

Eine äußere Begebenheit, die Begegnung mit der Skulptur der Nike von Samothrake, hat einen inneren Prozess beim lyrischen Ich ausgelöst: Durch die Betrachtung der Nike ist der Sinn der Qual, für die der Aufstieg über die Treppe steht, klar geworden. Die Aufsteigenden haben nun ein Ziel vor Augen. Auf der wörtlichen Ebene ist es die Skulptur, die allein auf dem Treppenabsatz steht, auf der allegorischen Ebene der Sieg, der nur durch Leiden errungen werden kann.

Personifikation — Im letzten Vers des Gedichts fallen das Bild der Göttin Nike und die Göttin selbst, die Personifikation des Sieges, zusammen. Wem die Göttin erscheint, dem ist der Sieg gewiss, der hat nun ein Ziel und einen „Sinn" (V. 10) vor Augen.

Hermlin spielt in seinem Sonett mit verschiedenen Bild-Text-Beziehungen und -Formen. Die für den Museumsbesuch und das Treppensteigen übertrieben wirkenden Metaphern sind Hinweise auf die allegorische Bedeutung des Textes. Die Skulptur und ihre Umgebung im Museum werden zu einem Teil des Gedichts gemacht, das ohne sie gar nicht verständlich ist. Das liegt auch daran, dass nicht die Beschreibung der Nike im Vordergrund steht – ganz im Gegenteil, aus dem Text ist fast nichts über sie zu erfahren –, sondern die Wirkung der Skulptur auf einen Betrachter. Sie ist Anlass einer Erkenntnis über den momentanen Zustand der Welt und des lyrischen Ichs. Das Kunstwerk wird dadurch unmittelbar wirksam und aktuell.

Aufgaben

Übungen — Um welche Tropen handelt es sich? Ein Beispiel kann mehrere enthalten.

1. Freude, schöner Götterfunken,
   Tochter aus Elysium,
   Wir betreten feuertrunken
   Himmlische, dein Heiligtum.
   [...]
   Was den großen Ring bewohnet,
   huldige der Simpathie!
   Zu den Sternen leitet sie,
   Wo der *Unbekannte* thronet.
   (aus: Friedrich Schiller, *An die Freude*, 1. Fassung, 1786)

2. Ganz Griechenland ergreift der Schmerz,
   Verloren hat ihn jedes Herz,
   Und stürmend drängt sich zum Prytanen
   Das Volk, es fordert seine Wut,
   Zu rächen des Erschlag'nen Manen,
   Zu sühnen mit des Mörders Blut.
   [...]
   Nur Helios vermag's zu sagen,
   Der alles Irdische bescheint.
   [...]
   Von Theseus Stadt, von Aulis Strand
   (aus: Friedrich Schiller, *Die Kraniche des Ibykus*, 1797)

Analysieren Sie die Bildlichkeit im Sonett von Catharina Regina von Greiffenberg. — *Interpretation*
- Legen Sie sich dazu eine Liste der verwendeten Tropen an.
- Metaphern aus dem Bereich der Reise, insbesondere der Seefahrt, sind einschlägig für das Thema „Lebenslauf". Beschreiben Sie genau, welche Tropen Greiffenberg wofür einsetzt.
- Der bildspendende Bereich „Seefahrt" wird detailliert genutzt. Handelt es sich um eine Allegorie? Begründen Sie Ihre Antwort.

Catharina Regina von Greiffenberg, *Auf meinen bestürmeten Lebens-Lauff.* (1662)

1   WIe sehr der Wirbelstrom so vieler Angst und plagen
    mich drähet um und um / so bistu doch mein Hort /
    mein mittel punct / in dem mein Zirkel fort und fort
    mein Geist halb hafften bleibt vom sturm unausgeschlagen.
5   Mein Zünglein stehet stät / von Wellen fort getragen /
    auf meinen Stern gericht. Mein Herz und Aug' ist dort /
    es wartet schon auf mich am Ruhe-vollen Port:
    dieweil muß ich mich keck in weh und See hinwagen.
    offt will der Muht / der Mast / zu tausend trümmern springen.
10 Bald thun die Ruder-Knecht / die sinnen / keinen Zug.
    Bald kan ich keinen Wind in glaubens-Segel bringen.
    jetz hab ich / meine Uhr zu richten / keinen fug.
    Dann wollen mich die Wind auf andre zufahrt dringen,
    bring' an den Hafen mich / mein GOtt / es ist genug!

Lektüreempfehlungen

- Jeremy Adler / Ulrich Ernst: **Text als Figur. Visuelle Poesie von der Antike bis zur Moderne** (= Ausstellungskataloge der Herzog August Bibliothek Nr. 56), Wolfenbüttel 1987. *Anhand der vielen Abbildungen in diesem Katalog kann man sich einen Eindruck von der Vielfalt der visuellen Poesie verschaffen.*
- Urs Meyer: Bilder / Tropen, in: Handbuch Literaturwissenschaft, hg. v. Thomas Anz, Band 1: Gegenstände und Grundbegriffe, Stuttgart 2007, S. 97–110. *Verlässliche Einführung in die Tropen und die damit verbundenen Diskussionen.*
- Irina O. Rajewsky: Intermedialität, Tübingen 2002. *Lehrbuch, das in die Intermedialitätsforschung einführt. Der Schwerpunkt liegt auf den audiovisuellen Medien, aber insbesondere die ersten Kapitel liefern einen guten Überblick und theoretische Grundlagen.*
- Albrecht Schöne: **Emblematik und Drama im Zeitalter des Barock**, dritte Auflage mit Anmerkungen, München 1993. *Nicht das neuste Buch zum Emblem, informiert aber auf lesenswerte Weise über die Geschichte der Gattung.*
- Ulrich Weisstein (Hg.): Literatur und bildende Kunst. Ein Handbuch zur Theorie und Praxis eines komparatistischen Grenzgebietes, Berlin 1992. *Sammelband mit Aufsätzen zu Bild-Text-Beziehungen (u. a. Bildgedicht, Emblematik, optische Poesie) sowie einer ausführlichen thematisch sortierten Bibliografie und einem Glossar im Anhang.*
- Siehe zu den Tropen auch die Lektüreempfehlungen zu → KAPITEL 10, insbesondere Lausberg, Plett und Ueding.

12 Gedichte im Kontext

Abbildung 22: Robert Gernhardt, *Ein Mißverständnis* (1985)

Wie entscheidend der Kontext ist, in dem ein Gedicht erscheint, zeigt sich am ehesten, wenn es in ein völlig neues, bewusst verfremdendes Umfeld gestellt wird. Komisch ist der Comic von Robert Gernhardt deshalb, weil hier das Lied „Kennst du das Land, wo die Citronen blühn" aus Goethes Roman „Wilhelm Meisters Lehrjahre (1795/96) aus seinem ursprünglichen Kontext herausgenommen und als Teil eines Dialoges verstanden wird, in dem Fragen auch Antworten verlangen. Die gezeichneten Figuren, die Sprechblasen und die Reaktionen auf das Gesagte verändern die Bedeutung. Durch den neuen Kontext wirkt das Gedicht, das an sich keine Komik enthält, witzig. – Im „Wilhelm Meister" wird das Lied von der Romanfigur Mignon gesungen. Goethe selbst aber hat es bereits aus seinem Roman herausgenommen und in seiner Werkausgabe unter die Balladen eingeordnet. Wer das Gedicht zuerst dort las, konnte nicht wissen, dass die Romanfigur Mignon dieses Lied gesungen hat und dass ihre Fragen und Wünsche an den Protagonisten Wilhelm adressiert sind.

Gedichte erscheinen nur sehr selten einzeln, etwa im Rahmen einer Interpretationsaufgabe. Sie sind meist in bestimmte Kontexte eingebunden. Mit Kontexten ist in diesem Kapitel nicht der historische oder biografische Hintergrund des Gedichts gemeint, sondern seine unmittelbare textuelle Umgebung. Das können andere Gedichte sein – für gewöhnlich werden Gedichte zu Gedichtbänden zusammengestellt –, aber auch Roman- oder Dramenpassagen, Abhandlungen oder Nachrichten, etwa wenn ein Gedicht in einer Zeitung erscheint. Manchmal werden Gedichte auch anderen Texten als Motti vorangestellt oder den Gedichten selbst werden Motto oder Widmung beigegeben.

Im Folgenden wird gezeigt, welchen interpretatorischen Mehrwert der Kontext für das einzelne Gedicht liefert. Dabei werden verschiedene Arten von Kontexten angeführt. Paratexte in der Lyrik, Gedichtzyklen und die Einbettung von Gedichten in Romane werden genauer erläutert. An einem Beispiel wird schließlich gezeigt, wie man mit Kontexten in der Interpretation umgeht.

12.1 **Paratexte**
12.2 **Gedichtzyklen**
12.3 **Gedichte in Romanen**
12.4 **Integration des Kontexts in die Interpretation**
    Zum Beispiel: Eduard Mörike, *Peregrina*

12.1 Paratexte

Bei dem Begriff „Paratext" handelt es sich um einen Neologismus (→ KAPITEL 10), der von Gérard Genette 1987 aus der griechischen Präposition *pará* (neben, gegen) und dem lateinischen Substantiv *textus* (Geflecht, Gewebe, Text) geprägt wurde. Paratexte bezeichnen das Beiwerk von Texten, also Texte, die nicht unmittelbar zum Haupttext gehören, aber einen deutlichen Bezug zu ihm aufweisen. Autorname, Titel und Untertitel, Inhaltsverzeichnis, Vorwort, Widmung, Motto und Anmerkungen gehören zur Kategorie Paratext. Hier interessieren allerdings nur die Aspekte, die auch für die Lyrik und vor allem für die Interpretation von Gedichten relevant sind.

Definition

Paratexte zu Gedichten

Der erste bei einem Gedicht auffallende Paratext ist der Titel. Er ist dem eigentlichen Text des Gedichts hierarchisch übergeordnet und gibt der Lektüre bereits eine Richtung vor. Er weckt bestimmte Erwartungen beim Leser. Oft handelt es sich um „thematische Titel" (Genette 1989, S. 82), die auf den Inhalt des Gedichts, die Hauptfigur oder den behandelten Gegenstand verweisen. In Goethes Ballade *Der Zauberlehrling* (1797) zum Beispiel wird der Protagonist zum Titelgeber (→ KAPITEL 9), und der Titel *Ars poetica* (1981) von Ulla Hahns Gedicht (→ KAPITEL 4, 13) verweist bereits auf den poetologischen Inhalt des Gedichts. Der Titel kann aber auch einen Bezug zum Gedicht herstellen, ohne auf das Thema hinzuweisen. Er kann etwa Ort, Zeitpunkt oder Herkunft des Textes anzeigen oder auch dessen Form, wie in Martin Opitz' *Sechstine* (1630) (→ KAPITEL 7), was Genette als „rhematische[n] Titel" bezeichnet (Genette 1989, S. 86). Es gibt auch Gedichte, welche anstelle eines Titels eine Nummer tragen, die sie als Teil eines größeren Ganzen, etwa eines Zyklus, ausweist. Wenn Gedichte keinen Titel haben, wird oft der Gedichtanfang zum Titel erhoben, wie in Georges Gedicht *Komm in den totgesagten park* (→ KAPITEL 3.2). Gedichttitel stammen manchmal gar nicht vom Autor selbst, sondern wurden nachträglich von den Lesern hinzugefügt. Der Titel eines Gedichts kann anfangs rätselhaft wirken und sich erst während der Lektüre erklären. Titel und Text sind stets sehr eng aufeinander bezogen.

Thematische Titel …

… und rhematische Titel

Manchmal befindet sich in einem Gedicht unterhalb des Titels – seltener nach dem Gedicht – eine Widmung, mit der der Autor sein

Widmung

Gedicht einer anderen Person zueignet. Oft sind die Adressaten Freunde oder Gönner der Dichter. Eine Widmung kann auch eine Vorgabe für die Deutung eines Gedichts machen, wie die Widmung „Für Richard Leising und Karl Mickel" in Richard Pietraß' Gedicht *Die frühen Gräber* (2000), die zum Vergleich des Gedichts mit denjenigen von Mickel und Leising aufruft (→ KAPITEL 13).

Motto

Das Motto ist wie die Widmung dem Titel eines Gedichts nachgeordnet und deutlich von Titel und Gedichttext abgesetzt. Es handelt sich dabei meist um ein kurzes Zitat, dessen Autor in der Regel mit angegeben wird. Ein Motto gibt zusätzliche Hinweise auf Inhalt und Thema des Gedichts. Durs Grünbein zum Beispiel stellt seinem Zyklus *Nach den Satiren* (1999) ein Motto aus Juvenals Satiren voran, was einen deutlichen Bezug zum antiken Vorbild des Zyklus herstellt. Diese Art von Motto muss vom emblematischen Motto unterschieden werden, das fester Bestandteil des Emblems ist, während das hier beschriebene literarische Motto zwar wichtig, aber für den Text nicht unbedingt notwendig ist (vgl. Peil 2000, S. 647) (→ KAPITEL 11.3). Deshalb nimmt das Motto in der Gedichtform Glosse auch eine Sonderstellung ein, da es ebenso wie das Motto im Emblem unverzichtbar ist (→ KAPITEL 7.2).

Orts- und Zeitangaben

Orts- und Zeitangaben unterhalb des Titels oder nach einem Gedicht können notwendig sein für das Verständnis eines Gedichts. Dies ist etwa bei Theodor Fontanes *Die Brück' am Tay* (1880) der Fall, wo das Datum „(28. Dezember 1879)" deutlich macht, dass dem Gedicht ein historisches Ereignis zugrunde liegt.

Anmerkungen

Anmerkungen oder Fußnoten zu Gedichten kommentieren den Text des Gedichts und erklären bestimmte Inhalte. Sie dienen oft auch als Nachweis für die Gelehrsamkeit des Dichters und finden sich deshalb häufig im Barock und in der Frühaufklärung, beispielsweise in Martin Opitz' Lehrgedicht *Vesuvius* (1633) (vgl. Grimm 1983, S. 211) (→ KAPITEL 2.1). In späteren Epochen sind sie seltener geworden, allerdings bedienen sich auch Dichter der Gegenwart, wie zum Beispiel Durs Grünbein, inzwischen wieder dieses Mittels (vgl. Grünbein 1999, S. 219–224).

Gedichte als Paratexte

Gedichte enthalten nicht nur Paratexte, sie werden auch immer wieder als Paratexte verwendet.

Häufig werden Gedichte als Motti Gedichtsammlungen, Romanen oder auch anderen Prosatexten vorangestellt. In barocken Fachbüchern finden sich oft Gedichte als Widmungs- oder Einleitungstexte, auch historische Berichte wurden, quasi als Zusammenfassung auf höherer Ebene, mit Gedichten abgeschlossen (vgl. Niefanger 2006, S. 69). Johann Wolfgang Goethe und nach seinem Vorbild auch andere Dichter schrieben selbst Motto-Gedichte für ihre eigenen Gedichtsammlungen und Prosatexte (vgl. Antonsen 1998, S. 39f.). Losgelöst von ihrem Kontext können solche Gedichte ziemlich rätselhaft wirken:

> Du beweinst, du liebst ihn, liebe Seele,
> Rettest sein Gedächtniß von der Schmach;
> Sieh, dir winkt sein Geist aus seiner Höle:
> Sey ein Mann, und folge mir nicht nach.

Gedicht als Motto

...Widmung, Einleitung, Zusammenfassung

Man fragt sich als Leser, wer hier eigentlich beweint wird. Es könnte ein toter junger Mann sein, der von seiner Freundin beweint wird – was allerdings spätestens im vierten Vers widerlegt wird. Es handelt sich um ein Mottogedicht zu Goethes Roman *Die Leiden des jungen Werther* (1774). Goethe stellte beiden Teilen des Romans in der zweiten Ausgabe 1775 solche Motti voran, mit denen die Leser angesprochen werden. Ohne diesen Kontext ist das Gedicht nicht zu verstehen. Das Beispiel verdeutlicht, dass das Verständnis (und damit die Interpretation) grundsätzlich immer von dem Kontext, in dem ein Gedicht erscheint, abhängig ist; je nach Beschaffenheit von Gedicht und Kontext mal mehr und mal weniger.

12.2 Gedichtzyklen

Der Begriff Zyklus stammt ursprünglich aus dem Griechischen: *Kýklos* bedeutet Kreis, Rad, Kreisbewegung, aber auch eine Ansammlung von Menschen. Als literaturwissenschaftlicher Fachbegriff bezeichnet ein lyrischer Zyklus eine Gruppe von Gedichten, die aufeinander bezogen sind. Dabei spielt der aus dem griechischen Ursprungsbegriff abgeleitete „metaphorische[] Kern" (Braungart 1996, S. 1) durchaus eine Rolle. Die Gedichte eines Zyklus sind wie in einem Kreis um einen Mittelpunkt angeordnet, um ein gemeinsames

Etymologie

Gemeinsames Thema

Thema, auf das sie sich alle in irgendeiner Weise beziehen. Das Thema wird in den einzelnen Gedichten variiert oder in narrativer Folge entfaltet. Häufig wird das Thema durch den Titel des Zyklus vorgegeben. In Rainer Maria Rilkes Zyklus *Sonette an Orpheus* (1923) beispielsweise stiftet die Titelfigur den thematischen Zusammenhang, die Gestalt des antiken Sängers Orpheus, auf die sich alle Gedichte beziehen; die Gedichtform des Sonetts, die auch im Titel Erwähnung findet, verweist auf formale Einheitlichkeit. Die Anzahl der Gedichte ist nicht entscheidend für die Zyklus-Definition. Ein Zyklus kann sogar einen ganzen Gedichtband umfassen, wie es bei Stefan George oder Rainer Maria Rilke häufig der Fall ist. Entscheidend für die Definition sind das gemeinsame Thema und der Bezug der Gedichte aufeinander.

Die Kohärenz zwischen den einzelnen Gedichten eines Zyklus kann unterschiedlich stark sein, weshalb man lose und geschlossene Zyklen unterscheidet (vgl. Müller 1932, S. 12). Kohärenz entsteht in Zyklen – außer durch das gemeinsame Thema – durch formale Aspekte (vgl. z. B. Sonettenkranz → KAPITEL 8.3) oder motivische Verbindungen, die die Einzelgedichte miteinander verknüpfen. Die Abfolge der Gedichte in einem Zyklus kann durch externe Faktoren wie raum-zeitliche Abläufe vorgegeben werden. Reiseszenarien (etwa Wilhelm Müllers *Die Winterreise* (1823/24); → KAPITEL 7.4), der Jahresablauf oder die Chronologie des Kirchenjahres (z. B. Annette von Droste-Hülshoff, *Das geistliche Jahr* (1851)) können die Reihenfolge bestimmen. Zyklen können aber auch narrativ organisiert sein, sodass in der Reihe der einzelnen Gedichte eine Handlung fortschreitet (so in Rainer Maria Rilkes *Das Marienleben* (1913)) oder ein Thema entwickelt wird.

Lyrische Zyklen unterscheiden sich durch die Autonomie der einzelnen Gedichte vom Epos, in dem, gegliedert in einzelne Gesänge, eine zusammenhängende Geschichte erzählt wird. Von Gedichtsammlungen, in denen jedes einzelne Gedicht autonom für sich steht, unterscheiden sich Zyklen durch die Kohärenz der Einzelgedichte. Das einzelne Gedicht könnte zwar auch herausgelöst aus seinem Zusammenhang verstanden und interpretiert werden; durch den Zusammenhang im Zyklus aber erhält es einen Mehrwert, der durch die Wechselwirkung mit dem Ganzen entsteht.

Entscheidend für die Bedeutung des Einzelgedichts ist seine Stellung im Zyklus. Anfangs- und Schlussgedicht eines Zyklus haben oft eine besondere Bedeutung. Sie sind meist eng aufeinander bezogen, insofern als die Vorgaben des ersten Gedichts im letzten Gedicht wieder aufgenommen und auf einer höheren Ebene eingelöst werden können. Der Kreis des lyrischen Zyklus, der dann eine thematische Entwicklung repräsentiert, schließt sich so mit dem letzten Gedicht wieder. Auch das mittlere Gedicht, das Zentrum eines Zyklus, kann eine entscheidende Bedeutung haben, etwa als thematischer Höhe- oder Wendepunkt.

Lyrische Zyklen gab es in der Dichtung lange bevor der Begriff „Zyklus" selbst Verwendung fand. Im Barock etwa wurden in der deutschen Dichtung Zyklen verfasst, die sich an sakralen Mustern orientierten.

Zur Geschichte lyrischer Zyklen

Das Prinzip der thematischen Zusammenstellung wurde durch Johann Wolfgang Goethe weiterentwickelt, der zahlreiche kleinere und größere Zyklen verfasst hat, in denen die verbindenden Merkmale vielfältig variiert werden. Im 19. Jahrhundert werden Gedichtzyklen durch Vertonung häufig zu Liederzyklen. Beispiele hierfür sind Wilhelm Müllers *Die schöne Müllerin* (1820/21) und *Die Winterreise* (1823/24), beide von Franz Schubert vertont. Die Musik unterstützt dabei die zyklische Struktur, da sie neue Möglichkeiten bietet, Kohärenz herzustellen (vgl. Kremer 2007, S. 316).

Durch die Übersetzungen der Dichtung französischer Symbolisten, die ihre Gedichte regelmäßig zu Zyklen verbanden, wurden Ende des 19. Jahrhunderts die großen Zyklen von Rainer Maria Rilke und Stefan George angeregt (vgl. Seng 1998, S. 32ff.). Deren Vorbild folgten die Dichter des Expressionismus, die ihre Gedichte ebenfalls gern zu Zyklen zusammenschlossen, wie zum Beispiel Gottfried Benns *Morgue*-Gedichte (1912) zeigen. Auch Nachkriegslyriker wie etwa Paul Celan schlossen sich dieser Tradition an.

12.3 Gedichte in Romanen

Die Einbindung von Gedichten in andere literarische Gattungen wird im Folgenden exemplarisch am Fall des Romans vorgeführt. Alle Aussagen haben jedoch auch Geltung für andere Fälle, beispielsweise für Gedichte, die in Dramen eingebunden sind. In Prosatexten erkennt man bereits am veränderten Schriftbild, wenn ein Gedicht folgt, in Versdramen heben sich Gedichte in der Regel durch ihre strophische Gliederung vom übrigen Verstext ab.

Johann Wolfgang Goethe hat als erster Gedichte in einen Roman integriert. Sein 1796 erschienener Roman *Wilhelm Meisters Lehrjahre*, der mehrere Gedichte enthält, faszinierte insbesondere die Ro-

Wilhelm Meister

Romantik

mantiker. Sie sahen in ihm ihre eigene Poetik der „progressiven Universalpoesie" verwirklicht, die unter anderem zum Ziel hatte, „alle getrennten Gattungen der Poesie wieder zu vereinigen" (Schlegel 2000, S. 79). Der Roman schien ihnen am besten geeignet zu sein, alle anderen poetischen Formen zu integrieren. Die Romantiker arbeiteten oft zahlreiche Gedichte in ihre Romane ein – zum Beispiel Ludwig Tieck in *Franz Sternbalds Wanderungen* (1798), Novalis in *Heinrich von Ofterdingen* (1802), Joseph von Eichendorff in *Ahnung und Gegenwart* (1815) oder auch noch Eduard Mörike im Roman *Maler Nolten* (1832), der bereits über die Romantik hinausweist. Viele Gedichte der Romantiker erschienen zuerst eingebunden in Romane, in Erzählungen oder auch in Dramen, Erstveröffentlichungen in Gedichtsammlungen sind selten (vgl. Kremer 2007, S. 268f.). Später sind diese Gedichte losgelöst von ihrem ursprünglichen Kontext bekannt geworden, oft durch ihre Vertonungen.

<small>Integrationsmöglichkeiten</small>

Meistens wird ein Gedicht, das in einen Roman eingebunden wird, zuvor durch den Erzähler als ein Lied ausgewiesen, das eine Romanfigur komponiert und vorträgt. (Oft sind die Protagonisten Dichter, denen man solch spontanes Liedermachen auch zutrauen kann.) Bisweilen werden die Lieder auch durch den Erzähler als altbekannte Gedichte eingeführt. Die Gedichte können dazu dienen, die Stimmung in einer Romanepisode wiederzugeben. Sie können Ereignisse des Romans spiegeln oder Entwicklungen vorwegnehmen, und manchmal charakterisieren sie auch die Figuren, die sie verfassen oder vortragen.

<small>Funktion</small>

Die Gedichte können unterschiedlich stark in das Romangeschehen eingebunden sein. In einer Analyse der Verseinlagen im *Wilhelm Meister* wird einerseits von „Assimilierung" des Gedichts an den epischen Kontext und andererseits von „Distanzierung" gesprochen (Meyer 1952, S. 60). Zwischen diesen Extrema bewegt sich die Integration eines Gedichtes in einen Roman. Manche Gedichte können deshalb aus dem Roman herausgelöst werden, ohne dass ein Bedeutungsverlust entsteht. Beispiele hierfür wären Lieder Eichendorffs, die in seinem Roman *Ahnung und Gegenwart* nur lose als von Figuren gesungene Naturlieder integriert sind. Gedichte aber, durch die der Sprecher sich selbst und seine gegenwärtige Lage charakterisiert, verlieren ohne den Romankontext eine Bedeutungsebene. Das Ich des Gedichts entspricht in solchen Fällen dem Ich der im Roman dichtenden und singenden Figur. Das ist zum Beispiel der Fall bei dem eingangs erwähnten *Kennst du das Land, wo die Citronen blühn*, das in Goethes Roman *Wilhelm Meisters Lehrjahre* eingebunden ist.

<small>Assimilierung
Distanzierung</small>

GEDICHTE IN ROMANEN

1   Kennst du das Land, wo die Citronen blühn,
    Im dunkeln Laub die Gold-Orangen glühn,
    Ein sanfter Wind vom blauen Himmel weht,
    Die Myrte still und hoch der Lorbeer steht,
5   Kennst du es wohl?
                 Dahin! Dahin
    Möcht ich mit dir, o mein Geliebter, ziehn!

    Kennst du das Haus, auf Säulen ruht sein Dach,
    Es glänzt der Saal, es schimmert das Gemach,
10 Und Marmorbilder stehn und sehn mich an:
    Was hat man dir, du armes Kind gethan?
    Kennst du es wohl?
                 Dahin! Dahin
    Möchte' ich mit dir, o mein Beschützer, ziehn!

15 Kennst du den Berg und seinen Wolkensteg?
    Das Maulthier sucht im Nebel seinen Weg,
    In Höhlen wohnt der Drachen alte Brut,
    Es stürzt der Fels und über ihn die Fluth:
    Kennst du ihn wohl?
20   Dahin! Dahin
    Geht unser Weg; o Vater, laß uns ziehn!

Dieses Gedicht charakterisiert seine Urheberin Mignon und ihr Verhältnis zu Wilhelm, der das Lied aufschreibt und aus der seltsamen Sprache Mignons ins Deutsche übersetzt (vgl. Goethe 1898, S. 234). Der Kontext im Roman zeigt, dass es Wilhelm ist, der im Gedicht als „Geliebter" (V. 7), „Beschützer" (V. 14) und „Vater" (V. 21) angesprochen wird, da Mignon ihn kurz zuvor im Roman als Vater bezeichnet hat (vgl. Goethe 1898, S. 229). Und das Rätsel, welches Land hier gemeint ist, wird in einem anschließenden Gespräch der beiden gelöst:

> „Nachdem sie das Lied zum zweitenmal geendigt hatte, hielt sie einen Augenblick inne, sah Wilhelmen scharf an und fragte: Kennst du das Land? – Es muß wohl Italien gemeint sein, versetzte Wilhelm; woher hast du das Liedchen? – Italien! sagte Mignon bedeutend: gehst du nach Italien, so nimm mich mit, es friert mich hier." (Goethe 1898, S. 235)

Auch wenn Goethe, als er Mignons Lied außerhalb des Romans publizierte, durch den neuen Titel *Mignon* den Bezug zum Romankontext aufrecht zu erhalten versuchte, gingen doch viele Informationen verloren. Man weiß zwar, dass das Lied etwas mit „Mignon" zu tun hat, aber nicht, was oder wer das sein soll oder gar dass es sich bei dem Titel um eine Sprecherangabe handeln soll. Das Wort hilft insofern nur ‚Insidern' weiter, die den Roman bereits kennen.

Funktion des Gedichts im Roman

Mignons Lied ohne Kontext

GEDICHTE IM KONTEXT

12.4 Integration des Kontexts in die Interpretation

Ursprünglicher Kontext

Die ursprüngliche textuelle Umgebung liefert zusätzliche Informationen für die Interpretation. Es gibt Fälle, in denen der Kontext nur eine untergeordnete Rolle spielt, etwa bei einer Klausur-Interpretationsaufgabe, der keine Informationen über die Kontexte wie z. B. eine Erstveröffentlichung im Roman beigegeben sind – es sei denn, es handelt sich um Texte, bei denen kulturelles Allgemeinwissen vorausgesetzt wird. In der Regel aber sollte man das Wissen um die Publikations- und Wirkungsgeschichte eines Gedichtes in die Interpretation mit einbeziehen. Oft gibt die Betrachtung der Wirkungsgeschichte zusätzliche Anregungen für die Interpretation.

- Ist das Gedicht für einen bestimmten Kontext geschrieben worden (etwa eine thematische Ausgabe einer Zeitschrift)? Inwiefern bestimmte der Kontext der Erstveröffentlichung das Verständnis?
- Was führte zur Übernahme in einen anderen Kontext, z. B. zur Vertonung, zur Aufnahme in eine Anthologie? Ist durch den veränderten Kontext ein anderer Aspekt im Gedicht betont worden?
- In welchem Kontext ist das Gedicht hauptsächlich gelesen worden? Was begründete die Überlieferung?

Paratexte

Sehr nahe liegend und wichtig ist das Eingehen auf Paratexte wie Titel, Widmung, Motto, Orts- und Zeitangaben oder die sonstige unmittelbare Textumgebung.

- Zitate in den Paratexten sollten, wenn möglich, auf ihre Ursprungstexte zurückgeführt und in einen Bezug zum Text des Gedichts gestellt werden (→ KAPITEL 13).
- Die Bedeutung des Titels muss ins Verhältnis gesetzt werden zum Thema des Gedichts. Das ist besonders wichtig im Fall von Zyklen, weil hier der Titel oft auf das gemeinsame Thema der Einzelgedichte verweist.
- Bei Widmungen sollte man sich Gedanken machen über die genannte Person und ihre Beziehung zum Thema oder zum Autor des Gedichts. So kann eine weitere Bedeutungsebene eröffnet werden.

Gedichtzyklus

Wenn ein ganzer Gedichtzyklus interpretiert werden soll, sollte man auf die Frage der Kohärenz eingehen:

- Inwiefern stiftet das Thema Kohärenz? Gibt es formale Merkmale, die die Gedichte miteinander verbinden oder voneinander abgrenzen? Werden die Einzelgedichte durch thematische, motivische oder sprachliche Elemente verknüpft?

- Es sollte auf die Themenentfaltung eingegangen werden: Gibt es eine narrative Entwicklung? Wie wird das Thema variiert? Verweist bereits der Titel auf eine bestimmte Anordnung der Gedichte?
- Schließlich sollte geprüft werden, ob bestimmte Gedichte besonders herausgehoben werden: Gibt es einen thematischen Höhe- oder Wendepunkt im Zyklus? Welche Bedeutung haben das erste und das letzte Gedicht? Wie sind beide aufeinander bezogen?

Bei einem Gedicht, das in einen Roman eingebunden ist, sollten die Art der Integration und die Funktion des Gedichts untersucht werden.

Gedicht im Roman

- Trägt das Gedicht zur Handlung bei?
- Wird der Sprecher oder eine besondere Stimmung charakterisiert?
- Wie verändert sich die Bedeutung des Gedichts, wenn man den Romankontext mit einbezieht (oder von ihm absieht)?

Zum Beispiel: Eduard Mörike, *Peregrina*

An Eduard Mörikes Zyklus *Peregrina* (1867), den der Dichter im Laufe seines Lebens immer wieder überarbeitet hat, wird im Folgenden die Interpretation eines ganzen Zyklus vorgeführt. Darüber hinaus wird gezeigt, wie auch der weitere Kontext, der Roman *Maler Nolten* (1832), in die Interpretation miteinbezogen werden kann. In diesem Roman ist der Zyklus zuerst erschienen, worauf durch einen Paratext verwiesen wird.

Der aus fünf Gedichten bestehende Zyklus von Eduard Mörike trägt den Titel „Peregrina". Es handelt sich dabei um die weibliche Form des lateinischen Adjektivs *peregrinus*, das auf Deutsch „fremd" bedeutet. Das Wort kommt im Zyklus selbst nur im letzten Gedicht vor, wo eine „Peregrina" angesprochen wird (vgl. V, V. 5). Es handelt sich demnach um eine Frau, die in irgendeinem Sinne ‚fremd' ist und auf die sich alle fünf Gedichte des Zyklus beziehen. Wenn also das lyrische Ich in den ersten vier Gedichten von einer Frau spricht, dann handelt es sich dabei um die Titelfigur Peregrina. Die fünf Gedichte sind Stationen in der Beziehung zwischen dem lyrischen Ich und Peregrina, deren Entwicklung im Zyklus geschildert wird. Variiert wird dabei das Thema der Liebe, aber auch das Thema der Fremdheit und Heimatlosigkeit, das bereits im Namen Peregrinas angekündigt ist. Der narrative Zusammenhang einer traurigen Liebesgeschichte stiftet Kohärenz.

Titel

Stationen einer Liebe

Fremdheit

Narrative Kohärenz

Das erste Gedicht in der strengen Strophenform der Stanze handelt von der ersten Annäherung zwischen Peregrina und dem lyrischen Ich. Peregrina wird zu Beginn mit positivem Vokabular beschrieben. Die warme braune Farbe ihrer Augen, die Treue ausdrücken, spiegelt

I. Annäherung

Eduard Mörike, *Peregrina*
(Aus: Maler Nolten)

I

1 Der Spiegel dieser treuen, braunen Augen
Ist wie von innerm Gold ein Wiederschein;
Tief aus dem Busen scheint er's anzusaugen,
Dort mag solch Gold in heil'gem Gram gedeihn.
5 In diese Nacht des Blickes mich zu tauchen,
Unwissend Kind, du selber lädst mich ein –
Willst, ich soll kecklich mich und dich entzünden,
Reichst lächelnd mir den Tod im Kelch der Sünden!

II

1 Aufgeschmückt ist der Freudensaal.
Lichterhell, bunt, in laulicher Sommernacht
Stehet das offene Gartengezelte.
Säulengleich steigen, gepaart,
5 Grün-umrankt, eherne Schlangen,
Zwölf, mit verschlungenen Hälsen,
Tragend und stützend das
Leicht gegitterte Dach.

Aber die Braut noch wartet verborgen
10 In dem Kämmerlein ihres Hauses.
Endlich bewegt sich der Zug der Hochzeit,
Fackeln tragend,
Feierlich stumm.
Und in der Mitte,
15 Mich an der rechten Hand,
Schwarz gekleidet, geht einfach die Braut;
Schöngefaltet ein Scharlachtuch
Liegt um den zierlichen Kopf geschlagen.
Lächelnd geht sie dahin; das Mahl schon duftet.

20 Später im Lärmen des Fests
Stahlen wir seitwärts uns Beide
Weg, nach den Schatten des Gartens wandelnd,
Wo im Gebüsche die Rosen brannten,
Wo der Mondstrahl um Lilien zuckte,
25 Wo die Weymouthsfichte mit schwarzem Haar
Den Spiegel des Teiches halb verhängt.

Auf seidenem Rasen dort, ach, Herz am Herzen,
Wie verschlungen, erstickten meine Küsse
den scheueren Kuß!
Indeß der Springquell, untheilnehmend
30 An überschwänglicher Liebe Geflüster,
Sich ewig des eigenen Plätscherns freute;
Uns aber neckten von fern und lockten
Freundliche Stimmen,
Flöten und Saiten umsonst.

35 Ermüdet lag, zu bald für mein Verlangen,
Das leichte, liebe Haupt auf meinem Schooß.
Spielender Weise mein Aug' auf ihres drückend
Fühlt' ich ein Weilchen die langen Wimpern,
Bis der Schlaf sie stellte,
40 Wie Schmetterlingsgefieder auf und niedergehn.

Eh' das Frühroth schien,
Eh' das Lämpchen erlosch im Brautgemache,
Weckt' ich die Schläferin,
Führte das seltsame Kind in mein Haus ein.

„inner[es] Gold" (I, V. 2). Doch gleich am Anfang zeigt sich auch der Zweifel des lyrischen Ichs: Peregrinas Augen „schein[en]" (I, V. 3) ihm nur ihr Inneres widerzuspiegeln, in dem sich positiver Glanz befinden „mag" (I, V. 4). In der zweiten Hälfte der Stanze verdunkelt sich die Wahrnehmung des lyrischen Ichs: Die dunklen Augen Peregrinas werden nicht mehr mit Gold in Verbindung gebracht, sondern als eine bedrohliche „Nacht des Blickes" (I, V. 5) gesehen, in die sie das lyrische Ich hineinzuziehen versucht. Peregrina ist ihm eine fremde, unbegreifliche, auch bedrohliche Person. Ihr Name erklärt sich hier aus dem fehlenden Vertrauen des lyrischen Ichs zu seiner Geliebten, die ihm trotz aller Anziehung fremd bleibt. Die Zweifel überwiegen

III

1 Ein Irrsal kam in die Mondscheingärten
  Einer einst heiligen Liebe.
  Schaudernd entdeckt' ich verjährten Betrug.
  Und mit weinendem Blick, doch grausam,
5 Hieß ich das schlanke,
  Zauberhafte Mädchen
  Ferne gehen von mir.
  Ach, ihre hohe Stirn
  War gesenkt, denn sie liebte mich;
10 Aber sie zog mit Schweigen
  Fort in die graue Welt hinaus.

  Krank seitdem,
  Wund ist und wehe mein Herz.
  Nimmer wird es genesen!

15 Als ginge, luftgesponnen, ein Zauberfaden
  Von ihr zu mir, ein ängstig Band,
  So zieht es, zieht mich schmachtend ihr nach!
  – Wie? Wenn ich eines Tags auf meiner Schwelle
  Sie sitzen fände, wie einst, im Morgen-Zwielicht,
20 Das Wanderbündel neben ihr,
  Und ihr Auge, treuherzig zu mir aufschauend,
  Sagte, da bin ich wieder
  Hergekommen aus weiter Welt!

IV

1 Warum, Geliebte, denk' ich dein
  Auf Einmal nun mit tausend Thränen,
  Und kann gar nicht zufrieden sein,
  Und will die Brust in alle Weite dehnen?

5 Ach, gestern in den hellen Kindersaal,
  Bei'm Flimmer zierlich aufgesteckter Kerzen,
  Wo ich mein selbst vergaß in Lärm und Scherzen,
  Tratst du, o Bildniß mitleid-schöner Qual;
  Es war dein Geist, er setzte sich an's Mahl,
10 Fremd saßen wir mit stumm verhalt'nen Schmerzen;
  Zuletzt brach ich in lautes Schluchzen aus,
  Und Hand in Hand verließen wir das Haus.

V

1 Die Liebe, sagt man, steht am Pfahl gebunden,
  Geht endlich arm, zerrüttet, unbeschuht;
  Dies edle Haupt hat nicht mehr, wo es ruht,
  Mit Thränen netzet sie der Füße Wunden.

5 Ach, Peregrinen hab' ich so gefunden!
  Schön war ihr Wahnsinn, ihrer Wange Gluth,
  Noch scherzend in der Frühlingsstürme Wuth,
  Und wilde Kränze in das Haar gewunden.

  War's möglich, solche Schönheit zu verlassen?
10 – So kehrt nur reizender das alte Glück!
  O komm, in diese Arme dich zu fassen!

  Doch weh! o weh! was soll mir dieser Blick?
  Sie küsst mich zwischen Lieben noch und Hassen,
  Sie kehrt sich ab, und kehrt mir nie zurück.

schließlich im ersten Gedicht. Gerade im letzten Verspaar der Stanze, das häufig den Höhepunkt einer Aussage enthält (→ KAPITEL 5.1), findet sich viel Negatives: „Reichst lächelnd mir den Tod im Kelch der Sünden" (I, V. 8), so schließt das Gedicht. Die Liebe zu Peregrina, das gegenseitige „[E]ntzünden" (I, V. 7), brächte Verderben. Die strenge Form der Stanze steht im Gegensatz zu den zwischen Begeisterung und Ablehnung schwankenden, unsicheren Gefühlen des lyrischen Ichs (vgl. Kunisch 1968, S. 341). Sie entspricht dem Versuch, die Gefühle fassbar zu machen, sie durch Ordnung zu bändigen.

Das zweite Gedicht des Zyklus unterscheidet sich schon allein in seiner Form stark vom ersten. Auf die strenge Form der Stanze folgen

GEDICHTE IM KONTEXT

II. Hochzeit

Freie Rhythmen. Ton, Wortwahl und Wortstellung sind der hymnischen Form angemessen gewählt und von hohem Stil. Beschrieben wird die Hochzeit des lyrischen Ichs und Peregrinas, ein freudiges Ereignis, das eigentlich im Gegensatz zu den zwiespältigen Gefühlen im ersten Gedicht steht. Doch zeigen sich auch hier, inmitten feierlich-froher Ereignisse, bedrohliche Zwischentöne. Der Brautzug, der „[f]eierlich stumm" (II, V. 13) und umgeben von Fackeln (vgl. II, V. 12) fast in der Nacht vonstatten geht, erinnert eher an einen Trauerzug. Der Bräutigam und die Braut sind schwarz gekleidet, wie die Stellung der Partizipialkonstruktion im Apokoinu andeutet (vgl. II, V. 16) (→ KAPITEL 10.2), wobei die Braut ein „Scharlachtuch" (II, V. 17) um den Kopf trägt, das sie farblich als begehrenswerte, verführerische Person aus dem Zug herausleuchten lässt. Die eigentliche Hochzeit wird dann nicht in dem im Garten aufgestellten „Freudensaal" (II, V. 1) gefeiert, sondern fern von der Gesellschaft, im „Schatten des Gartens" (II, V. 22).

Motivische Verknüpfung von I und II

Dieser Garten wirkt bedrohlich mit seinen brennenden Rosen (vgl. II, V. 23), dem wie ein Blitz um die Lilien zuckenden Mondstrahl (vgl. II, V. 24) und der „Weymouthsfichte", die mit ihrem „schwarze[n] Haar/Den Spiegel des Teiches halb verhängt" (II, V. 25f.). Erneut verweist die Metaphorik mehr auf den Tod, bei dem die Spiegel verhängt werden, als auf den fröhlichen Anlass einer Hochzeit. Die Liebenden sondern sich ab von der Gesellschaft und bemerken nicht die Bedrohung, der sie sich aussetzen. „Uns aber neckten von fern und lockten/Freundliche Stimmen,/Flöten und Saiten umsonst" (II, V. 32ff.). Die Liebe der beiden hat ihren Platz außerhalb dieser Fröhlichkeit, im unheimlichen Garten. Auch wenn das lyrische Ich am Ende „das seltsame Kind in [s]ein Haus ein[führt]" (II, V. 44), so ist es bereits angedeutet, dass ihre Liebe dort keine Heimat finden wird.

Formale Verknüpfung

Das dritte Gedicht bestätigt die Vermutung, dass die Liebe keinen Bestand hat. Ebenfalls in Freien Rhythmen verfasst, knüpft es zwar formal an das vorangehende Gedicht an, wobei aber hier in einem ganz anderen Ton gesprochen wird. Trauer über die verlorene Liebe, die im Gedicht zuvor noch gefeiert wurde, beherrscht jetzt das lyrische Ich. Mit dem dritten, mittleren Gedicht des Zyklus ist ein Wendepunkt erreicht: Während bisher, auch wenn sich bereits Vorgriffe auf ein mögliches Unglück zeigten, noch die Liebe im Zentrum stand, handelt das dritte Gedicht nun von Trennung. Glück schlägt um in Trauer und Verlust. Aufgrund eines eigentlich schon „verjährten Betrug[s]" (III, V. 3) hat das lyrische Ich seine Geliebte verstoßen. Es nennt sein Vorgehen „grausam" (III, V. 4). Beide leiden unter der Trennung (vgl. III, V. 4; 8f.). „Krank seitdem,/Wund ist und wehe mein Herz./Nimmer

Wendepunkt

III. Trennung

wird es genesen!" (III, V. 12ff.). Peregrina wird nun wieder heimatlos. Sie wehrte sich nicht, sondern „zog mit Schweigen / Fort in die graue Welt hinaus" (III, V. 10f.). So erklärt sich ihr Name als der einer nicht angenommenen, unbehausten Frau, die von ihrem Geliebten verstoßen wurde. Unklar bleibt am Ende, ob das lyrische Ich Peregrina wieder zu sich nähme, wenn sie denn zurückkäme (vgl. III, V. 18ff.).

Im vierten Gedicht wird die feierliche Hymnik der Freien Rhythmen wieder von einem regelmäßigen, jambischen Versmaß abgelöst. Das lyrische Ich kann seine Geliebte nicht vergessen, es trauert um deren Verlust. Gern würde es „die Brust in alle Weite dehnen" (IV, V. 4), um ihr wieder Raum in seinem Herzen zu geben, was auch formal durch die Erweiterung des Versmaßes um einen Versfuß bekräftigt wird. Doch die Gegenwart der Geliebten gehört ins Reich der Imagination. Im Traum zurückgekehrt „in den hellen Kindersaal" (IV, V. 5), in dem die Welt noch in Ordnung war, „[w]o ich mein selbst vergaß in Lärm und Scherzen" (IV, V. 7), erscheint dem lyrischen Ich plötzlich Peregrina. Es ist ihr „Geist" (IV, V. 9), und es herrscht keine Vertrautheit mehr zwischen den beiden. „Fremd saßen wir mit stumm verhalt'nen Schmerzen" (IV, V. 10). Und auch wenn sie am Ende „Hand in Hand" (IV, V. 12) das Haus verlassen, können sie eine Zusammengehörigkeit im Herzen nicht herstellen.

IV. Sehnsucht

Das fünfte und letzte Gedicht knüpft schon allein mit seiner strengen Form – dem Sonett – an das erste Gedicht des Zyklus an. Während das erste Gedicht in die Schwierigkeiten der Beziehung zwischen dem lyrischen Ich und Peregrina einführte, wird nun das Peregrina-Erlebnis verallgemeinert. Im ersten Quartett werden allgemeine Aussagen über die Liebe zusammengefasst, wobei die bisher berichtete Geschichte durch eine kunstvolle Zweideutigkeit als beispielhafter Fall ausgestellt wird: „Dies edle Haupt" (V, V. 3), das heimatlos und traurig ist, kann die Liebe meinen, kann aber auch schon auf Peregrina bezogen sein, die im zweiten Quartett erstmals namentlich erwähnt wird. „Ach, Peregrinen hab' ich so gefunden!" (V, V. 5) – das lyrische Ich identifiziert Peregrina mit der Liebe an sich. Ihr Name wird zum Synonym für die Liebe, die Figur zur Personifikation des Gefühls: Die Liebe und Peregrina sind fremd und unbehaust und schlichtweg unerreichbar. Alle Aussagen über Peregrina in den vorherigen Gedichten sind dadurch verallgemeinerbar. Peregrina, die Liebe, ist „[s]chön" (V, V. 6) in ihrem „Wahnsinn" (V, V. 6), im Einklang mit den Frühlingsstürmen erschien sie wild und scherzend (vgl. V, V. 7f.). Völlig unglaublich erscheint es dem lyrischen Ich schließlich, „solche Schönheit zu verlassen" (V, V. 9), und doch hat es das

Formale Verbindung von V. und I.

V. Verallgemeinerung

getan. Kurzzeitig glaubt das lyrische Ich, Peregrina kehre zurück, doch sie küsst ihn nur „zwischen Lieben noch und Hassen, / Sie kehrt sich ab, und kehrt mir nie zurück" (V, V. 13f.). Mit Peregrina hat das lyrische Ich nicht nur eine einzelne Geliebte verloren, sondern die Liebe an sich. Das letzte Gedicht, in dem nun der Verlust Peregrinas und mit ihr der Verlust der Liebe endgültig ist, greift auf das erste des Zyklus zurück, in dem am Ende bereits „Tod" und „Sünden" (I, V. 8) prophezeit wurden.

Paratext: (Aus: Maler Nolten)

Die Gedichte des Zyklus sind durch inhaltliche und formale Kohärenz kunstvoll miteinander verknüpft. Außerdem gibt der Paratext „(Aus: Maler Nolten)", der zwischen dem eigentlichen Gedichttext und dem Titel platziert ist, einen wichtigen Hinweis auf den weiteren Kontext des Zyklus. Der Dichter weist dadurch darauf hin, dass bei der Lektüre des Zyklus der Roman *Maler Nolten* (1832), in den das Gedicht – allerdings in einer früheren Version (vgl. Mörike 1967,

Kontext im Roman

S. 362ff.) – eingebunden war, mitgelesen werden muss. Im Roman findet der Protagonist Nolten den *Peregrina*-Zyklus unter den nachgelassenen Schriften seines Freundes Larkens. Nolten erkennt darin sich selbst und seine Liebe zu der Zigeunerin Elisabeth wieder:

„Wie sonderbar ist Nolten von dieser Schilderung ergriffen! wie lebhaft erkennt er sich und Elisabeth selbst noch in einem so bunt ausschweifenden Gemälde! und diese Wehmuth der Vergangenheit, wie vielfach ist sie bei ihm gemischt!" (Mörike 1967, S. 365)

Die „braunen Augen" (I, V. 1), das „Wanderbündel" (III, 20) und die Unbehaustheit Peregrinas verweisen im Zyklus deutlich auf die Zigeunerin Elisabeth. Schon als Kind hat sich Nolten wie durch einen Zauber in sie verliebt (vgl. Mörike 1967, S. 193–196), und nach ihrem Verschwinden konnte er „die tiefe Sehnsucht nach der Entfernten" (Mörike 1967, S. 217) lange nicht überwinden. Die Bedeutung des

Wer ist Peregrina?

Namens Peregrina erhält so eine zusätzliche Komponente: Elisabeth steht als Zigeunerin am Rande der Gesellschaft und ist in ihr fremd und heimatlos. Elisabeth und Nolten sind einander seltsam vertraute Fremde; sie wissen nicht, dass sie verwandt sind. Inhaltlich gibt es

Funktion

zwar keinen direkten Bezug zwischen Roman und Gedichtzyklus: Nolten und Elisabeth waren nie ein Paar, haben nie geheiratet oder sich im Streit entzweit. Indem der Zyklus aber „von der Unbeständigkeit der Liebenden und der Vergänglichkeit des Liebesglücks" handelt (Emmel 1952, S. 52), spiegelt er das Schicksal Noltens, der keine Beziehung zu einer Frau aufrechterhalten kann: Elisabeth ist noch immer in ihn verliebt, er selbst steht aber zwischen zwei anderen Frauen. Nachdem Nolten die Gedichte seines Freundes gelesen hat, drängt es ihn, seiner Geliebten Agnes einen „verjährten Betrug" zu gestehen. Diese nimmt sich daraufhin das Leben und auch Nolten selbst stirbt bald darauf. – Die Handlung des Romans bestätigt also die verallgemeinernden Aussagen über die Liebe, die im letzten Gedicht des Zyklus getroffen werden.

Aufgabe

Interpretieren Sie das sogenannte *Parzenlied* (1787) von Johann Wolfgang Goethe (aus *Iphigenie auf Tauris*, 4. Aufzug, 5. Auftritt, V. 1726ff.). Gehen Sie dabei insbesondere auf dessen Kontext im Drama ein, und zwar sowohl auf die situative Einbindung des Gedichts als auch auf die inhaltlichen Bezüge zwischen Gedicht und Drama.

Interpretation

1 Es fürchte die Götter
   Das Menschengeschlecht!
   Sie halten die Herrschaft
   In ewigen Händen,
5 Und können sie brauchen,
   Wie's ihnen gefällt.

   Der fürchte sie doppelt,
   Den je sie erheben!
   Auf Klippen und Wolken
10 Sind Stühle bereitet
   Um goldene Tische.

   Erhebet ein Zwist sich:
   So stürzen die Gäste
   Geschmäht und geschändet
15 In nächtliche Tiefen,
   Und harren vergebens,
   Im Finstern gebunden,
   Gerechten Gerichtes.

   Sie aber, sie bleiben
20 In ewigen Festen
   An goldenen Tischen.
   Sie schreiten vom Berge
   Zu Bergen hinüber:
   Aus Schlünden der Tiefe
25 Dampft ihnen der Athem
   Erstickter Titanen,
   Gleich Opfergerüchen,
   Ein leichtes Gewölke.

   Es wenden die Herrscher
30 Ihr segnendes Auge
   Von ganzen Geschlechtern,
   Und meiden, im Enkel
   Die ehmals geliebten
   Still redenden Züge
35 Des Ahnherrn zu sehn.

   So sangen die Parzen;
   Es horcht der Verbannte
   In nächtlichen Höhlen
   Der Alte, die Lieder,
40 Denkt Kinder und Enkel
   Und schüttelt das Haupt.

Lektüreempfehlungen

- **Wolfgang Braungart: Zur Poetik literarischer Zyklen. Mit Anmerkungen zur Lyrik Trakls,** in: Károly Csúri (Hg.), Zyklische Kompositionsformen in Georg Trakls Dichtung. Szegeder Symposion, Tübingen 1996, S. 1–27. *Überzeugende allgemeine Überlegungen zum lyrischen Zyklus.*

- **Gérard Genette: Paratexte.** Mit einem Vorwort von Harald Weinrich. Aus dem Französischen von Dieter Hornig, Frankfurt a. M./New York 1989. *Das Standardwerk zum Thema Paratexte, das allerdings mehr auf Prosa als auf Gedichte zugeschnitten ist.*

- **Burkhard Moennighoff: Goethes Gedichttitel,** Berlin/New York 2000. *Informativer allgemeiner Teil zur Funktion des Titels in einem Gedicht, aber auch zu Motto, Widmung und Anmerkung; viele Beispiele aus dem Werk Goethes.*

- **Joachim Seng: Auf den Kreis-Wegen der Dichtung. Zyklische Komposition bei Paul Celan am Beispiel der Gedichtbände bis ‚Sprachgitter',** Heidelberg 1998, S. 23–62. *Seng stellt seiner Studie über Zyklen bei Celan einleuchtende allgemeine Betrachtungen zum Thema Zyklus voran.*

13 Intertextualität. Zwei (oder mehr) Gedichte in einem

Abbildung 23: John Heartfield, Theewurzellöwe, Titelgestaltung für Bertolt Brecht: *Hundert Gedichte. 1918–1950* (1951)

Bertolt Brecht
Auf einen chinesischen Theewurzellöwen (1951)

Die Schlechten fürchten deine Klaue.
Die Guten freuen sich deiner Grazie.
Derlei
Hörte ich gern
Von meinem Vers

Zu den Glücksbringern des chinesischen Volksglaubens gehört der Teewurzellöwe, eine Figur aus den Wurzeln des Teestrauchs, deren Wert umso höher ist, je weniger Schnitzarbeit sie aufweist. Das hier abgebildete Exemplar hat sich Bertolt Brecht aus Amerika mitgebracht. Als der Aufbau-Verlag 1951 eine Sammlung seiner Gedichte herausbrachte, benutzte John Heartfield ein Bild davon für den Schutzumschlag. Brecht schrieb dazu ein Gedicht, das auf die Rückseite des Einbands gedruckt wurde. Das Gedicht verweist auf den Löwen, der Löwe auf das Buch. Die Übertragung ist im Gedicht gut nachzuvollziehen: Brecht wünscht sich, dass die Wirkung seiner Verse dieselbe sein möge, wie die des chinesischen Glücksbringers. Das Ganze ist kunstvolle Werbung in eigener Sache, eine Anzeige der erhofften Wirkung; akademisch gesprochen: eine plakative poetologische Mitteilung. Um sie zu verstehen, muss man wissen, an welcher Stelle Bild und Text gemeinsam zu sehen waren, erkennen, welche Aufgabe Texte auf Schutzumschlägen haben, die Verweise im Gedicht verfolgen und über chinesische Glücksbringer informiert sein.

Jahre später schrieb Richard Leising ein Gedicht unter dem Titel „Auf einen deutschen Pflaumentheelöffel" (1998). Es hat sechs Verse, diese:

> *Herausgeholt nichts*
> *Als was in ihm war*
> *Hineingetan nicht mehr*
> *Als hervorkommen kann*
> *Derlei sehe ich gern geschnitzt*
> *Aus meinem Holz.*

Um dieses Gedicht zu verstehen, muss man erkennen, was mit dem Pflaumentheelöffel gemeint ist. Er ist ein Hinweis auf den Umstand, dass Bertolt Brecht versuchte, seine Leser mit einem Gedicht auf einen chinesischen Glücksbringer zu beeinflussen. Wenn man das nicht weiß, bleibt alle Deutung von Leisings Gedicht Stückwerk.

Was im vorigen Kapitel begonnen wurde, wird nun fortgesetzt: Gedichte nicht nur einzeln zu betrachten, sondern sie ins Verhältnis zu anderen Texten zu setzen. Das Kapitel gibt einen Überblick über Phänomene, die das Verhältnis eines Gedichts zu anderen Texten betreffen, und führt in den interpretativen Umgang damit ein.

13.1 **Intertextualität und Interpretation**
13.2 **Formen von Intertextualität**
13.3 **Intertext in der Interpretation**
     Zum Beispiel: Richard Pietraß, *Die frühen Gräber*

13.1 Intertextualität und Interpretation

Für die Lyrik spielen Verweise und Bezugnahmen zwischen Texten eine besondere Rolle. Um dies anzuzeigen ist etwa die Anthologie *Reclams großes Buch der deutschen Gedichte* (2007) programmatisch eingerahmt von den *Merseburger Zaubersprüchen* (ca. 9./10. Jh.) und Peter Rühmkorfs *Auf einen alten Klang* (1962). Beide Gedichte beginnen mit denselben drei althochdeutschen Worten: „Eiris sazu idisi". Die Übereinstimmung signalisiert, was der Herausgeber im Vorwort als Gespräch unter Gedichten umschrieben hat, so als antworte das eine dem anderen.

Um das Verhältnis eines Textes zu einem anderen zu beschreiben, sind verschiedene Modelle entwickelt worden. Julia Kristeva führte in den 1960er-Jahren den Begriff Intertextualität ein (vgl. Kristeva 1969), er wird seitdem in unterschiedlichen Bedeutungen und oft sehr aufwendigen Theorien gebraucht. Renate Lachmann und Gérard Genette haben versucht, intertextuelle Beziehungen systematisch zu charakterisieren (vgl. Lachmann 1984; Genette 1993). Im Folgenden werden, in Anlehnung an Genettes *Palimpseste* (1993), einige grundlegende Formen der Intertextualität skizziert und ihre Folgen für eine Interpretation erläutert.

<small>Intertextualität</small>

In einem weiteren Sinne steht jeder Text unvermeidlich in Beziehung zu anderen. Jedes neue Werk kommt zu einem inzwischen unüberschaubar gewordenen Vorrat alter Texte hinzu. Die Leser bewerten es anhand der Erfahrung, die sie mit anderen Texten gemacht haben, so wie auch die Autoren nicht anders können, als auf der Grundlage dessen zu schreiben, was sie gelesen haben. Dieses Phänomen wird auch als Transtextualität bezeichnet, um es von der Intertextualität im engeren Sinne zu unterscheiden. Der Übergang zwischen den Kategorien ist fließend. Eng gefasst bezeichnet Intertextualität den Umstand, dass einige Texte ein besonderes Verhältnis zu einigen anderen haben, etwa weil in ihnen dieselben Worte in derselben Reihenfolge vorkommen (der bekannteste Fall von Intertextualität, das Zitat) oder weil sie auffällig parallel gebaute Überschriften haben (wie etwa *Auf einen chinesischen Theewurzellöwen* und *Auf einen deutschen Pflaumentheelöffel*). Das zweite Werk muss nicht unbedingt aus Sprache gemacht sein, auch ein Bild, ein Musikstück, eine Plastik oder ähnliches sind möglich, die bei der Interpretation wie ein zweiter Text behandelt werden (→ KAPITEL 11).

<small>Intertextualität und Transtextualität</small>

In eindeutigen Fällen von Intertextualität besteht die Schwierigkeit nicht darin, den Bezug sachgerecht zu benennen, sondern seine Be-

<small>Interpretatorischer Umgang mit Intertextualität</small>

deutung zu bestimmen. Es ist die Frage zu beantworten, was die teilweise Übereinstimmung über die kompletten Texte aussagt. Auch wenn in der Interpretation der Schwerpunkt auf einem Text liegt, wird bei der Behandlung intertextueller Phänomene immer ein Verhältnis zweier Texte näher bestimmt, nämlich das zwischen (einem älteren) Prätext und (einem jüngeren) Referenztext. Der spätere verweist auf den früheren, er enthält zumeist ein Signal, das die Verbindung anzeigt. Unvermeidlich geht es bei Intertexten aller Art immer auch um die Wirkung von Literatur auf Literatur und um das literarische Selbstverständnis des jüngeren Autors, der aus dem großen Vorrat der Literaturgeschichte auf einen bestimmten Text (oder ein bestimmtes Vorbild) zurückgegriffen hat. Daher liegt es nahe, auch auf die poetologischen Implikationen des intertextuellen Bezugs zu achten, also auf das, was über das eigene Dichten mit-gesagt wird.

Prätext und Referenztext

Diese allgemeinen Überlegungen für einzelne Gedichte zu konkretisieren, setzt literaturgeschichtliches Wissen voraus und verlangt eine genaue Argumentation. Intertexte erzeugen mit gewisser Unvermeidlichkeit voraussetzungsvolle, aufwendige Interpretationen. Es spielt zumeist mehr als nur der Wortlaut des zitierten Texts eine Rolle. Oft werden kulturgeschichtliche Zusammenhänge aufgerufen – die Möglichkeiten reichen vom Dichtungsverständnis einer Epoche oder Autorengruppe bis hin zu Details aus der Biografie des Autors –, um sie den aktuellen Zuständen gegenüberzustellen. Auf diese Weise kann mit wenig Text sehr viel gesagt oder gezeigt werden: Im Gedicht sprechen der Kontrast oder die Übereinstimmung für sich selbst. In der Interpretation müssen sie benannt werden.

13.2 Formen von Intertextualität

Intertextualität im engen Sinne lässt sich auch beschreiben als Kopräsenz zweier oder mehrerer Texte: Wo nur ein Text steht, können mehrere gelesen werden, nämlich einer in einem anderen. Dieses Verfahren innerliterarischer Bedeutungserzeugung kann abhängig vom Grad der Wörtlichkeit und je nach Beschaffenheit des Kontextes oder des intertextuellen Signals noch weiter unterschieden werden, etwa in Zitat, Plagiat oder Anspielung.

Zitat

Der umgangssprachlichen Bedeutung von Zitat ist für diese Zwecke lediglich hinzuzufügen, dass mit dem Begriff markierte (also gewöhnlich durch Anführungszeichen angezeigte) Übernahmen gemeint sind. Plagiat (von lateinisch *plagium* = Menschenraub) dagegen be-

Plagiat

zeichnet die unmarkierte Übernahme. Die Markierung muss bei literarischen Texten nicht durch Anführungszeichen erfolgen. Entscheidend ist vielmehr, dass das übernommene Material als solches erkennbar ist und dadurch zur Bedeutung des Referenztextes beiträgt, es sich also nicht um ‚heimliche' Nachahmung handelt. Übernommen werden können nicht nur einzelne Ausschnitte, sondern auch stilistische Eigenarten oder wesentliche Strukturen eines Textes. Ein einschlägiger lyrischer Kommentar zum Thema Plagiat ist Bertolt Brechts *Sonett zur Neuausgabe des François Villon* (1930). Er schrieb es, nachdem man ihm vorgeworfen hatte, dass einige Lieder in seiner *Dreigroschenoper* (1928) Balladen von François Villon, einem französischen Dichter des 15. Jahrhunderts, zum Verwechseln ähnlich waren, nämlich denen, die K. L. Ammer ins Deutsche übersetzt hatte. Brechts Gedicht endet mit den Versen: „Nehm jeder sich heraus, was er grad braucht!/Ich selber hab mir was herausgenommen...". Wie das Beispiel zeigt, ist die Unterscheidung zwischen Zitat und Plagiat in der Kunst alles andere als eindeutig, was zum einen an dem dehnbaren Verständnis von Markierung oder Kennzeichnung liegt und zum anderen an einer langen Tradition des geregelten Ab- und Nachschreibens. Aus ihr stammt der Begriff Allusion (von lateinisch *alludere* = [auf etwas] anspielen). Damit werden Verweise auf andere Texte bezeichnet, die ohne oder mit nur geringen Übernahmen auskommen, aber durch Signale gerichtete („eindeutige") Assoziationen hervorrufen. Man spricht auch von „indirekten Erwähnungen". An dieser Umschreibung ist schon zu erkennen, dass in solchen Fällen der Spielraum für die Interpretation größer ist als bei einem Zitat. Verschiedene Leser können die Anspielung auf verschiedene Werke hin auslegen. Der Satz „Heulend reißt der Wolf den Rachen" aus Richard Pietraß' Gedicht *Die frühen Gräber* (2000) könnte sowohl das Märchen vom Rotkäppchen oder das von den sieben Geißlein alludieren als auch das auf Plautus (254–184 v. Chr.) zurückgehende geflügelte Wort, der Mensch sei dem Menschen ein Wolf. Um die jeweilige Deutung zu belegen, kommt es darauf an, die Indizien für den Zusammenhang zwischen den Werken möglichst überzeugend darzustellen.

Allusion

Die Bezugnahme auf ältere Texte als literarisches Verfahren hat eine lange Geschichte. Von der Rhetorik und Poetik der Antike bis in die Frühe Neuzeit galt die Nachahmung eines Vorbilds, die *imitatio veterum* (→ KAPITEL 2.1), als ein Verfahren, das absicherte, dass ein ‚guter' Text geschrieben wurde. Ein Sonderfall ist die *aemulatio* (lateinisch: Nacheifern), ein Verfahren, bei dem der spätere Dichter versucht, seinen Vorgänger handwerklich zu übertreffen. In beiden

Historischer Wandel von der *imitatio* zum Intertext

Fällen orientierte man sich an den kanonisierten Texten, ihre Geltung wurde nicht infrage gestellt. Anders als bei Zitat, Plagiat oder Allusion geht es bei der *imitatio* nicht darum, einen bestimmten Teil des älteren Textes in den neuen zu übernehmen (wie kryptisch auch immer), sondern darum, die Mittel der Darstellung (etwa Figuren, Tropen und Topoi, → KAPITEL 2.1) erneut anzuwenden.

Erst im 17. Jahrhundert entwickelte sich allmählich eine Vorstellung von „neu" im Sinne von originell und modern, wie sie dem heutigen Verständnis entspricht. Vollständig ausgeprägt wurde diese Vorstellung im Sturm und Drang. Mit diesen für das Dichtungsverständnis grundlegenden Veränderungen ändert sich auch die Bewertung der Beziehung zwischen alten und neuen Texten.

Parodie

Ursprünglich bezeichnete man alle Texte, die von einem anderen abgeleitet wurden, als Parodie. Inzwischen unterscheidet man zwischen Parodie und Kontrafaktur (vgl. Verweyen/Witting 1987, S. 22–53). Der Unterschied besteht in der Aussageabsicht, die mit der Ableitung verbunden ist. Als Parodie (griechisch: Nach- oder Gegengesang) bezeichnet man die Übernahme charakteristischer Eigenheiten, um das Vorbild lächerlich zu machen oder seine Inhalte und Aussagen zu kritisieren. Um diesen Effekt überhaupt erreichen zu können, muss das Vorbild hinreichend bekannt sein (→ KAPITEL 6.1).

Matthias Claudius, *Das Distichon*, (1798)
Im Hexameter zieht der ästhetische Dudelsack Wind ein;
Im Pentameter drauf läßt er ihn wieder heraus.

Man kann den Effekt zu steigern versuchen, indem man mehrere Vorlagen heranzieht, wie Klabund (d. i. Alfred Henschke) das unter dem Titel *Deutsches Volkslied* (1927) getan hat, dessen erste drei Strophen lauten:

Es braust ein Ruf wie Donnerhall,
Daß ich so traurig bin.
Und Friede, Friede überall,
Das kommt mir nicht aus dem Sinn.

Kaiser Rotbart im Kyffhäuser saß
An der Wand entlang, an der Wand.
Wer nie sein Brot mit Tränen aß,
Bist du, mein Bayerland!

Wer reitet so spät durch Nacht und Wind?
Ich rate dir gut, mein Sohn!
Urahne, Großmutter, Mutter und Kind
Vom Roßbachbataillon.

Als Kontrafaktur (lateinisch: Nach- oder Gegen-Gemachtes) bezeichnet man die Übernahme charakteristischer Eigenheiten, um eine vom Vorbild unabhängige, selbstständige Aussage zu machen. Der Begriff bezog sich ursprünglich auf weltliche Texte, die zu den Melodien bekannter geistlicher Lieder geschrieben, oder auf religiöse Texte, die zu Volksliedmelodien verfasst wurden. Man nutzte die Popularität der tradierten Struktur für den neuen Inhalt. Der Begriff erfasst jedoch mehr, wie die folgenden Beispiele zeigen.

Kontrafaktur

Claus Harms
Am sechsten Sonntage in der Fasten, Palmarum (1817)

Kennt ihr das Land? – auf Erden liegt es nicht –
Von dem das Herz in bangen Stunden spricht,
Wo keine Klag' ertönt und keine Thräne fließt,
Der Gute – glücklich, stark der Schwache ist:
Kennt ihr es wohl?
        Dahin, dahin
Lasst, Freunde, fest uns richten Herz und Sinn.

Kennt ihr den Weg? die rauhe Dornenbahn?
Der Wandrer seufzt, dass er nicht weiter kann,
Er wankt und sinkt, im Staube blickt er auf:
"Verkürze, Vater, doch des müden Pilgers Lauf:"
Kennt ihr ihn wohl?
        Der geht, der geht
In jenes Land, wohin die Hoffnung steht.

Kennt ihr den Freund? – er ist ein Menschenkind
Und mehr doch, mehr, als alle Menschen sind,
Er ging voran die rauhe Dornenbahn,
Nimmt freundlich sich der armen Pilger an:
Kennt ihr ihn wohl?
        Die Hand, die Hand
Geleitet sicher uns ins Vaterland.

Erich Kästner
Kennst du das Land, wo die Kanonen blühn? (1928)

Kennst du das Land, wo die Kanonen blühn?
Du kennst es nicht? Du wirst es kennenlernen!
Dort stehn die Prokuristen stolz und kühn
in den Büros, als wären es Kasernen.

Dort wachsen unterm Schlips Gefreitenknöpfe.
Und unsichtbare Helme trägt man dort.
Gesichter hat man dort, doch keine Köpfe.
Und wer zu Bett geht, pflanzt sich auch schon fort!

Wenn dort ein Vorgesetzter etwas will
– und es ist sein Beruf, etwas zu wollen –
steht der Verstand erst stramm und zweitens still.
Die Augen rechts und mit dem Rückgrat rollen!

Die Kinder kommen dort mit kleinen Sporen
und mit gezognem Scheitel auf die Welt.
Dort wird man nicht als Zivilist geboren.
Dort wird befördert, wer die Schnauze hält.

Kennst du das Land? Es könnte glücklich sein.
Es könnte glücklich sein und glücklich machen!
Dort gibt es Äcker, Kohle, Stahl und Stein,
und Fleiß und Kraft, und andre schöne Sachen.

Selbst Geist und Güte gibt's dort dann und wann!
Und wahres Heldentum – doch nicht bei vielen.
Dort steckt ein Kind in jedem zweiten Mann.
Das will mit Bleisoldaten spielen.

Dort reift die Freiheit nicht, dort bleibt sie grün.
Was man auch baut – es werden stets Kasernen.
Kennst du das Land, wo die Kanonen blühn?
Du kennst es nicht? Du wirst es kennenlernen!

Beide Autoren greifen auf Goethes *Mignon*-Lied zurück (→ KAPITEL 12.3), beide ganz offensichtlich nicht, um es lächerlich zu machen oder zu kritisieren. Vielmehr nutzen sie die Bekanntheit der Vorlage aus, um ihrer eigenen Aussage mehr Geltung zu verschaffen.

Parodie und Kontrafaktur implizieren also jeweils bestimmte Wertungen über den alten Text, die der neue anzeigt. In diesem Sinne kann man sie auch als Schreibhaltungen verstehen. Der Zusammenhang wird an der Gedichtform Glosse deutlich. Hier ist die Art des intertextuellen Bezugs schon im Namen angezeigt, es handelt sich um einen Kommentar. Der alte Text wird dem neuen in der Form eines Mottos vorangestellt. Der Kommentar kann sowohl zustimmend als auch ablehnend ausfallen (→ KAPITEL 7.2).

Glosse

Bei kommentierenden Beziehungen zwischen zwei Texten spricht man von Metatextualität (griechisch *meta* = im Sinne von „über"). Der Begriff zeigt an, dass – ganz grob umrissen – in dem einen Text über den anderen gesprochen wird. Bei der Glosse ist dieser kommentierende Bezug explizit. In anderen Fällen kommt es darauf an, erst einmal zu erkennen, dass ein solcher Bezug implizit vorhanden ist, um überhaupt zu verstehen, wovon im Gedicht die Rede ist. Relativ einfach ist das bei B. K. Tragelehns *Das Räubersonett* (1976).

Metatextualität

> Ein deutscher Vater mit zwei deutschen Söhnen
> (Feindliche Brüder, wie in Deutschland Brauch)
> Ist, weil Zwei hetzt, von Eins nicht zu versöhnen:
> Eins taucht als Räuber in den deutschen Strauch.
>
> Zwei tritt den Vater in den deutschen Bauch:
> Herr will er sein. Wirds. Einer deutschen Schönen
> Die Einsen hinterher weint, tritt er auch
> Zu nah. Da wird nichts draus, man sieht sie höhnen.
>
> Der Herr (Zwei), in der Angst vorm Räuber (Eins)
> Erdrosselt sich. Der Räuber küßt die Braut
> Aber als seine Bande nach ihr bellt
>
> Zückt ers Pistol und schießt. Denn seins ist seins.
> Das tote Weib im Arm bereut er laut
> Die Rebellion ist aus, der Vorhang fällt.

Interpretationsansatz zum Räubersonett

Hier wird Schillers Stück *Die Räuber* (1781) kommentiert, und zwar hinsichtlich seiner Aufführbarkeit in den späten 1970er-Jahren unter den Bedingungen deutscher Zweistaatlichkeit. Dem Sonett liegt eine aktualisierende Interpretation des Stücks zugrunde, die eine Aufführungsstrategie begründet: Was ist an Schillers Stück, rund 200 Jahre nach seiner Erstaufführung, für eine Inszenierung noch interessant? Der Frage könnte man in einer Interpretation nachgehen und dabei auch Tragelehns Perspektive (als er das Gedicht schrieb, war er Regisseur am Berliner Ensemble) mit der gegenwärtigen vergleichen. Immerhin sind seit seinem Sonett gut 30 Jahre vergangen und auch die zwei deutschen Staaten inzwischen Geschichte. Ebenso ließe sich prüfen, was alles verloren geht, wenn man ein Drama auf ein Sonett reduziert, und was dabei andererseits bewahrt oder gar betont wird.

Solche Überlegungen verweisen bereits auf eine weitere für Gedichte relevante Form der Intertextualität, die Architextualität. Der Begriff wird in der Lyrikanalyse selten verwendet, das Phänomen spielt aber besonders in den streng definierten Gattungen eine große Rolle. Gemeint ist, dass sich der einzelne Text unvermeidlich auf eine Gattung und ihre Konventionen bezieht. Wer ein Sonett interpretiert, weiß, dass es noch weitere Gedichte gibt, die dieselbe Form haben. Die verschiedenen Zuordnungen innerhalb der Gruppe der Sonette (etwa dem italienischen oder dem sogenannten Shakespeare-Sonett, → KAPITEL 8.3) geben Auskunft über eine bestimmte Art der Anwendung von formalen Regeln und thematischen Präferenzen. Solche Zuordnungen können in Interpretationen als wirkungsvolle Argumente eingesetzt werden. Wird in einem Text explizit auf eine solche Gattungszugehörigkeit verwiesen, dann bestimmt sie die Erwartungshaltung mit und sollte in die Interpretation einbezogen werden. Robert Gernhardts Gedicht *Materialien zu einer Kritik der bekanntesten Gedichtform italienischen Ursprungs* (1979) ist ein extremes Beispiel dafür (→ KAPITEL 8.4). Klabund ruft im Titel seiner Parodie das deutsche Volkslied als Architext auf – und auch bei Tragelehns Gedicht liegen solche Überlegungen nahe, nicht zuletzt, weil schon im Titel des Gedichts das Drama mit der lyrischen Gattung zusammengeführt wird: Räuber und Sonett. Mit diesen Erwägungen ist noch einmal auf die Schwierigkeit hingewiesen, aus den Beobachtungen zum Verhältnis zweier Texte eine Interpretation zu entwickeln. Dazu im Folgenden einige ganz praktisch orientierte Hinweise.

Architext

13.3 Intertext in der Interpretation

Es erfordert einige Übung, Zusammenhänge wie die soeben vorgeführten in einer Interpretation darzustellen. Man kann ein angemessenes Vorgehen auch durch Zusehen erlernen, indem man Interpretationen, die man einleuchtend fand, nachvollzieht und dabei auf ihren darstellerischen Aufbau achtet. Dieses nützliche Vorgehen soll an einem Beispiel für Intertextualität im engen Sinne vorgeführt werden. An der Interpretation von Ulla Hahns Gedicht *Ars poetica* (→ KAPITEL 4.4) ist gut zu erkennen, welche Beobachtungen zum Verhältnis des einen Gedichts zu zwei anderen zu welchen Schlussfolgerungen geführt haben.

Nachvollzug der Interpretation aus → KAPITEL 4.4

Hahns Gedicht wird von zwei Zitaten gerahmt, dem Titel und den letzten beiden Zeilen. In der Interpretation wird jeweils festgestellt, um welche älteren Texte es sich handelt und welche ihrer Eigenschaften für das Gedicht, in dem sie zitiert werden, von Bedeutung sind. Ausgehend von dem Zusammenhang mit dem ersten Intertext (von Horaz) wird dann eine Interpretation entwickelt, die es gestattet, den Zusammenhang zum zweiten Intertext (von Heine) genauer zu bestimmen. Hier eine Zusammenfassung der Schritte, in der das Verhältnis der Texte betont wird:

Horaz-Bezug

Der Titel des Gedichts von Hahn bezieht sich auf einen von Horaz in Versen verfassten belehrenden Brief. Er handelt von den Mitteln der Dichtkunst, weshalb ihm Quintilian später den Titel *Ars poetica* gab. Der Titel hat sich inzwischen von Horaz' Schrift gelöst und ist zu einem Begriff der literaturwissenschaftlichen Metasprache geworden. Aus dieser Perspektive betrachtet, gehört das Gedicht von Ulla Hahn in die Reihe der dichtungstheoretischen Schriften. Es handelt sich um eine Abhandlung über die Kunst des Dichtens in Form eines Gedichts.

Form und Inhalt

In der Interpretation wird textnah verfolgt, von welchen dichterischen Mitteln bei Ulla Hahn die Rede ist, und zwar so, dass Form und Inhalt gleichermaßen zur Geltung kommen. Es wird nicht nur betrachtet, was über Versfüße, Reime und Klang gesagt wird, sondern auch, wie sie im Gedicht eingesetzt werden. Es werden quasi Theorie und Praxis miteinander verglichen. Die Praxis bestätigt die Behauptung des lyrischen Ichs, keiner neuen Formen zu bedürfen. Unter dieser Voraussetzung wird der Umstand gedeutet, dass die letzten beiden Zeilen Heinrich Heines *Lore-Ley*-Gedicht entlehnt sind.

Heine-Bezug

Zwei der möglichen Deutungen dieses Umstands werden näher ausgeführt, eine thematisch engere, die Klangelemente in den beiden Gedichten betreffend, und eine thematisch übergreifende, in der Heines Gedicht als ein Beispiel für eine intakte Tradition gedeutet wird. Die Zusammenfassung führt dann zu der poetologischen Dimension des Zitats: Ulla Hahn aktualisiert mit ihrem Gedicht Mittel des lyrischen Sprechens, die schon Heine verwendet hat. Der Titel zeigt an, dass sie dies für ein geeignetes Verfahren hält, zeitgenössische Gedichte zu schreiben.

Was das Beispiel zeigt, gilt generell: Eine literarische Bezugnahme ist unvermeidlich mit einer Wertung verbunden, und zwar für Autor wie Leser gleichermaßen. Der Autor ruft einen Text auf, der aus seiner Sicht die Auseinandersetzung (ablehnend oder zustimmend) lohnt. Der Leser bewertet nicht nur das aufgerufene Werk oder dessen Autor, sondern auch die Bezugnahme. In einer Interpretation wird das zumeist implizit geschehen. Um überhaupt werten zu können, muss der Bezug der Texte so genau wie möglich bestimmt werden. Dabei helfen folgende Fragen:

Intertextualität und Wertung

Intertextualität in der Interpretation

- Was genau wird vom Prätext übernommen? Welche Bedeutung hat der übernommene Bestandteil im älteren Text, welche im jüngeren?
- Gibt es bedeutsame Veränderungen im Wortlaut? Was wird weggelassen? – Wie verändert sich daraufhin der Sinn?
- Wie ist der Prätext formal eingebunden? Gibt es ein deutliches intertextuelles Signal?
- Um welche Form der Intertextualität handelt es sich? Wird damit schon von vornherein eine Wertung impliziert (etwa bei einer Parodie oder bei einem Plagiat: geklaut wird nur, wo es sich lohnt)? Was verbindet Prä- und Referenztext? Haben sie thematische, motivische, strukturelle Parallelen?
- Worin besteht die inhaltliche Leistung der Übernahme, worauf wird vermittelt über den Prätext verwiesen (auf eine bestimmte Epoche und ihre Literatur, auf einen Autor, auf eine Geisteshaltung)?
- Werden mehrere Prätexte verarbeitet? Wie ist ihr Verhältnis zueinander?

Zum Beispiel: Richard Pietraß, *Die frühen Gräber*

Wie man aus den Antworten auf diese Fragen eine Interpretation entwickelt, wird im Folgenden am Beispiel von Richard Pietraß' *Die frühen Gräber* (2000) vorgeführt.

Richard Pietraß

Die frühen Gräber

        Für Richard Leising und Karl Mickel

1   Hell strahlt eurer Glieder Asche, von Faltern
     im Gebüsch umflügelt, von Gewittern
        dampfgebügelt. Wortlos geht der Mund zur Flasche.

     Heulend reißt der Wolf den Rachen. Von Krumenhänden
5   aufgehügelt, psalternd im Gespräch
     beflügelt, heil strahlt eurer Glieder Asche.

INTERTEXTUALITÄT. ZWEI (ODER MEHR) GEDICHTE IN EINEM

Zwei Besonderheiten bestimmen das Gedicht auf den ersten Blick: seine auffällige optische Struktur und die Widmung. Sie lassen sich unabhängig von allen (vermuteten) Intertexten betrachten.

Paratext: Widmung

Richard Leising wurde 1934 geboren und ist 1997 gestorben, Karl Mickel lebte von 1935 bis 2000, sie gehören beide zur sogenannten „Sächsischen Dichterschule". In der Buchveröffentlichung hat Pietraß diese Informationen in den Anmerkungen beigefügt (vgl. Pietraß 2006, S. 84). Sind Leising und Mickel zu früh gestorben, sind ihre Gräber gemeint? – Von Mickel gibt es eine sechsbändige Werkausgabe, sein einziger Roman, *Lachmunds Freunde* (1991/2006) ist Fragment geblieben. Sein letzter Gedichtband, *Geisterstunde* (1999), war bereits als Vermächtnis gedacht, er erschien zuerst als Privatdruck (vgl. Mickel 2004, S. 106). Von Leising erschienen zu Lebzeiten nur ein dünnes Heft und ein einziger Band mit Gedichten. Für seinen zweiten Gedichtband hat er noch Vorarbeiten geleistet, dessen Erscheinen erlebte er allerdings nicht mehr. Es ließe sich also durchaus von beiden Dichtern sagen, sie seien zu früh gestorben. Dazu passt, dass die Motive in Pietraß' Gedicht auf einen Friedhofsbesuch hinweisen (die Erwähnung von Asche und Hügeln). Die Szene lässt sich allerdings realistisch nicht verankern. Leising liegt auf dem Städtischen Friedhof Berlin Weißensee, Mickel auf dem Dorotheenstädtischen Friedhof in Berlin Mitte. Man kann nicht vor beiden Gräbern gleichzeitig stehen, es sei denn im Gedicht. Hier wird im übertragenen Sinne gesprochen, im Gedenken an zwei Dichter. Das entspricht der Aussage der Widmung: Das Gedicht ist *für* zwei Lyriker bestimmt, obwohl sie schon tot sind. Sie werden zweimal mit „eurer" (V. 1 und 6) angesprochen. Leising und Mickel waren nicht nur gut befreundet und haben in Gedichten aufeinander reagiert, beide galten auch anderen Lyrikern als Vorbild, nicht zuletzt wegen ihrer meisterhaften Handhabung der lyrischen Formen. Die Gemeinsamkeit wird angezeigt, wenn sie gemeinsam angesprochen werden: Hier wird von und zu Vorbildern gesprochen und damit zugleich über die Möglichkeiten von Lyrik. Es ist ein poetologisches Gedicht. Das intertextuelle Signal des Titels bestätigt das.

Intertext: Klopstock

Die Übernahme des Titels *Die frühen Gräber* und die Versanordnung sind ausreichende Signale: Klopstocks Gedicht ist bei Pietraß mitzulesen. Wegen des großen zeitlichen Abstands der Texte ist für die Analyse der intertextuellen Bezüge besonders interessant, welche dichtungsgeschichtlichen Wandlungen sich inzwischen vollzogen haben.

Gattung Ode, formal und inhaltlich

Klopstocks Gedicht ist eine Ode, nach inhaltlichen wie formalen Kriterien (→ KAPITEL 6.2). Formal ist mit der Ode für die deutsche

Friedrich Gottlieb Klopstock
Die frühen Gräber (1764)

Willkommen, o silberner Mond,
  Schöner, stiller Gefährt der Nacht!
    Du entfliehst? Eile nicht, bleib, Gedankenfreund!
    Sehet, er bleibt, das Gewölk wallte nur hin.

Des Maies Erwachen ist nur
  Schöner noch, wie die Sommernacht,
    Wenn ihm Tau, hell wie Licht, aus der Locke träuft,
    Und zu dem Hügel herauf rötlich er kömmt.

Ihr Edleren, ach es bewächst
  Eure Male schon ernstes Moos!
    O wie war glücklich ich, als ich noch mit euch
    Sahe sich röten den Tag, schimmern die Nacht.

Versgeschichte die Abkehr vom Reim verbunden. Der Dichter, der diese Veränderung wesentlich befördert hat, war Klopstock. Das ist insofern interessant, als Pietraß nur einmal am Ende des Verses reimt, „Flasche" (V. 3) auf „Asche" (V. 6). Die jeweilige Stellung des Reims am Ende der Strophen schließt diese dicht zusammen. Sonst reimt Pietraß sozusagen heimlich, mit drei- und viersilbigen Worten, bei denen die Integration in das Versmaß den Reim verdeckt („umflügelt" (V. 2), „dampfgebügelt" (V. 3), „aufgehügelt" (V. 5), „beflügelt" (V. 6)). Bei den Griechen, Klopstocks Vorbildern, bedeutete das Versende keinen Halt. Verlangt war vielmehr eine natürliche Sprachbewegung, fließende Sätze von Zeile zu Zeile. Der zugrunde liegende Vers sollte dennoch streng eingehalten werden.

Das Versmaß für seine monodische Ode hat sich Klopstock selbst vorgegeben (→ KAPITEL 6.2). Er übernahm Merkmale der Tradition (reimlose vierzeilige Strophen, die identisch gebaut sind) und variierte sie zugleich (durch die Füllung des Versmaßes). Daran knüpft Pietraß an. Er benutzt nicht dasselbe Versmaß, sondern wiederholt, was Klopstock getan hat: Auch er verbindet Tradition und Innovation miteinander.

Aufbau der Strophen und Versmaß bei Klopstock und Pietraß

Ein für die Interpretation zentrales Detail soll die Variation der Tradition stellvertretend illustrieren: die Betrachtung des ersten und letzten Verses in Pietraß' Gedicht, die als Kyklos (→ KAPITEL 10.2) die Ode umschließen. Der erste Vers besteht aus fünf Takten. Der erste Takt allerdings ist mit zwei bedeutungstragenden einsilbigen Wörtern gefüllt, die beiden Silben verlangen eine annähernd gleich schwere Betonung („Hell strahlt", V. 1). Das verlangsamt den Vortrag, verleiht dem ersten Vers etwas Getragenes. Die durch die Syntax vor-

Metrische Analyse des Kyklos

gegebene Zäsur (das Komma nach „Asche", V. 1) erzeugt eine Folge von Senkung, Hebung, Senkung (sie heißt Amphibrachys; vgl. Behrmann 1989, S. 42). Diese Konstruktion wiederholt sich spiegelverkehrt im letzten Vers. Nun steht die syntaktisch abgetrennte Folge von Senkung, Hebung, Senkung („beflügelt", V. 6) zu Beginn des Verses. Daran schließt sich dieselbe Komplikation wie zu Beginn des Gedichts an („heil strahlt", V. 6), es folgen zwei annährend gleich schwere Silben. – Die auffällige Wiederholung betont die Veränderung von „hell" zu „heil". Ein solcher Umgang mit dem Vers steht ganz in der Tradition Klopstocks – Pietraß' Gedicht ist eine Ode in seinem Sinne.

<small>Dichtungsverständnis</small>

Klopstock und seine Zeitgenossen verstanden unter einer Ode ein feierliches Lied im hohen Stil. Diesem Verständnis korrespondierte ein bestimmtes Dichterbild: Der ergriffene Sänger behandelt formvollendet ‚höchste' Themen – Freundschaft, Vaterland, Gott, Unsterblichkeit – und wird von seinen Lesern dafür verehrt. Klopstocks Oden gelten als Höhepunkt dieser Traditionslinie; sein Hauptwerk *Der Messias* (1748) löste den ersten deutschen Dichterkult aus. Für diesen Umgang mit Dichtern und Dichtung hat sich später das Wort „Kunstreligion" eingebürgert.

<small>Interpretation von Klopstocks Ode</small>

In Klopstocks *Die frühen Gräber* wird der Mond als „Gedankenfreund" angesprochen. Das Selbstgespräch des lyrischen Ichs wird als Dialog mit der Natur gestaltet. Die Wolken, die den Mond zunächst verdecken, ziehen ab; das Bild ist wieder schön, es kann wieder über das Schöne nachgedacht und gesprochen werden. Die Sommernacht wird mit dem erwachenden Mai verglichen, der noch schöner ist. Die allegorischen Attribute (dem Mai tropft lichtheller Tau aus den Locken) begründen dieses Urteil: Es ist das Moment des Anfangs, des Beginnens, das den Frühling so schön erscheinen lässt. Der Vergleich ist zwar abstrakt aufgeladen, bewegt sich aber ganz im Bereich des Naturschönen.

In der dritten Strophe wird die Ankündigung des Titels eingelöst, die Apostrophe (→ KAPITEL 10.2) verleiht dem Rückbezug besonderen Nachdruck: Es handelt sich nicht nur in dieser Strophe, sondern im ganzen Gedicht um eine Friedhofsszene. Nun werden die Freunde angesprochen. Sie sind schon so lange tot, dass ihre Grabsteine bemoost sind. Mit dem Ausruf wird umgesetzt, was der Anblick des Mooses zu Bewusstsein bringt: Die glücklicheren Zeiten liegen lange zurück. Damals sah man gemeinsam genau das, wovon eben im Gedicht die Rede war, die schöne Natur. Die Verweise sind präzise, „röten" (V. 12) bezieht sich auf „rötlich" (V. 8), und „schimmern"

(V. 12) auf den silbernen Mond (V. 1). Die Vereinsamung des lyrischen Ichs ist in der Sprechsituation umgesetzt: Die Ansprachen an den Mond und die toten Freunde rahmen die Reflexion.

Dem Erwachen des Frühlings in der zweiten Strophe wird in der dritten das Ende des Lebens entgegengestellt. Der thematische Wechsel wird durch die Situation verständlich. Das Nachdenken über das schöne Leben und den unausweichlichen Tod ist gemeinhin mit Friedhofsbesuchen verbunden. Was von den Toten bleibt, ist die Erinnerung. Das Gedicht bestätigt das durch sein Vorhandensein. Das gemeinsame Naturerlebnis wird nachvollzogen und bewertet: Das Schöne zu mehreren zu sehen ist wertvoller, besser, glücklicher, als es allein zu sehen.

Beim Blick auf das ganze Gedicht von Klopstock zeigt sich, dass der Friedhof und die Grabsteine ihre Funktion erfüllen. Grabsteine sind Denkmäler, sie sollen an Personen erinnern. Zugleich wird der Friedhof, eine Art Denkmalsammlung, als Natur wahrgenommen. Das rückt den Tod und die Erinnerung an die Toten in das Natürliche ein.

Auch in Pietraß' Ode ist ein solches Einrücken der Toten in die Natur zu finden: Falter flattern um die Gräber, ein Gewitter geht nieder. Allerdings ist es nicht der Mond, der die Szene beleuchtet, sondern die Asche der Toten. Es handelt sich um eine im Vergleich zu Klopstock veränderte Situation: Das lyrische Ich stellt seine Einsamkeit und seinen Umgang mit der Reflexion auf andere Weise aus, es nimmt einen Schluck aus der Flasche. Dabei dürfte es sich um Hochprozentiges handeln. Das Trinken ist, vor der Folie von Klopstocks Ode, durch die Erinnerung ausgelöst.

Interpretation von Pietraß' Ode

Die ersten drei Verse reichen vom Anblick der Gräber bis zum schweigenden Trinken aus Trauer. Die zweite Strophe führt von einem expressiven, dunklen Satz, der die Trauer steigert, zurück zu einer variierenden Wiederholung des Anfangs. Was einen Vers lang als Bild friedlichen Gedenkens ausgelegt werden könnte, wird in ein Motiv der Gefährdung überführt. Die Gewitter ebnen die Grabhügel ein, die Erinnerung ist dem Vergessen ausgesetzt; das ist ein natürlicher Vorgang. Schon dieser Anblick genügt, um das lyrische Ich zur Flasche greifen zu lassen. Das „Heulend reißt der Wolf den Rachen" (V. 4) dürfte eine Anspielung auf Plautus' *lupus est homo homini* (Büchmann 1994, S. 377) sein: der Mensch ist des Menschen Wolf. Doch auch ohne den Bezug zu diesem Text, der sich nur durch einen Indizienbeweis belegen lässt, ist eindeutig, dass an dieser Stelle von einer Bedrohung die Rede ist. Angesichts dieser Bedrohung wird nun festgestellt, welche Mühsal es ist, die Erinnerung zu bewahren: „Krumenhände" (V. 4) sind solche, die das Kleine bewegen, es ansammeln und „auf[ ]hügel[n]" (V. 5). Der Satz ist zweideutig, es könnten Grabhügel gemeint sein, aber auch Gedichte, die „psalternd" (V. 5) und im Gespräch zu einem Werk angesammelt worden sind. (Das auffällige Verb kann leicht als Allusion gelesen werden: Leising hat einen Psalm geschrieben, mit dem er gegen seine Trunksucht ankämpfte; vgl. Leising 1998, S. 55.) Ohnehin gilt für diese Ode, dass es sich um Sprechen in Sprach-Bildern handelt; die Intertexte gestatten es, ihre Bedeutung zu präzisieren.

Vergleich der beiden Oden

Bei Pietraß ist, anders als bei Klopstock, nicht von bemoosten Steinen die Rede, sondern von Grabhügeln. Auch das ist eine Zeitansage, die Rede ist von der jüngsten Vergangenheit. Das Zeitgefüge innerhalb der Oden ist in beiden Fällen ähnlich: So wie bei Klopstock für den Zeitraum des Sprechens und der erinnerten Zeit die Naturschönheit intakt ist, ist bei Pietraß sowohl in der Erinnerung als auch während des Sprechens die Bedrohung anwesend. Das könnte ein Grund dafür sein, dass Pietraß mit einer Strophe weniger als Klopstock auskommt: Was bei Pietraß fehlt, ist die der Naturschönheit vorbehaltene Reflexion. Sie ist ersetzt durch eine Gewissheit, die ohne Nachdenken ausgesprochen werden kann: Der Mensch ist des Menschen Wolf.

Aber trotz dieser Zustände werden an Gräbern immer noch Freunde angesprochen und Gedichte geschrieben. Die Tradition poetischen Gedenkens ist über den Wandel der Zeiten hinweg lebendig geblieben. Für das Gespräch der Dichter gilt das Gesetz der Wölfe nicht. Die Dichter sind „psalternd" (V. 5) im Gespräch, selbst dann, wenn sie tot sind. Das gilt zuerst für Leising und Mickel, sodann für Pietraß, der mit den beiden und zugleich mit Klopstock im Gespräch ist. In welchem Sinne gleicht ein solches Gespräch den Psalmen? – Auch hier ist die poetische, ja eine poetologische Bedeutung der Vokabel offensichtlich. Keins der hier gemeinten Gespräche zwischen Dichtern besteht im Austausch von biblischen Texten. Vielmehr ist der Psalm als lyrische Form gemeint, der sowohl eine Nähe zum Gespräch als auch einen Bezug zur Ode besitzt (vgl. Galle 2003, S. 185–188).

Exkurs Psalm

Die verschiedenen Formen der biblischen Psalmen werden nach ihrer Funktion unterschieden; danach, welche Aufgabe sie im religiösen Alltag erfüllen. Sie werden verlesen oder gesungen, um zu danken, zu klagen, zu loben, zu bitten, zu preisen, zu erinnern. Dementsprechend differieren die Inhalte und auch die Haltungen der Sprecher (des lyrischen Ichs, wenn man die Psalmen als Gedicht betrachtet). Gemeinsam ist ihnen die klare Ausrichtung auf ein sozial bedeutsames Gespräch hin: Man tut etwas, indem man Psalmen spricht.

Schon im 16. Jahrhundert wurden Psalm-Paraphrasen als Oden bezeichnet. Die Bezeichnung Psalm findet sich zu dieser Zeit bereits vom Kontext der Bibel gelöst, sie erfasste geistliche Lieder, Elegien und Oden. Im 18. Jahrhundert betrachtete man Psalmen als Vorläufer und Muster der Odendichtung. Diese Betrachtungsweise wurde durch das Aufkommen der Freien Rhythmen (→ KAPITEL 3.2) begünstigt. Heutzutage wird der Begriff Psalm recht frei gebraucht, wobei häufig noch die religiöse Komponente mitschwingt.

Vor dem Hintergrund dieser Zusatzinformation lässt sich der Gegensatz zwischen „hell" und „heil", der für Pietraß' Ode zentral ist, genauer beschreiben. Der letzte Vers von Pietraß' Gedicht kann aus der Sicht *beider* Oden betrachtet werden. Er schließt nicht nur das Gedicht ab, sondern auch das Gespräch mit den anderen Dichtern. In den rund 250 Jahren, die zwischen Pietraß und Klopstock liegen, haben sich die Bedingungen der Wirkung der Natur verändert (und damit die Vorstellung davon, was das sei: Natur). Natur wird zwar noch immer als schön empfunden, ihre Wirkung führt auch noch immer zu Poesie. Es heißt nicht Schmetterling, sondern „Falter[]" (V. 1), und es entstehen noch immer Gedichte. Die Sprechweise ist noch immer pathetisch, betont alltagsfern.

„Hell" und „heil"

Die Unterschiede sind dennoch deutlich. Der Vergleich des Gewitters mit einem Dampfbügeleisen („dampfgebügelt", V. 3) ist für Klopstocks Oden unvorstellbar; Pietraß wählt ausgerechnet dieses Gerät, um ironischen Einspruch zu erheben gegen die heutigen Lesern selbstverständliche Gleichstellung von Technik und Natur. Obwohl der junge Klopstock und seine Verehrer für ihre ‚weltlichen Interessen' bekannt waren, war das Trinken aus Kummer kein Thema für ihre Lyrik. Bei Pietraß ist die Geste aus sich heraus verständlich. Er hat vom Pathos gerettet, was sich retten lässt.

Am schwersten wiegt, dass bei Klopstock vom Wolf, der den Rachen reißt, keine Rede ist. Die Idylle in Klopstocks Ode ist noch in der Nähe einer heilen Welt: Es gab sie einst, als die Freunde noch beisammen waren. (Aus der Hoffnung, die Welt könne wieder heil sein, wenn die Freunde wieder vereint sein werden – in einer anderen Welt –, hat Klopstock einige seiner schönsten Gedichte gemacht.) In Pietraß' Ode ist selbst die Erinnerung an die Toten durch das Betrinken in die Nähe von Beschädigung gerückt. Hier ist die Welt nicht mehr heil.

Fazit der Interpretation

Was die beiden Gedichte unterscheidet, sind die Umstände, unter denen das Gedenken stattfindet. Pietraß wiederholt die poetische Geste Klopstocks für seine, für unsere Zeit: An die Stelle der unbeschädigten Natur ist nun die Dichtung getreten. Das Gespräch, das Leising und Mickel hinterlassen haben, ragt nicht nur sichtbar aus dieser Welt heraus („hell") – es findet noch statt: es ist leicht nachzulesen –, es ist auch unbeschädigt („heil"). Insofern steht es gegen die Welt. Und hierin liegt letztlich der Grund für die Ode bei Pietraß: Die Nähe zur heilen Welt, die Klopstocks Gedicht bezeugt, gibt es heute nur noch in den Gesprächen der Dichter. Klopstocks Hoffnung auf Nachwelt hat nur in der poetischen Variante überdauert, als Überleben in der Kunst. Aus dieser Perspektive rückt das Gespräch, das Leising, Mickel und Klopstock geführt haben, aus dem Bereich der Kunst in die Nähe des Religiösen, womit erneut an Klopstock angeknüpft wäre. Psalm und Gedicht fallen bei Pietraß in eins. Letztlich aktualisiert er die Vorstellungen von Kunstreligion.

Diese Interpretation lädt den Unterschied zwischen „hell" und „heil" mit enormer Bedeutung auf. Ein letztes dichtungsgeschichtliches Argument spricht dafür: Pietraß schreibt eine Ode. Verglichen mit ihrer Vorlage ist sie reduziert (eine Strophe kürzer) und nicht regelgerecht, eine Odenstrophe muss vier Verse haben. Durch den Intertext fordert Pietraß gerade diese Feststellung heraus. Damit trägt die Reduktion des Musters zu seiner Bewahrung bei; erst die intakte Form ermöglicht die inhaltliche Deutung. Pietraß' Ode ist nur vor dem Hintergrund dessen verständlich, was hier aufgerufen, aber nicht mehr vollständig realisiert wird. Die traditionelle Form der Ode wird damit als immer noch gültig ausgestellt, denn ohne das Wissen darüber wäre Pietraß neuer Text nur bruchstückhaft verständlich. Damit ist zugleich gesagt, dass Pietraß' Ode nicht weniger streng und komplex ist, als es die Oden seiner Vorbilder sind.

Aufgaben

Interpretation

- Vergleichen Sie die Titel beider Gedichte und überlegen Sie, welche intertextuelle Beziehung sich daraus ergibt.
- Klären Sie für beide Gedichte den Zusammenhang zwischen lyrischem Ich und Autor und beschreiben Sie das Selbstverständnis der Autoren.
- Welchen Gebrauch macht Braun von den religiösen Motiven? Beschreiben Sie deren intertextuellen Status (vgl. dazu Psalm 37,3 sowie weitere Anspielungen auf die Institution Kirche).

- Vergleichen Sie Brauns Gedicht mit Louis Fürnbergs *Die Partei* (1950).
- Entwickeln Sie für das Gedicht von Braun einen Interpretationsansatz, der alle drei Intertexte mit einbezieht.

Walther von der Vogelweide, *Lehensdank* (um 1220)

1 Ich hân mîn lêhen, al die werlt, ich hân mîn lêhen!
  nû entfürhte ich niht den hornung an die zêhen
  únd wil alle bœse hêrren dester minre flêhen.
    der edel künic, der milte künic hât mích berâten,
5   daz ích den sumer luft und in dem winter hitze hân.
    mînen nâhgebûren dunke ich verre baz getân,
    sie sehent mich níht mêr an in butzen wîs als sî wílent tâten.
  ich bin ze lange arm gewésen âne mînen danc,
  ich was sô volle scheltens daz mîn atem stanc.
10 daz hât der künic gemachet reine und dár zuo mînen sanc.

1 Ich habe mein Lehen, alle Welt, ich habe mein Lehen!
  Nun fürchte ich den Hornung nicht mehr an den Zehen
  und will alle schlechten Herren um so weniger anflehen.
    Der edle König, der freigiebige König hat mich versorgt,
5   so dass ich den Sommer über Luft, im Winter Hitze habe.
    Meinen Nachbarn erscheine ich nun weitaus besser ausgestattet,
    sie sehen mich nicht mehr an wie ein Schreckgespenst, wie sie es früher taten.
  Ich bin zu lange arm gewesen – ohne mein Verschulden,
  ich war so voller Schelten, dass mein Atem stank.
10 Das hat der König rein gemacht, und ebenso meinen Sang.
(Schweikle 1994, S. 127)

Volker Braun, *Das Lehen* (1987)

1 Ich bleib im Lande und nähre mich im Osten.
  Mit meinen Sprüchen, die mich den Kragen kosten
  In anderer Zeit: noch bin ich auf dem Posten.
  In Wohnungen, geliehn vom Magistrat
5 Und eß mich satt, wie ihr, an der Silage.
  Und werde nicht froh in meiner Chefetage.
  Die Bleibe, die ich suche, ist kein Staat.
  Mit zehn Geboten und mit Eisendraht:
  Sähe ich Brüder und keine Lemuren.
10 Wie komm ich durch den Winter der Strukturen.
  Partei mein Fürst: *sie hat uns alles gegeben*
  Und alles ist noch nicht das Leben.
  Das Lehen, das ich brauch, wird nicht vergeben.

Lektüreempfehlungen

- Gérard Genette: Palimpseste. Die Literatur auf zweiter Stufe, Frankfurt a. M. 1993, S. 9–21. *Ein knapper und gut lesbarer Überblick über die wichtigsten Begriffe zur Intertextualität. Wer neugierig geworden ist, kann weiterlesen und erfährt, wie komplex die Beziehungen zwischen Texten sein können und welche Bedeutung ihnen im Einzelfall zukommen kann.*
- Renate Lachmann: Ebenen des Intertextualitätsbegriffs, in: Karl-Heinz Stierle/Rainer Warning (Hg.), Das Gespräch, München 1984, S. 133–138. *Eine verständliche Erklärung, inwiefern man intertextuelle Zusammenhänge als Gespräch der Texte und Autoren auffassen kann.*
- Theodor Verweyen/Gunter Witting: Die Kontrafaktur. Vorlage und Verarbeitung in Literatur, bildender Kunst, Werbung und politischem Plakat, Konstanz 1987. *Eine medienübergreifende Darstellung, in der die Entwicklung und Anwendung eines Begriffs an vielen Beispielen vorgeführt wird.*

14 Wie interpretiert man ein Gedicht?

Abbildung 24: Franz Schubert, *Die frühen Gräber* (Takt 1–8), Text: Friedrich Gottlieb Klopstock (1794), eingerichtet von Helmut Bornefeld

Abbildung 25: Anselm Kiefer, *Böhmen liegt am Meer (Bohemia Lies by the Sea)* (1996)

Die zwei Bilder zeigen die ersten Takte der Vertonung (1815) Franz Schuberts von Klopstocks „Die frühen Gräber" (→ KAPITEL 13.3) *sowie Anselm Kiefers Bild „Böhmen liegt am Meer" (1996) nach dem Gedicht gleichen Titels von Ingeborg Bachmann* (→ KAPITEL 3.3). *Nicht nur Komponisten und Maler interpretieren Gedichte, indem sie sie in einem anderen Medium zu einem neuen Werk weiterbearbeiten. Kommt die Komposition zur Aufführung, so wird sie von den Musikern interpretiert. Schauspieler und Dichter interpretieren Klopstock und Bachmann, indem sie ihre Texte vorlesen. Diverse Literaturwissenschaftler interpretieren Gedichte, indem sie Aufsätze oder Abschnitte in Lehrbüchern darüber schreiben. Und natürlich kann man auch ein Gedicht interpretieren, indem man ein Gedicht schreibt, wie Richard Pietraß' Gedicht nach Klopstock belegt* (→ KAPITEL 13.3).

Die literaturwissenschaftliche Analyse ist nur eine Möglichkeit, Gedichte zu interpretieren. Mit den anderen hat sie ein grundlegendes Verständnis gemeinsam: Ein Text soll genauer betrachtet werden, um anschließend seine Bedeutung auf andere Weise noch einmal auszudrücken.

In diesem Kapitel wird gezeigt, wie man Gedichte wissenschaftlich interpretiert. Nachdem bisher einzelne Besonderheiten im Vordergrund standen, die sich in einem Gedicht auffinden lassen, geht es nun darum, wie man solche Beobachtungen zu einem neuen Ganzen zusammenfügt.

14.1 **Was ist eine (wissenschaftliche) Interpretation?**
14.2 **Wie analysiert man ein Gedicht?**
14.3 **Wie schreibt man eine Interpretation?**
    Zum Beispiel: Johannes Bobrowski, *Sprache*

14.1 Was ist eine (wissenschaftliche) Interpretation?

In der Literaturwissenschaft verwendet man den Begriff „Interpretation" sowohl für den Vorgang des Verstehens als auch für dessen Ergebnis. Im zweiten Fall bezeichnet er einen Text, in dem dargestellt wird, welche Bedeutung ein anderer Text hat.

Es lohnt sich, den Zusammenhang zwischen Interpretieren als Tätigkeit und Interpretation als Text genauer zu betrachten, um sich zu verdeutlichen, was die Aufgabenstellung „Interpretieren Sie das Gedicht" eigentlich meint. Die Interpretation als Text präsentiert einen Befund, sie enthält wissenschaftliche Aussagen über das Gedicht. Es soll sich weder um eine Paraphrase des Inhalts noch um eine Aufzählung formaler Besonderheiten handeln, auch nicht um einen Bericht über das Zustandekommen der Beobachtungen. Vielmehr soll sich aus alledem ein Verständnis des ganzen Gedichts ergeben. Es soll dargelegt werden, was es bedeutet, dass ein bestimmter Inhalt auf eine bestimmte Weise ausgedrückt wurde. Dazu werden die verschiedenen Beobachtungen in einer Deutung zusammengeführt. Dabei können alle drei Verfahren – Paraphrasieren, Aufzählen, Nachvollziehen der Beobachtungen – eingesetzt werden, aber sie sollten die Darstellung nicht dominieren. Sie können bestenfalls der größeren Aufgabe untergeordnet sein, das analytisch gewonnene Wissen fachlich angemessen darzustellen. Man könnte auch sagen, das Darstellen – das zumeist schriftliche Ausformulieren – sei der letzte Arbeitsschritt beim Interpretieren.

Interpretation als Tätigkeit und Text

Wann also verdient eine Interpretation das Prädikat „wissenschaftlich", oder, mit Blick auf die Tätigkeit des Interpretierens gefragt: Was macht das Verstehen eines Gedichts zur Wissenschaft?

Eine erste Antwort ist in der Anlage des vorliegenden Buches enthalten. Wissenschaftlichkeit ergibt sich aus dem Bemühen, möglichst vollständige Informationen über die Beschaffenheit eines Gedichts zu sammeln und anhand seiner so deutlich werdenden Eigenschaften sowie in Betrachtung seiner historischen Bedingtheit Aussagen über seine Bedeutung zu treffen. Diese Aussagen sollen überprüfbar sein, sodass sie bestätigt oder widerlegt werden können. In der Sprache der Literaturwissenschaft: Eine Interpretation soll methodisch herbeigeführt sowie argumentativ nachvollziehbar sein und in Aussagen über das Textganze münden. Wenn man ausbuchstabiert, was diese Forderung beinhaltet, erhält man die Kriterien, an denen jede Inter-

Kriterien der Wissenschaftlichkeit

pretation gemessen wird, sei es die eines Studenten in einer Klausur oder die eines Professors in einem Buch.

Das Textganze beachten

Die Forderung, dass es um das Textganze gehen soll, gibt Aufschluss über das Ideal einer wissenschaftlichen Interpretation: Es sollen alle Merkmale betrachtet werden. Dabei kann sich herausstellen, dass für ein konkretes Gedicht nicht alle Einzelheiten gleich wichtig sind. Welche für die Deutung besonders ins Gewicht fallen, ist von Fall zu Fall zu entscheiden, aber eben nicht willkürlich, sondern in Anbetracht aller anderen. Das heißt zum einen, dass es mit der Erklärung einiger schwieriger Stellen oder Formulierungen nicht getan ist. Es sollte vielmehr vorgeführt werden, was diese Stellen im Zusammenhang des Gedichts leisten, was sie zu seiner Bedeutung beitragen. – Das heißt zum anderen, dass ein Interpret, dem an einer besonderen Fragestellung liegt, die für diese Frage weniger wichtigen Eigenschaften unerwähnt lassen und einzelne Stellen des Gedichts deutlicher hervorheben kann. Betrachtet wird dann nicht das Gedicht, sondern das Gedicht im Hinblick auf ein bestimmtes Erkenntnisinteresse. Es wird aber auch in diesem Fall verlangt, das Gedicht erst einmal in seiner Gesamtheit wahrzunehmen, ehe Aussagen über seine Einzelheiten gemacht werden.

Erkenntnisinteresse und Textganzes

Dieser Umstand ist für all jene Interpretationen wichtig, die in einem größeren Zusammenhang stehen. Ein und dasselbe Gedicht kann ganz verschieden interpretiert werden, je nachdem, ob dies in einer Literaturgeschichte der Eisenbahn oder einer Untersuchung über die Ballade geschieht. Das jeweils spezielle Interesse verursacht einen besonderen analytischen Zugriff. Dasselbe gilt, wenn die Interpretation sich auf die Voraussetzungen einer bestimmten literaturtheoretischen Richtung stützt, z. B. des Strukturalismus. Auch in diesem Fall ist offen zu legen, auf welchen speziellen Annahmen die Interpretation beruht und weshalb man sich auf bestimmte Einzelheiten konzentriert. So kann der Leser prüfen, ob die Betrachtung dieser Eigenheiten auch zu den angestrebten Erkenntnissen führt. Auf diese Weise wird unberechtigter Kritik vorgebeugt und sachlich angemessene ermöglicht.

Sachliche Richtigkeit

Sowohl für das Schreiben als auch für das Bewerten einer Interpretation sind die Fragen nach der sachlichen Richtigkeit und der methodischen Angemessenheit zentral. Zur sachlichen Richtigkeit gehören die Begriffsverwendung sowie die literaturgeschichtliche Einordnung und Bewertung des Gedichts. Ob eine Interpretation ohne sachliche Fehler durchgeführt wurde, kann man prüfen, indem man fragt:

- Sind die Begriffe für formale wie inhaltliche Erscheinungen korrekt verwendet?
- Stimmt die literaturgeschichtliche Einordnung des Gedichts und sind seine Eigenheiten dementsprechend beurteilt worden?

Zur methodischen Angemessenheit gehört das Offenlegen des Ansatzes, das entsprechende analytische Verfolgen des Erkenntnisinteresses, das Begründen von Bewertungen und schließlich die stichhaltige Zusammenführung der Aussagen. Ob eine Interpretation methodisch angemessen durchgeführt wurde, kann man mithilfe folgender Fragen prüfen: *Methodische Angemessenheit*

- Welche Fragen sollen beantwortet, welche Thesen belegt werden?
- Werden alle für die Fragen oder Thesen relevanten Belege und Bezüge berücksichtigt?
- Entspricht die Beurteilung auch den zuvor benannten Voraussetzungen?
- Ist die Argumentation widerspruchsfrei und gestattet sie die Schlußfolgerungen?
- Stellt die Argumentation alle Eigenheiten des Gedichts angemessen in Rechnung?

Schon an der Vielzahl der Kriterien ist zu erkennen, dass vieles von der Darstellung abhängt: Selbst wenn alle Beobachtungen gemacht und der argumentative Zusammenhang von der Ausgangsthese bis zur Zusammenfassung der Beweise geklärt ist, kommt es immer noch darauf an, dies alles verständlich und übersichtlich auszudrücken, sodass es die Leser gut nachvollziehen können. *Verständlichkeit*

Interpretieren in der Literaturwissenschaft erschöpft sich nicht darin, noch einmal zu sagen, was man gerade gelesen hat, nur mit anderen Worten. Vielmehr soll verständlich gemacht werden, was da steht: was es bedeutet, dass es gerade so und nicht anders gesagt wurde. Das Vorgehen nach bestimmten methodischen Regeln soll eine Verständigung über verschiedene Interpretationsergebnisse ermöglichen, die über den Austausch subjektiver Eindrücke hinausgeht. Nicht nur deshalb sollte jede Interpretation sprachlich so verfasst sein, dass sie ihrerseits nicht selbst interpretationsbedürftig ist.

14.2 Wie analysiert man ein Gedicht?

Der Sprachgebrauch in einem Gedicht weicht von dem im Alltag und auch dem in literarischer Prosa ab. Der höhere Aufwand, der zum Verständnis des Textes nötig ist, wird zumeist weniger durch die

Ordnungsprinzipien im Gedicht

Wortwahl als durch die Anordnung der Worte verursacht. Die wesentlichen Prinzipien, denen die Ordnung der Worte in einem Gedicht unterliegt – die der Metrik, des Reims, der Rhetorik –, wurden im Verlaufe des Buches erläutert. Auch die Einordnung in den historischen Kontext oder einen para- bzw. intertextuellen Zusammenhang wurden als zentrale Momente für eine Interpretation vorgestellt. Für die Analyse des Gedichts kommt es darauf an zu erkennen, auf welche Weise sich die Aussage des Textes – umgangssprachlich: ‚sein Sinn' – aus der konkreten Realisierung der verschiedenen Ordnungsmuster ergibt. (Ernst Jandls Gedicht *darstellung eines poetischen problems* (→ KAPITEL 1.2) illustriert die Reichweite dieser Überlegungen.)

Form und Inhalt

Die Unterscheidung zwischen Form und Inhalt leistet dabei gute Dienste. Es kommt nicht auf die beiden Begriffe an – sie sind lediglich ein analytisches Hilfsmittel –, sondern auf den Zusammenhang, der mit ihrer Hilfe beschrieben wird. Tatsächlich gibt es keine Aussage, weder in der Literatur noch im Alltag, bei der die Form sich vom Inhalt trennen ließe: Es lässt sich kein Inhalt mitteilen, ohne dass er in eine Form gebracht wird. Allerdings gibt es einige Typen von Aussagen, deren Bedeutung in hohem Maße von der formalen Gestaltung abhängt. Gedichte gehören dazu. Dass sich die Geschichte einer Form verfolgen lässt, etwa die eines Versmaßes, spricht für deren relative Eigenständigkeit; dass Sonette über ganz verschiedene Themen geschrieben worden sind, lässt eine solche Eigenständigkeit ebenfalls vermuten. „Relativ eigenständig" meint: In jedem der Fälle ist die Form benutzt worden, um einen Inhalt auszudrücken. Die Beschreibung und Deutung dieses Zusammenhangs für den konkreten Fall ist der Kern jeder Interpretation. Hierfür müssen Form und Inhalt erst einmal so genau wie möglich bestimmt werden. Je nach methodischer Ausrichtung und Erkenntnisinteresse gibt es dabei verschiedene Strategien. Die folgenden Schritte lassen sich dementsprechend modifizieren.

Materialsammlung

Um der Forderung nach der Interpretation des Textganzen nachkommen zu können, gilt es, die analytische Vollständigkeit zu sichern. Legen Sie dazu eine Materialsammlung an. Erfassen Sie alle Eigenheiten, die zur Beschreibung des Gedichts nötig sind, formale, inhaltliche und kontextuelle.

Grundlegendes Verständnis

Beginnen Sie mit dem Einfachen und Auffälligen und schreiten Sie von dort zu den schwierigen und weniger augenfälligen Phänomenen fort. Zuerst ist ein grundlegendes Verständnis zu sichern. Schlagen Sie alle unbekannten Worte nach und verfolgen Sie die grammatischen Strukturen – so weit dies möglich ist: Satzzeichen können fehlen, Versschlüsse Kommata vertreten, einzelne Abschnitte syntaktisch unverbunden sein. Trotzdem werden sich zumindest Vermutungen über das Thema des Gedichts ergeben, manchmal auch schon eine ungefähre Vorstellung von seiner Aussage. Halten Sie sodann jene Eigenheiten fest, die Sie auf den ersten Blick erkennen. Das können ganz verschiedene Erscheinungen sein: die Gliederung in Strophen oder ein auffälliger Reim, aber auch die Häufung schwer verständlicher Metaphern oder eine wiederholte Leseransprache. – Schon in diesem Stadium lässt sich ein erstes Mal nach dem Zusammenhang zwischen Form und Inhalt fragen, der ein lohnender Zugang für die weitere Betrachtung sein kann. Sehen Sie nach, ob das Zusammenspiel von Merkmalen denselben Zusammenhang erzeugt, zur selben Aussage beiträgt. In der Interpretation des *Zauberlehrlings* (→ KAPITEL 9.4) betraf das etwa den Zusammenhang zwischen der strophischen Gliederung und dem Wechsel des Versmaßes. Darüber hinaus wurde gefragt, was die metrischen und klanglichen Phänomene zur erzählerischen Gestaltung beitragen. Anhand der in → KAPITEL 11.3 aufgelisteten Fragen zu den Tropen lässt sich der Zusammenhang zwischen der rhetorischen Ordnung und einem Thema erkennen.

Die formalen, also die metrischen und rhetorischen Besonderheiten erfordern mitunter eine aufwendige Analyse. Mit der Bestimmung des Versmaßes, der Strophen- und Gedichtform ist es zumeist nicht getan. Vielmehr müssen Sie prüfen, wie mit dem Versmaß umgegangen wird, ob es variiert wird und ob einzelne Verse bestimmte Besonderheiten aufweisen. Dasselbe gilt für all jene Kriterien, die unter den Stichworten „Reim, Kadenz, Klang" zusammengefasst sind. Ebenso ist bei der Analyse der rhetorischen Figuren und Tropen eine detaillierte Betrachtung Vers für Vers nötig, um Aussagen über das wiederholte Auftreten bestimmter Phänomene machen zu können. Auch die Beschaffenheit des Vokabulars – etwa die Dominanz von Substantiven oder das häufige Auftreten von Adjektiven – sollte mit einbezogen werden. Schließlich müssen Sie feststellen, was sich über das lyrische Ich sagen lässt, wer wie in welcher Situation spricht.

In allen diesen Fällen ist das jeweils vorgefundene Phänomen erst einmal zu benennen, auch um es im literaturgeschichtlichen Kontext bewerten zu können, dessen Erarbeitung ebenso zu Ihren Aufgaben gehört. Beziehen Sie dabei das textuelle Umfeld mit ein, also Informationen über die Entstehung, eventuelle Fassungen, die Publikations- und mitunter auch Rezeptionsgeschichte, und berücksichtigen Sie auch Para- und Intertexte.

Formale Bestandsaufnahme

Lyrisches Ich

Kontexte

WIE INTERPRETIERT MAN EIN GEDICHT?

Für all dies kann ein schematisches Vorgehen absichern, dass nichts übersehen wird. In diesem Buch finden Sie vor den Beispielinterpretationen jeweils Hinweise für eine Materialsammlung zum Thema des Kapitels (vgl. z. B. → KAPITEL 3.3, S. 54–56 zur Metrik). Aus diesen Abschnitten lässt sich leicht eine ‚Checkliste' erstellen. Mit größerer Erfahrung liegt es nahe, einige der Beobachtungen gleich zusammenzuführen. Genau darin liegt anfangs eine der größten Schwierigkeiten. Auf welche Weise tragen die einzelnen Erscheinungen zum Ganzen bei? Diese Frage lässt sich gut beantworten, wenn Sie mit all dem in der Materialsammlung enthaltenen Wissen dem Aufbau des Gedichts folgen und versuchen, den Vorgang der Bedeutungskonstitution Vers für Vers und Strophe für Strophe nachzuvollziehen.

Von den Teilen zum Ganzen

Dabei hilft es, wenn Sie sich die verschiedenen Zusammenhänge auf dem Papier verdeutlichen. Hier einige Vorschläge dazu:

Dokumentation der Analyse

- Schreiben Sie das Gedicht so ab, dass zwischen den Versen ausreichend Platz für Notizen ist. In einer Klausur lässt sich das Aufgabenblatt für Anzeichnungen aller Art verwenden.
- Verfolgen Sie Ihre Analyse schriftlich mit, indem sie ihre Beobachtungen im Text des Gedichts markieren. Verbindungslinien zwischen zusammengehörenden Elementen, etwa Reimen oder Metaphern, die zum selben Bildfeld gehören, lassen erkennen, welche verschiedenen Ordnungssysteme einander überlagern. Markieren Sie vermeintliche Widersprüche im Text, auch sie erzeugen thematische Zusammenhänge.
- Zeichnen Sie die metrischen Besonderheiten ein.
- Schreiben Sie sich kurze Erklärungen zu einzelnen Phänomenen auf.
- Fassen Sie die wichtigsten Beobachtungen zu den Strophen oder größeren Einheiten am Rand zusammen.

Die Anzeichnungen sind eine Denkhilfe und geben zugleich einen Überblick. Der Nutzen liegt gerade darin, alles auf einen Blick erfassen zu können.

Zusammenhang der Sinneinheiten

Anhand dieser Aufzeichnungen lässt sich verfolgen, wie die Bedeutung des Gedichts zustande kommt. Das beginnt beim Titel, der ein bestimmtes Thema vorgibt, das gegebenenfalls durch weitere Paratexte gestützt oder konterkariert wird. Oft lässt sich verfolgen, wie dieses Thema im Gedicht entwickelt wird. Ist dies nicht möglich, setzt man beim ersten Vers an. Geprüft wird Schritt für Schritt, welche Ordnungsmuster welche Sinneinheiten hervorbringen und wie diese sich zueinander verhalten. Das beginnt bei einzelnen Versen (oder deren Abschnitten) und setzt sich über Strophen bis zum Gesamt des Gedichts fort. Die metrische Gestaltung eines Verses kann dessen Aussage stützen, bestimmte Aspekte betonen oder die Aussage unterlaufen; in jedem Fall ist zu fragen, was das bedeutet. Die klangliche Gestaltung einer Strophe kann ihrer inhaltlichen Aussage entsprechen oder zuwiderlaufen; der Zusammenhang, den der Reim stiftet, kann der Satzfolge entsprechen oder ihr entgegen arbeiten. Immer wieder ist die Form auf ihren inhaltlichen Beitrag hin zu befragen, immer wieder ist der Befund zusammenzufassen zu einer These über die Bedeutung des Zusammenhangs. So wie die Verse Strophen bilden, kommen auf diese Weise auch interpretatorische Aussagen über größere Einheiten zustande, die im Durchgang durch das Gedicht in einen Gesamtzusammenhang gesetzt werden können. Das vorliegende Buch enthält konkrete Beispiele dafür: In → KAPITEL 4.4 wird gezeigt, wie sich Reimschemata zur syntaktischen Gliederung ins Verhältnis setzen lassen, in → KAPITEL 10.3 wie man das Verhältnis von Metrik und Syntax für die Interpretation nutzt. In vielen Fällen gibt das Wissen um die historischen Zusammenhänge oder die Besonderheiten der Gedichtform Aufschluss über mögliche Deutungen. In → KAPITEL 6.4 wird vorgeführt, wie man die literaturgeschichtliche Bewertung metrischer Befunde für die Interpretation nutzt, in → KAPITEL 8.4, auf welche Weise die Tradition einer Gattung eine Interpretation bestimmen kann. An den Beispielinterpretationen ist auch zu sehen, wie die einzelnen Aussagen zusammenzufassen sind: so, dass die jeweils dominierende Gestaltungsweise des Gedichts zur Geltung kommt.

Beispiele

Bedenken Sie, in welchem Maße einzelne Phänomene zur Bedeutung des Gedichts beitragen. Für einzelne Sinneinheiten ist abzuwägen, welchem Ordnungssystem welche Geltung zugesprochen wird: ob es beispielsweise für die Aussage des Gedichts erheblicher ist, dass in einem Vers gegen das Versmaß verstoßen wird oder dass das Versende Bestandteil eines Apokoinus (→ KAPITEL 10.2) ist. Beide Erscheinungen tragen zweifelsfrei zur Bedeutung des Gedichts bei, sie müssen aber nicht beide gleichermaßen wichtig sein. Und wenn an einer Stelle ein rhetorisches Mittel einen deutlichen Effekt verursacht, so kann es an einer anderen eine metrische Unregelmäßigkeit sein, die wesentlich zur Aussage beiträgt, und in einem dritten Fall ist es die Wortwahl. Eben dieser Zusammenhang der verschiedenen Ordnungssysteme entspricht der Besonderheit der Gattung Lyrik. Wie er in einem Gedicht konkret realisiert ist, soll in einer Interpretation gezeigt werden. Um für das Schreiben der Interpretation gut vorbereitet zu sein, sollten Sie das Ergebnis der Analyse zusammenfassen. Gemeint ist keine Wiederholung der Beobachtungen, sondern deren wertende

Zusammenhang der Ordnungssysteme

Erste Zusammenfassung

und abstrahierende Zusammenführung, eine knappe Gesamtbeurteilung des Gedichts. Einige Stichpunkte zu den wichtigsten Einsichten genügen, sie können als erster Entwurf für den nächsten Schritt nützlich sein.

14.3 Wie schreibt man eine Interpretation?

Die Frage verdiente ein eigenes kleines Buch. Das Folgende soll zum besseren Verständnis der Anforderungen an die Darstellung beitragen und einige ganz pragmatische Hinweise geben. Die Aufgabe beim Schreiben besteht darin, das in der Untersuchung gewonnene Wissen nachvollziehbar und fachlich angemessen darzustellen.

Nachdem Sie die Ergebnisse der Analyse auf einem oder mehreren Blättern festgehalten haben, geht es nun darum, die gleichzeitig zu sehenden Bezüge und Zusammenhänge in einen Text zu übertragen, in dem sie nur nacheinander dargestellt werden können. Erarbeiten Sie dazu eine Gliederung. Dieser Schritt bestimmt alles Weitere, seine Bedeutung ist kaum zu unterschätzen. Verwenden Sie deshalb auch bei einer Klausur Zeit darauf, beginnen Sie nicht sofort mit dem Schreiben. Gesucht wird eine Abfolge in der Darstellung der Beobachtungen, die es gestattet, die Bewertungen und Schlussfolgerungen möglichst verständlich und einleuchtend darzulegen. Dabei helfen zwei einfache Grundsätze, die schwer zu befolgen sind:

Leistung der Gliederung

- Achten Sie auf den roten Faden.
- Denken Sie vom Ende her und schreiben Sie darauf zu.

Anfang und Ende der Darstellung sollen in einem Zusammenhang stehen. Der rote Faden ist die Verbindung zwischen beidem, akademisch gesprochen: die Folge der Beobachtungen und Argumente. Sie sollten also vorher wissen, von welchem Anfang aus Sie auf welches Ende zuschreiben. Das Ende entspricht dem Ergebnis der Analyse. Aber wie kommt man zu einem Anfang? Das hängt nicht unwesentlich von der Schreibsituation ab. Im Folgenden werden drei idealtypische Vorgehensweisen vorgestellt. Sie sind als Anregung gedacht und sollen zeigen, wonach man sucht, wenn man einen Anfang sucht.

Anfangen 1: feststehendes Erkenntnisinteresse

Der Anfang ist am einfachsten zu finden, wenn sich aus dem Rahmen einer größeren Untersuchung oder der Formulierung der Aufgabenstellung ein deutliches Erkenntnisinteresse ergibt. Wenn etwa *Herrn Pauli Flemingi der Med. Doct. Grabschrifft/so er ihm selbst gemacht in Hamburg* in die Geschichte des Sonetts eingeordnet werden soll (→ KAPITEL 8.1), so liegt es nahe, mit einem Überblick über das barocke Verständnis der Gattung zu beginnen, um im Anschluss daran zu prüfen, inwiefern Flemings Gedicht ihm entspricht. Mit diesem Anfang ist alles Weitere bereits vorgegeben. Der rote Faden besteht aus all jenen Kriterien, die für dieses Erkenntnisinteresse relevant sind. Die Besonderheiten des Gedichts lassen sich einzeln vor dem Hintergrund der zeitgenössischen Poetik betrachten, um am Ende der Interpretation zu einem zusammenfassenden Urteil zu kommen. Wie detailliert Sie diese Schritte in der Gliederung ausarbeiten, hängt von der Erfahrung ab, die Sie damit haben. Es kann nicht schaden, mit einem ausführlichen Entwurf zu beginnen.

Auch beim Gedichtvergleich steht das Erkenntnisinteresse fest und liegt ein bestimmtes Vorgehen in der Darstellung nahe. Hier kommt es darauf an, erst einmal die Kriterien zu erkennen, auf denen die Vergleichbarkeit beruht: Anhand welcher Merkmale lassen sich Gemeinsamkeiten und Unterschiede feststellen? Ist dies einleitend angesprochen oder nötigenfalls hergeleitet worden, ergibt sich die weitere Darstellung aus dem Umgang mit den Kriterien. Entweder interpretieren Sie ein Gedicht nach dem anderen und fügen dann einen Vergleich an, oder die Kriterien bilden den roten Faden und Sie wechseln in der Betrachtung zwischen beiden Gedichten. In jedem Fall gehört an das Ende der Darstellung eine Zusammenfassung des Vergleichs. *Gedichtvergleich als Sonderfall*

Etwas schwieriger verhält sich die Suche nach einem Anfang, wenn die Aufgabe lautet: „Interpretieren Sie das Gedicht". Dann gibt es zwei grundlegende Möglichkeiten, die den Vorgehensweisen 2 und 3 entsprechen. Die erste Möglichkeit (und zweite Vorgehensweise) ist der Nachvollzug der Lektüre. Lehnen Sie die Darstellung an den analytischen Durchgang durch das Gedicht an und beginnen Sie mit einem ersten Eindruck oder einer durch den Titel vorgegebenen Erwartung. Anschließend verfolgen Sie, wie sich die Aussage allmählich entwickelt. Dieses Vorgehen hat den Vorteil, dass es eine große Nähe zum Text gestattet und gut nachvollziehbar ist. Es soll sich aber deshalb nicht um eine Nacherzählung der Analyse handeln. Der rote Faden ergibt sich vielmehr aus den als wichtig erkannten größeren Sinneinheiten, deren Verknüpfung zu einem Ganzen beschrieben wird. Am Ende soll ausgesprochen werden, worin dieses Ganze besteht. *Anfangen 2: Nachvollzug der Analyse*

Die zweite Möglichkeit und dritte Vorgehensweise, zu einem Anfang zu kommen, besteht darin, sich für die Zwecke der Darstellung eine These oder Frage vorzugeben. Im Unterschied zur ersten Vorgehensweise, bei der das Erkenntnisinteresse bereits feststeht, müssen Sie es hier rechtfertigen. Das muss nicht unbedingt eigens ausgeführt *Anfangen 3: eigene These oder Frage* werden, sondern kann implizit dadurch erfolgen, dass am Ende alles Wesentliche über das Gedicht gesagt ist.

Gesucht wird eine Fragestellung, die es gestattet, die Ergebnisse der Analyse aufzuführen, miteinander zu verknüpfen und am Ende zusammenzufassen, ohne dabei an den Verlauf des Textes gebunden zu sein. Oft ist es lohnend, den Zusammenhang von Form und Inhalt zu nutzen, zum Beispiel um zu zeigen, auf welche Weise ein bestimmtes Thema dargestellt oder welche formale Tradition zu welchem Zweck aufgegriffen wird. Solche Thesen und Fragen sollten möglichst konkret formuliert sein: Stecken Sie sich ein klares Ziel. Die eigene Vorgabe des Anfangs gewährt die größten Freiheiten und eröffnet in der Darstellung viele Möglichkeiten. Um sich dabei nicht zu verzetteln müssen Sie wissen, auf welches Ende Sie zuschreiben und dürfen den roten Faden nicht aus den Augen verlieren. Das lässt sich während des Schreibens überprüfen:

Kontrolle des Zusammenhangs

- Sehen Sie zwischendurch nach, ob Sie nachvollziehen können, was Sie geschrieben haben.
- Fassen Sie zur Kontrolle die einzelnen Abschnitte Ihrer Interpretation zusammen. Benennen Sie die jeweiligen Schritte mit wenigen Worten, etwa so, wie das in diesem Buch bei den Hinweisen in der Marginalspalte der Fall ist.
- Prüfen Sie, ob sich ein argumentativer Zusammenhang ergibt und ob Sie ihn im Text auch ausformuliert haben.
- Gleichen Sie diese Befunde mit Ihrer Gliederung ab: Schreiben Sie auf das geplante Ende zu? Streichen Sie alle Abschweifungen, die nicht zur Erklärung des Textes oder Ihres Vorgehens beitragen.

Unter Umständen stellt sich heraus, dass Sie das Ende verändern müssen, weil Sie während des Schreibens zu neuen Einsichten gekommen sind. Die Darstellung hat sich in die Analyse verwandelt. Dann muss erneut geprüft werden, ob die Darstellung noch allen Ansprüchen gerecht wird, vor allem dem der argumentativen Ausgewogenheit. Es kann sein, dass Sie einen neuen Anfang benötigen.

An das Ende der Darstellung gehört ein zusammenfassender Absatz, in dem die Aussage des Gedichts knapp gefasst wird. Er sollte so formuliert sein, dass der Bezug zur eröffnenden Fragestellung oder These erkennbar ist.

Zum Beispiel: Johannes Bobrowski, *Sprache*

Die folgende Interpretation von Johannes Bobrowskis *Sprache* (1966) ist etwas didaktischer angelegt, als es für eine Klausur nötig ist. Neben dem betont ‚fragenden' Vorgehen, das die einzelnen Arbeitsschritte hervorhebt, gibt es noch zahlreiche andere sprachliche Möglichkeiten, um eine Gliederung im laufenden Text zu verdeutlichen. – Die Aufgabenstellung lautet: „Interpretieren Sie das folgende Gedicht".

Johannes Bobrowski
Sprache (1966)

> Der Baum
> größer als die Nacht
> mit dem Atem der Talseen
> mit dem Geflüster über
> 5 der Stille
>
> Die Steine
> unter dem Fuß
> die leuchtenden Adern
> lange im Staub
> 10 für ewig
>
> Sprache
> abgehetzt
> mit dem müden Mund
> auf dem endlosen Weg
> 15 zum Hause des Nachbarn

In einem Gedicht, das *Sprache* heißt, geht es unvermeidlich um Grundsätzliches: Der Dichter schreibt über sein Arbeitsmittel, sein Medium. Mit der Feststellung, dass es sich daher um ein poetologisches Gedicht handelt, ist vorerst wenig gewonnen. Der Verzicht auf den bestimmten Artikel im Titel betont die Spannweite der möglichen Deutungen und zeigt so die grundlegende Bedeutung des Folgenden an. Zu fragen ist, was über Sprache gesagt wird und was das für eine Poetologie bedeutet, ob und inwiefern eine solche in den wenigen Zeilen überhaupt erkennbar wird.

<small>Entwicklung der Fragestellung</small>

Von Sprache ist zwei Strophen lang bestenfalls indirekt die Rede. In der ersten Strophe wird über einen Baum gesprochen, einen ganz konkreten, sehr großen. Was genau die Metapher „größer als die Nacht" (V. 1) ausdrücken soll, bleibt offen und lässt sich auch im Fortgang des Gedichts nicht genauer fassen. Auch die anaphorisch gebrauchte Präposition „mit" (V. 3/4) – sie zeigt eine Zugehörigkeit oder Eigenschaft an – gestattet mehrere Deutungen. Zum einen könnten die beiden Verse als Attribute aufgefasst werden: Es ist der Baum, der atmet und flüstert. Zum anderen könnten sie als ergänzende Mitteilungen zur Situation verstanden werden, in der der Baum als riesig wahrgenommen wird: Es ist Nacht, man hört den

<small>Metaphorik der ersten Strophe</small>

Wind über den Seen und schwache, kaum hörbare Geräusche in der Stille.

Diese beiden Deutungsmöglichkeiten müssen nicht gegeneinander ausgespielt werden. Ihr gemeinsames Moment liegt darin, dass es sich in beiden Fällen um hochgradig subjektive Wahrnehmungen handelt. Die Verse sind nicht nur Aussagen über die Natur, sie sagen ebensoviel über ihren Betrachter aus, über die Art und Weise, wie er Natur betrachtet.

Diese Deutung wird gestützt durch den bestimmten Artikel im ersten Vers der zweiten Strophe: „Die Steine" (V. 6). Es sind nicht irgendwelche Steine gemeint, sondern die „unter dem Fuß" (V. 7) des Betrachters. Wer also betrachtet den Baum und die Steine und spricht darüber?

<small>Lyrisches Ich</small>

Ein Teil der Antwort war in den einleitenden Überlegungen schon enthalten: Wenn es sich um ein poetologisches Gedicht handelt, dann spricht ein Dichter. Die Art und Weise seines Sprechens gibt näheren Aufschluss darüber, um was für einen Dichter es sich handelt. Darin besteht der andere, präzisierende Teil der Antwort. Die Einordnung als poetologisches Gedicht impliziert, dass Bobrowski vermittelt über das lyrische Ich seine Auffassung von Dichtung mitteilt. Was lässt sich über die Art und Weise des lyrischen Sprechens sagen?

<small>Aufbau des Gedichts</small>

Einerseits wird in eindrücklichen Bildern gesprochen, die nicht vollständig aufzulösen sind, und andererseits mit offensichtlicher formaler Strenge. Die freien Verse sind deutlich strophisch strukturiert. Jede Strophe hat fünf Verse. Der jeweils erste Vers besteht aus einem Substantiv, zweimal mit Artikel, einmal ohne. Die genannten ‚Dinge' werden in den jeweils verbleibenden vier Versen näher bestimmt, indem Eigenschaften aufgezählt werden. Die Abwesenheit von Verben unterstützt das statische Moment, die Aufzählung weitet sich in jeder Strophe zur Beschreibung einer Situation aus. Betont wird damit, wie sich jeweils aus der Wahrnehmung von Einzelheiten ein Eindruck ergibt. An der asyndetischen Reihung der zweiten Strophe lässt sich das gut nachvollziehen. Der parallele Aufbau der Strophen verursacht einen erkennbaren Zusammenhang. In Vers 11 wird der Titel wiederholt. Das ist ein erstes Indiz für den zusammenführenden, abschließenden Charakter der dritten Strophe. Er wird durch motivische und thematische Wiederaufnahmen verstärkt. Dem müden Mund korrespondieren der Atem und das Geflüster, der endlose Weg den Steinen, die „für ewig" (V. 10) im Staub liegen. Der elfte Vers ist, im Gegensatz zu Vers 1 und 6, den ersten ihrer Strophen, trochäisch. Auch der Anapäst in Vers 12 und seine Wiederholung in Vers 13 heben sich vom jeweils zweiten und dritten Vers der beiden ersten Strophen ab. In jedem Fall aber ist die metrische und klangliche Organisation der jeweils zweiten und dritten Verse der Strophen mimetisch: Sie unterstützt die inhaltlichen Aussagen.

Wie hängt die strenge formale Organisation mit den vermeintlich dunklen Bildern zusammen, auf welche Weise geben sie ein Ganzes? Die Antwort ergibt sich aus der schon angesprochenen Gemeinsamkeit der Metaphern. Der Baum, die Seen, die Stille und die Steine werden anthropomorphisiert (→ KAPITEL 11.1). Sie sind nicht nur lebendig, sondern sie sprechen auch zum lyrischen Ich. Der Befund lässt sich präzisieren: „Atem" (V. 3) und „Geflüster" (V. 4) stehen in direktem Zusammenhang mit dem Sprechen. Dass auch die Steine sprechen, lässt sich nur in übertragenem Sinne behaupten. Die „leuchtenden Adern" (V. 8) sind ein deutlich anthropomorphes Attribut, sie gehören jedoch zu einem anderen Bildbereich als das Flüstern und Atmen. Diese Beobachtung ermöglicht mehrere Schlussfolgerungen.

Zusammenhang Metaphorik und Aufbau (1)

Die Spannung zwischen dem Titel „Sprache" und der Naturschilderung in den ersten beiden Strophen gestattet es, die anfangs vorgenommene Einordnung des Gedichts zu erweitern. Es gehört ebenso in die Tradition der Naturlyrik wie in die der poetologischen Gedichte. Vorgeführt und näher bestimmt wird eine bestimmte Art und Weise des Sprechens über Natur. Das lyrische Ich ‚vermenschlicht' die Natur, als ob sie zu ihm spräche. Der Sprachgebrauch der ersten beiden Strophen löst den Mechanismus dieser Metapher ein und stellt so die Eigenheit der subjektiven Wahrnehmung aus. Anders formuliert: Der Baum wie die Steine sind zuerst durch ihre die menschliche Vorstellungskraft übersteigenden Dimensionen bestimmt. Der Baum ist größer als die Nacht und verfügt, je nach Lesart, über den Atem der Talseen und das Geflüster in der Stille – oder überragt es sogar. Die Steine leuchten „für ewig" (V. 10). Das lyrische Ich versucht, die beeindruckende Dimension des Natürlichen mithilfe von Metaphern mitzuteilen. Es spricht von einem Erlebnis, dem Eindruck, den ein Baum und einige Steine gemacht haben. Dabei kommt es an seine sprachlichen Grenzen. Die Metaphern sind nicht eindeutig aufzulösen, die Sprechweise hat etwas Ungefähres, in dem Sinne, dass sich sagen lässt: Kein Leser dürfte wissen, was genau das lyrische Ich gehört und gesehen hat, aber alle sollten erkennen, dass es berührend und beeindruckend war.

Einordnung in eine Tradition

Dieser Befund stellt die poetische Leistung nicht infrage. Denn alle Leser dürften auch sehen, welche Anstrengung es bedeutet, den Eindruck, den die Natur gemacht hat, überhaupt sprachlich zu fassen.

Metaphorik der dritten Strophe

Davon ist in der dritten Strophe die Rede. Ihre Metaphern lassen sich nach dem bisher Gesagten leichter verstehen. Dass die Sprache „abgehetzt" ist und ihr Mund „müde[]" (vgl. V. 11–13), ergibt sich aus der permanenten Dringlichkeit, mit der gesprochen wird. Der „endlose[] Weg" (V. 14) steht für das unzureichende Ergebnis des Sprechens und die immer wieder neuen Versuche, sich verständlich zu machen, anzukommen beim Nachbarn (vgl. V. 15). Wie in den ersten beiden Strophen auch, beruht die Metaphorik auf der Anthropomorphisierung des Gegenstands. Hier wird sie so weit gesteigert, dass sie bis zur Personifikation reicht (weder der Baum noch die Steine lassen sich als Person verstehen). Die Sprache fällt mit dem Sprecher zusammen. Das lyrische Ich spricht von der Sprache, der Dichter spricht von sich.

Zusammenhang Metaphorik und Aufbau (2)

Nun lässt sich auch genauer bestimmen, was an diesem Gedicht poetologisch ist. Mit den ersten beiden Strophen wird jeweils eine Situation beschrieben, in der etwas wahrgenommen wird; es ist vielleicht sogar dieselbe Situation (weil die Steine in der Nacht leuchten könnten). In der dritten Strophe wird nicht über die Wahrnehmung, sondern über die Mitteilung der Wahrnehmung gesprochen. Aus der Perspektive der dritten Strophe wird klar, dass die beiden ersten Strophen einerseits die Bedingungen illustrieren, unter denen Sprache benutzt wird. Andererseits belegen sie den in der dritten Strophe mitgeteilten Befund: Die Bemühungen um Mitteilung sind anstrengend und kaum erfolgreich. Sprechen erscheint als Übersetzung von Erfahrung und als zwischenmenschlicher Kontakt. Die Erfahrung wird mit der Natur gemacht (ein Einzelner in seiner Umwelt), aber die Mitteilung davon ist nicht an die Natur, sondern an andere Menschen gerichtet. Dass die Natur zum Menschen spricht, bleibt notwendig eine Metapher; dass der Mensch zum Menschen sprechen kann, jeder zu seinem Nachbarn, lässt sich dagegen im Wortsinn verstehen. Dieser Unterschied impliziert, dass Sprache an den Menschen gebunden ist, und lässt erkennen, wie sie im Gedicht verstanden wird: als Mittel zur Verständigung. Es handelt sich um eine Möglichkeit. Es gibt keine Garantie für Verständigung. Von Verstehen, vom Ankommen beim Nachbarn, ist im Gedicht keine Rede. Das Gedicht als Ganzes allerdings ist auf Verstehen hin angelegt.

Zusammenfassende Deutung

Die Sprache ist das, woraus das Gedicht besteht, sie ist, was Dichter und Leser verbindet. Beide gehen gleichermaßen mit ihr um; der eine, um eine möglichst genaue Mitteilung zu machen, die anderen, um sie möglichst vollständig zu verstehen. Der Nachbar ist nichts anderes als eine Metapher für den Leser, so wie das lyrische Ich den

Dichter vertritt. Er spricht zum einen über sein Naturverständnis und zum anderen über seine Erfahrungen mit dem Gebrauch von Sprache, und das heißt: mit Gedichten. Das konkrete Gedicht ermöglicht es dem Leser, selbst eine Erfahrung zu machen, und zwar mit Sprache. In Bobrowskis Poetologie erscheint das Gedicht als ein Mittel der Verständigung.

An der Situation des lyrischen Ichs wie an der Metaphorik ist leicht zu erkennen, dass in *Sprache* die Möglichkeiten der Naturlyrik im 20. Jahrhundert erwogen werden. (Das Gedicht setzt die Reihe fort, die in → KAPITEL 2 den roten Faden der Darstellung bildet.) Das ist allerdings nur ein spezieller Fall einer viel grundsätzlicheren Überlegung, der Titel zeigt es an. Dichten heißt für Bobrowski, trotz aller Schwierigkeiten immer wieder zu versuchen, Erlebnisse und Erfahrungen möglichst genau mitzuteilen. Die Metaphern sind notwendig ungenau. Wäre dies nicht so, verfehlten sie ein wesentliches Moment der Erfahrung. Gerade dieses Wesentliche soll aber ausgesprochen werden. Jede Interpretation des Gedichts belegt, dass sich der Versuch lohnt.

Aufgaben

- Vergleichen Sie Johannes Bobrowskis *Die Sprache* und Ernst Jandls *darstellung eines poetischen problems* (→ KAPITEL 1.2) hinsichtlich der Auffassungen über den Zusammenhang von Sprache und Gedicht.   *Interpretation*
- Interpretieren Sie das folgende Gedicht.

    Heinrich Heine, *Im May* (1854)

    1   Die Freunde, die ich geküßt und geliebt,
        Die haben das Schlimmste an mir verübt.
        Mein Herze bricht; doch droben die Sonne,
        Lachend begrüßt sie den Monath der Wonne.

    5   Es blüht der Lenz. Im grünen Wald
        Der lustige Vogelgesang erschallt,
        Und Mädchen und Blumen, sie lächeln jungfräulich –
        O schöne Welt, du bist abscheulich!

        Da lob ich mir den Orkus fast;
    10 Dort kränkt uns nirgends ein schnöder Contrast;
        Für leidende Herzen ist es viel besser
        Dort unten am stygischen Nachtgewässer.

        Sein melancholisches Geräusch,
        Der Stymphaliden ödes Gekreisch,
    15 Der Furien Singsang, so schrill und grell,
        Dazwischen des Cerberus Gebell –

Das paßt verdrießlich zu Unglück und Qual –
Im Schattenreich, dem traurigen Thal,
In Proserpinens verdammten Domänen,
20 Ist alles im Einklang mit unseren Thränen.
Hier oben aber, wie grausamlich
Sonne und Rosen stechen sie mich!
Mich höhnt der Himmel, der bläulich und maylich –
O schöne Welt, du bist abscheulich!

Lektüreempfehlungen

- **Thomas Anz: Vorschule wissenschaftlichen Schreibens und Publizierens: Seminar- und Abschlussarbeiten**, in: ders. (Hg.), Handbuch Literaturwissenschaft, Stuttgart 2007, Bd. 3, S. 332–339. *Was man vor dem Schreiben einer Seminararbeit wissen sollte: Verständnis der Schreibsituation, Form der Arbeit (inklusive Zitieren) und ihre sprachliche Gestaltung, erste Tipps fürs Schreiben.*

- **Terry Eagleton: How to read a Poem**, Oxford 2007. *Eagleton betont den literaturtheoretischen Hintergrund. Er stellt die Diskussion um den Gattungsbegriff und den Zusammenhang von Inhalt und Form dar und entwickelt daraus Überlegungen zum methodisch angemessenen Umgang mit Lyrik.*

- **Dieter Lamping: Lyrikanalyse**, in: Thomas Anz (Hg.), Handbuch Literaturwissenschaft, Stuttgart 2007, Bd. 2, S. 139–155. *Ein theoretisch ausgerichteter Überblick, der die Verbindung zwischen verschiedenen Lyrikbegriffen (→ KAPITEL 1) und Interpretationsansätzen herstellt.*

15 Serviceteil

15.1 Bibliografische Hilfsmittel und Nachschlagewerke

Bibliografische Hilfsmittel

- **Wulf Segebrecht: Fundbuch der Gedichtinterpretationen**, Paderborn 1997.
- **Wulf Segebrecht: Neues Fundbuch der Gedichtinterpretationen**, Hannover 2005.

Eine Bibliografie, in der sich Literaturangaben zu Interpretationen kanonischer Gedichte finden.

Sachlexika und Handbücher

- **Thomas Anz (Hg.): Handbuch Literaturwissenschaft**, 3 Bde., Stuttgart 2007. *Die Bände versammeln gut geschriebene Artikel zu allen grundlegenden Gebieten des Faches, mit deren Hilfe man sich über den aktuellen Stand der Forschung informieren kann. Die erste Adresse, um sich über ein Thema einen ersten Überblick zu verschaffen: das Register in Bd. 3 benutzen.*
- **Otto Knörrich: Lexikon lyrischer Formen**, 2., durchgesehene Auflage, Stuttgart 2005. *Einbändiges Lexikon, in dem sich zu allen wichtigen Begriffen der Lyrik – die zum Teil in allgemeinen literaturwissenschaftlichen Begriffslexika nicht verzeichnet sind – ein Eintrag findet.*
- **Metzler Lexikon Literatur. Begriffe und Definitionen**, begründet von Günther und Irmgard Schweikle, hg. von Dieter Burdorf, Christoph Fasbender und Burkhard Moennighoff. 3., völlig neu bearbeitete Auflage, Stuttgart 2007. *Zur schnellen ersten Information und als ständiger Begleiter während des Studiums gedacht.*
- **Reallexikon der deutschen Literaturwissenschaft**, hg. von Georg Braungart u. a., 3 Bände, 3., von Grund neu erarbeitete Auflage, Berlin/New York 2007. *Das maßgebliche Lexikon der Literaturwissenschaft. Die Einträge enthalten neben den definitorischen*

Erläuterungen Informationen zur Sach-, Begriffs- und Forschungsgeschichte.

- **Gert Ueding (Hg.): Historisches Wörterbuch der Rhetorik**, Tübingen 1992ff. *Das maßgebliche Lexikon zur Rhetorik, noch nicht abgeschlossen. Es verbindet in umfangreichen Artikeln eine ausführliche Begriffsklärung mit einem historischen Abriss; ausführliche Literaturhinweise.*

15.2 Literaturgeschichten zur Lyrik

- **Helmut de Boor / Richard Newald: Geschichte der deutschen Literatur von den Anfängen bis zur Gegenwart**, Bd. 1–12, München 1949ff. *Die Bände sind u. a. nach den drei großen Gattungen Epik, Lyrik und Dramatik gegliedert. Es ist daher einfach, sich in den einzelnen Bänden über die Geschichte der Lyrik zu einer bestimmten Zeit zu informieren.*

- **Walter Hinderer (Hg.): Geschichte der deutschen Lyrik vom Mittelalter bis zur Gegenwart.** 1. Auflage Stuttgart 1983, 2. erweiterte Auflage Würzburg 2001. *Eine detailliert gegliederte, umfangreiche Darstellung in 20 Aufsätzen, die bis zum Ende des 20. Jahrhunderts reicht. Enthält eine umfangreiche Bibliografie zur Geschichte der deutschsprachigen Lyrik.*

- **Franz-Josef Holznagel u. a.: Geschichte der deutschen Lyrik**, Stuttgart 2004. *Sehr guter, kompakter Überblick über die deutsche Lyrikgeschichte und den Wandel im Dichtungsverständnis; in sechs große Abteilungen gegliedert.*

- **Dirk von Petersdorff: Geschichte der deutschen Lyrik**, München 2008. *Für den Einstieg, kurz und pointiert. Verbindet die Charakterisierung der Epochen mit Interpretationen.*

- **Ludwig Völker (Hg): Lyriktheorie. Texte vom Barock bis zur Gegenwart**, durchgesehene u. bibliographisch ergänzte Ausgabe, Stuttgart 2000. *Die Anthologie enthält leicht kommentierte Auszüge aus dichtungstheoretischen Schriften von Lyrikern, Philosophen und Germanisten und gibt einen guten Überblick über wichtige Stationen.*

15.3 Metrik

Über die in Kapitel 3, 5, 6 und 7 angegebenen Einführungen hinaus lohnt es sich, für eine weitergehende Beschäftigung mit der deutschen Metrik folgende Bücher zu konsultieren:

- **Hugo Blank: Kleine Verskunde. Einführung in den deutschen und romanischen Vers,** Heidelberg 1990. *Kurze Einführung in die Metrik, in der die verschiedenen Vers-, Strophen- und Gedichtformen gegliedert nach ihrer Herkunft aufgeführt werden.*
- **Andreas Heusler: Deutsche Versgeschichte. Mit Einschluß des altenglischen und altnordischen Stabreimverses,** 1. Auflage 1925–29, 3 Bde., Berlin 1956. *Obwohl die Darstellung inzwischen in etlichen einzelnen Punkten kritisiert wurde, ist sie aufgrund ihres Umfangs und ihrer Detailliertheit noch immer das Referenzwerk zur deutschen Metrik.*
- **Gerhard Kurz: Macharten. Über Rhythmus, Reim, Stil und Vieldeutigkeit,** Göttingen 1999. *Gibt einen Überblick über die Wirkungen verschiedener lyrischer Mittel.*
- **Burkhard Moennighoff: Metrik,** Stuttgart 2004. *Verbindet zuverlässige und knappe Informationen über die Grundlagen des metrischen Wissens mit einer Skizze der deutschen Versgeschichte; preisgünstiges Reclamheft.*
- **Otto Paul / Ingeborg Glier: Deutsche Metrik,** München 1938, 9. Auflage Ismaning 1989. *Historische Einführung in die Metrik mit Beispielen auch aus dem Mittelhochdeutschen.*
- **Fritz Schlawe: Neudeutsche Metrik,** Stuttgart 1972. *Schon etwas ältere Einführung in die Metrik, in der alle Teilbereiche kurz und prägnant erläutert werden.*
- **Gesine Taubert: Kurze deutsche Verslehre,** Erding 1997. *Eine sehr kurze Einführung mit Aufgaben und Interpretationsbeispielen.*

15.4 Anthologien und Interpretationen

Umfassende Sammlungen deutscher Lyrik

- Der ewige Brunnen. Ein Hausbuch deutscher Dichtung, gesammelt und hg. von Ludwig Reiners, 1. Auflage 1955, aktualisierte und erweiterte Ausgabe München 2005. *Eine nach Themen und Anlässen geordnete Sammlung, an der schnell deutlich wird, dass Lyrik und Leben nicht zu trennen sind.*

- Der große Conrady: Das Buch deutscher Gedichte. Von den Anfängen bis zur Gegenwart, hg. von Karl Otto Conrady, 1. Auflage 1977, erweiterte Neuausgabe Düsseldorf 2008. *Umfangreiche Lyrik-Anthologie, zu der es auch eine Kurzfassung, den „Kleinen Conrady", sowie eine Hörbuchfassung, den „Hör-Conrady", gibt.*

- Deutsche Lyrik von den Anfängen bis zur Gegenwart, hg. v. Walter Killy, 1. Auflage 1969, München 2001. *Sehr umfangreiche zehnbändige Anthologie, die chronologisch geordnet ist und zahlreiche Gedichte auch weniger bekannter Autoren enthält; reicht in der neuesten Ausgabe bis ins Jahr 2000. Als Taschenbuch erhältlich.*

- Echtermeyer. Deutsche Gedichte. Von den Anfängen bis zur Gegenwart, hg. von Theodor Echtermeyer und Benno von Wiese, 1. Auflage 1836; durchgesehen und bearbeitet von Elisabeth K. Paefgen und Peter Geist, 19. Auflage, Berlin 2010. *Die dienstälteste deutsche Lyrikanthologie, die gewöhnlich unter dem Namen ihres ersten Herausgebers firmiert: „der Echtermeyer". Die jetzige, gründlich überarbeitete Fassung gibt einen soliden und zuverlässigen Überblick.*

- Reclams Großes Buch der deutschen Gedichte. Vom Mittelalter bis ins 21. Jahrhundert, ausgewählt u. hg. von Heinrich Detering, Stuttgart 2007. *Eine umfangreiche Anthologie, die auch Gedichte weniger bekannter Autoren enthält und in der der (intertextuelle) Zusammenhang der deutschen Lyrik betont wird. Der Band enthält Mini-Biografien der Dichter.*

Sammlungen moderner Lyrik (international)

- Hans Magnus Enzensberger (Hg.): Museum der modernen Poesie, 1. Auflage 1960 (ursprüngl. in 2 Bänden), in einem Band neu aufgelegt Frankfurt a. M. 2002. *Eine durchgängig mehrsprachig ein-*

gerichtete Anthologie, das Original steht zusammen mit der deutschen Übersetzung. Enthält ein Nachwort und einen bio-bibliografischen Anhang zu allen Autoren; der beste Überblick zur Lyrik der klassischen Moderne.

- **Harald Hartung (Hg.): Luftfracht. Internationale Poesie 1940 bis 1990,** Frankfurt a. M. 1991. *Eine nach Jahrzehnten geordnete Auswahl, anhand der sich die Entwicklung der deutschen Lyrik im internationalen Zusammenhang gut verfolgen lässt. Enthält Übersetzungen und deutsche Originale; mit Kurzbiografien der Autoren.*

- **Joachim Sartorius (Hg.): Atlas der neuen Poesie,** Reinbek 1995. *Eine mehrsprachige, nach geografischen und sprachlichen Kriterien geordnete Anthologie, die Enzensbergers Museum fortsetzt und in die Gegenwart erweitert. Das Original steht zusammen mit der deutschen Übersetzung; mit Kurzbiografien der Autoren.*

Epochenbezogene Sammlungen

- **Gedichte des Barock,** hg. von Ulrich Maché und Volker Meid, 1. Auflage 2000, 2. Auflage Stuttgart 2005.

- **Deutsche Gedichte des 18. Jahrhunderts,** hg. von Klaus Bohnen, Stuttgart 1987.

- **Gedichte der Romantik,** hg. von Wolfgang Frühwald, 1. Auflage 1984, 2. Auflage Stuttgart 1999.

- **Gedichte des Expressionismus,** hg. von Dietrich Bode, 1. Auflage 1967, 6. Auflage Stuttgart 2006.

- **Jahrhundertgedächtnis. Deutsche Lyrik im 20. Jahrhundert,** hg. Von Harald Hartung, 1. Auflage 1999, 2. Auflage Stuttgart 2005.

- **Kristallisationen. Lyrik der achtziger Jahre,** hg. von Theo Elm, Stuttgart 1992.

- **Lyrik der neunziger Jahre,** hg. von Theo Elm, Stuttgart 2000.

Preiswerte epochenbezogene Lyrik-Anthologien von Reclam, die einen guten Überblick liefern. Hier wird nur eine Auswahl der zahlreichen bei Reclam publizierten Anthologien angeführt.

Interpretationen

- Gedichte und Interpretationen: Deutsche Balladen, hg. von Gunter E. Grimm, Stuttgart 1988. *Hier finden sich Interpretationen von Balladen aus allen Epochen.*
- Gedichte und Interpretationen. 7 Bände, Stuttgart 1984–2011:
  - Band 1: Renaissance und Barock, hg. von Volker Meid, Stuttgart 2011.
  - Band 2: Aufklärung und Sturm und Drang, hg. von Karl Richter, Stuttgart 1984.
  - Band 3: Klassik und Romantik, hg. von Wulf Segebrecht, Stuttgart 1991.
  - Band 4: Vom Biedermeier zum Bürgerlichen Realismus, hg. von Günter Häntzschel, Stuttgart 1987.
  - Band 5: Vom Naturalismus bis zur Jahrhundertmitte, hg. von Harald Hartung, Stuttgart 1987.
  - Band 6: Gegenwart 1, hg. von Walter Hinck, Stuttgart 1985.
  - Band 7: Gegenwart 2, hg. von Walter Hinck, Stuttgart 1997.

Die Reihe versammelt Interpretationen von jeweils für die Epoche repräsentativen Gedichten. Man kann sich mit ihrer Hilfe sowohl einen Überblick über die einzelnen Epochen verschaffen als auch studieren, auf welche verschiedenen Weisen sich ein Gedicht interpretieren lässt.

15.5 Quellen im Internet

Seiten mit generellen Informationen zu Begriffen (nicht nur denen der Lyrik):

- Basislexikon Literaturwissenschaftliche Terminologie der Fernuniversität Hagen. Web-Adresse: www.fernuni-hagen.de/EUROL/termini/welcome.html. *Dieses Basislexikon zur literaturwissenschaftlichen Terminologie informiert zuverlässig und benutzerfreundlich mit kurzen Einträgen und Beispielen. Es gibt zwei Rubriken, die grundlegendes Vokabular der Metrik und der Lyriktheorie enthalten.*

- **Einladung zur Literaturwissenschaft – Ein Vertiefungsprogramm zum Selbststudium,** Web-Adresse: www.uni-essen.de/einladung. *Enthält unter dem Menüpunkt „Inhalt" viele Informationen zur Literaturwissenschaft allgemein, auch zur Gattung Lyrik (6. Gattungen und Textstrukturen II: Lyrik). Außerdem findet man hier ein Lexikon zu literaturwissenschaftlichen Begriffen (13. Index) mit knappen Artikeln, die zur ersten Orientierung dienen können. Ersetzt nicht die Benutzung eines ausführlichen Sachlexikons wie des Reallexikons (siehe oben).*

- **Freiburger Anthologie Lyrik und Lied. Digitale Dokumentation von lyrischen Kurztexten.** Web-Adresse: www.lyrik-und-lied.de. *Auf dieser Seite sind zahlreiche Gedichte zu finden mit Hinweisen auf die Publikationsgeschichte und auf Interpretationen.*

- **Lyriktheorie.** Web-Adresse: www.uni-duisburg-essen.de/lyriktheorie. *Texte zur Lyriktheorie von der Antike bis 1910/20 sind hier in einem digitalen Archiv erfasst. Für die Zeit nach 1750 liegt der Schwerpunkt der Auswahl auf deutschsprachigen Zeugnissen. Die Texte sind nicht kommentiert, aber mit Literaturangaben versehen. Das Archiv befindet sich noch im Aufbau. So sind beispielsweise die Texte von Voß und Schlegel zum Sonettstreit (→ KAPITEL 8) noch nicht enthalten.*

15.6 Weiterführendes

Weiterführendes zum Umgang mit Gedichten

Die kleine Liste enthält im wahrsten Sinne des Wortes weiterführende Vorschläge zum Selbststudium. Die Zusammenstellung berücksichtigt, dass Gedichte nicht für Literaturwissenschaftler geschrieben werden und der Umgang mit Lyrik nicht auf die Universität beschränkt ist.

- **Joseph Brodsky: Ninety Years Later,** in: ders., On Grief and Reason, New York 1995, S. 376–427 (deutsch: Neunzig Jahre später, in: Von Schmerz und Vernunft. Über Hardy, Rilke, Frost und andere, 1. Auflage 1996, 2. Auflage München 1996, S. 177–231). *Eine detaillierte Analyse des Gedichts „Orpheus. Eurydike. Hermes" von Rainer Maria Rilke, an der nicht nur zu beobachten ist,* *wie man verschiedenste Details in eine Interpretation einbindet, sondern auch, wie ein Dichter von einem anderen lernt.*

- **Franz Fühmann: Vor Feuerschlünden. Erfahrung mit Georg Trakls Gedicht.** Anhang Georg Trakl – Dichtungen und Briefe, 1. Auflage 1982, 2. Auflage Rostock 2000. *Fühmann schildert eindrücklich, wie ihn der Versuch, die Gedichte eines einzigen Dichters zu verstehen, zu einem tieferen und genaueren Verständnis von Dichtung überhaupt und auch von sich selbst führt. Eine ganz und gar unakademische aber sehr überzeugende Herangehensweise.*

- **Sabine Küchler / Denis Scheck (Hg.): Vom schwierigen Vergnügen der Poesie.** Gedichte und Essays nebst einem Gespräch von und mit Jürgen Becker, Robert Gernhardt, Joachim Sartorius und Raoul Schrott, 1. Auflage 1997, 2. Auflage Straelen 1998. *Ein Buch mit zwei CDs, der ideale Einstieg in das Gespräch über die Lyrik der Gegenwart. Das Buch enthält internationale Klassiker des 20. Jahrhunderts, von den Autoren gelesen, dazu Essays von vier deutschen Lyrikern, die ihre Standortbestimmungen (hörbar) diskutieren.*

- **Karl Mickel: Stufen des Verstehens,** in: ders., Gelehrtenrepublik. Beiträge zur deutschen Dichtungsgeschichte, Halle 2000, S. 55–60. *Hier wird anhand eines Klassikers auf wenig Raum viel darüber gesagt, wie man historisches und aktuelles Verständnis eines Gedichts zusammenführt. Aufmerksam und in Ruhe lesen; die Voraussetzungen des Textes sind inzwischen auch historisch.*

- **Ezra Pound: ABC of Reading,** 1. Auflage New Haven 1934, 2. Auflage Paperback London 1991 (deutsch: ABC des Lesens, 1. Auflage Zürich 1957, verschiedene Nachdrucke bis Frankfurt a. M. 1967) *Eine radikale Anleitung zum Selbststudium, ebenso eigenwillig wie lohnend. Pound spricht mehrfach aus, was nach der Lektüre des vorliegenden Buches deutlich geworden sein sollte: Das Lesen von Gedichten ist mit Arbeit und Aufwand verbunden. Bei Pound folgt die Belohnung auf dem Fuße, sein Lyrik-Lehrbuch ist trotz der Lektürehinweise und Aufgaben zugleich eine moderne Poetik.*

- **Elaine Showalter: Teaching Poetry,** in: dies., Teaching Literature, 1. Auflage 2003, Paperback Malden, MA, 2008, S. 62–78. *Aus der Sicht einer Professorin wird die Schwierigkeit, über Lyrik zu lehren, beschrieben. Der kurze Abschnitt enthält viele Anregungen, wie sich mit der Herausforderung umgehen lässt. Das ist nicht nur für Dozenten von Interesse.*

Lyrik zum Spaß

- **Das Wasserzeichen der Poesie oder die Kunst und das Vergnügen, Gedichte zu lesen.** In hundertvierundsechzig Spielarten vorgestellt von Andreas Thalmayr [Hans Magnus Enzensberger] Nördlingen 2001. *Kenntnisreiche und amüsante Einführung in das Lesen von Gedichten, zugleich eines der schönsten deutschen Bücher.*
- **Reimlexikon,** hg. von Willy Steputat, Stuttgart 1998. *Lexikon in dem Reimwörter verzeichnet sind. Gut für alle, die auch mal selber reimen wollen!*

16 Anhang

→ ASB
Akademie Studienbücher, auf die der vorliegende Band verweist

ASB D'Aprile / Siebers Iwan-Michelangelo D'Aprile / Winfried Siebers: Das 18. Jahrhundert. Zeitalter der Aufklärung, Berlin 2008.

ASB Keller Andreas Keller: Frühe Neuzeit. Das rhetorische Zeitalter, Berlin 2008.

ASB Košenina Alexander Košenina: Literarische Anthropologie. Die Neuentdeckung des Menschen, Berlin 2008.

ASB Sieburg Heinz Sieburg: Literatur und Sprache des Mittelalters, Berlin 2009.

Informationen zu weiteren Bänden finden Sie unter www.akademie-studienbuch.de

16.1 Zitierte Literatur

Adler / Ernst 1987 Jeremy Adler / Ulrich Ernst: Text als Figur. Visuelle Poesie von der Antike bis zur Moderne, Herzog August Bibliothek Wolfenbüttel 1987.

Alt 2007 Peter-André Alt: Aufklärung. 3., akt. Aufl., Stuttgart 2007.

Antonsen 1998 Jan Erik Antonsen: Text-Inseln. Studien zum Motto in der deutschen Literatur vom 17. bis 20. Jahrhundert, Würzburg 1998.

Anz 1997 Thomas Anz: Literatur als Spiel, in: Walter Hinck (Hg.), Gedichte und Interpretationen 7, Gegenwart II, Stuttgart 1997, S. 195–203.

Arndt 1995 Erwin Arndt: Deutsche Verslehre, 13. bearb. Aufl., Berlin 1995.

Behrmann 1989 Alfred Behrmann: Einführung in den neueren deutschen Vers. Von Luther bis zur Gegenwart, Stuttgart 1989.

Binder 1970 Wolfgang Binder: Hölderlins Odenstrophe, in: ders., Hölderlin-Aufsätze, Frankfurt a. M. 1970, S. 47–75.

Binder 1987 Wolfgang Binder: Hölderlins Verskunst, in: Elisabeth Binder / Klaus Weimar (Hg.), Friedrich Hölderlin. Studien von Wolfgang Binder, Frankfurt a. M. 1987, S. 82–109.

Binder / Haberkamm 1987 Alwin Binder / Klaus Haberkamm u. a.: Einführung in Metrik und Rhetorik, 5. Aufl., Frankfurt a. M. 1987.

Böhn 1999 Andreas Böhn: Das zeitgenössische deutschsprachige Sonett. Vielfalt und Aktualität einer literarischen Form, Stuttgart 1999.

Borgstedt 2003 Thomas Borgstedt: Artikel „Sonettenkranz", in: Reallexikon der deutschen Literaturwissenschaft, Bd. 3, gemeinsam mit Georg Braungart, Harald Fricke, Klaus Grubmüller, Friedrich Vollhardt u. Klaus Weimar hg. v. Jan-Dirk Müller, Berlin 2003, S. 450–452.

Böschenstein-Schäfer 1977 Renate Böschenstein-Schäfer: Idylle, 2., durchges. u. erg. Aufl., Stuttgart 1977.

Braungart 1996   Wolfgang Braungart: Zur Poetik literarischer Zyklen. Mit Anmerkungen zur Lyrik Trakls, in: Károly Csúri (Hg.), Zyklische Kompositionsformen in Georg Trakls Dichtung, Tübingen 1996, S. 1–27.

Breuer 1991   Dieter Breuer: Deutsche Metrik und Versgeschichte, 2., verb. Aufl., München 1991.

Brinkmann 2004   Reinhold Brinkmann: Musikalische Lyrik im 19. Jahrhundert, in: Siegfried Mauser (Hg.), Handbuch der musikalischen Gattungen, Bd. 8,2, Musikalische Lyrik. Teil 2: Vom 19. Jahrhundert bis zur Gegenwart – Außereuropäische Perspektiven, hg. v. Hermann Danuser, Laaber 2004, S. 9–124.

Büchmann 1994   Der neue Büchmann. Geflügelte Worte, gesammelt u. erläutert v. Georg Büchmann, Niedernhausen 1994.

Bürger 1987   Gottfried August Bürger: Sämtliche Werke, hg. v. Günter u. Hiltrud Häntzschel, München 1987.

Detering 2007   Reclams Großes Buch der deutschen Gedichte. Vom Mittelalter bis ins 21. Jahrhundert, ausgewählt u. hg. v. Heinrich Detering, Stuttgart 2007.

Elm 2001   Theo Elm: Lyrik heute, in: Walter Hinderer (Hg.), Geschichte der deutschen Lyrik. Vom Mittelalter bis zur Gegenwart, 2. Aufl., Würzburg 2001, S. 605–620.

Emmel 1952   Hildegard Emmel: Mörikes Peregrinadichtung und ihre Beziehung zum Noltenroman, Weimar 1952.

Ernst 1992   Ulrich Ernst: Die Entwicklung der optischen Poesie in Antike, Mittelalter und Neuzeit, in: Ulrich Weisstein (Hg.), Literatur und bildende Kunst. Ein Handbuch zur Theorie und Praxis eines komparatistischen Grenzgebietes, Berlin 1992, S. 138–151.

Feldt 1990   Michael Feldt: Lyrik als Erlebnislyrik. Zur Geschichte eines Literatur- und Mentalitätstypus zwischen 1600 und 1900, Heidelberg 1990.

Fleming 1865   Paul Flemings Deutsche Gedichte, hg. v. Johann Martin Lappenberg, Stuttgart 1865.

Fontane 1980   Theodor Fontane: Werke, Schriften und Briefe, hg. v. Walter Keitel u. Helmuth Nürnberger, Bd. IV/3, Briefe, hg. v. Otto Drude, Manfred Hellge u. Helmuth Nürnberger unter Mitwirkung v. Christian Andree, München 1980.

Fricke/Stocker 2000   Harald Fricke/Peter Stocker: Artikel „Lyrisches Ich", in: Reallexikon der deutschen Literaturwissenschaft, Bd. 2, gemeinsam mit Georg Braungart, Klaus Grubmüller, Jan-Dirk Müller, Friedrich Vollhardt u. Klaus Weimar hg. v. Harald Fricke, Berlin 2000, S. 509–511.

Frey 1995   Daniel Frey: Bissige Tränen. Eine Untersuchung über Elegie und Epigramm von den Anfängen bis zu Bertolt Brecht und Peter Huchel, Würzburg 1995.

Frey 1996   Daniel Frey: Einführung in die deutsche Metrik mit Gedichtmodellen für Studierende und Deutsch Lehrende, München 1996.

Galle 2003   Helmut Galle: Artikel „Psalm", in: Reallexikon der deutschen Literaturwissenschaft, Bd. 3, gemeinsam mit Georg Braungart, Harald Fricke, Klaus Grubmüller, Friedrich Vollhardt u. Klaus Weimar hg. v. Jan-Dirk Müller, Berlin 2003, S. 185–188.

Genette 1989   Gérard Genette: Paratexte, Frankfurt a. M. 1989.

Genette 1993   Gérard Genette: Palimpseste. Die Literatur auf zweiter Stufe, Frankfurt a. M. 1993.

Giese 1986/87   Peter Christian Giese: Der Philosoph und die Schönheit. Anmerkungen zu Hölderlins Ode „Sokrates und Alcibiades", in: Hölderlin-Jahrbuch 25, 1986–87, S. 125–140.

Goethe 1888   Goethes Werke, hg. im Auftrage der Großherzogin Sophie v. Sachsen, Bd. I.7: Noten und Abhandlungen zum West-östlichen Divan, Weimar 1888.

Goethe 1898   Goethes Werke, hg. im Auftrage der Großherzogin Sophie v. Sachsen, Bd. I.21: Wilhelm Meisters Lehrjahre, Weimar 1898.

Goethe 1902 Goethes Werke, hg. im Auftrage der Großherzogin Sophie v. Sachsen, Bd. I.41: Aufsätze zur Literatur, Weimar 1902.

Goethe 1999 Johann Wolfgang Goethe: Sämtliche Werke, Briefe, Tagebücher u. Gespräche. 40 Bände, hg. v. Friedmar Apel u. a. 2. Abteilung: Briefe, Tagebücher u. Gespräche, hg. v. Karl Eibl u. a., Bd. 12: Johann Peter Eckermann: Gespräche mit Goethe in den letzten Jahren seines Lebens, hg. v. Christoph Michel unter Mitwirkung v. Hans Grüters, Frankfurt a. M. 1999.

Göttert 1998 Karl-Heinz Göttert: Einführung in die Rhetorik. Grundbegriffe – Geschichte – Rezeption, 3. Aufl., München 1998.

Grimm 1983 Gunter E. Grimm: Literatur und Gelehrtentum in Deutschland. Untersuchungen zum Wandel ihres Verhältnisses vom Humanismus bis zur Frühaufklärung, Tübingen 1983.

Grünbein 1999 Durs Grünbein: Nach den Satiren, Frankfurt a. M. 1999.

Hamburger 1968 Käte Hamburger: Logik der Dichtung, 2. Aufl., Stuttgart 1968.

Hegel 1970 Georg Wilhelm Friedrich Hegel: Werke in 20 Bänden, auf der Grundlage der Werke von 1832–1845 neu ediert v. Eva Moldenhauer u. Karl Markus Michel, Bd. 15, Vorlesungen über die Ästhetik III, Frankfurt a. M. 1970.

Hellmuth 1973 Hans-Heinrich Hellmuth: Metrische Erfindung und metrische Theorie bei Klopstock, München 1973.

Herzog 1982 Urs Herzog: „Weiter schauen". Zu Hoffmannswaldaus *Die Welt*, in: Volker Meid (Hg.), Gedichte und Interpretationen 1, Barock und Renaissance, Stuttgart 1982, S. 357–365.

Hess 1989 Peter Hess: Epigramm, Stuttgart 1989.

Hinck 1962 Walter Hinck: Goethes Ballade „Der untreue Knabe". Zur Geschichte der siebenzeiligen Strophe in mittelalterlicher und neuerer deutscher Lyrik, in: Euphorion 56, 1962, Heft 1, 2, S. 25–47.

Hinck 2000 Walter Hinck: Alles ist Blendwerk, in: ders., Stationen der deutschen Lyrik. Von Luther bis in die Gegenwart – 100 Gedichte mit Interpretationen, Göttingen 2000, S. 46–47.

Hofmannsthal 1949 Hugo von Hofmannsthal: Reden und Aufsätze I, 1891–1913. Gesammelte Werke in zehn Einzelbänden, hg. v. Bernd Schoeller in Beratung mit Rudolf Hirsch, Frankfurt a. M. 1949.

Holschuh 1998 Albrecht Holschuh: Schrift-Oralität: Zur Geschichte von Vers, Zeile und Gedicht, in: The German Quarterly 71, 1998, S. 209–227.

Höpel 1987 Ingrid Höpel: Emblem und Sinnbild. Vom Kunstbuch zum Erbauungsbuch, Frankfurt a. M. 1987.

Jost 1996 Peter Jost: Artikel „Lied", in: Musik in Geschichte und Gegenwart, Sachteil Bd. 5, 2. neubearb. Ausg. v. Ludwig Fischer, Kassel 1996, Sp. 1259–1328.

Kant 1999 Immanuel Kant: Was ist Aufklärung? Ausgewählte kleine Schriften, mit einem Text zur Einführung v. Ernst Cassirer, Hamburg 1999.

Kelletat 1964 Alfred Kelletat: Zum Problem der antiken Metren im Deutschen, in: Deutschunterricht 16, 1964, Heft 6, S. 50–85.

Kemp 2002 Friedhelm Kemp: Das europäische Sonett, Bd. 2, Göttingen 2002.

Kemper 2004 Hans-Georg Kemper: Von der Reformation bis zum Sturm und Drang, in: Franz-Josef Holznagel u. a., Geschichte der deutschen Lyrik, Stuttgart 2004, S. 95–260.

Kranz 1992 Gisbert Kranz: Das Bildgedicht. Geschichtliche und poetologische Betrachtungen, in: Ulrich Weisstein (Hg.), Literatur und bildende Kunst. Ein Handbuch zur Theorie und Praxis eines komparatistischen Grenzgebietes, Berlin 1992, S. 152–157.

Kremer 2007 Detlef Kremer: Romantik, 3. akt. Aufl., Stuttgart 2007.

Kristeva 1969 Julia Kristeva: Semeiotikè. Recherches pour une sémanalyse, Paris 1969.

Kunisch 1968 Hermann Kunisch: Kleine Schriften, Berlin 1968.

Kurz 2004 Gerhard Kurz: Metapher, Allegorie, Symbol, 5. durchges. Aufl., Göttingen 2004.

Lachmann 1984 Renate Lachmann: Ebenen des Intertextualitätsbegriffs, in: Karl-Heinz Stierle/Rainer Warning (Hg.), Das Gespräch, München 1984, S. 133–138.

Lamping 1989 Dieter Lamping: Das lyrische Gedicht. Definitionen zu Theorie und Geschichte der Gattung, Göttingen 1989.

Lamping 1997 Dieter Lamping: Artikel „Gedicht", in: Reallexikon der deutschen Literaturwissenschaft, Bd. 1, gemeinsam mit Harald Fricke, Klaus Grubmüller u. Jan-Dirk Müller hg. v. Klaus Weimar, Berlin 1997, S. 669–671.

Laufhütte 1979 Hartmut Laufhütte: Die deutsche Kunstballade. Grundlegung einer Gattungsgeschichte, Heidelberg 1979.

Lausberg 1990a Heinrich Lausberg: Elemente der literarischen Rhetorik. Eine Einführung für Studierende der klassischen, romanischen, englischen und deutschen Philologie, 10. Aufl., München 1990.

Lausberg 1990b Heinrich Lausberg: Handbuch der literarischen Rhetorik. Eine Grundlegung der Literaturwissenschaft, 3. Aufl., München 1990.

Leising 1998 Richard Leising: Die Rotzfahne. Gedichte und kleine Prosa, Ebenhausen bei München 1998.

Lessing 2000 Gotthold Ephraim Lessing: Werke und Briefe in 12 Bänden, hg. v. Wilfried Barner u. a., Bd. 7, Werke 1770–1773, hg. v. Klaus Bohnen, Frankfurt a. M. 2000.

Mauser 1982 Wolfram Mauser: Andreas Gryphius' „Einsamkeit". Meditation, Melancholie und Vanitas, in: Volker Meid (Hg.), Gedichte und Interpretationen, Bd. 1, Renaissance und Barock, Stuttgart 1982, S. 231–244.

Mellmann 2007 Katja Mellmann: Versanalyse, in: Thomas Anz (Hg.), Handbuch Literaturwissenschaft, Bd. 2, Methoden und Theorien, Stuttgart 2007, S. 81–97.

Meyer 1952 Herman Meyer: Mignons Italienlied und das Wesen der Verseinlage im „Wilhelm Meister". Versuch einer gegenständlichen Polemik, in: Euphorion 46, 1952, S. 149–169.

Meyer 2007 Urs Meyer: Stilistische Textmerkmale, in: Thomas Anz (Hg.), Handbuch Literaturwissenschaft, Bd. 1, Gegenstände und Grundbegriffe, Stuttgart 2007, S. 81–110.

Mickel 2004 Karl Mickel: Geisterstunde, Göttingen 2004.

Moennighoff 2004 Burkhard Moennighoff: Rhythmus und Reim als poetogene Struktur, in: Rüdiger Zymner/Manfred Engel (Hg.), Anthropologie der Literatur. Poetogene Strukturen und ästhetisch-soziale Handlungsfelder, Paderborn 2004, S. 242–251.

Mörike 1967 Eduard Mörike: Werke und Briefe. Historisch-kritische Gesamtausgabe, hg. v. Hans-Henrik Krummacher, Herbert Meyer, Bernhard Zeller, Bd. III: Maler Nolten, Stuttgart 1967.

Motsch 1974 Markus Motsch: Die poetische Epistel. Ein Beitrag zur Geschichte der deutschen Literatur und Literaturkritik des achtzehnten Jahrhunderts, Bern 1974.

Müller 1932 Joachim Müller: Das zyklische Prinzip in der Lyrik, in: Germanisch-Romanische Monatsschrift 20, 1932, H. 1, 2, S. 1–20.

Neumann 1980 Gerhard Neumann (Hg.): Deutsche Epigramme, Stuttgart 1980.

Neumann 1973 Peter Horst Neumann: „Text" und „Gedicht". Versuch einer terminologischen Unterscheidung, in: Germanisch-Romanische Monatsschrift, Neue Folge 23, 1973, S. 1–11.

Niefanger 2006 Dirk Niefanger: Barock, 2. überarb. u. erw.. Aufl., Stuttgart 2006.

ZITIERTE LITERATUR

Nohl 1998 Paul-Gerhard Nohl: Lateinische Kirchenmusiktexte. Geschichte – Übersetzung – Kommentar (Messe, Requiem, Magnificat, Dixit Dominus, Te Deum, Stabat Mater), 2. Aufl., Kassel 1998.

Opitz 2002 Martin Opitz: Buch von der Deutschen Poeterey, Stuttgart 2002.

Peil 2000 Dietmar Peil: Artikel „Motto$_2$", in: Reallexikon der deutschen Literaturwissenschaft, Bd. 2, gemeinsam mit Georg Braungart, Klaus Grubmüller, Jan-Dirk Müller, Friedrich Vollhardt u. Klaus Weimar hg. v. Harald Fricke, Berlin 2000, S. 646–648.

Pestalozzi 1995 Karl Pestalozzi: Das Bildgedicht, in: Gottfried Boehm/Helmut Pfotenhauer (Hg.), Beschreibungskunst – Kunstbeschreibung. Ekphrasis von der Antike bis zur Gegenwart, München 1995, S. 569–591.

Pietraß 2006 Richard Pietraß: Freigang, Leipzig 2006.

Platon 1991 Platon: Sämtliche Werke in zehn Bänden, Griechisch u. Deutsch, hg. v. Karlheinz Hülser, Bd. 5, Politeia, nach der Übersetzung Friedrich Schleiermachers, ergänzt durch Übersetzungen v. Franz Susemihl u. anderen, Frankfurt a. M. 1991.

Plett 2001 Heinrich F. Plett: Einführung in die rhetorische Textanalyse, 9. akt. u. erw. Aufl., Hamburg 2001.

Pound 1934 Ezra Pound: ABC of Reading, New Haven 1934.

Rajewsky 2002 Irina O. Rajewsky: Intermedialität, Tübingen 2002.

Riha 1979 Karl Riha: Moritat, Bänkelsang, Protestballade. Kabarett-Lyrik und engagiertes Lied in Deutschland, 2. Aufl., Königstein 1979.

Rühaak 2008 Dirk Rühaak: Barthold Heinrich Brockes „Die Heide" (1727), in: www.erlangerliste.de/barock/brockes.html (abgerufen am 09. 4. 2008).

Schiller 1992 Friedrich Schiller: Werke und Briefe in zwölf Bänden, hg. v. Otto Dann u. a., Bd. 8, Theoretische Schriften, hg. v. Rolf-Peter Janz unter Mitarbeit v. Hans Richard Brittnacher, Gerd Kleiner u. Fabian Störmer, Frankfurt a. M. 1992.

Schlegel 1846 August Wilhelm Schlegel: Die Gemälde, in: ders., Sämmtliche Werke, hg. v. Eduard Böcking, Bd. IX, Vermischte und kritische Schriften Bd. 3, Leipzig 1846, Nachdruck Hildesheim 1971, S. 3–101.

Schlegel 2007 August Wilhelm Schlegel: Vorlesungen über schöne Litteratur und Kunst [1803/04], in: ders., Kritische Ausgabe der Vorlesungen, hg. v. Georg Braungart, Bd. II/1, Paderborn 2007.

Schlegel 2000 Friedrich Schlegel: Progressive Universalpoesie, in: Herbert Uerlings (Hg.), Theorie der Romantik, Stuttgart 2000, S. 79f.

Schlütter 1966 Hans-Jürgen Schlütter: Der Rhythmus im strengen Knittelvers des 16. Jahrhunderts, in: Euphorion 60, 1966, S. 48–90.

Schlütter 1979 Hans Jürgen Schlütter: Das Sonett, Stuttgart 1979.

Schmidt-Hannisa 2001 Hans-Walter Schmidt-Hannisa: Erniedrigen um zu erhöhen. Sonettistische Sonettkritik bei Robert Gernhardt und einigen seiner Vorläufer, in: Klaus H. Kiefer/Armin Schäfer/Hans-Walter Schmidt-Hannisa (Hg.), Das Gedichtete behauptet sein Recht. Festschrift für Walter Gebhard zum 65. Geburtstag, Frankfurt a. M. 2001, S. 101–114.

Schmitz 1983 Walter Schmitz: Rhetorik des Nihilismus. Zu August von Platens Ghasel „Es liegt an eines Menschen Schmerz, an eines Menschen Wunde nichts", in: Günter Häntzschel (Hg.), Gedichte und Interpretationen, Bd. 4, Vom Biedermeier zum Bürgerlichen Realismus, Stuttgart 1983, S. 22–34.

Schöne 1993 Albrecht Schöne: Emblematik und Drama im Zeitalter des Barock, 3. Aufl., München 1993.

Scholz 1992   Bernhard F. Scholz: Emblematik: Entstehung und Erscheinungsweisen, in: Ulrich Weisstein (Hg.), Literatur und bildende Kunst. Ein Handbuch zur Theorie und Praxis eines komparatistischen Grenzgebietes, Berlin 1992, S. 113–137.

Schweikle 1994   Walther von der Vogelweide: Werke. Gesamtausgabe, Bd. 1, Spruchlyrik, hg., übersetzt u. kommentiert v. Günther Schweikle, Stuttgart 1994.

Segebrecht 1977   Wulf Segebrecht: Das Gelegenheitsgedicht. Ein Beitrag zur Geschichte und Poetik der deutschen Lyrik, Stuttgart 1977.

Seifert 1982   Albrecht Seifert: Untersuchungen zu Hölderlins Pindar-Rezeption, München 1982.

Seng 1998   Joachim Seng: Auf den Kreis-Wegen der Dichtung. Zyklische Komposition bei Paul Celan am Beispiel der Gedichtbände bis ‚Sprachgitter', Heidelberg 1998.

Silcher 1846   Friedrich Silcher: Manuskript des Lindenbaums im Silcher-Museum Schnait, Schwäb. Sängerbund, Inv. Nr.: 90/1325.

Sorg 2004   Bernhard Sorg: Zwischen Romantik und Naturalismus, in: Franz-Josef Holznagel u. a., Geschichte der deutschen Lyrik, Stuttgart 2004, S. 375–469.

Tate 1999   Dennis Tate: ‚A History Full of Holes'? France and the French Resistance in the Work of Stephan Hermlin, in: Helmut Peitsch / Charles Burdett / Claire Gorrara (Hg.), European Memories of the Second World War, New York 1999, S. 55–66.

Ueding / Steinbrink 1986   Gert Ueding / Bernd Steinbrink: Grundriss der Rhetorik. Geschichte, Methode, Technik, Stuttgart 1986.

Uthmann 1979   Jörg von Uthmann: Lied eines Selbstmörders, in: Marcel Reich-Ranicki (Hg.), Frankfurter Anthologie, Bd. 4, Frankfurt a. M. 1979, S. 55–57.

Verweyen / Witting 1987   Theodor Verweyen / Gunter Witting: Die Kontrafaktur. Vorlage und Verarbeitung in Literatur, bildender Kunst, Werbung und politischem Plakat, Konstanz 1987.

Völker 1990   Ludwig Völker (Hg): Lyriktheorie. Texte vom Barock bis zur Gegenwart, Stuttgart 1990.

Völker 2001   Ludwig Völker: Bürgerlicher Realismus, in: Walter Hinderer (Hg.), Geschichte der deutschen Lyrik. Vom Mittelalter bis zur Gegenwart, 2. Aufl., Würzburg, 2001, S. 340–370.

Voß 1808   Johann Heinrich Voß: G. A. Bürgers Sonette, in den letzten Ausgaben der Bürgerschen Gedichte. 1789, 1796 u. 1803, in: Jenaische Allgemeine Literatur-Zeitung 5, 1808, Bd. 2, S. 409–440.

Wackenroder 1991   Wilhelm Heinrich Wackenroder: Sämtliche Werke und Briefe. Historisch-kritische Ausgabe, hg. v. Silvio Vietta u. Richard Littlejohns, Bd. 1, Werke, hg. v. Silvio Vietta, Heidelberg 1991.

Wagenknecht 1997   Christian Wagenknecht: Artikel „Ballade", in: Reallexikon der deutschen Literaturwissenschaft, Bd. 1, gemeinsam mit Harald Fricke, Klaus Grubmüller u. Jan-Dirk Müller hg. v. Klaus Weimar, Berlin 1997, S. 192–196.

Wagenknecht 1999   Christian Wagenknecht: Deutsche Metrik. Eine historische Einführung. 4. Aufl., München 1999.

Weddige 1997   Hilkert Weddige: Einführung in die germanistische Mediävistik, 3. durchges. u. erg. Aufl., München 1997.

Weinrich 1976   Harald Weinrich: Sprache in Texten, Stuttgart 1976.

Weise 1693   Christian Weise: Curiöse Gedancken von deutschen Versen, Teil I–II, Leipzig 1693.

Weißert 1993   Gottfried Weißert: Ballade, 2. Aufl., Stuttgart, 1993.

Weisstein 1992   Ulrich Weisstein: Einleitung. Literatur und bildende Kunst: Geschichte, Systematik, Methoden, in: ders. (Hg.), Literatur und bildende Kunst. Ein Handbuch zur Theorie und Praxis eines komparatistischen Grenzgebietes, Berlin 1992, S. 11–31.

Willems 1990 Gottfried Willems: Kunst und Literatur als Gegenstand einer Theorie der Wort-Bild-Beziehungen. Skizze der methodischen Grundlagen und Perspektiven, in: Wolfgang Harms (Hg.), Text und Bild, Bild und Text, Stuttgart 1990, S. 414–429.

Wünsch 1997 Marianne Wünsch: Artikel „Erlebnislyrik", in: Reallexikon der deutschen Literaturwissenschaft, Bd. 1, gemeinsam mit Harald Fricke, Klaus Grubmüller u. Jan-Dirk Müller hg. v. Klaus Weimar, Berlin 1997, S. 498–500.

16.2 Quellen der Gedichte

Angelus Silesius Angelus Silesius: Sämtliche poetische Werke, hg. u. eingel. v. Hans Ludwig Held, Bd. 2, Jugend- und Gelegenheitsgedichte, Bd. 3, Cherubinischer Wandersmann. Sinnliche Beschreibung der vier letzten Dinge, 3. erw. Aufl., München 1949.

Anonym [Finster war's, der Mond schien helle], anonymer Text, aus: Oskar Dähnhardt (Hg.), Volkstümliches aus dem Königreich Sachsen, auf der Thomasschule gesammelt, Leipzig 1898, S. 58.

Artmann Hans Carl Artmann: Nachtwindsucher. einundsechzig österreichische Haiku, Berlin 1984.

Bachmann Ingeborg Bachmann: Werke, hg. v. Christine Koschel, Inge v. Weidenbaum, Clemens Münster, Bd. 1, Gedichte, Hörspiele, Libretti, Übersetzungen, München 1978.

Benn Gottfried Benn: Gesammelte Werke in der Fassung der Erstdrucke, textkritisch durchges. u. hg. v. Bruno Hillebrand, Bd. 1, Gedichte, 13. Aufl., Frankfurt a. M. 1999.

Bobrowski Johannes Bobrowski: Gesammelte Werke, hg. v. Eberhard Haufe, Bd. 1, Die Gedichte, Stuttgart 1987.

Brasch Thomas Brasch: Wer durch mein Leben will, muß durch mein Zimmer. Gedichte aus dem Nachlaß, hg. v. Katharina Thalbach u. Fritz J. Raddatz, Frankfurt a. M. 2002.

Braun Volker Braun: Texte in zeitlicher Folge, Bd. 5, Die Tribüne; Training des aufrechten Gangs; Guevara oder Der Sonnenstaat; Grosser Frieden; Schriften, Halle 1990; Bd. 8, Rimbaud. Ein Psalm der Aktualität; Langsamer knirschender Morgen; Die Übergangsgesellschaft; Siegfried; Frauenprotokolle; Deutscher Furor; Schriften, Bd. 8, Halle 1992.

Brecht Bertolt Brecht: Werke. Große kommentierte Berliner und Frankfurter Ausgabe, hg. v. Werner Hecht, Jan Knopf, Werner Mittenzwei u. Klaus-Detlef Müller, Bd. 12, Gedichte 2, Sammlungen 1938–1956, bearb. v. Jan Knopf, Berlin 1988; Bd. 14, Gedichte 4, bearb. v. Jan Knopf u. Brigitte Bergheim, Berlin 1993.

Brentano Clemens Brentano: Sämtliche Werke und Briefe. Historisch-Kritische Ausgabe, hg. v. Jürgen Behrens, Wolfgang Frühwald, Detlev Lüders, Bd. 6, Bd. 7, Des Knaben Wunderhorn. Alte deutsche Lieder. Gesammelt v. L. A. v. Arnim u. Clemens Brentano, Teil I u. II, hg. v. Heinz Rölleke, Stuttgart 1975f.

Brockes Barthold Heinrich Brockes: Herrn B. H. Brockes, Rahts-Herrn der Stadt Hamburg, Irdisches Vergnügen in GOTT, bestehend in Physicalisch- und Moralischen Gedichten, nebst einem Anhange verschiedener dahin gehörigen Ueberseztungen, Zweyter Theil, Uebersehen, zum Druck befördert, und mit einer Vorrede begleitet v. Weichmann. Nach fernerer Vermehrung zum zweyten mahle hg. v. Johann Georg Hamann, Hamburg 1730.

Brockes Barthold Heinrich Brockes: Irdisches Vergnügen in Gott. Naturlyrik und Lehrdichtung, ausgewählt u. hg. v. Hans-Georg Kemper, Stuttgart 1999.

Bürger Gottfried August Bürger: Sämtliche Werke, hg. v. Günter u. Hiltrud Häntzschel, München 1987.

Busch Wilhelm Busch: Max und Moritz. Eine Bubengeschichte in sieben Streichen, München 1865.

Carmina Burana Carmina Burana. Texte und Übersetzungen, hg. v. Benedikt Konrad Vollmann, Frankfurt a. M. 1987.

Celan Paul Celan: Werke. Historisch-kritische Ausgabe, begr. v. Beda Allemann, besorgt v. der Bonner Arbeitsstelle für die Celan-Ausgabe, Rolf Bücher, Axel Gellhaus, I. Abteilung, Bd. 2/3, Der Sand aus den Urnen. Mohn und Gedächtnis, hg. v. Andreas Lohr unter Mitarbeit v. Holger Gehle in Verbindung mit Rolf Bücher, Frankfurt a. M. 2003.

Claudius Matthias Claudius: Sämtliche Werke, München 1976.

Dach Simon Dach: Gedichte, hg. v. Walther Ziesemer, Bd. 1, Weltliche Lieder. Hochzeitsgedichte, Halle (Saale) 1936; Bd. 2, Weltliche Lieder, Gedichte an das kurfürstliche Haus, Dramatisches, Halle (Saale) 1937.

Eichendorff Joseph von Eichendorff: Historisch-kritische Ausgabe, begr. v. Wilhelm Kosch u. August Sauer, fortgef. u. hg. v. Hermann Kunisch u. Helmut Koopmann, Bd. I, Gedichte, hg. v. Harry Fröhlich u. Ursula Regener, Stuttgart 1993.

Endler Adolf Endler: Akte Endler, Leipzig 1981.

Fleming Paul Fleming: Deutsche Gedichte, hg. v. Volker Meid, Stuttgart 1986.

Fontane Theodor Fontane: Werke, Schriften und Briefe, hg. v. Walter Keitel u. Helmuth Nürnberger, Bd. I/6, Sämtliche Romane, Erzählungen, Gedichte, Nachgelassenes, hg. v. Walter Keitel u. Helmuth Nürnberger, München 1978.

George Stefan George: Sämtliche Werke in 18 Bänden. Bd. IV, Das Jahr der Seele, Stuttgart 1982; Bd. VIII, Der Stern des Bundes, Stuttgart 1993; Bd. XII, Shakespeare Sonette. Umdichtung. Vermehrt um einige Stücke aus dem liebenden Pilgrim, Stuttgart 2008.

Gerhardt Paul Gerhardt: Geistliche Andachten [1667]. Samt den übrigen Liedern und den lateinischen Gedichten, hg. v. Friedhelm Kemp, Bern 1975.

Gernhardt Robert Gernhardt: Gesammelte Gedichte 1954–2004, Frankfurt a. M. 2005.

Goethe Johann Wolfgang Goethe: Goethes Werke, hg. im Auftrage der Großherzogin Sophie v. Sachsen, Bd. 1, Gedichte, Theil 1, Weimar 1887; Bd. 3, Gedichte, Theil 3, Weimar 1890; Bd. 6, West-östlicher Divan, Weimar 1888; Bd. 10, Iphigenie auf Tauris; Nausikaa; Torquato Tasso; Die natürliche Tochter, Weimar 1889; Bd. 14, Faust, 1. Theil, Weimar 1887; Bd. 15, Faust, 2. Theil, Weimar 1888; Bd. 21, Wilhelm Meisters Lehrjahre, 1. Theil, Weimar 1898.

Goethe Johann Wolfgang Goethe: Sämtliche Werke, Briefe, Tagebücher und Gespräche, hg. v. Friedmar Apel u. a., 1. Abteilung: Sämtliche Werke, Bd. 1, Gedichte 1756–1799, hg. v. Karl Eibl, Frankfurt a. M. 1987.

Greiffenberg Catharina Regina von Greiffenberg: Sämtliche Werke, hg. v. Martin Bircher u. Friedhelm Kemp, Nachdruck der Ausgabe hg. v. Hanns Rudolf v. Greiffenberg u. Freyherrn zu Senkenegg, Nürnberg 1662, Bd. 1, Geistliche Sonette, Lieder u. Gedichte, Millwood 1983.

Gryphius Andreas Gryphius: Gedichte. Eine Auswahl. Text nach der Ausgabe letzter Hand v. 1663, hg. v. Adalbert Elschenbroich, Stuttgart 2003.

Günther Johann Christian Günther: Werke, hg. v. Reiner Bölhoff, Frankfurt a. M. 1998.

Hagedorn Friedrich von Hagedorn: Sämmtliche Poetische Werke. In dreyen Theilen, Hamburg verlegts Johann Carl Bohn 1757, Bern 1968.

Hahn Ulla Hahn: Herz über Kopf. Gedichte, Stuttgart 1981.

Haller Albrecht von Haller: Gedichte, hg. u. eingel. v. Dr. Ludwig Hirzel, Frauenfeld 1882.

Handke Peter Handke: Die Innenwelt der Außenwelt der Innenwelt, Frankfurt a. M. 1969.

Hebbel   Friedrich Hebbel: Sämtliche Werke, hg. v. H. Krumm, 7. Bd., Gedichte I, Gesamtausgabe vom Jahre 1857, Hamburg 1891.

Heine   Heinrich Heine: Historisch-kritische Gesamtausgabe der Werke, in Verbindung mit dem Heinrich-Heine-Institut hg. v. Manfred Windfuhr, Bd. I/1, Buch der Lieder, bearb. v. Pierre Grappin, Hamburg 1975; Bd. 2, Neue Gedichte, bearb. v. Elisabeth Genton, Hamburg 1983; Bd. 3, Romanzero, Gedichte 1853 u. 1854, Lyrischer Nachlaß, bearb. v. Frauke Bartelt/Alberto Destro, Hamburg 1992.

Hermlin   Stephan Hermlin: Gedichte, Leipzig 1971.

Harms   Claus Harms: Winterpostille oder Predigten an den Sonn- und Festtagen von Advent bis Ostern, 4. Aufl., Kiel 1820.

Heym   Georg Heym: Dichtungen und Schriften. Gesamtausgabe, hg. v. Karl Ludwig Schneider, Bd. 1, Lyrik, bearb. v. Karl Ludwig Schneider u. Gunter Martens unter Mithilfe v. Klaus Hurlebusch u. Dieter Knoth, Hamburg 1964.

Hildebrandslied   Das Hildebrandslied, in: Althochdeutsche Literatur. Mit altniederdeutschen Textbeispielen. Auswahl mit Übertragung u. Kommentar, hg. v. Horst Dieter Schlosser, 2. überarb. u. erw. Aufl., Berlin 2004, S. 68–71.

Hoffmannswaldau   Christian Hoffmann von Hoffmannswaldau: Gesammelte Werke, hg. v. Franz Heiduk, Bd. I, Deutsche Übersetzungen und Getichte, Teil 2, hg. v. Franz Heiduk, Hildesheim 1984.

Hofmannsthal   Hugo von Hofmannsthal: Sämtliche Werke. Kritische Ausgabe, hg. v. Rudolf Hirsch u. a., Bd. 1, Gedichte 1, hg. v. Eugene Weber, Frankfurt a. M. 1984.

Hölderlin   Friedrich Hölderlin: Sämtliche Werke, hg. v. Friedrich Beißner, Bd. 1.1, Gedichte bis 1800, Stuttgart 1946; Bd. 1.2, Gedichte bis 1800, Lesarten und Erläuterungen, Stuttgart 1947; Bd. 2.1, Gedichte nach 1800, Stuttgart 1951; Bd. 2.2, Gedichte nach 1800, Lesarten und Erläuterungen, Stuttgart 1951.

Horaz   Horaz: Oden und Epoden. Lateinisch/Deutsch, 6. Aufl., Stuttgart 1995.

Huxley   Aldous Huxley: Schöne neue Welt, übersetzt v. Herberth E. Herlitschka, Frankfurt a. M. 1981.

Jandl   Ernst Jandl: Poetische Werke, Bd. 4, Der künstliche Baum, Flöda und der Schwan, hg. v. Klaus Siblewski, München 1997.

Kästner   Erich Kästner: Zeitgenossen, haufenweise, hg. v. Harald Hartung in Zusammenarbeit mit Nicola Brinkmann, München 1998.

Klabund   Klabund: Die Harfenjule, Berlin 1982.

Klaj   Georg Philipp Harsdörffer/Sigmund von Birken/Johann Klaj: Pegnesisches Schäfergedicht 1644–1645, hg. v. Klaus Garber, Tübingen 1966.

Klopstock   Friedrich Gottlieb Klopstock: Werke in einem Band, hg. v. Karl August Schleiden, München 1954.

Köhler   Barbara Köhler: Deutsches Roulette. Gedichte, Frankfurt a. M. 1991.

Kuhlmann   Quirinius Kuhlmann: Der Kühlpsalter, hg. v. Robert L. Beare, Tübingen 1971.

Lasker-Schüler   Else Lasker-Schüler: Mein blaues Klavier. Neue Gedichte, hg. v. Ricarda Dick, Frankfurt a. M. 2006.

Leising   Richard Leising: Die Rotzfahne. Gedichte und kleine Prosa, Ebenhausen bei München 1998.

Lessing   Gotthold Ephraim Lessing: Werke und Briefe in zwölf Bänden, hg. v. Wilfried Barner u. a., Bd. 2, Werke 1751–1753, hg. v. Jürgen Stenzel, Frankfurt a. M. 1998; Bd. 5, Werke 1766–1769, hg. v. Wilfried Barner, Frankfurt a. M. 1990; Bd. 7, Werke 1770–1773, hg. v. Klaus Bohnen, Frankfurt a. M. 2000; Bd. 9, Werke 1778–1780, hg. v. Klaus Bohnen u. Arno Schilson, Frankfurt a. M. 1993.

Liliencron Detlev von Liliencron: Werke, hg. v. Benno v. Wiese, Bd. 1, Gedichte, Epos, Frankfurt a. M. 1977.

Luther Martin Luther: Luthers Geistliche Lieder und Kirchengesänge. Vollständige Neuedition in Ergänzung zu Band 35 der Weimarer Ausgabe, bearb. v. Markus Jenny, Köln 1985.

Meyer Conrad Ferdinand Meyer: Sämtliche Werke. Historisch-kritische Ausgabe, hg. v. Hans Zeller, Alfred Zäch, Bd. 1, Gedichte, Bern 1963.

Mickel Karl Mickel: Schriften I. Gedichte 1957–1974, Halle 1990.

Morgenstern Christian Morgenstern: Sämtliche Dichtungen, Bd. 6, Galgenlieder / Gingganz und Horatius Travestitus, hg. v. Heinrich O. Proskauer, 2. Aufl., Basel 1991; Bd. 8, Palmström, Korf und Palma Kunkel, hg. v. Heinrich O. Proskauer, 2. Aufl., Basel 2005.

Mörike Eduard Mörike: Werke und Briefe. Historisch-kritische Gesamtausgabe, hg. v. Hans-Henrik Krummacher, Herbert Meyer, Bernhard Zeller, Bd. I, Gedichte, hg. v. Hans-Henrik Krummacher, Stuttgart 2003.

Müller Wilhelm Müller: Werke, Tagebücher, Briefe, hg. v. Maria-Verena Leistner, Bd. 1, Gedichte I, Berlin 1994.

Nibelungenlied Das Nibelungenlied. Mittelhochdeutscher Text und Übertragung, hg., übersetzt u. mit einem Anhang versehen v. Helmut Brackert, 29. Aufl., Frankfurt a. M. 2004.

Novalis Novalis: Schriften. Die Werke Friedrich v. Hardenbergs, 2., nach den Handschriften ergänzte, erw. u. verb. Aufl. in vier Bänden, hg. v. Paul Kluckhohn u. Richard Samuel, Bd. I, Das dichterische Werk, Darmstadt 1960.

Opitz Martin Opitz: Weltliche und geistliche Dichtung, hg. v. Dr. H. Oesterley, Berlin 1889.

Pastior Oskar Pastior: Villanella & Pantum. Gedichte, München 2000.

Pietraß Richard Pietraß: Freigang, Leipzig 2006.

Platen August von Platen: Werke, hg. v. Kurt Wölfel u. Jürgen Link nach der Ausgabe letzter Hand u. der historisch-kritischen Ausgabe, Bd. I, Lyrik, hg. v. Jürgen Link, München 1982.

Preil Hans-Joachim Preil: Das Gedicht, auf: Eine Stunde gute Laune, Litera 1975 (LP Litera 860145).

Regnart Jacob Regnart: Kurtzweilige teutsche Lieder zu dreyen Stimmen. Nach art der Neapolitanen oder Welschen Villanellen. Nürnberg: Katharina Gerlach und Johann Bergs Erben 1576. Im Auftrag des Tiroler Landesmuseums ediert von Michael Steiner-Schweissgut. Web-Adresse: www.musikland-tirol.at/html/html/musikedition/komponisten/regnart/dtlieder/teil1/index.html (abgerufen am 7. 7. 2008).

Rilke Rainer Maria Rilke: Werke. Kommentierte Ausgabe in vier Bänden, hg. v. Manfred Engel u. Ulrich Fülleborn, Bd. 1, Gedichte 1895 bis 1910, Bd. 2, Gedichte 1910 bis 1926, Frankfurt a. M. 1996.

Ringelnatz Joachim Ringelnatz: Das Gesamtwerk in sieben Bänden, hg. v. Walter Pape, Bd. 1, Gedichte, Berlin 1984.

Rückert Friedrich Rückert: Ausgewählte Werke, hg. v. Annemarie Schimmel, Bd. 1, Frankfurt a. M. 1988.

Rühmkorf Peter Rühmkorf: Gedichte, hg. v. Bernd Rauschenbach, Reinbek 2000.

Schiller Friedrich Schiller: Werke und Briefe in zwölf Bänden, hg. v. Otto Dahn u. a., Bd. I, Gedichte, hg. v. Georg Kurscheidt, Frankfurt a. M. 1992.

Schlegel August Wilhelm Schlegel: Sämmtliche Werke, hg. v. Eduard Böcking, Bd. I, Poetische Werke 1. Teil, Hildesheim 1971.

Storm Theodor Storm: Sämtliche Werke in vier Bänden, hg. v. Karl Ernst Laage u. Dieter Lohmeier, Bd. 1, Gedichte, Novellen 1848–1867, hg. v. Dieter Lohmeier, Frankfurt a. M. 1987.

Tragelehn B. K. Tragelehn: Nöspl. Gedichte 1956–1981, Frankfurt a. M. 1982.

Trakl Georg Trakl: Dichtungen und Briefe. Historisch-kritische Ausgabe, hg. v. Walter Killy u. Hans Szklenar, Salzburg 1969.

Tieck Ludwig Tieck: Schriften in zwölf Bänden, hg. v. Manfred Frank u. a., Bd. 7, Gedichte, hg. v. Ruprecht Wimmer, Frankfurt a. M. 1995.

Tucholsky Kurt Tucholsky: Gesammelte Werke in zehn Bänden, hg. v. Mary Gerold-Tucholsky u. Fritz J. Raddatz, Reinbek 1975.

Uhland Ludwig Uhland: Werke, hg. v. Hans-Rüdiger Schwab, Bd.1, Gedichte, Dramen, Versepik und Prosa, Frankfurt a. M. 1983.

Voß Johann Heinrich Voß: Luise. Ein ländliches Gedicht. Idyllen, mit Einleitung u. Anmerkungen hg. v. Karl Goedeke, Leipzig 1869.

Walther von der Vogelweide Walther von der Vogelweide: Werke. Gesamtausgabe, Bd. 1, Spruchlyrik, hg., übersetzt u. kommentiert v. Günther Schweikle, Stuttgart 1994.

Weckherlin Georg Rudolf Weckherlin: Gedichte, hg. v. Hermann Fischer, Bd. 2, Tübingen 1895.

16.3 Nachschlagewerke

Auty Robert Auty u. a. (Hg.): Lexikon des Mittelalters, München 1980–99.

Burdorf/Fasbender/Moennighoff Dieter Burdorf/Christoph Fasbender/Burkhard Moennighoff (Hg.): Metzler Lexikon Literatur. Begriffe und Definitionen, begründet v. Günther u. Irmgard Schweikle, 3., völlig neu bearb. Aufl., Stuttgart 2007.

Fischer Ludwig Fischer (Hg.): Musik in Geschichte und Gegenwart, 2. neubearb. Ausg. Kassel 1996.

Fricke Harald Fricke/Jan-Dirk Müller/Klaus Weimar (Hg.): Reallexikon der deutschen Literaturwissenschaft, Berlin 1997–2003.

Knörrich Otto Knörrich: Lexikon lyrischer Formen, Stuttgart 1992.

Mauser Siegfried Mauser (Hg.): Handbuch der musikalischen Gattungen, Bd. 8.2, Musikalische Lyrik vom 19. Jahrhundert bis zur Gegenwart – Außereuropäische Perspektiven, Laaber 2004.

Oehlmann Werner Oehlmann: Reclams Liedführer, 5. durchges. Aufl., Stuttgart 2000.

Otto/Witte Regine Otto, Bernd Witte (Hg.): Goethe-Handbuch, Bd. 1, Gedichte, Stuttgart 1996.

Ranke Kurt Ranke (Hg.): Enzyklopädie des Märchens. Handwörterbuch zur historischen und vergleichenden Erzählforschung, Berlin 1977.

Ueding Gert Ueding (Hg.): Historisches Wörterbuch der Rhetorik, Tübingen 1992ff.

16.4 Abbildungs- und Gedichtverzeichnis

Abbildungen

Abbildung 1: Skizze zur Anatomie und Physiologie der Fische. R. Maurer, Erlangen.

Abbildung 2: Adolf Oberländer: *Der Dichter auf dem Pegasus* (1896), aus: Gisold Lammel: Deutsche Karikaturen. Vom Mittelalter bis heute, Stuttgart: J. B. Metzler Verlag 1995, S. 200.

Abbildung 3: Christian Morgenstern: *Fisches Nachtgesang* (1905).

Abbildung 4: Wilhelm Busch: *Max und Moritz* (1865), Ausschnitt (Dritter Streich).

Abbildung 5: Ausgangsreime im Überblick.

Abbildung 6: J. L. Baruk: *Ein Fichtenbaum steht einsam* (1953). Übersetzung des Originals (1823) von Heinrich Heine ins Hebräische, aus: Das Wasserzeichen der Poesie oder die Kunst und das Vergnügen, Gedichte zu lesen. In hundertvierundsechzig Spielarten vorgestellt von Andreas Thalmayr [d. i. Hans Magnus Enzensberger], Berlin 1987, S. 359.

Abbildung 7: Strophenformen im Überblick.

Abbildung 8: Friedrich Gottlieb Klopstock: *Lyrische Sylbenmaße*, Handschrift, mit Eigenhändigkeitsbestätigung durch Johann Wilhelm Ludwig Gleim (1764). Gleimhaus Halberstadt, Signatur Hs. B 128, Seite 1.

Abbildung 9: Zäsuren im antiken Hexameter.

Abbildung 10: Teichschleie (*tinca vulgaris*), aus: Brehms Thierleben, Allgemeine Kunde des Thierreichs, Achter Band, Dritte Abtheilung: Kriechthiere, Lurche und Fische: Zweiter Band: Fische, Leipzig, Verlag des Bibliographischen Instituts, 1884.

Abbildung 11: Gedichtformen im Überblick.

Abbildung 12: Karl Riha: *pyromanisches sonett* (1988), aus: ders., so zier so starr/so form so streng, 14 text- und 9 bildsonette, Pendragon Verlag, Bielefeld 1988.

Abbildung 13: Sonettformen im Überblick.

Abbildung 14: Mickey Mouse als „Der Zauberlehrling". Szenenfoto aus Walt Disney's *Fantasia 2000*; picture-alliance/dpa.

Abbildung 15: Martin Luther King bei seiner Rede *I have a dream* (1963). Bob Adelman, Magnum Photos, Agentur Focus.

Abbildung 16: Oskar Pastior, 26. Erlanger Poetenfest (2006). Erich Malter, 2006.

Abbildung 17: Blick auf die Skulptur der *Nike von Samothrake* (um 190 v. Chr.), Paris, Musée du Louvre (Foto 1992). akg-images.

Abbildung 18: Hrabanus Maurus: *Liber de laudibus sanctae crucis* (entstanden zwischen 806 und 814), Illustration. ÖNB/Wien, Cod. 652 fol.16v.

Abbildung 19: Philipp von Zesen: *Palm-baum* (1649). Herzog August Bibliothek Wolfenbüttel, P 1634.8° Helmst. (2).

Abbildung 20: Emblem Nr. 397 aus: Johann Andreas Pfeffel, *Güldene Aepfel in silbernen Schalen* (1746). Bayerische Staatsbibliothek München.

Abbildung 21: Skulptur der *Nike von Samothrake* aus der Nähe (um 190 v. Chr.), Paris, Musée du Louvre. akg-images.

Abbildung 22: Robert Gernhardt: *Ein Mißverständnis* (1985), aus: ders., Vom Schönen, Guten, Baren, S. Fischer Verlag GmbH, Frankfurt a. M. 2007, S. 487.

Abbildung 23: John Heartfield: Theewurzellöwe, Titelgestaltung für Bertolt Brecht: *Hundert Gedichte. 1918–1950* (1951). The Heartfield Community of Heirs / VG Bild-Kunst, Bonn 2008.

Abbildung 24: Franz Schubert: *Die frühen Gräber* (Takt 1–8), Text: Friedrich Gottlieb Klopstock (1764), aus: Franz Schubert: Geistliche Lieder für mittlere Stimme und Orgel eingerichtet von Helmut Bornefeld CV 29.210, Carus Verlag, Stuttgart.

Abbildung 25: Anselm Kiefer: *Böhmen liegt am Meer (Bohemia Lies by the Sea)* (1996). The Metropolitan Museum of Art, New York.

Abbildung 26: Agassiz Grabstein, Mount Auburn Cemetery in Cambridge, MA. Fotografie Holger Helbig 2008.

Gedichte

Hans Carl Artmann: nachtwindsucher (1984). Mit freundlicher Genehmigung von Rosa Artmann.

Ingeborg Bachmann: Böhmen liegt am Meer (1966), aus: dies., Werke, Bd. I: Gedichte. © 1978 Piper Verlag GmbH, München.

Johannes Bobrowski: Sprache (1966), aus: ders., Gesammelte Werke in sechs Bänden, Erster Band. © 1998 by Deutsche Verlags-Anstalt, München, in der Verlagsgruppe Random House GmbH.

Volker Braun: Das Lehen (1987). Mit freundlicher Genehmigung von Volker Braun.

Bertolt Brecht: Auf einen chinesischen Theewurzellöwen (1951), aus: ders., Werke. Große kommentierte Berliner und Frankfurter Ausgabe, Bd. 15: Gedichte 5. © 1993 Suhrkamp Verlag, Frankfurt a. M.

Robert Gernhardt: Materialien zu einer Kritik der bekanntesten Gedichtform italienischen Ursprungs (1979), aus: ders., Wörtersee, Frankfurt a. M.: Zweitausendeins, 1981. © Robert Gernhardt, durch Agentur Schlück. Alle Rechte vorbehalten.

Ulla Hahn: Ars poetica (1981), aus: dies., Herz über Kopf. © 1981 by Deutsche Verlags-Anstalt, München, in der Verlagsgruppe Random House GmbH.

Peter Handke: Die Aufstellung des 1. FC Nürnberg vom 27. 1. 1968 (1969), aus: ders., Die Innenwelt der Außenwelt der Innenwelt. © 1969 Suhrkamp Verlag, Frankfurt a. M.

Stephan Hermlin: Nike von Samothrake (entstanden 1942), aus: ders., Dichtungen und Nachdichtungen, Aufbau Verlag, Berlin 1990. Mit freundlicher Genehmigung von © Verlag Klaus Wagenbach, Berlin.

Ernst Jandl: darstellung eines poetischen problems (1968), aus: ders., poetische Werke, hg. von Klaus Siblewski. © 1997 by Luchterhand Literaturverlag, München, in der Verlagsgruppe Random House GmbH.

Erich Kästner: Kennst du das Land, wo die Kanonen blühn? (1928).

Barbara Köhler: Rondeau Allemagne (1991), aus: dies., Deutsches Roulette. Gedichte. 1984–1989. © 1991 Suhrkamp Verlag Frankfurt a. M.

Richard Leising: Auf einen deutschen Pflaumentheelöffel (1998), aus: ders., Die Rotzfahne; Gedichte und kleine Prosa. © 1998 Langewiesche-Brandt, Ebenhausen bei München.

Richard Pietraß: Die frühen Gräber (2000), aus: ders., Freigang. © 2006 Faber & Faber, Verlag Leipzig.

B. K. Tragelehn: Das Räubersonett (1976). Mit freundlicher Genehmigung von B. K. Tragelehn.

(Der Verlag hat sich um die Einholung der Abdruckrechte bemüht. Da in einigen Fällen die Inhaber der Rechte nicht zu ermitteln waren, werden rechtmäßige Ansprüche nach Geltendmachung ausgeglichen.)

16.5 Sachregister

Abgesang 91f., 94, 132
Actio 173f.
Adaption 105f., 123, 129, 131f., 108f.
Adoneus 108f.
Aemulatio 233
Akzent, metrischer 47, 49, 52
Akzentuierendes Versprinzip 47
Alexandriner 50, 55–59, 89, 91, 112, 114, 125, 132, 139, 141, 145
Allegorese 197, 204
Allegorie 10, 18f., 185, 194, 196f., 204f., 209
– Permixta Allegoria 196
– Tota Allegoria 196
Alliteration 66, 71, 74f. 77, 164, 188
Allusion 233f., 244
Altfranzösische Dichtung 50, 122
Amphibrachys 242
Amplificatio 185
Anadiplose 177f. **178**
Anakoluth 147, 179
Anakreontik 124, 127
Anapäst 48, 55, 106, 262
Anapher 74f., 147, 176, 185, 261
Anastrophe 181
Angemessenheit (Aptum) 174
Anschaulichkeit 193
Anspielung 189, 200, 232f., 243, 246
Anthologie 144, 157, 203, 220, 231
Antike 14, 19, 26–28, 31, 33, 36, 40, 46–50, 53, 65f., 73, 80, 86, 101–118, 120, 124, 128f., 142, 152, 168, 173, 175, 178, 192–194, 196, 199–201, 203, 210, 214, 216, 233
Antiklimax 178
Antithese 55, 65, 107, 140, 176, 182, 186, 188, 208
Antonomasie 198
Apokoinu 179, 224, 257
Aposiopese 96, 179
Apostrophe 140, 180, 183, 187, 242
Aptum 174
Archaismus 184
Architext 237
Argumentatio 173
Asklepiadeus minor 107, 115
Assonanz 66f., 71f., 84f., 164
Asynaphischer Versschluss 71, 73
Asyndeton 178, 262
Aufgesang 91f., 94, 132
Aufklärung 26, 30–34, 40, 44, 52, 158f., 202, 214

Aufzählung 178f.
Autonomie 33f.
Autor 15–17, 26–28, 34, 37, 55f., 69, 73, 122, 131, 133, 141, 143f., 149, 156–158, 169, 175, 197, 203, 213f., 220, 231f., 236, 239, 246

Ballade 17, 19, 36, 81, 84, 94, 120, 151–170, 182, 198, 212f., 233, 252
– Heldenballade 161f.
– Historische Ballade 162
– Ideenballade 158, 162
– Kunstballade 156, 158, 161f., 170
– Naturmagische Ballade 161f.
– Nordische Ballade 161f.
– Numinose Ballade 161f.
– Schicksalsballade 162
– Soziale Ballade 162
– Volksballade 155f.
Bänkelsang 153f., 156f., 160
Barock 16f., 26f., 29, 31, 34, 40, 48, 50–52, 57, 81, 85, 88, 102, 105, 110, 112, 114, 122, 124f., 138–141, 143, 148, 185, 202, 210, 214f., 217, 259
Beschreibung (→ Descriptio) 15, 29, 31–33, 35f., 40, 187, 193, 199f., 204
Biedermeier 36, 159
Bild 10, 12, 18, 26–30, 32, 40f., 64, 76, 138, 154, 156, 163, 172, 186, 191–193, 195, 199–210, 230f., 244, 250, 255f., 262f.
Bildbereich 205, 263
Bildempfänger 195
Bildgedicht 192f., 200f., 210
Bildlichkeit 18, 29, 193f., 205, 209
Bildspender 195
Bild-Text-Beziehung 191–193, 199–210
Blankvers 50f.
Bukolische Diärese 103, 108

Carmen cancellatum 202
Carmen figuratum 201
Chanson 122, 160
Chevy-Chase-Strophe 84f., 91f., 160
Chiasmus 180, 182
Commiato 125
Complexio 176
Congedo 125
Contradictio in adiecto 183, 207
Couplet (Lied) 122
Couplet (Verspaar) 132, 144f., 148

SACHREGISTER

Dadaismus 37
Daktylus 48, 55, 70f., 103f., 106–108, 143
Delectare 173
Descriptio 31, 199f.
Dezime 90f., 128, 132
Dialog 13, 115, 127, 182, 200f., 212, 242
Diärese 48, 103f., 105, 108
Dinggedicht 201
Dipodien 104f.
Dispositio 28, 173f.
Distichon/Elegisches Distichon 104, 111f., 234
Dithyramben 14f.
Docere 173
Drama 14f., 50–52, 105, 120, 133, 153f., 158, 160, 167, 182, 227, 237
Dreistilelehre 173

Ekphrasis 199–201
Elegie 32, 102, 104, 111f., 118, 120, 245
Ellipse 179, 186f.
Elocutio 28, 173f.
Emblem 193, 197, 199, 203–205, 210, 214
Emphase 176, 181, 198
Empfindsamkeit 33, 53, 114
Enallage 181
Endecasillabo 50f., 73, 82f., 87–89, 91, 125, 132, 139, 141, 145
Enjambement 49, 58, 73, 147, 207
Enumeratio 178
Epanalepse 177, 187
Epicedien 28
Epigramm 83, 102, 104, 112f., 116, 118, 131, 203
Epipher 176
Epiphrase 181
Epistel 114
Epithalamien 28
Epitheton ornans 178
Epode 110
Epos/Versepos 31, 87f., 102, 113f., 158, 216
Erlebnislyrik 26, 34–36
Erzählen 11, 14, 20, 36, 82, 84f., 94, 120f., 153–155, 157f., 161, 163f., 166–169, 200, 207, 216, 218, 255, 259
Espinela 90f.
Euphemismus 184
Exclamatio 183
Exordium 173
Expressionismus 36, 160, 184, 217

Figura etymologica 177
Figurengedicht 37, 193, 197, 201f.
Freie Rhythmen 33, 53–55, 61, 81, 110, 224f.

Freie Verse 37, 53f., 61
Frühe Neuzeit 15, 27, 90, 156, 174, 193, 202, 233
Futurismus 37

Gattung 13–15, 18, 26, 31, 36, 42, 105, 110–114, 116f., 120, 123, 126–128, 131, 136, 140f., 143, 146, 148, 152–155, 157, 159–161, 163, 168, 170, 173, 190, 203, 205, 217f., 237, 240, 257, 259, 266
Gedächtnis 65, 174, 180
Gedankenlyrik 32
Gedichtform 19, 65, 73, 81f., 87, 89f., 93, 99, 102, 111–114, 119–136, 138–140, 143, 146f., 152f., 163, 214, 216, 236f., 255, 257
Gedichtvergleich 26, 38–42, 60, 149, 159, 214, 244, 247, 259, 265
Gedichtzyklus 125, 133, 135, 143, 213–217, 220–228
Gelegenheitsdichtung 17, 26, 28f., 34, 44, 120
Gelehrsamkeit/Gelehrte Dichtung 26–33, 37, 42, 44, 155, 214
Gemeinplatz 27, 173, 189, 199
Geminatio 177
Genie 30, 33, 53, 110, 157
Genus grande 53, 105, 173
Genus humile 173
Genus medium/mediocre 173
Genus sublime 173
Gerichtsrede 173
Ghasel 130, 132, 136
Gleichnis 185
Gliederung 65, 81f., 139f., 145–147, 149, 166, 169, 174, 180, 186, 189, 217, 255, 257–261
Glosse 81, 90, 127–129, 131f., 214, 236
Glykoneus 107
Gradatio 177f.
Grammatik 59, 64, 67, 71f., 147, 179–181, 195, 254f.

Haiku 120, 129–132
Hauptzäsur 103
Hebung 49–56, 58, 66, 70f., 84, 87, 104, 106–108, 115, 127, 132, 164, 186f., 242
Heldenlied 155
Hephthemimeres 103f.
Hexameter 31, 50, 102–104, 109, 112–114, 118, 234
Hildebrandston 84, 88, 91
Homoioptoton 65
Homoioteleuton 65

Humanismus 44, 200
Hymne 53, 110f., 224f.
Hypallage 181
Hyperbaton 181
Hyperbel 199, 207
Hypotaxe 180

Icon 203, 205
Idylle 104, 113f., 200, 245
Imitatio 27, 29–31, 41, 233f.
Impressionismus 36
Inscriptio 203f.
Interaktionstheorie 194
Interpunktion 181
Interrogatio 182
Intertextualität 229–248
Intext 202
Inventio 28, 173f., 200
Inversion 164, 181
Invocatio 183
Ironie 76, 146f., 183, 198f., 205, 245
Ironiesignale 146f.

Jambus 47–52, 54f., 61, 84, 86, 88f., 91, 104–107, 109, 111f., 132, 134, 141, 144f., 148, 207, 225
Jugendstil 36

Kadenz 50f., 64, 70f., 73, 75–78, 80f., 84–89, 91–93, 96, 134, 138, 141, 143, 148, 164, 255
– Alternierende 73, 134, 141, 148
– Klingende 70
– Männliche 50f., 70f., 75, 84–89, 164
– Pyrrhichische 70f.
– Stumpfe 70
– Weibliche 50f., 70, 73, 84–86, 88–90, 141, 143, 164, 166
Kanzone 88, 90f., 94, 125, 129, 132
Kanzonenstrophe 88, 90–92, 94, 125, 132
Kasualpoesie (→ Gelegenheitsdichtung) 28f.
Katachrese 195
Katalektisch 103
Kata triton trochaion 103f.
Klang 12, 18, 52, 63f., 66f., 71–78, 129, 139, 153, 164, 172, 231, 238, 255, 257, 263
Klangmalerei 64, 71f.
Klarheit (→ Perspicuitas) 174
Klassik 32, 36, 50, 67, 88, 102, 111–113, 158f., 190
Klimax 178f.
Knittelvers 51f., 54
Konkrete Poesie 37, 203
Konsonanten 66f., 72

Kontext 16, 18f., 40, 72, 75, 93, 113, 133, 160, 162, 168, 176, 178f., 194, 197f., 211–228, 232, 245, 254f.
Kontrafaktur 156, 234–236, 248
Kreuzliedstrophe 86f.
Kyklos 176f., 241

Langzeile 66, 69, 84, 86, 130
Latinitas 174
Laut 47, 64, 66, 68, 71, 178
Lautbild 67
Lautmalerei 71
Lautpoesie 37, 72f., 78, 203
Lautsymbolik 72
Lehrdichtung 26, 31–33, 111, 203, 214
Lemma 203
Lied 11, 34, 43, 46, 66, 69, 73–77, 80, 83f., 86, 88, 90f., 94, 96f., 110, 117, 120–123, 132–136, 153–157, 159f., 168, 178, 181, 183f., 195f., 199f., 212, 217–219, 227, 233–237, 242, 245
– Kirchenlied 86–88, 90, 94, 121
– Kunstlied 83, 122, 133
– Politisches Lied 122
– Wiegenlied 121
Liedermacher 122
Lindenschmidtstrophe 86f., 91
Literaturgeschichte 19, 24, 37f., 112, 149, 232, 252f., 255, 257
Literaturwissenschaft 12, 24, 27, 37, 62, 68, 120f., 154, 172, 175, 210, 215, 238, 250f., 253, 266
Litotes 199
Locus 27, 29, 40, 113, 173, 200
Locus amoenus 40, 113, 200
Lutherstrophe 88, 90f., 94
Lyra 14, 26
Lyrisches Ich 10–12, 15–17, 20, 22, 34f., 38, 40–42, 57–59, 134, 154, 207f., 221–226, 238, 242–244, 246, 255, 262–265

Madrigal 120, 126f., 131f.
Madrigalvers 52–54, 127, 132
Medium 15, 72, 250, 261
Melodie 11, 72f., 80, 92, 105, 121f., 133, 135, 156, 199, 235
Memoria 173f.
Metapher 116, 172, 185–187, 194–197, 205, 207–209, 215, 224, 255f., 261, 263–265
– Anthropomorphe Metapher 195f., 205, 263f.
– Appositionsmetapher 195
– Attributive Metapher 186, 195
– Genitivmetapher 195, 205
– Kompositionsmetapher 195

- Kühne Metapher 195
- Lexikalisierte Metapher 195
- Verbalmetapher 195, 207
Metapoetisch 138, 146
Metatextualität 236
Metonymie 194, 197f., 205
Mimesis 30, 33, 35, 41, 193, 263
Minnelied 86, 200
Mittelalter 15, 44, 65, 84–87, 113, 121, 125, 139, 194, 200, 202
Mittelhochdeutsch 11f., 65, 70, 90f., 121
Moderne 15, 17f., 22f., 36f., 120, 132, 138, 145, 160, 181, 201
Monolog 164, 167, 182, 200, 207
Monostichisch 81
Morolfstrophe 87, 91
Motiv 28, 56, 134, 159, 162f., 193, 202, 216, 220, 224, 239f., 243, 246, 262
Motto 127f., 132, 203, 212–215, 220, 228, 236
Movere 53, 173
Münchner Moderne 36
Musik 14f., 72f., 121, 126, 133, 136, 156, 163, 217, 231, 250

Nachahmung 27, 66, 71f., 110, 193, 233
Narratio 173
Naturalismus 36f.
Naturlyrik 263, 265
Nebenbetonung 49, 71, 207
Nebenzäsur 49
Neologismus 184, 213
Neuromantik 36f.
Notation 46–48, 62, 68, 124

Ode 86, 91, 102, 105–111, 114–118, 183, 240–246
- Alkäische Ode 106–108, 118
- Asklepiadeische Ode 107–109, 115f., 118
- Pindarische Ode 109–111
- Sapphische Ode 108f., 129
Oktett 139
Onomatopoesis 67, 71f.
Oper 127, 233
Optische Dichtung 201, 210
Ornatus 174f.
Oxymoron 182f.

Paradox 59, 176, 183, 207
Parallelismus 92, 176, 180, 182, 185f.
Parataxe 180
Paratext 206, 212–215, 220f., 226, 228, 240, 256
Parenthese 180
Parodie 128, 131, 145–148, 189, 234, 236f., 239

Paronomasie 178, 187
Pars pro toto 198
Pegasus 25f.
Pejorativ 184
Pentameter 50, 104, 106, 112, 234
Penthemimeres 103f.
Periphrase 184, 198, 205
Peroratio 173f.
Personifikation 192f., 195f., 208, 225f., 264
Perspicuitas 174
Petrarkismus 140f.
Pherekrateus 107
Phonem 66
Physikotheologie 31
Pictura 193, 203f.
Plagiat 232–234, 239
Pleonasmus 14, 178
Poeta doctus 27
Poetik 27–29, 33, 44, 76, 105, 127, 134, 154f., 174f., 218, 233, 259
Poetologie, poetologisch 44, 73, 159f., 213, 230, 232, 238, 240, 244, 261–265
Polyptoton 177
Polysyndeton 178
Portraitgedicht 200
Prätext 232, 239
Pronuntiatio 173
Prosa 12, 20, 53f., 104, 114, 142, 152, 163, 203, 215, 217, 228, 253
Prosodie 47, 103
Psalm 54, 110, 181, 244–246
Pyrrhichius 48, 70f.

Quantitierendes Versprinzip 47
Quartett 132, 138–141, 143–145, 147f., 207, 225

Radíf 130, 132
Rationalismus 30f., 42, 116
Realismus 36
Rede 27, 172–176, 182, 184, 188–190, 193f.
Redeschmuck 174, 188, 205
Redeteile 173–175, 189
Redewendung 75, 189
Redner 34, 172–174
Reduplicatio 177
Referenztext 232f., 239
Reformationsstrophe 88
Refrain 65, 83f., 91, 120–125, 131f., 153f., 159, 166
Regelpoetik 27, 29, 31, 155
Reim
- Ausgangsreim 68f., 74
- Binnenreim 64, 68, 74

293

- Blockreim (→ umarmender Reim) 68f., 139
- Dreireim 68
- Ear-Rhyme 67
- Echoreim 69
- Eingangsreim 68f., 73f.
- Endreim 66, 71
- Erweiterter Reim 67f.
- Eye-Rhyme 67
- Fehlreim 69f.
- Gebrochener Reim 67
- Gespaltener Reim 67
- Grammatischer Reim 64, 67
- Identischer Reim 67, 74, 87, 123, 130, 148, 174
- Kettenreim 68f.
- Kornreim 68
- Kreuzreim 68f., 74–76, 84f., 89, 127, 132, 156, 185f.
- Mnemotechnische Funktion (des Reims) 65f.
- Monoreim 130, 132
- Paarreim 68f., 89, 94, 141, 148
- Reicher Reim 67, 130
- Reimformen 65–70
- Reimhäufung 68f., 127
- Reimschema 65, 73, 76, 81f., 86, 88–91, 93f., 96, 120, 122–125, 127, 130, 132, 138f., 141, 143, 145, 148, 156, 185f., 257
- Reiner Reim 66f.
- Reinheit 66f.
- Schlagreim 69
- Schüttelreim 65, 67
- Schweifreim 68f., 87, 91, 139
- Stabreim 66, 71
- Stellungsvarianten des Ausgangsreims 68f.
- Umarmender Reim 68f.
- Unterbrochener Reim 68f., 74, 132, 134
- Verschränkter Reim 68f.
- Zäsurreim 69
Renaissance 27, 200
Res 174
Rhetorik 18f., 27–30, 66, 74, 143, 160, 171–190, 192–199, 233, 254f., 257
Rhetorische Figur 30f., 66, 74, 143, 171–190, 192–198, 234, 255
Rhetorische Frage 182, 185
Rhythmus 12, 18, 47, 53f., 70–72, 78, 86, 94, 110, 114, 143, 154, 166
Ritornell 83, 91
Roman 11, 14, 19, 36, 65f., 113, 133, 199, 212, 215, 217–221, 226f., 240
Romantik 36, 50, 67, 81, 84f., 90, 121f., 124f., 127f., 134, 136, 159, 162, 201, 217f.
Romanze 153, 157, 159–161
Romanzenstrophe 67, 85, 93

Rondeau 122–124, 132, 136, 153
Rondel 122–124, 132
Rondel simple 123f., 132
Rokoko 124

Sächsische Dichterschule 144, 240
Sammlung 16, 121, 134, 139, 143, 157, 159, 203, 215f., 218
Schenkenstrophe 85, 91
Schriftbild 67, 109, 166, 217
Schritte zur Erarbeitung einer Rede 173f.
Schweifreimstrophe 87, 91
Sestine 81, 125, 131
Sextett 139
Silbenzählendes Versprinzip 47
Singer-songwriter 122
Siziliane 89, 91
Sonett 19, 40, 50f., 73, 78, 81, 92, 120, 122, 131f., 136–150, 192, 200, 203, 206–209, 216f., 225, 233, 236f., 254, 258f.
- Barocksonett 139–141, 148
- Dialektisches Sonett 140
- Doppelsonett 139–141
- Englische Grundform 139, 143–145, 148
- Französische Grundform 138–141, 145
- Italienische Grundform 138f., 141–143, 145–148
- Meistersonett 143
- Schweifsonett 139
- Zyklisches Sonett 147f., 216f.
Sonettenkranz 216f.
Song 11, 121f., 160f.
Spondeus 48, 103f.
Sprachrichtigkeit 174
Stabat-Mater-Strophe 87f., 91
Stanze 73, 88f., 91f., 99, 221–223
Stichisch 81f.
Stil 37, 55, 131, 156, 159, 173–175, 180, 224, 242
Stilmerkmal 14, 38, 233
Stollen 90–92
Strophe 18–23, 29, 41, 49, 58, 65, 68, 71, 79–100, 102, 105–110, 114–117, 121f., 125, 127f., 132–135, 148, 156, 159f., 163f., 166–168, 176, 183, 234, 241–244, 246, 255–257, 261–265
Strophenenjambement 49, 147
Strophenform 61, 67, 73, 102, 104–109, 114, 120, 128, 156, 166
Sturm und Drang 13, 33f., 53f., 110, 184, 234
Subiectio 182
Subscriptio 197, 203
Substitutionstheorie 194f., 197f.

SACHREGISTER

Suleikastrophe 85, 91
Symbol 159, 162, 194, 197, 202f., 214
Symbolismus 36, 217
Symbolon 197, 203
Symmetrie 46, 90, 131
Symploke 176
Synaphischer Versschluss 70, 73, 108, 164
Synästhesie 195
Synekdoche 198
Syntax 48f., 66, 71, 73f., 82, 89f., 94, 115, 124, 164, 175, 177, 179–182, 184, 187, 241f.

Takt 48, 103, 108, 241, 250
Tanzlied 153
Tautologie 178, 198
Technopägnion 201
Tertium comparationis 184f., 194
Terzett 40, 132, 141, 143, 145, 147f.
Terzine 73, 81f., 91, 99
Tetrameter 50, 105
Thema 27–29, 38, 40f., 56f., 73, 75, 82, 94, 113, 115f., 123, 125, 127, 131, 140, 143, 155, 158, 160f., 163, 173, 178, 184f., 213–217, 221f., 233, 237–239, 243, 245, 255f., 260, 262
Titel 41, 46, 72f., 84, 112f., 138, 146, 152f., 157, 160f., 164, 169, 172, 185, 200, 203, 206, 213f., 216, 219–221, 226, 228, 230, 234, 237f., 240, 242, 250, 256, 259, 261–263, 265
Topik 27, 40–42
Topos 27, 29, 41, 114, 140, 173, 185, 200
Totum pro parte 198
Tradition 17f., 23, 31, 40–42, 55, 75f., 81, 92–94, 111f., 120f., 129, 131, 133f., 138–140, 144f., 147, 155, 157f., 160f., 196, 202, 217, 233, 235, 238, 241f., 244, 246, 257, 260, 263
Transtextualität 231
Trimeter 50, 104
Triolett 122–124, 132
Trithemimeres 103f.
Trochäus 47–49, 52, 54f., 71, 85f., 90f., 103–109, 132, 153, 159, 164, 166, 168, 262
Tropen 30f., 172, 174f., 183, 190, 192–199, 205f., 210, 234, 255

Uneigentlich 175, 184, 193–197, 205
Ut pictura poesis 193

Vagantenstrophe 85f., 91
Vanitas 40, 57
Verba 174
Vers commun 50f., 55, 139f., 186
Versfuß 47–49, 55, 59f., 74, 103f., 109, 225
Versgruppe 81
Versmaß 31, 46–54, 58–61, 71, 73, 76, 80–82, 84, 87, 89, 91–93, 96, 102–105, 109–116, 120, 132, 138f., 141, 145, 159, 163, 167f., 187, 189, 225, 241, 254–257
Versroman 11
Vertonung 76, 122, 126, 133, 136, 217f., 220, 250
Villanelle 83f., 91
Virtutes elocutionis 174
Visuelle Dichtung 101, 210
Vokale 47, 67, 71f., 75, 172
Volkslied 11, 73, 84, 86–88, 91, 120–122, 132–135, 156f., 168, 234f., 237
Volksliedstrophe 73, 80, 84f., 88, 91, 121, 132, 134
Volksliedton 84, 121f., 134
Vormärz 36
Vortrag 122, 155f., 160, 172, 174, 241

Waise 68, 74, 83, 94, 96, 127
Wanderdaktylus 108
Widmung 19, 212–215, 220, 228, 240
Wiederholung 83, 123, 131, 166f., 172, 175–178, 185, 198, 242f., 262
Wiener Moderne 36
Wirkungsgeschichte 133, 220
Wissenschaftlichkeit 11–15, 19f., 120, 153–155, 175, 250–253

Zäsur 48–51, 55f., 58f., 69, 85f., 94, 103f., 106f., 115, 129, 139, 141, 166, 186f., 242
Zeile 12, 18, 20, 22f., 44, 46, 64f., 67–69, 74, 80–94, 104, 122–125, 129f., 132, 166, 238, 241, 261
Zeilenstil 49, 187
Zersingen 156f., 179f.
Zeugma 74
Zitat 12, 75f., 127, 193, 214, 220, 231–234, 238
Zyklus 125, 133, 135, 143, 213–217, 220–228

16.6 Lösungen

Im Folgenden sind die Lösungen für die Übungsaufgaben zusammengestellt. Anregungen für die Interpretationsaufgaben finden Sie unter: www.akademie-studienbuch.de.

Lösungen zu Kapitel 3

1. Alexandriner (Probleme könnten eventuell bei Vers 2 und 4 entstehen, weil das jeweils erste Wort hier eine Nebenbetonung trägt. Das Alexandriner-Versmaß wird dadurch aber nicht durchbrochen oder beeinträchtigt).
2. vers commun (Zäsur nach der zweiten Hebung), letzter Vers verkürzt (endet da, wo im vers commun eigentlich die Zäsur stünde).
3. Blankvers.
4. Knittelvers.
5. Madrigalvers.
6. Endecasillabo (Goethe hat den Endecasillabo zusammen mit der italienischen Sonettform adaptiert. Deshalb kann man sich hier ganz sicher sein, dass ein Endecasillabo vorliegt).
7. 4-hebiger Trochäus.
8. Freie Verse.

Lösungen zu Kapitel 4

1. Kreuzreim *abab*, alternierende Kadenz, grammatischer Reim: „Diebe – Dieb".
2. Paarreim *aabb*, reicher und gespaltener Reim „ausgegangen – Haus gelangen", Kadenz *wwmm*.
3. Paarreim *aabbcc*, nur männliche Kadenzen, Alliteration: „Tabaksdose – Tintenfaß", Klangmalerei: „Rums", unreiner Reim: „Tintenfaß – Wasserglas".
4. Reimschema: Dreireim, dann zweimal Blockreim: *aaabccbdccd*, gespaltener Reim: „raffinier-/te Tier".
5. Blockreim *abba*, Kadenz: *mwwm*, Ear-Rhyme: „Fragonard – war".

Lösungen zu Kapitel 5

1. 6 Verszeilen, Verse 1–4: 4-/3-hebiger Jambus im Wechsel, Vers 5 und 6: 4-hebige Jamben, Reim: Kreuzreim und ein Paarreim: *ababcc*, Kadenzen: *m* (Die Strophe kann beschrieben werden als Chevy-Chase-Strophe + Reimpaar).
2. Stabat-Mater-Strophe.
3. Volksliedstrophe.
4. Lindenschmidtstrophe.
5. 4 Verszeilen, 4-/3-hebiger Jambus im Wechsel, Reim: Kreuzreim: *abab*, Kadenzen: *mwmw* (Achtung: Wegen des Wechsels der Kadenzen handelt es sich nicht um eine Chevy-Chase-Strophe!).
6. Doppelte Schenkenstrophe.
7. 4 Verszeilen, 3-hebige Jamben, Reim: Paarreim: *aabb*, Kadenzen: *wwmm* (Achtung: Keine Volksliedstrophe, die ein anderes Reimschema und anderen Kadenzwechsel hat!).
8. Stanze (mit Endecasillabo).

Lösungen zu Kapitel 6

Aufgabe 1:
1. Hexameter.
2. Elegisches Distichon (bestehend aus Hexameter und Pentameter).
3. Tetrameter, Besonderheit: reimt sich.
4. Trimeter.

Aufgabe 2:
1. Sapphische Ode (mit Wanderdaktylus).
2. Asklepiadeische Ode.
3. Alkäische Ode.

Lösungen zu Kapitel 7

Das Gedicht ist an einem Madrigal orientiert: Die Verse sind gereimt (*ababcddc*), haben verschieden viele Hebungen (3, 1, 2, 2, 3, 2, 2) und die ersten vier Verse sind entweder trochäisch (1, 4) oder jambisch (2, 3). Es handelt sich also um Madrigalverse.

Die letzten vier Verse enthalten jedoch doppelte Senkungen und sind damit keine regelmäßigen Madrigalverse:

– ᴗᴗ –
ᴗ – ᴗᴗ – ᴗᴗ – ᴗ
– ᴗᴗ – ᴗ
– ᴗᴗ –

Lösungen zu Kapitel 8

Nach der metrischen Analyse ergibt sich folgendes Schema:

– ᴗ –
ᴗ – ᴗ – ᴗ – ‖ ᴗ – ᴗ – ᴗ – ᴗ
ᴗ – ᴗ – ᴗ – ‖ ᴗ – ᴗ – ᴗ – ᴗ
– ᴗ –
– ᴗ –
ᴗ – ᴗ – ᴗ – ‖ ᴗ – ᴗ – ᴗ – ᴗ
ᴗ – ᴗ – ᴗ – ‖ ᴗ – ᴗ – ᴗ – ᴗ
– ᴗ –
– ᴗᴗ – ᴗᴗ – ᴗᴗ – ᴗ ‖ – ᴗᴗ – ᴗᴗ – ᴗᴗ – ᴗ
– ᴗᴗ – ᴗᴗ – ᴗᴗ – ᴗ ‖ – ᴗᴗ – ᴗᴗ – ᴗᴗ – ᴗ
ᴗ – ᴗ – ‖ ᴗ – ᴗ – ᴗ – ᴗ
– ᴗᴗ – ᴗᴗ – ᴗᴗ – ᴗ ‖ – ᴗᴗ – ᴗᴗ – ᴗᴗ – ᴗ
– ᴗᴗ – ᴗᴗ – ᴗᴗ – ᴗ ‖ – ᴗᴗ – ᴗᴗ – ᴗᴗ – ᴗ
ᴗ – ᴗ – ‖ ᴗ – ᴗ – ᴗ – ᴗ

Reimschema: *abba abba ccd eed*

Man kann am Reimschema erkennen, dass zwei Quartette und zwei Terzette genau parallel gebaut sind, das übliche Reimschema für ein Barocksonett wird verwendet. Die Grundform des Sonetts wird also eingehalten.

Von den meisten Barocksonetten, die in der Regel in Alexandrinern geschrieben sind, unterscheidet sich das Gedicht in seiner ungewöhnlichen metrischen Form, insbesondere durch die sehr kurzen Verse

1, 4, 5, 8, die extrem langen Verse mit acht Hebungen und z. T. Daktylen in den Terzetten. Bei den Versen 2, 3, 5, 6 handelt es sich um Alexandriner, deren erste Silbe eine Nebenbetonung trägt. In den Versen 2 und 3 trägt auch die Silbe nach der Zäsur einen Nebenton. Bei den Versen 11 und 14 handelt es sich um vers commun. Trotz der ungewöhnlichen Form ist das Sonett sehr streng gebaut.

Verbindung zur Syntax: v. a. in den Quartetten kaum ein vollständiger Satz, sondern aneinander gereihte Ausrufe. Mit dem Wechsel des Metrums zu Daktylen in V. 9 wird auch die Syntax wieder hergestellt.

Verbindung zum Inhalt: Die Hölle wird als etwas dargestellt, dass einer ungewöhnlichen Ordnung folgt, ja die Ordnung wird umgekehrt: Die meisten Silben stehen nicht wie üblich in den Quartetten, sondern in den Terzetten.

Lösungen zu Kapitel 10

1. Polyptoton.
2. Rhetorische Frage, Anapher, Alliterationen, Parallelismus.
3. Anapher, Paradox.
4. (Apostrophe), Parenthese.
5. Hyperbaton.
6. Paronomasie.
7. Chiasmus.

Lösungen zu Kapitel 11

1. – „Freude, schöner Götterfunken…" : Personifikation.
   – „Feuertrunken": Metapher.
   – „Was den großen Ring bewohnet": Metonymie.
   – „Der Unbekannte": Antonomasie.

2. – „ganz Griechenland": Metonymie.
   – „jedes Herz": pars pro toto (Synekdoche).
   – „des Mörders Blut": Metonymie.
   – „Helios": Personifikation (hier aber auch Göttername, spielt ja in Griechenland).
   – „Theseus Stadt" (= Athen): Antonomasie.

Nachsatz und Dank

Den Professor aus Pounds Geschichte (→ KAPITEL 1) hat es tatsächlich gegeben. Jean Louis Rudolphe Agassiz wurde 1807 in Motier geboren, promovierte 1829 in Erlangen in der Philosophie, 1830 in München in der Medizin. 1847 wurde er als Professor für Zoologie nach Harvard berufen, wo er bis zu seinem Tod im Jahre 1873 das Museum für Vergleichende Zoologie leitete. Er hat mehrere klassifikatorische Werke über Fische geschrieben und war berühmt für seine Lehre. Das Bild zeigt seinen Grabstein auf dem Mount Auburn Cemetery in Cambridge, MA. Die Daten sind die seiner Frau. Agassiz' Lebensdaten stehen auf der Rückseite des Steins.

Wir haben diese und viele andere Informationen nicht gegeben. Was für das weitere Studium der Lyrik notwendig ist, sollte dennoch gesagt sein. Dass wir dessen so sicher sind, liegt an den vielen Helfern, die wir hatten. Das Buch ist unter ständiger studentischer Aufsicht geschrieben worden. Im WS 2006/07 haben Erlanger Studenten erste Bausteine im Tutorium Lyrikanalyse erprobt. Zwei von ihnen, Conny Bauer und Josef Guggenberger, haben den Band gegengelesen, ebenso Irmgard Müller, die das Studium schon hinter sich hat. Sie hätten die künftigen Leser nicht besser vertreten können. Aura Heydenreich hat einzelne Kapitel in ihrem Einführungskurs erprobt. Darüber hinaus haben uns Freunde und Kollegen bei den Details geholfen: Mark Emanuel Amtstätter, Thomas Borgstedt, Theo Elm, Andreas Engel, Michael Jesse, Nathali Jückstock-Kießling, Sabine Täuber. Bodo Birk, Britta Brock, Regina und Raphael Maurer sowie Erdmut Wizisla halfen bei den Bildern.

Wir danken Sabine Cofalla für das Vertrauen und Katja Leuchtenberger für das ausführliche Lektorat. Für die zweite Auflage haben wir die Kritik von Rezensenten und Lesern dankbar aufgegriffen.

Nürnberg und Rostock, im Februar 2012

Die Autoren